Kos-Stadt und Umgebung

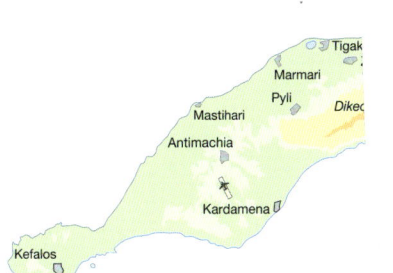

Die Nordküste

Das Dikeos-Gebirge

Der mittlere Teil der Insel

Der Westen

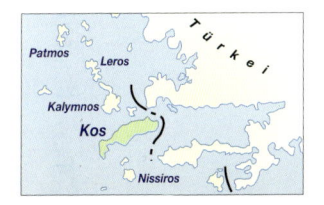

Ausflugsziele

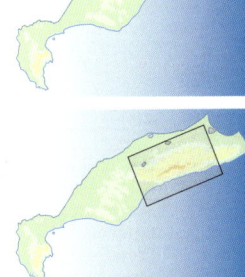

Text und Recherche: Yvonne Greiner, Frank Naundorf
Lektorat: Gisela Fischer, Sabine Senftleben (Überarbeitung)
Redaktion und Layout: Claudia Hutter
Fotos: Autoren, Antje und Gunther Schwab (S.51, 55), Griechische Zentrale für Fremdenverkehr (S. 12, 14, 33, 61, 76, 102, 114, 143,158, 166 und 180)
Karten: Judit Ladik, Susanne Handtmann, David Wendler
Covergestaltung: Karl Serwotka
Coverfotos: oben: Strand bei Mastihari
unten: Hafen von Kardamena

Die in diesem Reisebuch enthaltenen Informationen wurden von den Autoren nach bestem Wissen erstellt und von ihnen und dem Verlag mit größtmöglicher Sorgfalt überprüft. Dennoch sind, wie wir im Sinne des Produkthaftungsrechts betonen müssen, inhaltliche Fehler nicht mit letzter Gewissheit auszuschließen. Daher erfolgen die Angaben ohne jegliche Verpflichtung oder Garantie der Autoren bzw. des Verlags. Beide Parteien übernehmen keinerlei Verantwortung bzw. Haftung für mögliche Unstimmigkeiten. Wir bitten um Verständnis und sind jederzeit für Anregungen und Verbesserungsvorschläge dankbar.

ISBN 3-89953-539-6

© Copyright Michael Müller Verlag GmbH, Erlangen 1994, 1998, 2001, 2004, 2007, 2010. Alle Rechte vorbehalten. Alle Angaben ohne Gewähr. Stürtz GmbH, Würzburg.

Aktuelle Infos zu unseren Titeln, Hintergrundgeschichten zu unseren Reisezielen sowie brandneue Tipps erhalten Sie in unserem regelmäßig erscheinenden Newsletter, den Sie im Internet unter **www.michael-mueller-verlag.de** kostenlos abonnieren können.

6. überarbeitete und aktualisierte Auflage 2010

KOS

Pserimos · Kalymnos · Leros · Patmos · Nissiros

Frank Naundorf
Yvonne Greiner

INHALT

Kos – Reisepraktisches

Reisezeit	13	Umweltprobleme	23
Natur und Umwelt	15	Gesellschaft	24
Geografie und Geologie	15	Gastfreundschaft	27
Klima	16	Emigration	28
Vegetation	16	Wirtschaft	28
Tierwelt	21	Geschichte	29

Anreise 37
Mit dem Flugzeug	37	Andere Anreisemöglichkeiten	40

Unterwegs auf Kos 42
Mietfahrzeuge	43	Autovermietung	44
Zweiradvermietung	43	Bus und Taxi	46

Übernachten 48
Hotels, Apartments und Pensionen	48	Camping	51
Privatzimmer	50		

Essen und Trinken 51
Die Lokale	52	Brot	57
Vorspeisen	53	Nachspeisen/Süßes	57
Hauptgerichte	53	Obst	58
Beilagen, Suppen und Salate	55	Frühstück	58
Gewürze und Dressings	56	Getränke	58
Käse	57		

Wissenswertes von A bis Z 61
Antiquitäten	61	Kleidung	71
Apotheken	61	Komboloi	72
Archäologische Stätten	61	Medizinische Versorgung	72
Ausweispapiere	62	Musik	73
Baden	62	Öffnungszeiten	74
Botschaften/Konsulate	62	Post	74
Diebstahl	63	Preise	74
Einkaufen	63	Sport	74
Ermäßigungen	63	Sprache	75
Feiertage	65	Strände	76
Fotografieren/Filmen	65	Strom	76
Geld	66	Telefonieren	77
Gesten und Grüße	66	Trinkgeld	77
Information	67	Volkstänze	78
Kafenion	68	Wasser	78
Karten	69	Zeit	78
Kinder	69	Zeitungen	78
Kirchen und Klöster	71	Zoll	79

Kos – die Insel

Geschichte	83	Das Asklepieion	119
Die archäologischen Stätten	104	Die Empros-Thermen	125
Weitere Sehenswürdigkeiten	113	Panagia Tsoukalaria	126
Baden	116	Ausflüge von Kos-Stadt	128
Sport und Spiel	117	Mit dem Bus	128
Umgebung von Kos-Stadt	119	Mit dem Boot	129

Die Nordküste ... 133

Tigaki	133	Mastihari	144
Marmari	139		

Das Dikeos-Gebirge ... 151

Zipari	152	Agios Dimitrios	163
Asfendiou	153	Pyli	164
Evangelistria	154	Lagoudi	172
Asomatos	154	Linopotis	174
Zia	156		

Der mittlere Teil der Insel ... 175

Kardamena	175	Antimachia	185

Der Westen von Kos ... 192

Kamari	192	Kefalos	204

Ausflugsziele

Insel Pserimos ... 216

Avlakia	217

Insel Kalymnos ... 220

Pothia	221	Emborios	228
Die Westküste von Kalymnos	227	Insel Telentos	229
Kantouni und Linaria	227	Der Osten von Kalymnos	230
Melitsahas	228	Vathi	230
Massouri und Myrties	228		

Insel Leros ... 231

Lakki	232	Gourna	237
Der Süden von Leros	233	Alinda	237
Xerokampos	233	Der Norden von Leros	238
Der mittlere Teil von Leros	233	Partheni	238
Agia Marina und Platanos	234	Plefouti	238
Panteli	235		

Insel Patmos ... 239

Skala/Hafen	240	Der Süden von Patmos	247
Chora (Altstadt)	244	Grikos	247
Meloi	246	Psili Amos	248

Der Norden von Patmos	249	Vagia	250
Agriolivado	249	Bucht von Livadi/Geranou	250
Kampos	249	Bucht von Lambi	250
Lefkes	250		

Insel Nissiros 251

Mandraki	251	Pahi Amos	255
Inselrundfahrt	254	Emborios	255
Loutra	254	Der Vulkan	256
Pali	255	Nikia	257

Etwas Griechisch 251

Register 251

Wander- und Tourenverzeichnis

Mountainbiking	Kos – Zia – Asklepieion – Kos	127
Wanderung 1	Besteigung des Dikeos	159
Wanderung 2	Über die Flanken des Dikeos	160
Wanderung 3	Durch die Berge um Paleo Pyli	171
Extratour A		171
Wanderung 4	Von Evangelistria nach Pyli	172
Wanderung 5	Castle-Walk	183
Wanderung 6	Ag. Marina – die Kirche im Olivenhain	191
Wanderung 7	Vom Paradise Beach nach Kardamena	201
Wanderung 8	Rund um den Isthmus	202
Tour	Die einsamen Gehöfte	203
Wanderung 9	Vom Kloster Ag. Ioannis zur Kirche Ag. Theologos	212
Wanderung 10	Rund um das Kap Krikelos	213

Zeichenerklärung für die Karten und Pläne

	asphaltierte Straße		Kirche		Reisebüro
	Nebenstraße		Kloster		Information
	Piste		Sehenswürdigkeit		Post
	Berggipfel		Flughafen/-platz		Museum
	Badestrand		Bushaltestelle		Parkplatz
	Weinstock		Taxistandplatz		Ärztliche Versorgung
	Olivenbaum		Zweiradverleih		Tankstelle
	Aussichtspunkt		Autoverleih		Campingplatz

Kartenverzeichnis

Inselkarte Kos	Umschlagklappe vorn
Kos-Stadt	Umschlagklappe hinten
Asklepieion	121
Ausflugsziele	216
Castle-Walk (Wanderung 5)	184
Der Dikeos	160
Dikeos-Gebirge	151
Halbinsel von Kefalos	205
Insel Kalymnos	223
Insel Leros	235
Insel Nissiros	253
Insel Patmos	241
Insel Pserimos	219
Isthmus (Wanderungen 7 und 8)	203
Kamari	195
Kardamena	179
Kardamena/Umgebung	183
Kos Innenstadt	93
Agora	108
Gymnasion, Nymphäon und das Haus der Europa	110
Kastell	106
Marmari	141
Mastihari	147
Mastihari/Umgebung	145
Mittlerer Teil der Insel Kos	175
Mountainbike-Tour Kos – Zia – Asklepieion – Kos	127
Nordküste von Kos	133
Ostküste von Kos	116
Ostteil des Dikeos-Gebirges (Wanderung 2)	162
Plaka und Agia Marina (Wanderung 6)	189
Pyli	165
Pyli/Umgebung (Wanderung 3)	171
Tigaki	136
Von Evangelistria nach Pyli (Wanderung 4)	174
Westen von Kos	193
Zia	157

Jássas!

Kos, die Insel des Hippokrates, des berühmten Arztes der Antike, liegt in der Ägäis, nur vier Seemeilen von der türkischen Westküste entfernt. Die drittgrößte Insel des Dodekanes durchlebte aufgrund ihrer wirtschaftlichen und kulturellen Bedeutung in den vergangenen drei Jahrtausenden eine bewegte Geschichte, auf deren Spuren Sie bis heute wandeln können: das Asklepieion – weltweit eines der ersten Krankenhäuser, griechische Tempel, römische Theater und Thermen, türkische Moscheen und die Festungen des Johanniter-Ordens.

Doch nicht allein die archäologischen Stätten locken Besucher auf die Insel. Kilometerlange Sandstrände erfreuen sonnenhungrige Urlauber, in den Bars und Diskotheken tanzen Nachtschwärmer aller Nationalitäten; der stetige Wind macht Kos zu einem Surfparadies, und Wanderer schätzen den "schwimmenden Garten der Ägäis" wegen seiner Blütenpracht – Kos präsentiert sich als ein abwechslungsreiches Ferienziel.

Gleichzeitig ist Kos aber auch Drehscheibe und Verkehrsknotenpunkt auf dem Weg vom griechischen Festland zu den nördlichen Inseln des Dodekanes. Wer "Island hopping" über Patmos, Leros, Kalymnos, Pserimos und Nissiros plant, für den ist Kos der optimale Ausgangspunkt. So liegt zwar der Schwerpunkt dieses Reiseführers auf Kos, die Nachbarinseln und die Stadt Bodrum an der türkischen Westküste finden aber gleichfalls ihren Platz. Durch die lockere Mischung aus historisch-kulturellem Überblick, einer Portion Legende und einer Menge nützlicher Informationen sowie praktischer Tipps soll dieser Reiseführer ein zuverlässiger Begleiter nicht nur auf Kos, sondern auch beim "Inselhüpfen" sein – sei es ein Tagesausflug oder ein längerer Aufenthalt.

Natürlich freuen wir uns, wenn Sie uns mit Hinweisen und Kritik helfen, das Buch zu verbessern und zu aktualisieren. Wenn Sie anderes oder mehr gesehen haben als wir, lassen Sie es uns bitte wissen.

Viel Spaß bei Ihrem Urlaub auf Kos wünschen Ihnen

Frank Naundorf und Yvonne Greiner

Was haben Sie entdeckt?

Haben Sie *den* Strand gefunden, eine freundliche Taverne weitab vom Trubel, ein nettes Hotel mit Atmosphäre oder einen schönen Wanderweg?

Wenn Sie Ergänzungen, Verbesserungen oder neue Tipps zum Buch haben, lassen Sie es uns bitte wissen!

Schreiben Sie an:

Frank Naundorf, Yvonne Greiner
Stichwort "Kos"
Michael Müller Verlag GmbH
Gerberei 19
91054 Erlangen
E-Mail: naundorf.greiner@michael-mueller-verlag.de

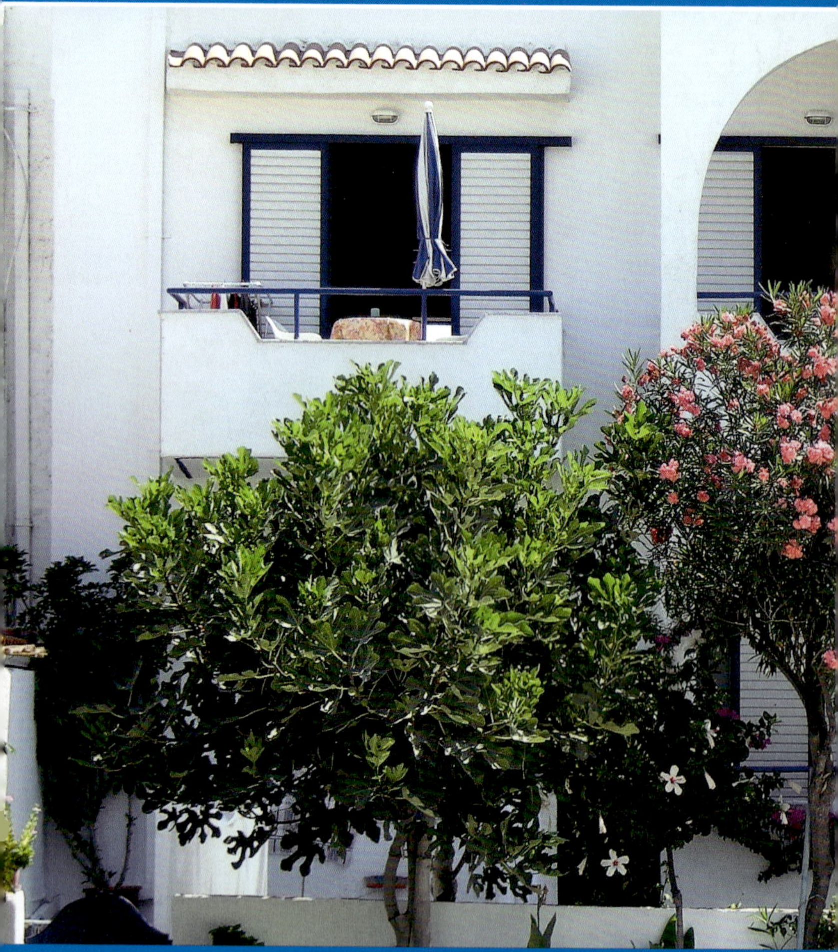

Kos – Reisepraktisches

Anreise ... 37	Essen und Trinken ... 51
Unterwegs auf Kos ... 42	Wissenswertes von A bis Z ... 61
Übernachten ... 48	

Die große natürliche Bucht dient als Hafen – und bietet stadtnahen Strand

Kos – die Insel

„Kos ist lieblich, angenehm zum Wohnen und reich an Wasser", schreibt der Dichter Herondas im 3. vorchristlichen Jahrhundert. So wie er sind die meisten Poeten und Reisenden des Altertums voll des Lobes für den „schwimmenden Garten der Ägäis", der sich an die Südwestküste der Türkei schmiegt, umgeben vom Golf von Kos oder Kerameikos Kolpos, wie er in der Antike hieß.

Aufgrund des ständig sinkenden Grundwasserspiegels zeigt sich Kos heute nicht mehr so blühend und grün wie noch in den vergangenen Jahrhunderten. Dennoch überrascht die üppige Vegetation, die für eine griechische Insel eher untypisch ist: Während sich in der Küstenebene um die Hauptstadt unzählige Palmen im Wind wiegen, sind die Ausläufer des Dikeos-Gebirges von ausgedehnten Waldflächen bedeckt. Doch längst leben die Bewohner nicht mehr von den Erträgen ihrer fruchtbaren Felder – der wiedergewonnene Wohlstand der Insel beruht auf dem Tourismus. Angelockt werden die Urlauber von den langen Sandstränden, dem angenehmen mediterranen Klima und nicht zuletzt von den baulichen Überresten antiker und mittelalterlicher Geschichte, die das Gesicht der Insel nachhaltig geprägt haben.

Über die Benennung der Insel gehen die Meinungen der Forscher auseinander. Einige vermuten, dass Kos (sprich: *Koss*) ursprünglich der Name einer Tochter des mythologischen Königs Merops II. war, andere glauben, Kos vom dorischen Ausdruck für Meereskrebs ableiten zu können; tatsächlich ist auf mehreren historischen Münzen der Insel ein Krebs abgebildet. Möglich ist aber auch, dass „Kos" von der karischen Bezeichnung *Koion* (= Schaf) abgeleitet wurde, was sich auf den einstigen Reichtum an Schafen oder die Form der Insel beziehen würde. Noch heute nennen die Koer den Westteil der Insel aufgrund seiner Form *Schafskopf*.

> ### Die Insel auf einen Blick
>
> **Größe**: Fläche knapp 290 km^2, Küstenlänge ca. 120 km. Von Westen nach Osten ist Kos fast 50 km lang. Die größte Nord-Süd-Ausdehnung beträgt 13,5 km, an der schmalsten Stelle misst die Insel 1,4 km.
>
> **Bevölkerung**: Etwa 30.000 Menschen leben ständig auf Kos. Dazu kommen pro Saison gut 500.000 Urlauber.
>
> **Geografie**: Weite Teile der Insel sind relativ flach. Im Süden jedoch, zwischen dem Kap Ag. Fokas und Kardamena, erhebt sich eine imposante Gebirgskette; der höchste Berg ist der Dikeos (846 m). Hügelig ist außerdem der Westteil der Insel. Zwei Drittel der Küstenlinie sind Sand- und Kiesstrände.
>
> **Wichtige Orte**: Kos-Stadt – Touristentrubel und archäologische Fundgrube; Asklepieion – eines der berühmtesten antiken Heiligtümer; Asfendiou – denkmalgeschützte Gemeinde in den Bergen; Tigaki und Marmari – Touristenorte aus der Retorte; Mastihari – altes Fischerdorf mit schönen Stränden; Kardamena – the English village; Kefalos und Kamari – Eldorado der Windsurfer.
>
> **Straßen**: Der zweispurige „Insel-Highway" durchzieht die Insel von Kos bis Kefalos; auch die anderen Hauptverbindungen sind asphaltiert.
>
> **Entfernungen**: Kos – Flughafen 25 km, Kos – Tigaki 9 km, Tigaki – Mastihari 15 km, Kos – Kefalos 43 km, Kos – Kardamena 26 km, Mastihari – Kardamena 13 km.
>
> **Auto- und Zweiradverleih**: Verleihstellen sind in allen Touristenorten vertreten. Kleinwagen kosten ab 30 € pro Tag (Nebensaison), für einen Jeep müssen Sie mindestens 45 € bezahlen. Mofas und Mopeds sind für 10–18 € pro Tag zu haben, 80-ccm-Maschinen kosten um die 20 €, ein Mountainbike gibt es ab 4 € tägl. Bei Entleihung über mehrere Tage wird auf alle Fahrzeuge Rabatt gewährt.
>
> **Übernachten**: Hotels, Apartments und Pensionen in allen Kategorien und Preisklassen, zudem v. a. in Kos-Stadt und Mastihari zahlreiche Privatzimmer.
>
> **Karten**: Das Kartenmaterial ist dürftig. Am besten ist noch die Kos-Karte des Verlags Freytag & Berndt (7,95 €). Brauchbar ist auch die auf Kos erhältliche Karte des Pandelis-Vayianos-Verlags, Kos Island (ca. 1,50 €). Ungenügend sind die auf Kos kostenlos erhältlichen Tourist Maps dann, wenn man sich jenseits der Hauptstraßen bewegen will; der Stadtplan von Kos ist allerdings korrekt.
>
> **Telefonvorwahl**: 22420 (**WICHTIG**: Die Nummer muss auch auf der Insel selbst vorgewählt werden!)

Reisezeit

Die Saison auf Kos beginnt *Anfang April*: Hotels und Tavernen öffnen, wenn die ersten Charter-Flugzeuge auf der Insel landen. Während die Tagestemperaturen schon auf über 25 Grad klettern können, ist die Ägäis mit knapp 18 Grad noch recht kalt. Ideal ist das Frühjahr dagegen für Wanderungen und Ausflüge – die Insel steht dann in voller Blüte. Die Atmosphäre ist entspannter, denn die Griechen, die hier im Tourismus arbeiten, haben den Winter zur Erholung genutzt, um sich den Anforderungen einer weiteren Saison zu stellen. Alles läuft jetzt langsam an.

Bis *Mitte Juni* nehmen sämtliche touristischen Einrichtungen (Hotels, Tavernen, Verleihstationen usw.) ihren Betrieb auf. Während die Zahl der Regentage auf Null sinkt, nimmt die Hitze zu. Einem ausgedehnten Bad in der Ägäis steht nichts mehr im Wege. In diesen Monaten präsentieren sich die Strände von ihrer schönsten Seite, denn noch hält sich die Zahl der Besucher in Grenzen. Die Flugpreise sind vergleichsweise niedrig und die Übernachtungskosten gering – die zweite Maihälfte und die ersten Juniwochen sind die beste Reisezeit!

In der *Hochsaison*, im Juli und August, geht es hektisch zu. Das Nachtleben pulsiert, die meisten Strände sind voll und die Koer im Stress. Wer sich indes bei Tagestemperaturen bis zu 36 Grad (im Schatten) in der Sonne aalen und in der Nacht trinken, tanzen und flirten möchte, kommt nun voll auf seine Kosten.

Mit dem *September* kehrt die Ruhe langsam zurück. Die Strände sind nicht mehr so überfüllt, die Mittagstemperaturen sinken, und die Tanzflächen der Diskotheken leeren sich. Wegen des fehlenden Regens präsentiert sich die Vegetation weitgehend braun und verdorrt – nur die Wälder entlang des Dikeos-Gebirges und die Macchia behalten ihre grüne Farbe. Da die touristische Infrastruktur aber noch komplett zur Verfügung steht und die Meerestemperatur bei angenehmen 21 Grad liegt, ist der September für einen Badeurlaub sowie Inseltouren bestens geeignet. Im *Oktober* ist die Saison vorbei, Ende des Monats bringen die Chartermaschinen die letzten Urlauber nach Hause.

Der *November* ist oft noch sonnig, die Koer nehmen jetzt in Ruhe ein Bad in der Ägäis, schließlich fällt Ende November der erste Regen. Kühl und feucht ist es von Ende Dezember bis Anfang März – Kos ist kein Ziel für einen sonnigen Winterurlaub.

Eine Insel mit üppiger Vegetation: die Palmenallee in Kos-Stadt

Das Dikeos-Gebirge ist bis zu 846 m hoch

Natur und Umwelt

Geografie und Geologie

Kos ist mit einer Gesamtfläche von 290 km² nach Rhodos und Karpathos die drittgrößte Insel des Dodekanes. Wie ihre südliche Nachbarinsel Nissiros ist Kos vulkanischen Ursprungs. Die antike Überlieferung spricht von einem Ägäischen Festland, dessen Teil Kos und die anderen dodekanischen Inseln einst waren. Durch gewaltige Erdbewegungen senkte sich das Land, und was heute als Inseln aus dem Meer ragt, sind nur die Gipfel des ehemaligen Gebirges.

Der Nordosten der Insel besteht vorwiegend aus Asbest- und Schiefergestein. Dieselbe geologische Beschaffenheit weist die kleinasiatische Küste auf – ein Indiz dafür, dass die beiden Teile einst miteinander verbunden waren.

An der Südküste der Insel erhebt sich das *Dikeos-Gebirge* mit dem gleichnamigen höchsten Berg von Kos, der eine Höhe von 846 m erreicht. Nach Norden hin flachen die Berge langsam ab und gehen in eine fruchtbare Küstenebene über, deren Sandstrände scharenweise Touristen anlocken.

Im Westen verengt sich die Insel bis auf anderthalb Kilometer, um sich dann wieder zur Halbinsel von Kefalos zu verbreitern. Hier findet sich der zweite Gebirgszug der Insel, dessen höchste Erhebung der *Berg Latra* mit 426 m darstellt. Dieser Teil der Insel zeigt deutliche Spuren vulkanischen Ursprungs: kleine Schwefelkrater, Vulkangestein und feine Risse im Meeresgrund, aus denen Schwefelwasserstoff und Kohlensäure entweichen. Der Küstenverlauf der Insel ist im Vergleich zu den anderen Inseln des Dodekanes auffallend gradlinig.

Kampf der Giganten

Glaubt man der griechischen Mythologie, tobte einst ein furchtbarer Kampf zwischen den Göttern des Olymp und den Giganten, den Kindern des Himmelsgottes Uranos und der Erdgöttin Gaia. Als die unterlegenen Giganten das Weite suchten, brach der verärgerte Meeresgott Poseidon mit seinem Dreizack ein Stück aus der Insel Kos heraus und schleuderte es auf die Flüchtenden. Mit Erfolg: Der riesige Fels erschlug den bösen Giganten Polybotes. Bei dem Felsbrocken soll es sich um die heutige Nachbarinsel Nissiros handeln, unter der Polybotes nunmehr begraben liegt. Ein Körnchen Wahrheit steckt auch in dieser Sage: Tatsächlich war Nissiros in vorgeschichtlicher Zeit ein Teil von Kos.

Klima

Auf Kos herrscht typisches Mittelmeerklima: heiße Sommer und milde, regenreiche Winter. Letztere sorgen auch dafür, dass die Insel im Frühjahr in voller Blüte steht. Von Mitte Mai bis Mitte September dagegen bleibt der Himmel wolkenlos, die mittäglichen Temperaturen überschreiten die 30-Grad-Grenze. Jetzt sorgt – neben eisgekühlten Getränken – nur noch der *Meltemi*, der Nordwind der Ägäis, dafür, dass es sich am Strand trotzdem aushalten lässt.

\	\	\	\	\	Klimatabelle	\	\	\	\	\	\	\
Monate	Jan.	Feb.	März	Apr.	Mai	Juni	Juli	Aug.	Sep.	Okt.	Nov.	Dez.
mittlere Lufttemp. (°C)	12,1	12,2	16,5	16,4	20,4	24,7	26,9	26,7	23,6	20,1	16,9	13,6
mittlere Meerestemp. (°C)	15,5	14,5	16,6	17,5	18,5	23,0	24,0	23,5	21,0	19,5	17,5	16,0
Anzahl der Regentage	15	10	7	3	1	0	0	0	1	5	7	13

Vegetation

Im Frühjahr gleicht Kos einem Meer aus Blumen: Margariten, Narzissen, Klatschmohn, Sonnenblumen, Jasmin und Chrysanthemen blühen – und noch zwei Dutzend Arten mehr. Insgesamt gibt es gut 40 wild wachsende Blumenarten auf der Insel. Doch wegen der Hitze und fehlender Regenfälle vertrocknen die Blüten rasch wieder. Im Hochsommer ist von der Pracht nicht mehr viel übrig. Nur in den Bachbetten blüht noch bis August der Oleander.

Hibiskus und Bougainvillea schmücken Dörfer und Städte, Platanen spenden auf den Plätzen Schatten, Eukalyptusbäume und Akazien säumen viele Straßen. Bewaldet sind die Nordflanke des Dikeos-Gebirges und die Plaka.

Vegetation

Kos ist vor allem im Frühjahr ein botanisches Paradies

Weite Flächen der Insel bedeckt die *Macchia*. Diese für den Mittelmeerraum charakteristische Vegetationsform umfasst eine Vielzahl immergrüner Krüppelbäume, Büsche und Sträucher, die besonders Rodungsgebiete oder Waldbrandflächen überwuchern. Etwa 2–4 m hoch, dornig und stachelig, bildet die Macchia ein oft undurchdringliches Hindernis.

Verbreitet ist zudem die *Phrygana*, kugelige, höchstens kniehohe Sträucher mit spitzen Stacheln und Dornen. Dieser Bewuchs ist eine typische Erscheinung überweideter Gebiete, in denen Schafe und Ziegen alles abgefressen haben, was halbwegs verdaulich scheint – nur eben nicht die Phrygana.

Häufige Macchia- und Phrygana-Arten

Agaven: Eine Sukkulentenart, die ursprünglich vom amerikanischen Kontinent stammt. Ihre auffälligen, meterhohen Blütenstände blühen im Juni; nach der Blüte stirbt die Pflanze ab.

Feigenkakteen: Große, fleischige Kakteen, deren herrlich süße Früchte von winzigen, aber sehr lästigen Stacheln effektiv geschützt werden. Wer ans Fruchtfleisch möchte, bearbeitet sie am besten unter fließendem Wasser mit einer Wurzelbürste (Fingerschutz durch Handschuhe, Gabel o. Ä.).

Erdbeerbaum: Ein immergrüner Strauch mit rötlichem Stamm, der zu den Heidekrautgewächsen zählt; die Früchte ähneln Erdbeeren nur optisch.

Ginster: Im Frühjahr und Frühsommer leuchtend gelb blühende Sträucher, die anstelle von Blättern grüne Zweige und Dornen ausbilden.

Oleander: In vielen sommertrockenen Flussbetten bildet der an den lanzettförmigen Blättern erkennbare Strauch wahre Dschungel; im Frühsommer blüht er rosa oder weiß.

Meerzwiebel: Bis über 1 m Höhe schickt die halb aus dem Boden ragende Knolle im Frühherbst ihren weißen Blütenstand.

Wacholder: Strauchartige, knorrige kleine Bäume mit nadelartigen Blättern, die gegenüber salzhaltiger Luft relativ unempfindlich und deshalb gelegentlich auch an Stränden zu finden sind.

Der Meltemi, ein Wind, der die Glocken läuten lässt

Zwischen Mai und Oktober tritt der Meltemi meist am späten Vormittag auf, steigert sich tagsüber bis zu Windstärke 5 oder 6 und flaut gegen Abend wieder ab. Oft erreicht er Windstärke 7 oder 8; dann weht er meist auch über Nacht und mehrere Tage hindurch. Bei dieser Sturmstärke legt er den Schiffsverkehr zwischen den Inseln lahm – selbst die großen Fähren bleiben dann im Hafen

Die Griechen klassifizieren die Stärke des Meltemi nicht mit Zahlen, sondern mit Namen: Der „Kareklados" wirft Stühle um, der „Trapezados" fegt Tische fort und der stärkste, der „Kabandos", sei – so sagt man – stark genug, um die Glocken zum Läuten zu bringen. Während man in der Antike Aiolos, den Sohn des Poseidon und Beherrscher der Winde, dafür verantwortlich machte, haben Meteorologen heute das Luftdruckgefälle zwischen dem westlichen und östlichen Mittelmeer als Ursache des Windes erkannt.

Häufige Baumarten

Aleppokiefer: Auch als Strand-Kiefer bekannt. Diese Spezies verträgt lange Trockenzeiten. Sie ist an ihren gekrümmten und gedrehten Zweigen und ihrer lichten, unregelmäßig schirmförmigen Krone zu erkennen. Noch heute dient das Harz der Aleppokiefer zur Herstellung des berühmten Retsina.

Eukalyptus: An der abblätternden Rinde gut zu erkennen. Wegen seines hohen Wasserverbrauches wurde der schnell- und hochwüchsige Laubbaum in vielen Mittelmeerländern gepflanzt, um Sumpfgebiete trockenzulegen. Nun entziehen sie dem Boden dauerhaft unnötig Wasser.

Maulbeerbaum: Sommergrün, mit dichtem, großflächigem Blattwuchs. Diese Bäume beschatten oft Dorfplätze und Kafenia. Auch die Feige und der Gummibaum sind Maulbeergewächse und auf der Insel häufig anzutreffen.

Mittelmeerzypresse: Ein Nadelbaum mit säulenförmigem Stamm und weit ausladenden, aufrechten Ästen. Zypressen können mehrere Hundert Jahre alt werden. Diese, neben der Olive, am weitesten verbreitete Baumart auf Kos schützt v. a. die Hänge des Dikeos-Gebirges vor Erosion. Das aus Blättern und jungen Ästen gewonnene ätherische Öl lindert Atemwegserkrankungen und ist Bestandteil vieler Raumsprays und Parfums.

Pinie: Kiefernart, deren typisches Merkmal die dichte, schirmförmig gewölbte Krone ist. Die ölhaltigen Samen kommen als Pinienkerne in den Handel.

Platane: Dient oft als Sonnenschutz für Kafenia. Die ahornähnlichen, zur Blütezeit im Frühjahr herrlich duftenden Laubbäume erreichen Höhen bis zu 30 m. Sie benötigen viel Wasser, wachsen daher v. a. in Bachtälern.

Tamariske: Bäumchen mit schuppenförmigen Blättern und kleinen, rosafarbenen, in Trauben stehenden Blüten. Da die Blätter Salzdrüsen besitzen, können sie auf den salzhaltigen Küstenböden wachsen. An Stränden werden sie oft als natürliche Schattenspender angepflanzt.

Kulturpflanzen

Die wichtigste Kulturpflanze ist der Ölbaum, besser als Olivenbaum bekannt. Das knorrige Gewächs bietet vielerlei Verwendungsmöglichkeiten: Die Oliven werden gegessen, Öl wird aus ihnen gepresst oder gar Seife hergestellt, das harte, widerstandsfähige Holz wird verbaut oder verfeuert.

Vegetation

Spendet Farbe: die Bougainvillea

Die am weitesten verbreiteten landwirtschaftlichen Nutzpflanzen sind – abgesehen von den Olivenbäumen – Weinreben und Tomaten, die Sie auf der ganzen Insel finden. Aber auch Melonen, Auberginen, Gurken und viele andere Obst- und Gemüsesorten werden Sie beim Spaziergang durch die Felder entdecken können. Außerdem wird auf Kos Tabak angebaut. Bei uns weniger bekannte Kulturpflanzen sind:

Feigenbaum: Die weit ausladenden Bäume stehen allein oder in kleinen Gruppen. Es gibt grüne und dunkelviolette Feigen, wobei Letztere als wohlschmeckender gelten. Bis zu dreimal jährlich können die süßen Früchte dieser uralten Kulturpflanze geerntet werden – bereits im 1. Jahrhundert n. Chr. kultivierte man im westlichen Mittelmeerraum 29 Feigensorten. Wild wachsende Feigenbäume, von denen es vor allem in den Bergregionen von Kos jede Menge gibt, kann man schon aus weiter Ferne riechen, denn die heruntergefallenen Früchte gären und verströmen einen betörenden Duft.

Granatapfelbaum: Krummastiger, mitunter dorniger Baum, der korallenrot blüht. Geleeartiges, süßes Fruchtfleisch umgibt die Samenkerne im Inneren der apfelähnlichen Früchte, aus denen der bekannte Grenadinesirup gewonnen wird.

Johannisbrotbaum: Immergrüner Baum mit ledrigen Blättern, zu erkennen an den länglichen, zunächst grünen, im Reifezustand schwarzen Schoten (bis zu 20 cm lang). Diese sind essbar (schmecken süßlich), werden jedoch meist nur als Tierfutter verwandt. Kultiviert wird der Johannisbrotbaum nur vereinzelt, die meisten wachsen wild. Seinen Namen hat der Baum übrigens von Johannes dem Täufer, der sich der Legende nach von den zuckerhaltigen Schoten ernährt haben soll.

Mandelbaum: Kleiner Baum mit weißen, im Frühjahr vor den Blättern erscheinenden Blüten. Die samtig behaarte Steinfrucht enthält den Mandelkern, der zu 50 % aus Öl und zu 25–30 % aus Eiweiß besteht. Die Mandeln werden hier auf Kos geröstet und leicht gesalzen gegessen. Mandelbäume findet man v. a. in den bergigen Regionen.

Okra: Eine etwa fingerlange, grüne Frucht, die ursprünglich aus Afrika stammt, im mediterranen Klima aber ebenfalls gut gedeiht. Die Okraschoten haben einen feinen Eigengeschmack und werden als Gemüsebeilage gereicht oder in Eintöpfen verwertet.

Harte Arbeit im Ölberg

Der Anbau von Olivenbäumen erfordert Geduld. Erst nach fünf bis zehn Jahren trägt ein Baum erste Früchte, je nachdem, ob er aus Stecklingen oder Samen gezogen wurde. Den Höchstertrag, rund 20 kg Oliven, ernten die Bauern oft erst nach 20 Jahren. Etwa 50 Unterarten des Olivenbaums zählen die Botaniker. Eines haben sie alle gemeinsam: Sie sind sehr empfindlich. Die Bäume vertragen nur wenige Frosttage pro Jahr, die Sommer müssen warm und trocken sein, im Herbst und Winter brauchen sie einige kräftige Regengüsse. Wenn diese Bedingungen erfüllt sind, zeigen sich in Mai und Juni die gelb-weißen Blüten, reifen die Oliven von September bis November. Dann kommt die Zeit der Ernte.

Große Netze werden unter den Bäumen ausgelegt; reife Früchte bläst der Wind herunter, die anderen werden mit Stangen und Kämmen vom Baum geholt. Viel Sorgfalt ist dabei erforderlich, denn wenn die zarte Haut der Oliven verletzt wird, sinkt die Qualität drastisch. Nachdem die Oliven von Ästen und Blättern gereinigt sind, wandern sie in eine Ölmühle. Das muss schnell gehen: Zwischen Ernte und Pressung dürfen höchstens drei Tage liegen. Die Oliven werden gewaschen, gemahlen und gepresst. Das beste Öl, so genanntes natives Olivenöl extra, liefert die Kaltpressung.

Kühe weiden am Strand von Psalidi

Tierwelt

Einst war die Fauna reich, doch die Zahl der Arten ist zurückgegangen – wie überall auf der Welt. Schuld ist der Mensch, namentlich die Jäger. Im Herbst sind sie unterwegs in ihren Pick-ups. Auf der Ladefläche ein Rudel Spürhunde, im Visier die jagdfähigen Vertreter der Tierwelt. Jagen ist in Griechenland (und auch auf Kos) ein Volkssport, auch wenn es kaum noch etwas zu erlegen gibt. Rehe, Hirsche und Wildschweine sind völlig ausgestorben, und auch Kaninchen und Rebhühner sind rar. In ihrer Not ballern die Waidmänner schon mal auf verwilderte Ziegen oder gar Spatzen. Einige Wege entlang der Dikeos-Höhen sind gesäumt von den farbigen Hülsen der Schrotpatronen.

Vorwiegend domestizierte oder halbwilde Säugetiere werden Sie auf Kos sehen: Hunde, Katzen, Hühner, Ziegen und Schafe. Daneben einige Kühe, häufig Esel, seltener auch Pferde. Zahlreich sind die Vertreter der Insekten, v. a. Bienen. Abseits der Wege treffen Sie immer wieder auf die bunt bemalten Bienenkästen.

Zwar kreisen über den Gipfeln des Dikeos keine Adler mehr, doch immerhin Falken, Bussarde und Habichte. In der Saline an der Nordküste nahe Tigaki und im Vogelschutzgebiet am Kap Psalidi überwintern Flamingos; Störche und Reiher leben das ganze Jahr dort. Groß ist die Zahl der Singvogelarten, die noch auf der Insel beheimatet sind.

Auf Schlangen können v. a. Wanderer treffen. Die meisten sind ungiftig, aber es gibt auch Nattern (auf Griechisch *ochia*), deren Biss lebensgefährlich sein kann. Falls Sie eine Natter gebissen hat, binden Sie die Wunde ab (nicht zu fest) und suchen Sie einen Arzt auf. Aber keine Panik: Bis heute, so versicherte man uns, ist noch kein Tourist durch eine Natter verletzt worden. Damit es dabei bleibt, sollten Sie beim Wandern festes Schuhwerk sowie lange Hosen tragen und in unübersichtlichem Gelände, besonders nahe Steinhaufen und Ruinen, fest auftreten – dann flüchten die Schlangen. Unter Steinen lassen sich zudem gerne Skorpione nieder. Deren Stich ist zwar nicht lebensbedrohlich, aber schmerzhaft. Freundlichere Reptilien sind die Wasser- und Landschildkröten, possierliche Geckos sowie mehrere Arten von Eidechsen.

Traurig, aber wahr: Meerestiere sind selten – die Ägäis ist weitgehend leer gefischt. Die Dynamitfischerei, die lange Jahre auch in diesen Regionen betrieben wurde, hat nicht nur die Fischbrut immer wieder zerstört, sondern in der Fauna und Flora des Meeres Schäden hinterlassen. Wenn Sie mit dem Schnorchel unterwegs sind, werden Sie aber dennoch ab und an Schwärme kleinerer Fische sehen. Segler haben manchmal das Glück, einem Schwarm Delfine zu begegnen.

Capsicum annum (lat.) – Paprika

Honig – Gabe für Götter und Tote

Schon in der Antike war Kos berühmt für seinen Honig. Die zähe Flüssigkeit, die zu 75 % aus Zucker und zu 19 % aus Wasser besteht, diente als Säuglingsnahrung, für medizinische Zwecke, als Gabe für Götter und Tote – sowie natürlich zum Süßen von Backwerk und Getränken. Auch das Bienenwachs war von Nutzen: Man verwendete es, um Krüge zu verschließen und Schiffsplanken abzudichten. Jedes Boot führte eine große Scheibe Wachs als Dichtungsmittel für Leckstellen mit. Geschätzt wird v. a. der für Kos typische, sehr aromatische Thymian-Honig. Auch heute noch sieht man überall auf der Insel hölzerne Bienenstöcke. Mit einem Bienenvolk (30.000–60.000 Bienen) erwirtschaftet ein Imker durchschnittlich 10–15 kg Honig pro Jahr.

Gefährliche Fische gibt es nicht. Allein der eine oder andere Seeigel, der sich auf felsigem Untergrund aufhält, könnte Ihnen einen Stachel verpassen. Die Einheimischen empfehlen in einem solchen Fall, die Einstichstelle mit Olivenöl zu beträufeln und einen Verband anzulegen. Nach einigen Tagen können Sie den Stachel dann entfernen.

Umweltprobleme

Die Zeit der Unschuld ist vorbei. Die Insel vertrocknet, jeder weiß, warum, aber niemand tut etwas. Der „schwimmende Garten der Ägäis" droht zu veröden. Großen Anteil daran hat der Tourismus. Denn in den Sommermonaten wird weit mehr Wasser verbraucht, als die Regenfälle im Winter liefern. Dies hat einen seit Jahren sinkenden Grundwasserspiegel zur Folge, wodurch die Insel langsam verödet. Inzwischen fördern die Koer ihr Wasser aus einer Tiefe von 150 m – Anfang der 1980er Jahre mussten sie nur 40 m tief bohren. Folge des hohen Aufwandes: Der Wasserpreis liegt etwa fünfmal so hoch wie in Deutschland.

Auch der Müll wächst sich zum Problem aus. Die Deponien sind voll. Die ungefilterte Verbrennung des Plastikmülls würde krebserregende Dioxine freisetzen, der Bau von Verbrennungsanlagen ist teuer, ebenso der Transport zum Festland, wo solche Anlagen stehen. Somit sollte versucht werden, möglichst wenig Müll zu produzieren. Kaufen Sie z. B. Getränke in Pfandflaschen aus Glas und lehnen Sie Plastiktüten ab. Die Unsitte, sogar die einzelne Zigarettenschachtel in die Tüte zu packen, ist weit verbreitet.

Begegnung in den Bergen

Gesellschaft

„Die Griechen auf Kos sind wohlhabend und die Griechinnen überaus hübsch, sehr sauber und tragen als einzigen Schmuck auf ihrem Kopf ihre Haare" (Charles de Saint Maur, franz. Reisender, 1723). Hübsch sind die Griechinnen nach wie vor, aber zu Wohlstand sind die Menschen erst wieder gelangt, seitdem der Tourismus hier blüht, wo früher Landwirtschaft die Haupteinnahmequelle war.

Das Geschäft mit den Urlaubern hat auch die Bevölkerungsstruktur verändert und traditionelle Gebräuche sowie Lebensgewohnheiten der Menschen in den Hintergrund gedrängt. Ein Bauer auf seinem Feld und eine alte Frau in den Bergen, die Ziegen hütet, das sind heute eher touristische Sehenswürdigkeiten als prägendes Alltagsbild der Insel.

Das Leben der etwa 30.000 Menschen auf Kos ist unruhiger und wechselhafter geworden, der Rhythmus hat sich dem Fremdenverkehr angepasst. Mit 17.000 Einwohnern ist Kos-Stadt die mit Abstand größte Siedlung der Insel.

Moslems, Juden und Griechisch-Orthodoxe

Früher, bevor Reisende aus dem Ausland einflogen, lebten hier nur die einheimischen Koer mit einer moslemischen Minderheit, deren Vorfahren sich in der Zeit der türkischen Besatzung auf Kos niedergelassen hatten. Bis heute sind die Moslems auf Kos v. a. in der kleinen Ortschaft Platani beheimatet, wenige Kilometer von der Inselhauptstadt entfernt. Etwa 400 Mitglieder zählt die moslemische Glaubensgemeinde heute.

Wichtig im Alltag: die griechisch-orthodoxe Kirche

Bannfluch und Exkommunikation

Im Jahre 1054 kam es zum Bruch zwischen der orthodoxen Kirche und dem vom Papst verkörperten Katholizismus. Der Besuch einer Gesandtschaft des katholischen Oberhauptes beim Patriarchen Michael Kerullarios endete in einem Desaster: Leo IX. belegte Michael mit einem Bannfluch, den dieser mit der Exkommunikation des Papstes beantwortete. Seitdem gehen die Kirchen getrennte Wege.

Bis zum Zweiten Weltkrieg lebte zwar eine jüdische Minderheit auf der Insel, die meisten Juden wurden jedoch von den deutschen Nationalsozialisten verschleppt und getötet, nur wenigen gelang damals die Flucht. Spuren jüdischen Lebens finden sich heute in Kos-Stadt, wo es einige wenige jüdische Häuser in Hafennähe, eine kleine Synagoge und einen jüdischen Friedhof gibt.

Die griechisch-orthodoxe Kirche besitzt auf Kos – wie in ganz Griechenland – zumindest in der älteren Bevölkerung noch großen Rückhalt. Die überwältigende Mehrheit der Koer gehört ihr an. Der Einfluss der orthodoxen Kirche ist auch historisch begründet: Während der vierhundertjährigen Herrschaft der Osmanen hütete und bewahrte sie die griechische Kultur, mutige Äbte und Mönche lehrten im Verborgenen die griechische Sprache. Auch im Zweiten Weltkrieg unterstützte die Kirche den Widerstand gegen die Besatzer, gewährte Partisanen Unterschlupf und half bei der Vorbereitung geheimer Treffen. Traditionell sind Kirche und Gesellschaft eng verbunden.

Die orthodoxe (= rechtgläubige) Kirche erhebt den Anspruch, die einzig rechtmäßige Nachfolgerin der römischen Kirche zu sein. Lehre und Kultus, in dessen Mittelpunkt die Vergegenwärtigung der Heilsgeschichte und der Empfang des Abendmahls stehen, sind seit dem Siebten Ökumenischen Konzil von 787 nur wenig verändert worden. Die orthodoxe Kirche lehnt eigentlich jede Art von Reform entschieden ab – besonders aber, wenn sie von sozialistischer Seite kommt. Trotz massiven Widerstandes des Klerus ist es aber der Panhellenischen Sozialistischen Bewegung (PASOK) gelungen, die Macht der Geistlichen zu beschneiden. So steht seit 1982 die standesamtliche Trauung der kirchlichen gleichberechtigt gegenüber.

Liturgie und Architektur der griechisch-orthodoxen Kirche unterscheiden sich deutlich von der katholischer und evangelischer Gottesdienste und -häuser. Die Predigt spielt eine untergeordnete Rolle; dominiert wird der Gottesdienst, bei dem Besucher willkommen sind, von Wechselgesängen, die altertümlich und fremdartig klingen. Je mysteriöser die Liturgie, desto sicherer, dass sie „nicht von dieser Welt" ist, so könnte das Motto lauten. Die Kuppel der Kirchen stellt das Firmament dar, das Gebäude selbst wird als Pforte des Himmels empfunden, Sichtbares und Unsichtbares, Glaube und Architektur verschmelzen zu einer Einheit.

Der *Papas*, der Priester, ist fester Bestandteil des Dorflebens. In ihren dunklen, langen Gewändern, das lange Haar unter dem Hut im Nacken verknotet und mit üppigem Bart, sieht man die Papades auf der Platia sitzen, aber auch auf

Das Kafenion ist Parlament, Spielhalle und das zweite Zuhause der griechischen Männer

den Feldern arbeiten. Ihr Gehalt ist gering, was sie zum Nebenerwerb zwingt. Viele sind verheiratet, müssen eine Familie ernähren: Der Zölibat betrifft in der orthodoxen Kirche nur die oberen Ränge.

Allgegenwärtig, besonders oft am Straßenrand, sind Bilderstöcke, in deren Innerem vor einer kleinen Ikone ein Öllämpchen brennt und die an ein denkwürdiges Ereignis oder einen Unfall erinnern.

Die griechische Familie: Papa ist der König

Die Großfamilie ist die Zelle des griechischen Lebens. Verbundenheit zu ihr wird in Griechenland noch sehr groß geschrieben. Jeder, der z. B. in Deutschland sein Geld verdient, würde ohne lange zu zögern bei einer schweren Erkrankung eines Angehörigen in seine Heimat zurückkehren. Die Sicherheit des sozialen Netzes bietet die Familie, nicht der Staat. Bis vor kurzem noch lebten oft drei Generationen zusammen unter einem Dach, wobei die uneingeschränkte Macht beim Vater lag. Selbst erwachsene und verheiratete Söhne unterliegen dieser Hierarchie.

In den letzten Jahren ist jedoch an die Stelle der Großfamilie mehr und mehr die Kernfamilie getreten. Die Industrialisierung und die Möglichkeit, in Touristenorten Geld zu verdienen, zieht v. a. junge Männer in die Küstenorte. In den Bergdörfern bleiben die Alten.

Frauen: der lange Weg zur Emanzipation

Nur langsam brechen die streng patriarchalen Strukturen der griechischen Gesellschaft auf. Erst 1952 wurde das volle Wahlrecht für Frauen eingeführt, die Gleichberechtigung erst 1975 in der Verfassung verankert. Die familienrechtliche Gleichstellung von Mann und Frau erfolgte nochmals acht Jahre später, nämlich 1983. Im selben Jahr wurde vom griechischen Parlament auch die Pflicht zur Mitgift *(prika)* abgeschafft. Mit ihr hatte zuvor mancher Bräutigam seine Existenz gegründet, da er über die Aussteuer frei verfügen konnte. Zurückzahlen musste er sie lediglich im Falle einer Scheidung. Kein Wunder also, dass die meisten Männer einer offiziellen Scheidung in keinem Fall zustimmen wollten – da konnte die Ehe so zerrüttet sein, wie sie wollte. Da auf die Prika Einkommenssteuer erhoben wurde, hat auch der Staat an dieser frauenfeindlichen Institution reichlich verdient. Seit 1984 haben die Griechinnen auch das Recht auf Mutterschaftsurlaub. 1986 legalisierten die Athener Abgeordneten außerdem Schwangerschaftsabbrüche unter der Voraussetzung, dass diese sozial oder medizinisch indiziert sind.

Am Straßenrand: Mahnmal gegen Raser

Im Beruf schreitet die Gleichstellung ebenso voran: Der Durchschnittsverdienst von Griechinnen in der Industrie liegt inzwischen bei 79 % eines Männergehalts. Das ist im EU-Vergleich viel; in Deutschland sind es nur 73 %. Dennoch: In vielen Dörfern hat, allen Gesetzen zum Trotz, traditionsgemäß noch immer das Familienoberhaupt das Sagen – und das ist nach wie vor der Mann.

Gastfreundschaft

Im Griechischen gibt es für die Begriffe „Fremder" und „Gast" nur ein Wort: *xenos*. Fremde/Gäste waren willkommen, man bot ihnen Speis und Trank, Quartier und Schutz. Der Massentourismus hat diese Form der Gastfreundschaft auf Kos zerstört. Viel zu oft wurden die freundlichen Gastgeber ausgenutzt, bisweilen für ihre Uneigennützigkeit ausgelacht. Schließlich haben auch die Griechen längst gemerkt, dass mit Touristen Geld zu verdienen ist.

Dennoch verhält sich die Bevölkerung gegenüber Fremden nach wie vor freundlich. In einigen Dörfern geht die Gastfreundschaft *(filoxenia)* noch immer so weit, dass Fremde zum Essen und Trinken eingeladen werden und für die Zeit des Aufenthalts unter dem Schutz der Familie stehen – so wie es nach alter Sitte üblich ist.

Emigration

Obwohl die Koer statistisch gesehen zu den wohlhabenderen Griechen gehören, ist Auswanderung noch immer ein Thema. Das entspricht durchaus der Tradition, gründeten doch schon im 7. vorchristlichen Jahrhundert Griechen im gesamten Mittelmeerraum Kolonien. Im 19. Jh. und nach dem Zweiten Weltkrieg emigrierten viele nach Amerika. Heute leben allein in den USA rund 2,3 Millionen Griechen, knapp 350.000 sind es in der Bundesrepublik.

Vor allem die Jungen wollen heute weg von der Insel, nicht nur aus beruflichen oder finanziellen Gründen. Oft ist es schlicht Langeweile, die sie treibt: „Im Sommer, wenn die Touristen da sind, ist ja einiges los; die Winter aber sind entsetzlich öde." Städte wie Athen oder Thessaloniki, Länder wie Amerika oder Kanada sind die Traumziele. Viele Emigranten kehren nach einigen Jahren im Ausland zurück nach Kos, wo sie sich ein kleines Hotel oder Restaurant einrichten.

Wirtschaft

Nach dem Zweiten Weltkrieg gehörte der Dodekanes zu den ärmsten Regionen Griechenlands. Steuervergünstigungen, die sich bis heute erhalten haben, sollten die Wirtschaft ankurbeln. Mit Erfolg: Heute geht es den Menschen auf Kos relativ gut. Zumal Griechenland seit einigen Jahren beim Wirtschaftswachstum in der Spitzengruppe der Europäischen Union liegt. Konjunkturmotor auf Kos ist der Tourismus.

700.000 Touristen landen pro Saison auf Kos, mehr als 500.000 verbringen ihren Urlaub auf der Insel. Knapp zwei Drittel der Beschäftigten arbeiten im Dienstleistungsgewerbe rund um den Fremdenverkehr. Hauptsächlich der Pauschaltourismus der unteren bis mittleren Preisklasse trägt zum wachsenden Wohlstand der einheimischen Bevölkerung bei: Hinsichtlich des durchschnittlichen Pro-Kopf-Einkommens rangiert die einstige Problemregion Dodekanes mittlerweile in der Spitzengruppe Griechenlands.

Noch immer werden Hotels, Tavernen und Straßen für die Gäste benötigt. Das hat die Baubranche beflügelt, verhilft Handwerksbetrieben zu gefüllten Auftragsbüchern. Knapp 10 % der Koer arbeiten im produzierenden Gewerbe, v. a. in den Bereichen Textilien und Keramik, deren Erzeugnisse in den Boutiquen und Souvenirläden der Urlaubsorte Absatz finden.

Nur noch gut 5 % der arbeitenden Bevölkerung sind Bauern. Auf Kos werden vorwiegend Tomaten, Melonen, Oliven, Wein, Tabak und Zitrusfrüchte angebaut. Wegen der recht günstigen klimatischen Bedingungen und des vergleichsweise fruchtbaren Bodens sind zwei Ernten pro Jahr keine Seltenheit.

Die Fischerei spielt als Erwerbsquelle eine untergeordnete Rolle. Die nahe gelegenen Fanggründe sind leer, was auch auf das früher verbreitete „Dynamit-

Einst Verdienstquelle, heute Ausstellungsstück: traditioneller Webstuhl

fischen" zurückzuführen ist. Diese Fangmethode tötet nicht nur die ausgewachsenen Fische, sondern auch die Brut, alle Kleinlebewesen und Pflanzen. Langsam zerstörten die Fischer ihre eigene Existenzgrundlage. Nur noch Sardellen und Sardinen zappeln zahlreich in den Netzen, Thunfisch, Schwertfisch, Makrelen, Tintenfisch und Oktopus sind selten.

Geschichte

Dodekanes und Kos im Überblick

um 5500 v. Chr.	Erste nachweisbare Besiedlung des Dodekanes
um 1500–1150 v. Chr.	Achäer vom Peloponnes lassen sich auf dem Dodekanes nieder.
490–479 v. Chr.	Perserkriege. Kos und Rhodos kämpfen auf Seiten der Perser.
477 v. Chr.	Der Dodekanes schließt sich dem Attisch-Delischen Seebund an.
um 200 v. Chr.	Rom unterstützt Kos im Kampf gegen die Expansionsbestrebungen Makedoniens.
395	Das Römische Reich wird geteilt. Ganz Griechenland und der Dodekanes werden Teil des Oströmischen Reiches, dem späteren Byzantinischen Reich.
4.–7. Jh.	Der Dodekanes wird wiederholt von Vandalen, Westgoten, Sarazenen und Normannen überfallen und geplündert.
654	Kos und Rhodos werden für kurze Zeit von den Arabern besetzt.

Kos – die Insel

Säulen des Apollon-Tempels im Asklepieion

13. Jh.	Der Dodekanes kommt unter venezianische, später unter genuesische Herrschaft.
1309	Der Johanniterorden erwirbt den Dodekanes von den Genuesen.
1523	Nach mehrmonatiger Belagerung verlassen die Johanniter Kos, und die Türken unter Sultan Süleiman I. (dem Prächtigen) erlangen die Herrschaft über die Dodekanes-Inseln.
1821–29	Kampf der Griechen gegen die Türken. Der Peloponnes, Attika, Mittelgriechenland und die Kykladen erringen die Unabhängigkeit. Kos und die anderen Inseln des Dodekanes verbleiben im Osmanischen Reich.
1912	Während des italienisch-türkischen Krieges besetzen die Italiener 1912 Kos und übernehmen damit die Macht auf dem Dodekanes.
1923	Im Friedensvertrag von Lausanne verzichtet die Türkei endgültig zugunsten von Italien auf Kos und den Dodekanes.
1933	Ein schweres Erdbeben zerstört die meisten Häuser in Kos-Stadt und Kardamena.
1943	Nach dem Sturz Mussolinis besetzen die Deutschen den größten Teil der Inseln des Dodekanes.
1944	Vier Jahre nach dem ersten Besuch von Reichspropagandaminister Goebbels beginnt die Deportation von über 2000 Juden aus Kos und Rhodos in die deutschen Konzentrationslager.
1945–47	Britische Besatzungszeit
1948	Der Dodekanes wird Teil Griechenlands.
1967–74	Militärdiktatur in Griechenland. Auf Leros werden politische Gefangene wie beispielsweise der Schriftsteller Jannis Ritsos eingekerkert.
1974	Zypernkrise. Der Großteil der türkischen Minderheit verlässt Kos während und nach der Krise.

1975	Per Volksabstimmung wird in Griechenland die Monarchie abgeschafft.
1981	Griechenland wird Mitglied der Europäischen Gemeinschaft. Der Sozialist Andreas Papandreou wird Ministerpräsident Griechenlands.
1991	Golfkrieg – die Besucher bleiben aus. Da die Wirtschaft der Dodekanes-Inseln jedoch hauptsächlich vom Tourismus abhängt, verschlechtert sich die ökonomische Lage deutlich.
2001	Die Terror-Anschläge auf die USA am 11. September und der anschließende Krieg in Afghanistan treffen den griechischen Tourismus, die Besucherzahlen sinken auch auf Kos.
2002	Griechenland führt den Euro ein.
2004	Die Olympischen Sommerspiele finden in Athen statt. Die Kosten des Großereignisses liegen bei mehr als zehn Milliarden Euro. Durch den Euro sind die Lebenshaltungskosten in Griechenland enorm gestiegen. Der sozialistische Ministerpräsident Simitis (PASOK) bekommt dafür die Quittung von den Bürgern. Die konservative ND unter Kostas Karamanlis gewinnt die Wahlen zum griechischen Parlament.
2006	Der griechische Präsident Karolos Papoulias besucht die Dodekanes-Insel Symi. Die Visite ist eine politische Reaktion auf den Zusammenstoß eines türkischen und eines griechischen Kampfflugzeugs, bei dem der griechische Pilot ums Leben kam.
2007	Im September finden vorgezogene Neuwahlen statt: die ND unter Kostas Karamanlis gewinnt die Wahl erneut.
2008	Am 6. Dezember wird der 15-jährige Alexandros Grigoropoulos nach einer Auseinandersetzung zwischen der Polizei und Autonomen im Athener Stadtteil Exarchia durch den Schuss eines Polizisten getötet. Monatelange Unruhen und landesweite Proteste, die sich auch auf die griechischen Inseln ausdehnen, sind die Folgen. Noch im Dezember werden Forderungen laut, Karamanlis und seine Regierung sollten zurücktreten. Es werden Neuwahlen verlangt.
2009	Am 4. Oktober finden Parlamentswahlen in Griechenland statt. Der bisherige Oppositionsführer George Papandreou und seine PASOK sind mit einem Stimmenanteil von fast 44 % (2007: 38 %) Gewinner der Wahlen. Karamanlis und die ND fallen von knapp 42 % auf 33,5 %. George Papandreou ist der dritte PASOK-Regierungschef in Griechenland nach Ende der Militärdiktatur. Der erste war sein Vater Andreas Papandreou, der zweite Kostas Simitis.

Die prähistorische Zeit (4000–800 v. Chr.)

Funde aus der Höhle Aspri Petra in der Nähe von Kefalos belegen, dass Kos bereits in der Jungsteinzeit (um 3500 v. Chr.) bewohnt war.

Im Gebiet der Stadt Kos gründeten Einwanderer aus Kreta um 1600 v. Chr. eine Kolonie mit einem Hafen, der für den Fernhandel zwischen Kreta und Kleinasien, der heutigen Türkei, große Bedeutung besaß. Nach dem Untergang der minoischen Kultur drängten die Achäer aus Thessalien und dem Peloponnes auf die Insel und errichteten mehrere Stützpunkte. *Homer* berichtet in der *Ilias*, dass Kos und seine Nachbarinseln mit 30 Schiffen am Trojanischen Krieg um 1200 v. Chr. teilgenommen haben.

32 Kos – die Insel

Unter der Herrschaft der *Dorer* erlebte die Insel eine erste Blütezeit: Die landwirtschaftlich genutzte Fläche wurde erweitert, Handwerk und Handel expandierten, die Bevölkerung wuchs stetig an. *Strabon*, ein griechischer Geograf aus dem letzten vorchristlichen Jahrhundert, berichtet, dass Kos im 8. Jh. v. Chr. Kolonien in Unteritalien gegründet habe.

Zwischen Athen und Sparta

Ende des 6. vorchristlichen Jahrhunderts fiel Kos an das Königreich Persien. Als die Koer sich weigerten, Schiffe für den persischen Feldzug gegen die griechischen Stadtstaaten des Festlandes zu stellen, wurde Kos von persischen Truppen besetzt. Nach mehreren militärischen Niederlagen mussten sich die Perser jedoch von der Insel zurückziehen. 477 v. Chr. trat Kos dann dem Attischen Seebund bei. In dieser Zeit wurde der wohl berühmteste Sohn der Insel, der Arzt *Hippokrates*, geboren.

Während des *Peloponnesischen Krieges* 431–404 v. Chr. stand Kos auf der Seite Athens, obwohl auf der Insel Dorisch gesprochen wurde – die Sprache der Feinde aus Sparta. Diese griffen 411 v. Chr. die Hauptstadt Astypalea (nahe dem heutigen Kefalos) an, plünderten und zerstörten sie. Viele Bewohner verließen daraufhin die Stadt und gründeten auf dem Gebiet der heutigen Stadt Kos eine neue Ansiedlung. Die Koer bauten die Stadtmauer und den Hafen aus. Der Handel blühte auf, und viele Menschen, darunter auch den römischen Feldherrn *Pompejus*, zog es zum *Asklepieion*, das als Heiligtum und Krankenhaus über die Inselgrenzen hinweg berühmt war.

Zu jener Zeit soll die Bevölkerungszahl auf über 100.000 Menschen angewachsen sein. Selbst wenn man die Übertreibungen der antiken Geschichtsschreiber in Betracht zieht, muss man davon ausgehen, dass damals mehr Menschen auf Kos lebten als heute.

Hippokrates

Kos und Rom: Bündnis und Herrschaft

Nachdem Kos im Zweiten Makedonischen Krieg (200–197 v. Chr.) schwere Niederlagen hatte hinnehmen müssen, bemühte sich die Insel – zusammen mit anderen griechischen Stadtstaaten – um ein festes Bündnis mit dem Römischen Reich.

Die Bemühungen waren erfolgreich, und so kämpften die Koer in der Folgezeit an der Seite des aufstrebenden Rom. 30 v. Chr. wurde Kos in die römische Provinz Asia eingegliedert. Der militärische Schutz des Römischen Reiches, dem die Insel nun unterstellt war, hatte aber auch seinen Preis: Die Jahressteuern, die an Rom abgeführt werden mussten, waren erheblich.

Gegründet von den Johannitern: das Kastell in Kos-Stadt

Der Siegeszug des Christentums

Die christliche Religion fand in Kos, wohin der *Apostel Paulus* auf einer seiner Reisen gekommen sein soll, viele Anhänger, obwohl sie zunächst von der römischen Staatsgewalt verfolgt wurden. Erst unter *Konstantin dem Großen*, der 324 n. Chr. die Kaiserkrone im Römischen Reich übernahm, entwickelte sich das Christentum zur Staatsreligion. In der Folgezeit errichteten die Koer zahlreiche Basiliken, deren Überreste zum Teil heute auf der Insel zu besichtigen sind.

Zwischen dem 4. und 7. Jh. überfielen *Vandalen, Westgoten, Sarazenen* und *Normannen* die Insel, raubten, plünderten und brandschatzten. Neben der Gefährdung durch Piraten erlebten die Koer noch eine ständige Bedrohung ganz anderer Art: die Erdbeben. Das schwerste im Jahre 554 zerstörte viele Ansiedlungen, das Asklepieion fiel in Schutt und Asche.

Kreuzritter und Türken: Fremdherrscher im Mittelalter

Dem Aufruf des Papstes *Innozenz III.* zum vierten Kreuzzug folgten zahlreiche europäische Adelige, v. a. Franzosen, Venezianer und Deutsche. 1204 eroberten die Kreuzfahrer große Teile des Byzantinischen Reiches, das sie unter sich aufteilten: Kos wurde zunächst der Herrschaft Venedigs unterstellt, fiel schließlich aber an die Genuesen, die Kos jedoch nicht schützen konnten. Diese militärische Schwäche machten sich Anfang des 14. Jh. unter anderem Katalanen zunutze, die die Insel in räuberischer Absicht heimsuchten.

Schließlich verkauften die Genuesen Kos im Jahre 1309 an den Großmeister des *Johanniterordens*, Foulques des Villerat. Fünf Jahre später zogen die Ritter des Ordens auf der Insel ein, die sie über 200 Jahre beherrschen sollten.

Nachdem Sultan Süleiman I. bereits Rhodos eingenommen hatte, gelang es ihm 1523, auch Kos zu erobern. Die Koer wurden gezwungen, dem christlichen Glauben abzuschwören. Wer sich weigerte, wurde schwer bestraft und nicht selten sogar getötet. Als Märtyrer ging *Ioannis Navkliros*, den die türkischen Herrscher 1669 auf dem Scheiterhaufen verbrennen ließen, in die Geschichte ein.

Besatzung und Befreiung

In den Jahren 1821 bis 1829 führten die Griechen ihren Befreiungskrieg gegen die Türken. Auf dem Dodekanes jedoch blieb die Fremdherrschaft weiter bestehen. Als am 7. Mai 1912 italienische Soldaten auf Kos landeten, wurden sie von der Bevölkerung freudig empfangen im Glauben, sie kämen als Befreier und um die Vereinigung des Dodekanes mit dem unabhängigen Griechenland zu unterstützen. Tatsächlich jedoch erfolgte nur die Ablösung der türkischen Besatzung durch eine italienische. Die Herrschaft der italienischen Gouverneure und das schwere Erdbeben von 1933 veranlassten viele Koer, ihrer Heimat den Rücken zu kehren.

Der Zweite Weltkrieg

Nach dem Sturz Mussolinis 1943 besetzten die Deutschen den größten Teil des Dodekanes, darunter auch Kos. Viele Koer, die im Verdacht standen, den antifaschistischen Widerstand zu unterstützen, dem immer wieder erfolgreiche Operationen gelangen, fielen den Exekutionskommandos der Nazis zum Opfer. Getötet wurden aber auch italienische Offiziere, die sich weigerten, mit den Deutschen zusammenzuarbeiten. Die Nazis deportierten die auf Kos lebenden Juden in das Konzentrationslager *Haidari* bei Athen, von wo aus sie in Viehwaggons in die deutschen Vernichtungslager transportiert wurden. Ein großer Teil der Bevölkerung entzog sich dem Terror und der Zwangsarbeit durch Flucht in die Türkei.

Als am 9. Mai 1945 die Briten auf Kos landeten, bot sich ihnen ein Bild der Zerstörung: viele Gebäude zerbombt, das Vieh getötet, die Menschen hungernd. 1948 erfolgte die Vereinigung des Dodekanes mit Griechenland, was viele türkischstämmige Inselbewohner zur Auswanderung veranlasste.

Die Diktatur der Obristen

Im April 1967 ergriffen die Militärs in einem Staatsstreich die Macht. Noch im gleichen Jahr musste der König nach misslungenem Gegenputsch das Land verlassen. Die führenden Politiker aller Parteien wurden verhaftet, über Griechenland wurde der Ausnahmezustand verhängt. Die Obristen-Clique gab dem Land eine neue Verfassung, trat aus dem Europarat aus und kündigte die Menschenrechtskonvention auf. In Schauprozessen verurteilten Sondergerichte politische Gegner zu hohen Haftstrafen oder Verbannung; Gefangene wurden gefoltert (Filmtipp: „Z" von Costa Gavras). Der Schrecken endete erst 1974.

Das Verhältnis zur Türkei

Um die Beziehungen zwischen Türken und Griechen stand es lange Zeit schlecht. Die jahrhundertelange Besetzung durch die Osmanen hat tiefe Spuren in der griechischen Gesellschaft hinterlassen. Zudem schwelen aktuelle Konflikte, v. a. um die Ägäis und Zypern.

Seit den 1930er Jahren fordert die griechische Mehrheit Zyperns den Anschluss an Griechenland. Ihrem Wunsch verschaffte sie sich Gehör durch Demonstrationen und Terrorakte, die unter dem Schlagwort Enosis stattfanden. 1963 entsandte die UNO schließlich Friedenstruppen, die aber den bürgerkriegsähnlichen Zustand nicht aufheben konnten. Mehrfach drohte zwischen der Türkei und Griechenland ein Krieg auszubrechen: Nachdem sich der als Türkenhasser bekannte Zypriot Nikos Sampson zum Staatschef der Insel aufgeschwungen hatte, landeten am 20. Juli 1974 türkische Invasionstruppen auf der Insel und besetzten den Ostteil. Daraufhin ordnete der Chef der Obristen in Athen, Ioannidis, die totale Mobilmachung an. Die Armeeführung verweigerte jedoch ihre Unterstützung. Damit endeten seine Karriere und die Diktatur. Die Insel wurde geteilt: Der Westen fiel an Griechenland, im Osten blieben die Türken.

Ein permanenter Streitpunkt zwischen Athen und Ankara ist zudem die Ägäis. Im August 1996 veröffentlichte die linksliberale Istanbuler Tageszeitung Cumhuriyet Auszüge aus einer Studie der türkischen Streitkräfte-Akademie, die den territorialen Status quo der Ägäis in Frage stellt. 107 Inseln, darunter auch Kalymnos, gehören demnach zur Türkei.

Dennoch scheint es zu einer Annäherung der beiden Staaten zu kommen. Nach den schweren Erdbeben in der Türkei im Sommer und Herbst 1999 sandte Griechenland Hilfsorganisationen in das Gebiet und leistete dem Nachbarn humanitäre Hilfe. Auch im Zypern-Konflikt bewegen sich die Kontrahenten: Die Demarkationslinie zwischen den Inselteilen wurde 2003 aufgehoben. Dennoch zeigten sich im April 2004 im Zusammenhang mit dem EU-Beitritt Zyperns wieder die alten Feindseligkeiten. Während fast zwei Drittel der türkischen Zyprer einer Wiedervereinigung der Mittelmeerinsel zustimmten, stimmten drei Viertel der griechischen Zyprer dagegen. Im Mai 2004 trat dann schließlich nur die (griechische) Republik Zypern der EU bei. Allerdings wird mit der Anerkennung der Republik Zypern durch die Türkei gerechnet, da dies eine Voraussetzung für deren EU-Beitritt ist.

Im März 2008 gab es ein Treffen zwischen den Sprechern der griechischen und türkischen Volksgruppen, bei dem man sich auf Verhandlungen über die mögliche Vereinigung der beiden Inselteile einigte: Seit April 2008 ist die Grenze in der Altstadt von Nikosia geöffnet.

Die Wiedergeburt der Demokratie

Nach einer Volksabstimmung im Jahre 1975 wurde Griechenland eine parlamentarische Republik, sechs Jahre lang regiert von der konservativen *Nea Dimokratia*. Dann setzte sich die Panhellenische Sozialistische Bewegung (PASOK) unter *Andreas Papandreou* bei den Wahlen durch. Im gleichen Jahr, 1981, wurde Griechenland Vollmitglied der EG.

Nach Papandreous Tod 1996 wurde der Sozialist *Kostas Simitis* neuer Regierungschef. Eines der Ziele seiner „Neuen Ära" war eine konsequente Sparpolitik, welche die griechische Wirtschaft stärken und die maroden Staatsfinanzen aufbessern sollte. Der 1998 vom griechischen Parlament gebilligte Sparhaushalt und der Aufschwung der griechischen Wirtschaft verblüfften selbst hart gesottene Kritiker: Griechenland erfüllte bis zum Januar 2000 die Anforderungen für den Beitritt zur europäischen Währungsunion. Im Jahr 2002 wurde der Euro eingeführt. Die Wirtschaft ist seitdem jährlich um rund 4 % gewachsen.

Am 7. März 2004 verlor die PASOK die Regierungsmacht: Nur 40,6 % der Stimmen für die Sozialisten, 45,5 % für die Nea Dimokratia unter der Führung von *Kostas Karamanlis*. Auf Kos hat die PASOK dagegen ihre Stellung als führende Partei halten können.

Sozialistenhochburg Kos

Felipe Gonzales und Kos, das passt. Anlässlich des EG-Gipfeltreffens, das im Jahre 1988 auf Rhodos stattfand, wurde dem damaligen spanischen Ministerpräsidenten die Ehrenbürgerschaft von Kos verliehen. Der Sozialistenchef dürfte sich auf der Insel wohlfühlen: Kos ist traditionell eine Hochburg der Panhellenischen Sozialistischen Bewegung. Wahlsiege feiern die Koer also in Grün, der Farbe der Sozialisten (blau = Nea Dimokratia; rot = Kommunisten).

Fast 20 Jahre stand *Kostas Kaiserlis* an der politischen Spitze der Insel. Dann zog es ihn ins Parlament nach Athen. Seine Nachfolge auf Kos trat 2006 *Georgios Kyritsis* an – natürlich auch ein Sozialist. Er erreichte 44,1 % der Stimmen, die Konservativen landeten bei 31,4 %. Und wenn Gonzales auf Kos Urlaub macht, dann heißt es wohl: Sozialisten unter sich.

Flughafen Kos: in Spitzenzeiten 30 Maschinen täglich

Anreise

Die Insel Kos wird von allen großen Flughäfen in Deutschland, Österreich und der Schweiz direkt angeflogen, zudem von zahlreichen der kleineren Airports. Die Anreise mit dem Flugzeug ist die einfachste, schnellste und billigste Variante. In rund 3 Std. bringen die Chartermaschinen die Urlauber direkt in das mediterrane Klima des Dodekanes.

Wer eine Anreise mit der Bahn oder per Reisebus in Betracht zieht, sollte reichlich Zeit einplanen. Allein die Fahrt von München nach Athen dauert rund zwei Tage, und für die Schiffspassage von Piräus nach Kos muss ein dritter Tag veranschlagt werden. Im Gegensatz zu Flugpassagieren verliert man auf diesem Weg mit Hin- und Rückreise rund eine Woche an Urlaubsfreuden – und billiger kommt es auch nicht.

Mit dem Flugzeug

Die einfachste und in der Regel preisgünstigste Anreisevariante ist ein *Direktflug per Charter*, der entweder allein oder im Rahmen einer Pauschalreise (z. B. über *Attika-Reisen*, www.attika.de, oder *TUI*, www.tui.com) gebucht werden kann. Charterflugverbindungen bestehen von allen großen Flughäfen Österreichs, der Bundesrepublik und der Schweiz. Je nachdem, von welchem Flughafen Sie nach Kos (Kurzbezeichnung KGS) starten, dauert der Flug zwischen 2 (Wien) und 3:45 Std. (Berlin). Da die Charterflüge zu Spitzenzeiten schnell ausgebucht sind, ist eine längerfristige Planung nötig. Tickets für die Oster-, Pfingst- oder Sommerferien sollten Sie mindestens zehn Wochen vor Ihrem gewünschten Reisetermin kaufen.

- *Preise* Regulär ab 250 € (Nebensaison) bis zu 400 € (Hauptsaison). Es gibt aber auch viele Sonderangebote. Die Fluggesellschaften unterbieten sich mittlerweile. Abgesehen von 19- oder 29-€-Lockangeboten gibt es Flüge bereits ab ca. 150 €, wenn man früh genug bucht. Informationen zu Last-Minute-Angeboten erhalten Sie im Reisebüro oder auf folgenden Websites (Stand 12/2009): www.ltur.com, www.expedia.de, www.weg.de, www.opodo.de, www.lastminute.de, www.billig-flieger-vergleich.de, www.flugsupermarkt.de.

  Kinder bis zu zwölf Jahren erhalten bei einem Charterflug in der Regel zwischen 20 und 40 % Ermäßigung. Säuglinge fliegen je nach Gesellschaft zum Nulltarif oder für 10 % des Normaltarifs. Günstige Chartergesellschaften für die Strecke Deutschland – Kos sind Air Berlin (✆ 01805-737800, www.airberlin.com) und Tuifly (✆ 01805-757510, www.tuifly.com).

- *Abflughäfen* In Deutschland gibt es Direktflüge nach Kos nicht nur von den großen Airports wie Frankfurt, München und Düsseldorf, sondern auch von fast allen Regionalflughäfen wie Berlin, Stuttgart, Hamburg, Köln/Bonn, Hannover, Friedrichshafen, Nürnberg, Münster, Leipzig, Paderborn, Saarbrücken etc. Österreicher erreichen die Insel von Wien, Salzburg, Linz und Innsbruck, Schweizer von Zürich und Basel aus.

- *Fluggepäck* Auf allen Linien- und Charterflügen dürfen pro Person 20 kg Freigepäck mitgenommen werden. Auf innergriechischen Verbindungen sind es hingegen nur 15 kg. Wer aber aus dem Ausland anreist, darf seine 20 kg weiter kostenfrei mitnehmen. Wer zu zweit fliegt und unterschiedlich schweres Gepäck dabeihat, sollte es beim Einchecken auch gemeinsam auf die Waage stellen, denn Übergewicht ist teuer.

  Was die **Mitnahme von Sportgeräten** betrifft, zeigen sich die großen Chartergesellschaften wie Air Berlin großzügig. Doch es gilt, sich bei der Charter-Airline genau zu erkundigen. Für ein Fahrrad zahlt man ab ca. 15 € aufwärts, für ein Surfbrett um 20 € und mehr. Die Bedingungen und Gebühren wechseln häufig. Eine sachgerechte Verpackung müssen Sie selbst gewährleisten, sonst nützt das anschließende Klagen über die verbogene Lenkergabel gar nichts. Die Anmeldung – im Reisebüro oder direkt bei der Fluggesellschaft – sollte möglichst frühzeitig erfolgen, v. a. wenn eine ganze Gruppe Sportgeräte mitnehmen will.

  Der Transfer zwischen Flughafen und Unterkunft im Urlaubsland umfasst meist nicht die Beförderung sperriger Gegenstände, sodass man Kosten und Risiken eines Sondertransfers (Taxi o. Ä.) selbst tragen muss.

Alternativ kann auch per Charter- oder *Linienflug nach Athen* und von dort per *Anschlussflug nach Kos* gereist werden. Der Vorteil beim Linienflug ist, dass der Fluggast An- und Abreisetag auswählt und daher nicht auf den Rhythmus der Charterverbindungen angewiesen ist. Allerdings ist das reguläre Ticket deutlich teurer als beim Charterflug. Die versiertesten Anbieter für Linienflüge nach Athen sind die griechische Fluggesellschaft *Aegean Airlines*, die *Lufthansa* sowie *Swiss International Air Lines* (www.swiss.com) und *Austrian Airlines* (www.aua.com).

- *Preise* Die Preisspanne für einen Linienflug ist weit – die besten Tarife schlägt man bei einer Vorausbuchung von mindestens sechs Wochen heraus. Ein Lufthansa-Flug nach Athen ist ab Frankfurt oder München bei entsprechender Buchung ab ca. 95 € zu haben, Tickets für Hin- und Rückflug können schon für um die 180 € im Angebot sein. Aegean Airlines bietet One-Way-Tickets bereits ab 77 € an. Der Normaltarif liegt dagegen zwischen 700 und 900 € – die Flüge können aber auch wesentlich teurer ausfallen.

- *Adressen* **Lufthansa**: In jedem Reisebüro oder unter der zentralen Info-Line ✆ 01805-805805 (0,14 €/Min., 24 Std. an sieben Tagen der Woche), siehe auch www.lufthansa.com.

  Aegean Airlines: Am Hauptbahnhof 10, 60329 Frankfurt/Main, ✆ 069-2385630, www.aegeanair.com.

  Sie können natürlich auch **Reisebüros** nutzen, z. B. Travel Overland: telefonische Beratung und Buchung unter ✆ 01805-276370 für 0,14 € pro Min., www.travel-overland.de.

Mit dem Flugzeug

Wer auf Kos landet, sitzt meist in einem viel größeren Flieger

Innerhalb Griechenlands ist das Fliegen relativ billig. Die Strecke Athen – Kos wird zweimal täglich in beide Richtungen von der griechischen Fluggesellschaft Olympic Air bedient. Einmal täglich bietet die Gesellschaft Aegean Airlines Flüge von Athen nach Kos und umgekehrt. Der Flug dauert etwa 50 Min. und kostet um 130–140 € (Hin- und Rückflug). Buchungen nehmen auch die Reisebüros in Deutschland, Österreich oder der Schweiz entgegen.

Olympic Air: Die Fluggesellschaft bietet seit 2009 keine Flüge von und nach Deutschland mehr an. Infos: www.olympic air.com.

Aegean Airways: Flugtickets verkaufen die Reiseagenturen auf Kos, z. B. *Arion Travel* in Kos-Stadt, Vassileos-Pavlou-Str., ✆ 22420-49930. Infos am Flughafenschalter von Aegean unter ✆ 22420-51654 sowie auf www.aegeanair.com.

Egal, ob Sie direkt oder über Athen nach Kos fliegen, Sie werden am *Kos Island International Airport*, auch *Hippocrates* genannt, ankommen. Dieser liegt mitten auf der Insel nahe dem Ort Antimachia, rund 25 km von Kos-Stadt entfernt. Er ist in den 1990er Jahren erheblich ausgebaut worden – schließlich ist Kos einer der wichtigsten Verkehrsknotenpunkte der Ägäis. In Spitzenzeiten landen täglich rund 30 Maschinen auf der 2400 m langen Start- und Landebahn.

Im Flughafengebäude gibt es neben Büros von Charter- und Linienfluggesellschaften einen Kiosk und eine Bar. Wer länger warten muss und Hunger oder Durst hat, ist jedoch nicht unbedingt auf diese Bar angewiesen. Gegenüber dem Abfertigungsgebäude liegt die Taverne Airport. Hier lässt es sich lecker und preiswert speisen; auch die Getränke sind deutlich günstiger als im Flughafen. Für abreisende Passagiere gibt es im Flughafengebäude ein Geschäft, das

Leider nicht zu mieten

Tabakwaren, Spirituosen, Parfums und Olivenprodukte verkauft. Taxis warten vor dem Terminalgebäude. Eine Busfahrt vom Flughafen (Haltestelle in der Nähe) nach Kos-Stadt kostet rund 2 €, für eine Taxifahrt zahlt man etwa 27 €.

Für *Tiere* gilt generell: besser zu Hause lassen! Wer jedoch sein Tier auch im Urlaub nicht missen will oder keine Unterbringungsmöglichkeit gefunden hat, muss es bei der Buchung des Fluges anmelden und eine spezielle Transportbox kaufen. Tiere, die mehr als 5 kg wiegen, dürfen nicht in der Kabine mitreisen, sondern werden in den Laderaum verbannt. Chartergesellschaften schlagen das Gewicht des Tieres dem Gesamtgepäckgewicht zu und berechnen für jedes Kilo über der Freigepäckgrenze die übliche Gebühr.

Andere Anreisemöglichkeiten

Die Anreise mit dem Auto, dem Bus oder der Bahn dauert lang und ist teuer. Wir können davon also eigentlich nur abraten. Trotzdem seien die alternativen Anreisemöglichkeiten kurz vorgestellt.

▶ **Mit dem Auto**: Wer mit dem Auto anreisen will, sollte dies via Italien tun. Von Venedig, Triest, Ancona, Bari oder Brindisi setzen Sie nach Patras über und fahren anschließend auf dem Landweg weiter bis Piräus, wo Sie dann eine Fähre nach Kos bringt. Die Fährpassage bringt zwar Abwechslung, treibt aber zusammen mit den italienischen Autobahngebühren, den hohen Benzinpreisen und der für die Benutzung der Schweizer Autobahnen und Schnellstraßen notwendigen Vignette die Kosten auf insgesamt gut 1000 € für eine Pkw-Anreise. Davon abgesehen ist der eigene Wagen auf Kos angesichts preiswerter Mietfahrzeuge und guter Radwege überflüssig.

Andere Anreisemöglichkeiten 41

• *Fährpreise* Der Fährhafen in **Ancona** bietet die besten Verbindungen nach Griechenland. Es gibt in der Hauptsaison tägl. mehrere Überfahrten nach Patras. Die großen Fähren brauchen für die Strecke Ancona – Patras rund 31 Std. Die Superfast und Blue Star Ferries schaffen die Route in 19 Std. (ohne Stopp) bzw. 21 Std. (mit Stopp in Igoumenitsa), sie sind aber auch teurer.

Für die Überfahrt von Ancona nach Patras zahlt man z. B. mit Minoan Lines (Stand 12/2009): 2 Erwachsene, 1 PKW (bis 4,25 m) in der 2-Bett-Außenkabine 641 € bzw. mit Deckpassage 173 €. Mit Wohnmobil (bis 7,5 m) kostet die Überfahrt für 2 Personen mit Anek Lines 331 € (Pullmansitze) bzw. 729 € in der 2-Bett-Außenkabine.

Die Überfahrt **von Piräus nach Kos** erfolgt entweder mit *Blue Star* oder *Anek*. Mit Blue Star kostet eine Deckpassage 45 €, eine Zwei-Bett-Kabine 85 € pro Person. Ausführliche Informationen zu den **Fährverbindungen von Kos zu den Nachbarinseln** finden Sie im Kapitel über Kos-Stadt. Außerdem setzen 3 x tägl. Fähren von Mastihari nach Kalymnos über, und von Kardamena und Kamari gibt es Fähren nach Nissiros; Infos dazu unter den Ortsbeschreibungen.

• *Information* Einen ausführlichen Übersichtsplan mit allen Fährverbindungen zwischen Italien und Griechenland erhalten Sie bei **IKON-Reisen**, Schwanthalerstr. 31, 80336 München, ℡ 089-59988890, www.ikon-reiseagentur.de. Für viele Griechenland-Urlauber gilt der jährlich aktualisierte Plan als Fährbibel, zumal auch noch innergriechische Schiffsverbindungen aufgelistet sind. Ein aktueller Fährplan ist auch bei der **Griechischen Zentrale für Fremdenverkehr** gratis erhältlich. Hilfreich sind außerdem die Websites **www.gtp.gr** (Greek Travel Pages) und **www.ferries.gr**.

Tipp: Wer sich die Mühe sparen will, eine der Reedereien zu kontaktieren, geht am besten gleich ins nächste **DER-Reisebüro**: Hier sind sämtliche größere Reedereien des Fährverkehrs zwischen Italien und Griechenland vertreten und zu buchen (www.der.de).

ADAC-Auslands-Notrufstationen

Griechenland: ℡ 210-9601266, ℡ +30-210-9601266 (mobil)

Österreich: ℡ 01-2512060, ℡ 43-1-2512060 (mobil)

Italien: ℡ 03921041, ℡ +39-03921041 (mobil)

Die Notrufstation in **Deutschland** erreichen Sie rund um die Uhr unter ℡ 0180-2222222 oder 222222 (mobil). Vom **Ausland** aus ist der ADAC unter ℡ +49-89-222222 erreichbar.

Schiffe verbinden die Inseln

Die Ägäis, ein stürmisches, unruhiges Meer

Wenn Sie eine bestimmte Reiseroute verfolgen, seien Sie flexibel: Immer wieder kommt es vor, dass Abfahrten wegen rauer See kurzfristig storniert werden. Vor allem kleinere Schiffe können dann oft nicht auslaufen. Gleiches gilt für Anlegemanöver in den oft engen Hafenbuchten. Erscheint es dem Kapitän aufgrund des Wetters zu gefährlich, fährt er bis zur nächstgrößeren Insel weiter. Wer zur *Seekrankheit* tendiert, sollte unbedingt entsprechende Mittel mitnehmen. Außerdem *Pullover* griffbereit halten, abends wird es auch im Sommer empfindlich kühl an Deck.

▶ **Mit dem Bus:** Die Deutsche Touring bietet mit ihren *Europabussen* ganzjährig Fahrten von verschiedenen Städten in Deutschland nach Griechenland. Zum Zeitpunkt der Recherche waren nur Busfahrten via Italien (Brindisi – Igoumenitsa) nach Griechenland möglich. Die Rückfahrkarten kosten beispielsweise rund 200 € auf der Strecke Düsseldorf – Thessaloniki (Stand 12/2009), hinzu kommen noch die Fährkosten.

• *Auskunft und Buchung* **Deutsche Touring GmbH**, Am Römerhof 17, 60486 Frankfurt, ✆ 069-79030, www.deutsche-touring.com.
Buchungen nur über **DER-Reisebüros**, in den Reise-Centern der Deutschen Bahn (an jedem größeren Bahnhof) und bei den Büros der Deutschen Touring.
Wichtig: Vergessen Sie nicht, sich die *Reservierung für die Rückfahrt* bestätigen zu lassen, und zwar spätestens vier Tage vor der Rückreise.

▶ **Mit der Bahn:** Die Anreise mit der *Deutschen Bahn* von Frankfurt über Salzburg, Zagreb und Thessaloniki nach Athen dauert allein gut 39 Std. Die Strecke München – Athen kostet ohne BahnCard *einfach* 225 €, mit der BahnCard 25 168 € (Stand 12/2009). Dann muss man allerdings noch mit dem Bus nach Piräus, wo man schließlich eine Fähre nach Kos nehmen kann.

• *Auskunft und Buchung* Aktuelle Informationen der Deutschen Bahn AG zu Fahrplänen und den gewünschten Verbindungen (auch im Ausland) erhalten Sie unter ✆ 01805-141514 und im Internet auf www.bahn.de.

Unterwegs auf Kos

Das Verkehrsnetz auf Kos ist ausgezeichnet: Alle wichtigen Straßen sind asphaltiert, Taxis stehen ausreichend zur Verfügung, ebenso Mietfahrzeuge aller Art, die meisten ordentlich gewartet. Und auch mit öffentlichen Bussen kommen Sie gut voran.

Den eigenen Wagen braucht man auf Kos keinesfalls. Bedenken sollten Reisende, dass die Schiffspassagen für Fahrzeuge von Italien nach Patras und anschließend von Piräus nach Kos beträchtlich zu Buche schlagen. So ist es in den meisten Fällen billiger, sich auf der Insel ein Auto oder einen anderen fahrbaren Untersatz zu mieten. Auch mit öffentlichen Verkehrsmitteln können Sie sich recht komfortabel fortbewegen – alle relevanten Orte, Strände und Sehenswürdigkeiten auf Kos sind mit dem Bus erreichbar.

Romantik auf dem Oberdeck

Die nähere Umgebung lässt sich auf Kos problemlos mit dem Fahrrad bzw. Mountainbike erkunden; in Kos-Stadt und Umgebung finden Sie Fahrradwege, die immer weiter ausgebaut werden. Damit will man den Besuchern das Umsteigen auf umweltfreundlichere Fortbewegungsmittel schmackhaft machen.

Mietfahrzeuge

Wer die Insel per Mietfahrzeug erkunden will, muss sich nicht groß umstellen: Die Verkehrsregeln und -zeichen entsprechen weitgehend den deutschen. Eine Ausnahme bildet die Regelung der Vorfahrt: In Griechenland hat der im Kreisverkehr Fahrende *keine Vorfahrt*, sofern nicht explizit anders ausgewiesen. Es gibt regelmäßig Geschwindigkeits- und vereinzelt auch Alkoholkontrollen.

Zweiradvermietung

Moped-, Mofa- und Fahrradvermietungen finden Sie in allen Touristenorten. Das Angebot ist groß, die lokalen Preise sind nahezu einheitlich. Zwischen den Orten gibt es jedoch deutliche Unterschiede. In der Nebensaison kann man den Preis unter Umständen herunterhandeln, besonders bei längerer Mietzeit. Normalerweise gewähren die Händler Rabatte ab drei Tagen Entleihdauer. Testen Sie vor der Vertragsunterzeichnung Bremsen, Licht, Gangschaltung Reifenprofil und Luftdruck. Viele Mopeds oder Mofas sind zu schnell für die schwachen Bremsen. Es besteht Helmpflicht auch für Mopedfahrer – und die Ordnungshüter kontrollieren die Einhaltung, v. a. außerhalb geschlossener Ortschaften. Bei Nichtbeachten droht eine satte Geldstrafe. Folgende Zweiräder werden angeboten:

44   Unterwegs auf Kos

Fahrrad: Ab ca. 3 € pro Tag. Vor allem in Kos-Stadt beliebt. Die Räder haben keine Gangschaltung und eignen sich nur für kleinere Touren. Auch hier gilt: Bremsen, Licht etc. überprüfen. Die meisten Anbieter stellen auch Kindersitze für Fahrräder zur Verfügung.

Mountainbike: Ab ca. 4 € pro Tag. Die geländegängigen Räder haben sich auf Kos rasch durchgesetzt. Sportliche Leute können damit die ganze Insel erkunden. Nachteil: Mountainbikes haben kein Licht.

Mofa: Ab 10 € pro Tag, oft in schlechtem Zustand. Die meisten Maschinen haben eine Automatikschaltung, sind also leicht zu bedienen.

50-ccm-Maschine: Ab ca. 13 € pro Tag. Verschiedene Modelle der Marken Suzuki und Honda, mit und ohne Gangschaltung. Robuste Maschinen kann man problemlos auch zu zweit fahren.

Vespa/Scooter: Mit 80 ccm ab ca. 15 € pro Tag. Die Roller sind am besten für asphaltierte oder befestigte Straßen geeignet. Ziemlich schnell und auch zu zweit zu benutzen, allerdings sehr windanfällig. Angeboten werden Maschinen zwischen 50 und 250 ccm. Wenn Sie keinen Automatikroller wählen, sollten Sie die Hand-Gangschaltung sorgfältig prüfen: Besonders bei Fahrzeugen älteren Datums ist sie oft ausgeleiert, und die Gänge springen raus.

80-ccm-Enduros: Ca. 18 € pro Tag. Die Fahrzeuge sind ideal für „Off-Road"-Touren und bergige Strecken.

Motorrad/Scooter: Für 125- und 250-ccm-Maschinen benötigen Sie einen entsprechenden Führerschein. Sie werden ab ca. 20 € pro Tag angeboten.

Quad: Ein „Motorrad auf vier Rädern" kostet pro Tag je nach Motorleistung 30 bis 50 €. Wenn Sie zu zweit fahren, sollten es schon 80 ccm sein.

Kart: Die offenen Wagen sind auf Kos sehr beliebt. Es gibt sie für rund 50 € pro Tag.

Für **Schäden** am eigenen Fahrzeug haftet man im Allgemeinen selbst – nur eine Haftpflicht ist im Preis inbegriffen. Den Mietvertrag sorgfältig durchlesen. Darüber hinaus wird von den Verleihern meist *Vollkasko* mit hoher Eigenbeteiligung bei Schäden am Mietwagen angeboten. Diese Eigenbeteiligung kann man im Regelfall gegen Aufzahlung ebenfalls „wegversichern".

Wichtig: Ausgenommen von jeder Versicherung sind meist die Reifen und der Unterboden des Mietwagens. Einige Anbieter untersagen deshalb ausdrücklich das Verlassen asphaltierter Straßen. Empfehlungen für Vermieter finden Sie bei den jeweiligen Ortsbeschreibungen.

Autovermietung

Das Angebot, besonders an Kleinwagen und Jeeps, ist groß. Natürlich sind die Tarife je nach Wagentyp sehr unterschiedlich. Für einen Kleinwagen muss man täglich mindestens 30–35 € bezahlen. Die Preise der zahlreich vertretenen Agenturen innerhalb der Orte unterscheiden sich nur geringfügig. Zwischen den Orten, etwa Kos-Stadt und Kamari, gibt es enorme Preisunterschiede: Während im Hauptort ein Kleinwagen in der Hauptsaison 45 € kostet, zahlt man in Kamari nur knapp 35 € pro Tag. Wer

Ideal für die Insel: robuste Roller

ein Fahrzeug für einen längeren Zeitraum mieten möchte, sollte also eventuell den Weg nach Kamari auf sich nehmen, um den fahrbaren Untersatz dort zu mieten. In der Regel sind die kleineren Verleiher etwas günstiger als die renommierten internationalen Firmen wie Hertz oder Avis. Bei Letzteren hat man dagegen die Gewissheit, dass sich die Fahrzeuge in einem brauchbaren Zustand befinden, und sie haben auch so genannte *Holiday-Angebote*: Wer den Wagen bereits vorab zu Hause bucht, erhält Preisnachlässe bis zu 30 %.

Verkehrsbestimmungen in Griechenland

Höchstgeschwindigkeit für Pkw/Wohnmobile:

auf Autobahnen	120 km/h
auf Schnellstraßen	110 km/h
Außerhalb von Ortschaften	90 km/h
„Insel-Highway" auf Kos	80 km/h
Innerorts	50 km/h

Höchstgeschwindigkeit für Motorräder über 100 ccm:

auf Autobahnen	90 km/h
auf Schnellstraßen	90 km/h
Außerhalb von Ortschaften	70 km/h
Innerorts	40 km/h

Sicherheitsgurte: müssen angelegt werden.
Eine Übertretung der zulässigen Höchstgeschwindigkeit um 20 km/h wird mit 40 € geahndet. Mit **Radarkontrollen** muss man v. a. auf dem Insel-Highway rechnen.
Achtung: Per Gesetz dürfen Sie Ihr Fahrzeug in Griechenland nicht verleihen! **Telefonieren** während des Fahrens ist auch in Griechenland nur mit Freisprechanlage erlaubt.
Promillegrenze: 0,5 Promille. Für Motorradfahrer und Fahranfänger bis zwei Jahre nach dem Führerscheinerwerb liegt die Grenze bei 0,2 Promille. Wer mit mehr als 0,6 Promille unterwegs ist, muss mit einer Gerichtsverhandlung und mindestens 400 € Strafe rechnen.

• *Bedingungen* Das Mindestalter für das Entleihen von Autos liegt bei 21 Jahren; außerdem muss der Mieter bereits über ein Jahr lang den Führerschein haben.

• *Versicherung* Bei manchen Firmen gibt es nur Haftpflicht bis zu einer bestimmten Höhe. Alternative: Vollkasko mit Eigenbeteiligung. Vorher genau erkundigen. Das Risiko der Eigenbeteiligung kann durch eine Zusatzversicherung für rund 10 € pro Tag (je nach Wagentyp und Firma) beseitigt werden.

• *Zu beachten* Wer Wert darauf legt, einen Verbandskasten (oder Feuerlöscher) an Bord zu haben, sollte vor Vertragsabschluss die Autovermietung darauf ansprechen.

Gefahren im Straßenverkehr

Unfälle passieren in Kos fast täglich, meist ereignen sie sich auf dem Insel-Highway. Wenn Zweiradfahrer darin verwickelt sind, erleiden sie oft erhebliche Verletzungen. Besonders dann, wenn sie (entgegen den Vorschriften) *ohne Helm* unterwegs sind – was leider immer noch häufig vorkommt. Und selbst bei einem „kleinen Sturz" kommt es zu erheblichen Schürfwunden, wenn keine angemessene Kleidung (lange, robuste Hose und entsprechende Oberbekleidung) getragen wird.

46 Unterwegs auf Kos

Nachtfahrten sind mühsam und gefährlich. Es gibt nur wenige Randbegrenzungen oder -absicherungen. Schlaglöcher oder Bodenwellen treten ohne jede Vorwarnung auf, die Straßen sind spärlich beleuchtet – genauso wie einige Fahrzeuge. Auf Nachtfahrten sollten Sie also lieber verzichten.

Im Vergleich zu den lokalen Vermietern sind *Fly-&-Drive Angebote* oft preiswerter. Hier werden Hin- und Rückflug sowie ein Leihwagen (der im Normalfall bei Ankunft am Flughafen bereitsteht) vermittelt, man ist nicht zwingend an eine Hotelreservierung gebunden. Ein relativ flexibles Programm in Sachen Fly & Drive bietet u. a. Attika-Reisen.

• *Bedingungen* Mindestalter des Fahrers 21 Jahre (bei Jeeps 25 Jahre), Höchstalter 70 Jahre, mindestens ein Jahr Führerscheinbesitz (nationaler Führerschein genügt), das Fahrzeug muss für mindestens drei Tage gemietet werden, tageweise Verlängerung möglich.

Quads sind bei Urlaubern sehr beliebt

Tanken

Das Tankstellennetz auf Kos ist dicht: Entlang des Insel-Highways, in und um Kos-Stadt, Kardamena und Kamari gibt es Zapfsäulen. Auf den Nachbarinseln gibt es jeweils nur wenige Stationen. Benzin bleifrei *(venzini amolivdi)* kostet auf Kos ca. 1,20–1,30 € pro Liter, Diesel *(petrelio)* ca. 1–1,10 € pro Liter (Stand 8/2009).

Die Tankstellen sind in der Regel montags bis samstags 8–22 Uhr geöffnet. Während der Sommermonate haben die meisten auch sonntags geöffnet.

Bus und Taxi

Wer nicht den einsamen, abgelegenen Strand auf eigene Faust suchen und finden will, kann sich auf der Insel bequem und preisgünstig mit dem Bus fortbewegen. Die *Inselbusse (KTEL)* verbinden die wichtigsten Ansiedlungen auf der ganzen Insel; außerdem machen sie Halt an den schönen Sandstränden im Westen von Kos. Bis nach Kefalos – also für rund 42 km bis fast zum anderen Ende der Insel – braucht der Bus von Kos-Stadt aus 1 Std. Die Fahrkarten werden im Bus gelöst! *Wichtig*: Die Busse fahren pünktlich und sind besonders bei den Fahrten von Kos-Stadt zu den Orten an der Nordküste sowie nach Kardamena und den Stränden bei Kefalos voll besetzt. Also rechtzeitig da sein. Es ist nicht möglich, Fahrräder im Bus mitzunehmen.

Bus und Taxi 47

Auch per Bus sind alle Ortschaften auf Kos erreichbar

• *Verbindungs- und Preisbeispiele (jeweils von bzw. nach Kos-Stadt)* Kefalos 6 x tägl., So 3 x, 4 €; Kardamena 6 x tägl., So 3 x, 2,90 €; Tigaki 12 x tägl., So 7 x, 1,80 €; Pyli 4 x tägl., So 2 x, 1,80 €. Nähere Informationen hierzu finden Sie im Kapitel *Kos-Stadt/Verbindungen* und bei den entsprechenden Ortsbeschreibungen.

In Kos-Stadt verbindet der *Citybus (DEAS)* die wichtigen Punkte des weiteren Stadtgebiets miteinander. Der Bus ist günstig: Die teuerste Strecke kostet nur 0,95 €. Ausführliche Informationen zu den Citybussen auf S. 85.

Das *Taxi* ist in Griechenland ein beliebtes öffentliches Verkehrsmittel. Im Vergleich zu Deutschland, Österreich und der Schweiz ist es billig. Selbst in den Stadttaxis wird oft der Taxameter nicht eingeschaltet, sondern ein fester Fahrpreis veranschlagt. Handeln ist nur begrenzt möglich. An folgenden Preisbeispielen für die wichtigsten Strecken können Sie sich orientieren:

Preise (Stand 12/2009) Kos – Flughafen 27 €, Kos – Kefalos 38 €, Kos – Kardamena 25 €, Kos – Tigaki 11 €, Kos – Marmari 14 €, Kos – Mastihari 23 €, Kos – Pyli 19 €.

In Griechenland halten oft bereits besetzte Taxis an, um Sie mitzunehmen, falls Sie in dieselbe Richtung wollen. In diesem Fall den Zählerstand beim Einsteigen merken – ab diesem Betrag wird dann abgerechnet. Während der Hochsaison treten immer wieder Engpässe auf. Bestellen Sie ein Taxi – am besten am Vortag – telefonisch vor, wenn Sie einen Termin (Rückflug, Fähre etc.) einzuhalten haben, ✆ 22420-22777.

Allein reisende Frauen haben auf Kos und den anderen Inseln des Dodekanes keine Probleme, wenn sie die landesüblichen Gepflogenheiten ein wenig berücksichtigen. Sofern es zu eindeutigen Angeboten kommt, reicht im Allgemeinen ein klares und entschiedenes „Nein", um jegliche Diskussion zu beenden.

Übernachten

Die Auswahl ist groß: Auf Kos stehen knapp 200 Hotels aller Kategorien und Preisklassen zur Verfügung. Dazu kommen Apartments und Privatzimmer. Das Preisniveau für eine Übernachtung ist – im Vergleich zu anderen europäischen Ländern – relativ niedrig. Das liegt auch an der großen Konkurrenz: Noch immer entstehen neue Hotels und Apartmentanlagen, das drückt angesichts konstanter Besucherzahlen die Preise.

Die Unterkünfte sind in Griechenland gemäß ihrer Ausstattung in Sterne-Kategorien eingeteilt. Die Klassifizierung erfolgt durch die Griechische Zentrale für Fremdenverkehr (GZF bzw. EOT für *Ellinikos Organismos Tourismou*). Die EOT legt ausschließlich formale Kriterien bei der Vergabe zugrunde. So kann ein Zimmer, das kein privates Badezimmer hat, zwar nicht über einen Stern hinauskommen. Trotzdem kann diese Unterkunft die sympathischste und angenehmste in der Gegend sein – angenehmer als der gesichtslose Betonbau mit drei Sternen.

Hotels, Apartments und Pensionen

Sehen Sie sich das Hotel *(xenodochio)*, Apartment oder die Pension *(pansijon)* wenn möglich an, bevor Sie sich entscheiden. Wenn Sie vor Reiseantritt reservieren wollen, können Sie das mithilfe unserer ausführlichen Beschreibung der Unterkünfte in den Ortskapiteln tun. Wir stellen in diesem Buch bevorzugt Hotels und Pensionen vor, die keine oder nur in geringem Umfang Verträge mit internationalen Reiseanbietern haben. So können Sie in den von uns besprochenen Unterkünften meist auch bei kurzfristiger Buchung noch ein Bett bekommen. Falls Sie auch eine der Inseln Leros, Kalymnos, Lipsi oder Patmos besuchen und dort übernachten wollen, können Sie auch auf der Seite *www.casa-feria.de*, eine dem Michael Müller Verlag angegliederte Internetvermittlung, etwas Passendes suchen. Außerdem sind Internetforen wie *www.holidaycheck.de* hilfreich, um sich ein Bild von Hotels und Apartments zu machen; Urlauber schreiben hier, wie sie die Hotels erlebt haben, und bewerten die Unterkünfte.

Die meisten Hotelzimmer auf Kos verfügen über Duschen, sind klimatisiert und mit einem kleinen Kühlschrank ausgestattet. Eine Tafel mit den offiziellen Preisen muss in jedem Hotelzimmer aushängen. In der Hauptsaison, d. h. in den Monaten Juli und August, sind die Unterkünfte am teuersten. Scheuen Sie sich nicht zu handeln. Viele Hotels geben ihren Gästen auf Anfrage zum Teil erhebliche *Preisnachlässe* auf die offiziellen „door rates", besonders wenn Sie mehrere Tage bleiben. Je weiter entfernt vom Hochsommer Sie Ihre Reise unternehmen, desto niedriger werden die Preise sein. Vor Mitte April und ab Ende Oktober jedoch sind fast alle Hotels (und die meisten Tavernen) geschlossen; in weniger besuchten Orten dauert die Saison nur von Mitte Mai bis Ende September. Mit ungefähr folgenden Preisen für eine Übernachtung inklusive Frühstück müssen Sie rechnen:

Weiß getünchte Häuser in kleinen Gärten: Kos hat hübsche Unterkünfte

Villa Santa Cristina

Kategorie	Einzelzimmer	Doppelzimmer
5* (= ehem. Luxuskat.)	70–160 €	90–220 €
4* (= ehem. Kat. A)	45–110 €	55–150 €
3* (= ehem. Kat. B)	30–60 €	40–70 €
2* (= ehem. Kat. C)	25–45 €	30–50 €
1* (= ehem. Kat. D/E)	20–25 €	25–35 €

Folgendes sollten Sie noch beachten: Einzelzimmer sind rar. Wird in einem Hotel mit drei Sternen aufwärts ein Doppelzimmer als Einzelzimmer benutzt, darf der Einzelzimmerpreis 80 % des Doppelzimmerpreises nicht übersteigen. Für ein Zusatzbett im Doppelzimmer werden meist Aufschläge von gut 20 % erhoben.

- *Abreise* Die Zimmer müssen – wenn nicht anders vermerkt – bis 12 Uhr geräumt sein, sonst kann der Besitzer für diesen Tag die Hälfte des Übernachtungspreises verlangen.
- *Preisangaben im Buch* Die Preisangaben für **Doppelzimmer (DZ)** gelten immer für *zwei* Personen und – wenn nicht anders vermerkt – ohne Frühstück. Angegeben sind meist die Preise in der **Nebensaison (NS)** und in der **Hauptsaison (HS)**. Manche Hotels haben noch einen oder mehrere Preise für die Zwischensaison festgelegt.
- *Bei Beschwerden* ist die **Touristenpolizei** die erste Anlaufadresse. Die EOT hat ein **Beschwerdetelefon** für Urlauber eingerichtet: ✆ 2310-27188.

Privatzimmer

In vielen Orten finden Sie Schilder mit den Aufschriften *rooms to rent*, *room to let* oder *Zimmer frei*. Für ein Doppelzimmer müssen Sie auf Kos mit 25–35 € rechnen. In Ortschaften, in denen eine Touristeninformation existiert, übernimmt diese oft auch die Vermittlung von Privatquartieren. Erwarten Sie nicht den größten Komfort. Die Räume sind in der Regel nur einfach ausgestattet, manchmal sogar ohne Schrank. Schauen Sie sich das Quartier an, bevor Sie zusagen.

Mutwillige Täuschung

Im Mai 2003 gingen die ersten Beschwerden bei der Touristenpolizei in Kos-Stadt ein: Sie seien von Pensionsbesitzern am Hafen von Kos-Stadt abgepasst worden, so erzählten die Reisenden, und man habe sie durch heftiges Zureden genötigt mitzukommen. Andere, die sagten, sie hätten bereits ein Zimmer bei Alexis reserviert, wurden schlicht getäuscht: Ja, gaben die Pensionsbetreiber an, sie kämen von Alexis und seien beauftragt, sie abzuholen. Die Touristen wurden aber zu ganz anderen Unterkünften gebracht.
Alexis und Sonia Zikas, die in Kos-Stadt die bei Individualreisenden beliebten Unterkünfte *Pension Alexis* und *Hotel Afendoulis* betreiben, haben inzwischen einen Aktenordner voll mit diesen Beschwerden. Die Reisenden haben sie schriftlich bei der Touristenpolizei eingereicht. Die Gäste sind zu Recht empört, die Touristenpolizei verwarnt die Betrüger, sagt aber, sie könne nicht jeden Tag das Geschehen am Kai kontrollieren. Wer mit der Fähre nach Kos kommt, muss also aufpassen: Lassen Sie sich nicht beirren, suchen Sie das Zimmer auf, das Sie reserviert haben. Sollten Sie sich bei der Ankunft oder der Suche nach einer Übernachtungsgelegenheit belästigt fühlen, melden Sie es der Touristenpolizei.

Idyllischer Strandabschnitt bei Kardamena

Camping

Auf Kos gibt es keinen Campingplatz mehr. Wildes Zelten ist in ganz Griechenland verboten, was allein wegen der Brandgefahr verständlich ist. Wer jedoch nur seine Isomatte und den Schlafsack ausrollt, um am Strand zu nächtigen, bleibt in der Regel unbehelligt.

Essen und Trinken

Ein Traumziel für verwöhnte Gourmets ist Griechenland sicher nicht. Doch auf den Feldern wächst eine Vielfalt an nahrhaftem und wohlschmeckendem Gemüse und würzigen Kräutern. Und zu alledem gesellt sich neben einer Vielzahl von Fleischsorten noch ein reichhaltiges Angebot an Meeresfrüchten. Zudem hat der Dodekanes dem übrigen Hellas eines voraus: Die Küche ist hier variantenreicher. Kräftige, nahrhafte Hausmannskost in einfachen Tavernen bekommt man überall, doch hier spürt man bisweilen den Einfluss der italienischen und türkischen Küche – ein Andenken an die langen Jahre unter Fremdherrschaft.

Mit einigen Gepflogenheiten der griechischen Küche kommen Urlauber im Allgemeinen nicht so gut zurecht. Dazu zählt sicher, dass viele Speisen lauwarm auf den Tisch kommen, weil sie schon Stunden vorher zubereitet und später nur noch warm gehalten werden. Mittlerweile wird jedoch in vielen Restaurants auf Kos das Essen – dem Geschmack der Gäste angepasst – stets heiß serviert.

Für manchen Gaumen werden die Gerichte mit zu viel Öl und Knoblauch oder einfach zu scharf zubereitet. In früheren Zeiten zur Konservierung benutzt, später v. a. wegen des Nährwerts beibehalten, ist das berühmte und gesunde Öl ein wesentlicher Bestandteil nahezu aller Gerichte.

Allen Kritikern zum Trotz: Festzuhalten bleibt, dass sich eine Vielzahl griechischer Speisen auf der ganzen Welt großer Beliebtheit erfreut. Denken Sie nur an *Moussaka*, *Gyros* im Teigfladen *(Pitta)*, *Tsatsiki* oder *Souvlaki-Spieße*.

Gegessen wird in Griechenland im Übrigen sowohl mittags als auch abends etwa 1 Std. später als in Mitteleuropa. Im Sommer werden oft bis Mitternacht noch Hauptgerichte serviert, denn in Griechenland sind die Abende lang. Auszugehen ist Teil der Alltagskultur und ein soziales Ereignis.

• *Preise* Das Essen ist in den letzten Jahren deutlich teurer geworden und pendelt sich mancherorts bei den von zu Hause gewöhnten Preisen ein. Zwei Personen zahlen für eine Mahlzeit mit Getränken etwa 30–40 €.

Für Gedeck und Brot wird ein geringer Betrag berechnet, der aber nicht immer auf der Speisekarte steht. Ist man mit Freunden unterwegs, so ist es üblich, die Rechnung („to logariasmo") immer für den ganzen Tisch zu verlangen. Einzeln zu zahlen ist eher verpönt.

• *Trinkgeld* vgl. Wissenswertes von A bis Z, S. 77.

Die Lokale

Schlicht und ohne Schnickschnack sind die griechischen Tavernen: ein paar Stühle und Tische im weiß gekalkten Speiseraum oder in einer mit Weinreben bewachsenen Pergola. Fast alle Restaurants sind Familienbetriebe. Spätestens wenn man zum zweiten Mal im gleichen Restaurant auftaucht, gibt der Kellner nach dem Essen gerne einen Ouzo aus, den abzulehnen fast unmöglich ist. Als Gegenleistung wird eine kleine Plauderei verlangt ...

Das Angebot richtet sich nach dem eigenen Anbau oder dem örtlichen Markt. *Taverna* (Taverne) und *Estiatorio* (Restaurant) unterscheiden sich heute nur noch unwesentlich; Letzteres war früher das bessere Lokal mit der größeren Auswahl. Vor allem in Küstenorten stößt man auf die *Psarotaverna*, das spezialisierte Fischlokal. In einer *Psistaria* wird v. a. gegrilltes Fleisch angeboten, Lamm, Rind, Hähnchen und natürlich die berühmten Souvlakis. Den Besuch einer *Ouzeri* sollten Sie auf keinen Fall auslassen. Hier gibt es zu jeder Tageszeit eine große Auswahl an Mezedes (verschiedene leckere Kleinigkeiten) zum Ouzo, dem Lieblingsgetränk der Griechen.

Einen starken Aufwärtstrend erleben – zumindest in Touristenorten – auch die *Fastfood-Lokale* sowie die *Pizzerien*. Die Griechen sind auf dem besten Weg, Pizza und Pasta voll in ihre Küche zu integrieren.

Das *Kafenion* ist eine der wichtigsten gesellschaftlichen Einrichtungen in Griechenland. Es ist Parlament, Stammlokal, Treffpunkt für Geschäftsleute, das zweite Zuhause. Jedes noch so kleine abgelegene Bergdörfchen hat mindestens ein solches Kaffeehaus. Meist heißt Kafenion nicht mehr als ein paar Tische und Stühle in einem schmucklosen Innenraum und ein paar Sitzplätze an der Straße. Für griechische Frauen ist der Besuch tabu, sie treten höchstens als Bedienung in Erscheinung. Touristinnen dagegen werden akzeptiert. Im Kafenion bekommt man neben Getränken manchmal auch ein einfaches Frühstück (Brot, Butter, Marmelade oder ein Omelett).

Wer Süßes mag, wird im *Sacharoplastion* (Konditorei) fündig. Neben Eis und Blätterteiggebäck gibt es auch Kuchen und das unglaublich süße Baklava.

Tsatsiki und Skordalia

Ein Standardrezept für Tsatsiki zu nennen hieße, sich mit der Masse griechischer Hausfrauen anzulegen. Fest stehen lediglich die Zutaten: Joghurt (10 %), gewürfelte oder geraspelte Gurke, fein geschnittene Zwiebel, Salz, reichlich Knoblauch (von einer Zehe bis zu einer ganzen Knolle). Interessant ist nicht nur die Zubereitung, sondern auch die Geschichte der Geruchsbombe. Selbst unter den Experten für kulinarische Genüsse herrscht Uneinigkeit über den Ursprung des Namens. Vieles spricht jedoch dafür, dass die Griechen den Türken nicht nachstehen wollten und eine dem türkischen „Cacik" ähnliche Speise als „Mutmacher" vor jeder Schlacht verspeisten. Daraus soll sich dann der Schlachtruf „Tzaziki" entwickelt haben. Ein Schlachtruf, dem heute jeder Ober in einer griechischen Taverne folgt.

Im Vergleich zu Skordalia (in Speisekarten gerne als „Garlicsauce" annonciert) ist Tsatsiki geradezu harmlos. Durch die Kartoffelpüree-Knoblauch-Paste wird die Umwelt tagelang mit den feinsten Ausdünstungen versorgt ...
Rezept für Skordalia: 500 g mehlige Kartoffeln, 5 Knoblauchzehen, 1/8 l Olivenöl, 3 EL Zitronensaft, 2 Eigelb, Salz, frisch gemahlener Pfeffer.
Kartoffeln in der Schale 25 Min. garen, danach schälen und durch die Kartoffelpresse drücken. Nun den Knoblauch (gepresst) mit dem Olivenöl, dem Zitronensaft und dem Eigelb unter die Kartoffeln heben. Mit Salz und Pfeffer abschmecken. Kalt servieren.

Vorspeisen (orektika)

Es gibt eine Vielzahl von *Mezedes*, also Appetithäppchen wie Käsewürfel, Tomaten- und Gurkenscheiben, Scampi, Schnecken, Oliven, Melonenstückchen, Muscheln, kleine Fische und vieles mehr, was gerade günstig auf dem Markt zu haben ist. Ungeordnet werden die Vorspeisen auf kleineren und größeren Tellern serviert. Weil der Ouzo wegen des Anis als appetitanregend gilt, wird er gerne dazu als Aperitif getrunken – pur oder mit Wasser verdünnt, wodurch er eine milchige Färbung erhält.

Chtapodisalata – Oktopussalat; *dolmadakia* – gerollte Weinblätter, mit Reis und Gewürzen gefüllt; *gigantes* – dicke weiße Bohnen in scharfer Gemüse-Tomaten-Soße; *melitsanosalata* – Auberginensalat, dabei werden die gegrillten Auberginen durch ein Sieb gedrückt und danach zu Salat verarbeitet; *taramosalata* – rötlich-orangefarbener Fischrogensalat (meist vom Karpfen); *tonnosalata* – Thunfischsalat; *Tsatsiki* – Knoblauchjoghurt mit Zwiebeln und Gurken.

Hauptgerichte

▶ **Fleisch (kreas)**: Rind- und Schweinefleisch muss zum großen Teil importiert werden. Die natürlichen Gegebenheiten Griechenlands sind für die Haltung von Rindern und Schweinen wenig geeignet. Dafür gibt es mehr als genug Schafe. Lamm- oder Hammelfleisch sollten Sie unbedingt einmal versuchen.

Auf raffinierte Zubereitung wird kein Wert gelegt, deftig sollte es sein, reichlich, herzhaft und nicht zu fett. Aber Vorsicht – lassen Sie sich keinen Hammel-Opa servieren: je jünger das Tier, desto besser.

Gyros: Im Gegensatz zum türkischen Dönerkebab verwendet man kein Hammel-, sondern Schweinefleisch. Es wird in dünne Scheiben geschnitten, über Nacht in Olivenöl eingelegt, mit Zwiebeln, Oregano und Pfeffer gewürzt und an einem senkrechten Grillspieß gegart. Serviert als Tellergericht oder als Snack mit Zwiebeln, Kräutern, Tomaten und Tsatsiki sowie Ketchup oder Senf in einem zusammengerollten Teigfladen, der Pitta.

Keftedes (oder *bifteki*): Frikadellen, Hackfleischbällchen, -klopse o. Ä. Wie bei uns zubereitet, nur manchmal etwas schärfer gewürzt.

Kotosouvli: Hähnchenfleisch am Spieß.

Makaronia me kima: Spaghetti mit Hackfleischsoße.

Moussaka: Auflauf aus Auberginen, Hackfleisch, Kartoffeln (oder Nudeln), mit einer Béchamelsoße überbacken. Er wird in großen Mengen meist mit viel Olivenöl zubereitet und den ganzen Tag über warm gehalten.

Paidakia: Mit Oregano gewürzte Lammkoteletts, die meist über Holzkohle gegrillt, gelegentlich auch in der Pfanne gebraten werden. Je zarter und magerer die Lammkoteletts, desto besser.

Pastitsio: Nudelauflauf aus Hackfleisch und Tomaten, mit Béchamelsoße überbacken.

Souvlaki: Das Nationalgericht, jedem Griechenland-Reisenden bekannt. Aromatische Fleischspieße vom Hammel oder Schwein, mit Oregano gewürzt und über Holzkohle gegrillt. Preiswert und überall in jeder Größe zu haben. Etwas Zitronensaft verfeinert den Geschmack.

Souzoukakia: Ähnlich wie Keftedes, aber in länglicher Form und mit Tomatensoße. Den türkischen Einschlag spürt man daran, dass das Hackfleisch mit Kümmel oder Cumin gewürzt ist.

Stifado: Eine Spezialität, die man wegen der wenigen Rinder leider nur allzu selten bekommt – zartes Fleisch mit leckerem Zwiebelgemüse, u. a. mit Zimt gewürzt.

Sofrito: Rindfleisch in heller Knoblauchsoße; ebenfalls eine leckere Spezialität, die nur selten auf der Speisekarte zu finden ist.

Griechische Standardauswahl

Arni – Lamm; *brizola* – Kotelett; *chirino* – Schwein; *katsika* – Ziege; *kima* – Hackfleisch; *kotopoulo* – Hähnchen; *moschari* – Kalb; *sikoti* – Leber; *wodi* – Rind.

▶ **Fisch** *(psari)* und anderes Meeresgetier ist auf dem Dodekanes meist teurer als Fleisch, da die Fanggründe der Ägäis zum großen Teil leer gefischt sind. Die Flotten müssen nun weit hinausfahren, zudem sind die Schiffe vergleichsweise klein und veraltet. Viele Fische, die in den Tavernen vorgesetzt werden, stammen aus EU-Partnerländern. Der Preis für Fisch wird zumindest bei Spezialitäten auf den Speisekarten meist pro Kilo angegeben.

Barbouni: Rotbarbe (Red mullet), verbreiteter und sehr geschätzter Speisefisch, den man in allen Fischtavernen erhält.

Calamari: Tintenfischarme, die in Scheiben geschnitten, paniert und in Öl frittiert werden.

Garides: Garnelen (Scampi), oft auch als Vorspeise serviert.

Frischen Oktopus bieten viele Tavernen

Gopa: Das preiswerteste Fischgericht. Die in Mehl gewendeten winzigen Ochsenfischchen werden in Öl gebacken. Wenn sie klein genug sind, kann man sie mit Kopf und Schwanz essen.

Oktapodi (oder *chtapodi*): Der Oktopus muss nach dem Fang viele Male auf einen harten Untergrund geschlagen werden, damit das Fleisch weich wird. Danach wird er auf dem Grill gebraten und mit Zitrone serviert.

Sardelles: Sardellen, werden mal gegrillt, mal gebraten serviert.

Xifias: Schwertfisch, sehr lecker. Die meterlangen Prachtexemplare werden säuberlich in dicke Scheiben geschnitten.

Eine besondere Spezialität ist die *Psarosoupa*, eine nahrhafte Fischsuppe, die allerdings nur in ausgewiesenen Fischtavernen erhältlich ist.

Astakos – Hummer; *gardia* – Langusten; *kefalos* – Meeräsche; *marides* – Sardellen/Sprotten; *midia jemista* – gefüllte Muscheln; *tsipoura* – Meerbrasse.

Beilagen, Suppen und Salate

Briam: Ein leckerer Eintopf aus Gemüse und Kartoffeln.

Choriatiki: Der beliebteste Salat ist natürlich der bekannte griechische Bauernsalat. Er besteht aus Tomaten, Gurken, grünen Salatblättern und Oliven; das Ganze wird gekrönt von einer aromatischen Scheibe **Feta** (Schafskäse).

Chorta: Wildgemüse, in Aussehen und Geschmack mit Löwenzahn vergleichbar.

Fassolada: Suppe aus weißen Bohnen mit viel Sellerie und Karotten.

Fassolia: Grüne Bohnen, manchmal mit Knoblauch-Kartoffel-Püree.

Jemista: Mit Reis und gehackten Pfefferminzblättern gefüllte Tomaten o. Paprika.

Melitzanes: Auberginen, sehr beliebt, in Öl gebraten. Um den bitteren Geschmack zu neutralisieren, legt man die Frucht vorher in Salzwasser. Das Salz wird anschließend abgetupft.

Okra: Die fingerlange grüne, bohnenähnliche Frucht erfordert eine aufwändige Zubereitung. Um zu verhindern, dass die schleimartige Flüssigkeit im Inneren beim Kochen austritt, muss man beim Putzen und Säubern sehr vorsichtig sein.

Angouria – Gurke; *arakades* – Erbsen; *fassolia* – Bohnen; *gigantes* – große weiße Bohnen (Saubohnen); *karota* – Karotten; *kolokihti* – Kürbis; *patates* – Kartoffeln oder Pommes frites; *risi* – Reis; *piperjes* – Paprika; *spanaki* – Spinat; *tomates* – Tomaten. *Angourosalata* – Gurkensalat; *lachanosalata* – Krautsalat; *marouli* – Kopfsalat; *tomatasalata* – Tomatensalat.

Mezedes-Platte

Gewürze und Dressings

Essig: Nur in kräftigen Salaten, z. B. Rote-Bete- oder Krautsalat, verwendet, aber auch zum Abschmecken von Tsatsiki, Skordalia usw.

Minze: Man verwendet sie häufig zum Würzen von Hackfleisch; sie verleiht eine besondere Schärfe.

Olivenöl: Da die Griechen ihr Essen öfter kalt oder lauwarm genießen, kocht man sehr viel mit Olivenöl – es wirkt nämlich konservierend. Es ist frei von Cholesterin und damit gesünder als tierische Fette.

Oregano: Der wild wachsende Majoran zählt zu den Lieblingsgewürzen der Griechen. Fast in allen Grillgerichten enthalten.

Pinienkerne: Dienen oft zur Verfeinerung von Reisgerichten.

Zimt: Nicht nur in Süßspeisen, sondern auch in Tomatensoße und Fleischgerichten zu finden.

Zitrone: Verfeinert Fisch und Fleisch, außerdem ersetzt sie häufig den Essig.

Daneben wird auch gerne mit Basilikum, Bohnenkraut, Rosmarin, Salbei und Thymian gekocht.

Kos ist reich an Kräutern und Gewürzen

Käse (tiri)

Feta: Der gesalzene Weichkäse aus Schaf-, Ziegen- oder Kuhmilch wird sehr vielseitig verwendet, z. B. in Aufläufen, Gebäck, Salaten oder einfach als Beilage.

Kasseri: Weicher Hartkäse, der als Brotbelag dient, aber auch in der Pfanne gebraten wird.

Kefalotiri: Der gesalzene Hartkäse ist vergleichbar mit dem Parmesan und eignet sich gut zum Reiben.

Mizithra: Quarkähnlicher, ungesalzener Frischkäse, besitzt ein herzhaftes Aroma.

Saganaki: Frittierter Käse, heiß serviert, manchmal auch am Tisch flambiert.

Brot (psomi)

Das A und O einer Mahlzeit. Es wird immer serviert, selbst wenn bereits kohlenhydratreiche Speisen wie Nudeln oder Kartoffeln bestellt wurden.

Choriatiko – dunkles Bauernbrot; *aspro psomi* oder *lefko psomi* – Weißbrot; *paximadi* – zwiebackähnliches Brot.

Nachspeisen/Süßes (glika)

Baklava: Süße Bätterteigroulade, gefüllt mit Mandeln und Nüssen, mit Honig übergossen. Ursprünglich aus der Türkei.

Bougatsa: Hauchdünnes Blätterteiggebäck mit einer Füllung aus Ziegen- oder Schafskäse, wahlweise auch mit Vanillesoße oder Quark.

Chalva/Halva: Knusprig-süßes Gebäck aus Honig und Sesamkörnern.

Galatoboureko: Leckeres Blätterteiggebäck mit Grieß-Creme-Füllung.

Lukoumades: In heißem Öl ausgebackene Teigkugeln werden mit Honig überzogen. Besonders lecker!

Risogalo: Milchreis, nur selten zu haben.

Yaourti me meli: Joghurt mit Honig, eine Spezialität. Auf Wunsch mit Nuss- oder Mandelsplittern. Wenn Sie sich wundern, warum der griechische Joghurt besser als der deutsche schmeckt, riskieren Sie mal einen Blick auf den Fettgehalt.

Obst (frouta)

Achladi – Birne; *banana* – Banane; *fraoula* – Erdbeere; *karidi* – Walnuss; *karpousi* – Wassermelone; *kerasia* – Kirschen; *milo* – Apfel; *peponi* – Honigmelone; *portokali* – Orange; *rodakino* – Pfirsich; *siko* – Feige; *stafilia* – Trauben; *verikoko* – Aprikose.

Saftig und süß

Frühstück (proino)

Frühstück ist für die meisten Griechen ein Fremdwort. Man beginnt den Tag mit einem Tässchen Kaffee. Doch durch den Fremdenverkehr haben sich die Kafenia und Tavernen umgestellt. Vor allem Deutschen und Engländern, die ein deftiges Frühstück lieben, gelten die Schilder mit der Aufschrift *Breakfast*. Darunter versteht man Brot, Butter, Marmelade, einen Käsetoast etc. Man kann aber auch ein Ei *(avgo)* oder Omelett *(omeleta)* bestellen. Außer Kaffee und Milch *(gala)* gibt es auch oft Kakao *(gala schokolata)*. Erfrischend ist an heißen Sommertagen der exzellente griechische Joghurt *(yaourti)* mit Honig *(meli)*. Ein süßer Tagesbeginn.

Getränke

Wasser (nero): Für Griechen seit jeher eine Kostbarkeit. Früher war es üblich, im Restaurant zum Essen und zum Kaffee Wasser gereicht zu bekommen. Leider wird das immer seltener. Viele Griechen halten es für eine Verschwendung, eine ganze Karaffe voll Wasser auf den Tisch zu stellen, die die Touristen dann nur halb austrinken.

Kaffee (kafe): Wer den typisch griechischen Kaffee, ein starkes, schwarzes Mokkagebräu in winzigen Tassen, möchte, muss ausdrücklich „kafe elliniko" oder „Greek coffee" verlangen. Die Griechen haben sich an die Ausländer schon so gewöhnt, dass sie im Zweifelsfall immer Nescafé mitteleuropäischer Art servieren.

Getränke 59

Weinbau hat auf Kos Tradition

Das In-Getränk der letzten Jahre ist der *Frappé*, geschüttelter Nescafé mit viel oder wenig Zucker und/oder Milch. Achten Sie bei der Bestellung auf das fragende Gesicht des Kellners, wie Sie Ihren Frappé wünschen. Mit den folgenden Vokabeln sind Sie bestens vorbereitet:

• *Kafe elliniko und Frappé* **elafri** – schwach; **metrio** – mittelstark, mit Zucker; **vari gliko** – sehr süß; **sketo** – ohne Zucker; **vari gliko me poli kafe** – sehr süß und sehr stark; **frappé** – kalt und geschüttelt mit Schaum; **me gala** – mit Milch.

• *Nescafé* **sesto** – heiß; **sketo** – schwarz; **me sachari** – mit Zucker; **me gala** – mit Milch.

Tee (tsai): In den Dörfern bekommt man oft den schmackhaften Bergtee *(tsai tou wouno)*. Sonst werden Teebeutel serviert, Zucker und Zitrone liegen bei.

Limonade: Wer *lemonada* bestellt, bekommt Zitronenlimonade; Orangenlimonade heißt *portokalada*. Beide sind recht zuckerhaltig.

Wein (trasi): Mit Ausnahme des berühmten *Retsina* sind die griechischen Weine oft recht lieblich. Doch zunehmend kommen trockene Griechen auf den Markt – auch die Weingüter auf Kos stellen sie inzwischen her. Pro Jahr trinkt jeder Einwohner Griechenlands 45 Liter des Traubensaftes, der deutsche Weinverbrauch liegt pro Kopf bei ca. 25 Litern.

In den meisten Tavernen gibt es Flaschen- und offene Weine. Letztere sind preiswerter, oft schmecken sie auch besser. Offener Wein wird kiloweise verkauft. Verlangen Sie Wein „apo to vareli" (vom Fass).

• *Weinfest* Wie in anderen Teilen Griechenlands findet auch auf Kos, im Ort Kardamena, ein **Weinfest** statt. Für rund 5 € Eintritt bekommt man einen Tonkrug oder ein Glas ausgehändigt und darf aus den verschiedenen Fässern so viel Wein trinken, wie es beliebt. Das alles erinnert ein wenig an ein Volksfest. Trinken Sie mäßig, der Alkoholgehalt der jungen Weine ist nicht zu unterschätzen.

Essen und Trinken

Direkt am Meer – ein bevorzugter Tavernenstandort

Aspro krassi – Weißwein; *mavro* (oder *kokkino*) – Rotwein. Wer seinen Wein trocken liebt, bestellt ihn *ksiro*.

Bier (bira): Das Bier hat dem Wein den Rang abgelaufen. Vor allem zum Essen wird jenes Getränk, das einst König Otto I. vor etwa 150 Jahren aus Bayern mitbrachte, dem klassischen Retsina vorgezogen. Neben den Importbieren und den in Lizenz hergestellten Gerstensäften (u. a. Amstel, Heineken und Löwenbräu) gibt es zwei griechische Brauereien, *Mythos* und *Vergina*, deren Erzeugnisse sich hinter denen der ausländischen Anbieter nicht verstecken brauchen.

Retsina

Warum die Griechen ihren Wein mit dem Harz der Aleppokiefer versetzen, ist nicht ganz geklärt. Ein Grund ist sicher, dass Harz konservierende Eigenschaften besitzt, weswegen es bereits vor 3.000 Jahren dem Wein zugesetzt wurde. Aber das Verfahren hat noch andere Vorteile: Zum einen ist der etwas säuerliche Geschmack durstlöschend, zum anderen behaupten Retsina-Fans steif und fest, dass Harz das Aroma des Weines verfeinere. In ländlichen Regionen sagt man dem geharzten Wein sogar Heilkräfte nach. Wie auch immer, die Griechen stehen zu ihrem Retsina. Man trinkt ihn hauptsächlich zum Essen, übrigens nicht nur pur, sondern auch verdünnt mit Wasser, Cola oder Soda.

Der Antike auf der Spur: im Asklepieion

Wissenswertes von A bis Z

Antiquitäten

Die Ausfuhr von antiken Gegenständen ist verboten. Dies gilt selbst für Felsstückchen, wenn sie von den berühmten Ausgrabungsplätzen stammen. Es drohen sogar Gefängnisstrafen.

Apotheken

Apotheken *(farmakio)* finden Sie in Kos-Stadt, Kardamena, Kefalos und Zipari; sie sind durch ein Malteserkreuz (rotes Kreuz auf weißem Grund) gekennzeichnet. Meistens sind Arzneimittel in Griechenland wesentlich billiger als in Deutschland. Auch in Griechenland gibt es einen *Apothekennotdienst*; ein entsprechender Hinweis ist im Schaufenster angebracht.

Archäologische Stätten

Für archäologische Ausgrabungsstellen gibt es keine einheitlichen Öffnungszeiten. Um unnötige Wege zu vermeiden, erkundigen Sie sich bitte in Ihrem Hotel, auf dem Zeltplatz oder bei der Touristeninformation nach den aktuellen Öffnungszeiten.

Für Schüler und Rentner werden Ermäßigungen gewährt, Studenten haben freien Zutritt (siehe auch *Ermäßigungen*). Die beiden größten Ausgrabungsstätten in Kos-Stadt, die Agora und das Gymnasion, sind jederzeit frei zugänglich.

Ausweispapiere

Für EU-Bürger und Schweizer genügt bei der Einreise nach Griechenland der Personalausweis. Wer mit dem Reisepass einreist, sollte darauf achten, dass dieser keinen Stempel der international nicht anerkannten türkischen Republik Nordzypern enthält. Kinder unter 16 Jahren müssen im Pass der Eltern eingetragen sein oder einen eigenen Kinderausweis haben, ab zehn Jahren mit Foto. Als EU-Bürger können Sie sechs Monate in Griechenland leben. Wer länger bleiben will, muss 20 Tage vor Ablauf der Frist bei der Polizei eine Verlängerung beantragen. Diese wird ohne großen Aufwand gewährt.

Autofahrer brauchen EU-Führerschein, Fahrzeugschein und die grüne Versicherungskarte. Es empfiehlt sich, Kopien von Pass und Führerschein mitzunehmen. Bei Verlust kann man dadurch bei der Botschaft bzw. beim Konsulat schneller neue Papiere bekommen.

Wer auf Kos ein Fahrzeug mieten will, sollte außerdem zwei Ausweisdokumente mitnehmen: Eines muss mitunter an der Hotelrezeption hinterlegt werden, das andere können Sie dann zur Fahrzeugmiete nutzen.

Baden

Kos ist eine ideale Badeinsel. Zwei Drittel der insgesamt 112 km Küstenlinie sind Sand- und Kiesstrände. Griechenland hat das sauberste Meer in der Europäischen Union; auf Kos sind sieben Strände mit der Blauen Flagge ausgezeichnet. Diese Auszeichnung der *Foundation for Environmental Education* dokumentiert nicht nur den hohen Stand der Badewasserqualität, sondern auch, dass u. a. strenge Sicherheitsstandards und weitere Umweltauflagen eingehalten werden.

Oben-ohne-Baden ist auf Kos überall an der Tagesordnung. Allerdings sollte man als Gast auf die landesüblichen Gepflogenheiten Rücksicht nehmen und auf das ganz hüllenlose Baden verzichten. Offiziell ist öffentliches Nacktbaden in Griechenland verboten. Es gibt aber auch auf Kos Strandabschnitte, an denen FKK geduldet ist.

Botschaften/Konsulate

Alle Botschaften haben ihren Hauptsitz in Athen, ein deutsches und ein österreichisches Honorarkonsulat befinden sich in Rhodos-Stadt. In Notfällen, beispielsweise beim Verlust sämtlicher Ausweisdokumente, stellen die diplomatischen Vertretungen ein Dokument aus, das zur einmaligen Ausreise berechtigt.

Auf Kos gibt es 75 km Strand

- *Vertretungen Deutschlands* **Deutsche Botschaft**, Karaoli-Dimitriou-Str. 3, Athen, ℡ 210-7285111, info@athen.diplo.de; **Deutsches Honorarkonsulat,** Amerikis-Str. 55, Rhodos, ℡ 22410-87125, dgiortso@otenet.gr.
- *Vertretungen Österreichs* **Österreichische Botschaft**, Leoforos Vass. Sofias 4, Athen. ℡ 210-7257270, athen-ob@bmaa.gv.at; **Österreichisches Konsulat,** Iroon-Politech niou-Str. 21, Rhodos, ℡ 22410-75738, savvaspapageorgiou@gmail.com.
- *Vertretungen der Schweiz* **Schweizer Botschaft**, Iassiou-Str. 2, Athen, ℡ 210-7230364, ath.vertretung@eda.admin.ch, **Schweizer Konsulat**, Grigoriou-Seferi-Str. 108, Rhodos, ℡ 22410-73690, rhodos@honorarvertretung.ch

Diebstahl

Ehrlichkeit ist eine Tugend, die im Ehrenkodex der griechischen Gesellschaft ganz oben steht. Der liegen gelassene Geldbeutel im Kafenion findet sich wieder, das Gepäck kann getrost in einer Taverne abgestellt werden. Das Problem „Diebstahl" existiert kaum. Trotzdem: Passen Sie auf Ihr Gepäck und auf Ihre Wertgegenstände auf! Nicht selten können auch andere Urlauber dem schnellen Griff nach einer teuren Kamera nicht widerstehen.

Einkaufen

Kos ist, wie andere Dodekanes-Inseln auch, ein zollbegünstigtes Gebiet. Dies führt dazu, dass besonders Spirituosen und Tabakwaren preiswert sind. Typische Mitbringsel sind Lederwaren, Keramikartikel und Reproduktionen von antiken Statuen und Ikonen. Als kulinarisches Andenken empfehlen sich ein Glas Thymianhonig oder Kräuter und Gewürze aus Kos.

Auch Fußballfans werden beim Einkauf auf Kos fündig

Ermäßigungen

In der Regel braucht man keinen *Internationalen Studentenausweis* vorzulegen, um eine Ermäßigung zu erhalten. Auch der normale Studentenausweis Ihrer Hochschule – zusammen mit Personalausweis oder Reisepass – genügt meist, um die archäologischen Stätten und Museen *kostenlos* besuchen zu können. Dies gilt jedoch nur für Studierende aus den EU-Staaten. Auch Senioren über 65 Jahren aus EU-Ländern zahlen bei Vorlage ihres Personalausweises ermäßigte Eintrittspreise. Ermäßigungen auf Eintritts-, Flug-, Fähr- und Übernachtungspreise werden *Kindern* bis zu zwölf Jahren gewährt.

Den internationalen Studentenausweis, die **International Student Identity Card** (ISIC) mit Passfoto, erhält man bei Vorlage einer Immatrikulationsbescheinigung oder eines Schülerausweises bei den ASTAs der Universitäten sowie in allen Reisebüros, die sich auf Schüler- und Studentenfahrten spezialisiert haben.

Nationale Feiertage

1. Januar	Neujahr – in Griechenland statt Weihnachten Tag der Geschenke
6. Januar	Epiphanie (Erscheinungsfest) – man feiert Jesu Taufe im Jordan und damit seine erste öffentliche „Erscheinung" als Licht im Dunkel der Welt
25. März	Griechischer Unabhängigkeits- und Nationalfeiertag – Erinnerung an den 1821 begonnenen Freiheitskampf gegen die Türken
Karfreitag/ Ostern	Ein Erlebnis – das Osterfest der griechisch-orthodoxen Konfession wird, da nach dem Julianischen Kalender berechnet, später gefeiert als unser Osterfest: 4. April 2010, 24. April 2011, 15. April 2012, 05. Mai 2013
1. Mai	Frühlingsfest und Tag der Arbeit
15. August	Mariä Entschlafung – so gedenkt man des leiblichen Todes Marias (die eigentliche Himmelfahrt findet für die orthodoxe Kirche erst drei Tage später statt)
28. Oktober	„Ochi-Tag" – „Nein" (= ochi) zu Mussolinis Ultimatum 1940; Nationalfeiertag
25./26. Dezember	Weihnachten – wird in den Familien mit einem großen Festessen gefeiert

Lokale Feste (Patronatsfeste)

1./2. Februar	Kirchweihfest in Paleo Pyli (Alt-Pyli)
23. April	Ag. Georgios in Pyli – auf der Hauptstraße findet nachmittags ein Pferderennen statt
7./8. Mai	Kirchweihfest in Lagoudi – am Abend des 7. Mai Musik und Tanz, am 8. Mai Gottesdienst mit Prozession
29./30. Juni	Ag. Apostoli in Antimachia
25./26. Juli	Kirchweihfest in Kamari
26. Juli	Kirchweihfest Ag. Paraskevi in Antimachia
5./6. August	Kirchweihfest Ag. Christos bei Zia
14./15. August	Kirchweihfest in Kefalos
15. August	Mariä Entschlafung in der Panagia in Kardamena
28./29. August	Ag. Ioannis in Mastihari sowie im Kloster Ag. Ioannis bei Kefalos
7./8. September	Kirchweihfest in Kardamena
14. September	Festgottesdienst in der Kapelle über dem Charmylos-Grab in Pyli
21. November	Panagia in Zia
6. Dezember	Ag. Nikolaos in Kos-Stadt

Der Papas ist Bestandteil des Dorflebens

Feiertage

Die Griechen lieben ihre Feiertage, die sie mit großem Aufwand begehen. Es gibt zwei Arten: die nationalen und die lokalen Feiertage. Fast ohne Ausnahme feiert jedes Dorf und jede Stadt auf Kos ein eigenes *Kirchweihfest*. Oft wird mit einer Prozession an den örtlichen Kirchenheiligen erinnert. Ansonsten sind die Kirchweihfeste ein willkommener Anlass, sich bei Musik und Tanz endlich wieder einmal zu treffen. Fremde sind immer willkommen.

Jedes Jahr von Juli bis September findet in Kos-Stadt die *Hippokratia* statt, eine Serie von Konzerten, Theater- und Folkloreaufführungen unter freiem Himmel. Veranstaltungsorte sind v. a. das Kastell Neratzia, das Stadion und das Odeon. Im Asklepieion wird mehrfach während der Kulturwochen die Deklamation des Hippokratischen Eides zelebriert. Die Touristeninformation von Kos-Stadt hat eine Übersicht zu den Hippokratia-Aufführungen und zu den anderen Festen und Veranstaltungen auf der Insel. Die Liste ist über die Homepage der Information (www.kos.gr) abrufbar.

Fotografieren/Filmen

Fotografieren und Filmen ist generell erlaubt. Ausgenommen davon sind allerdings militärische Anlagen: Verbotsschilder warnen vor dem Gebrauch der Kamera. In den archäologischen Stätten darf fotografiert werden (in Museen allerdings nur ohne Blitz), für das Filmen mit der Videokamera ist teilweise eine Gebühr zu entrichten.

Geld

Geldautomaten gibt es in allen größeren Ortschaften auf der Insel. In der Regel fällt pro Abbuchung eine bestimmte Gebühr an. Sie liegt je nach Bank bei rund 3 €. Die meisten Banken haben von Montag bis Donnerstag zwischen 8 und 14.30 Uhr (freitags nur bis 14 Uhr) geöffnet.

Reiseschecks: Bei praktisch jeder Bank zu Hause zu bekommen und in fast allen griechischen Geldinstituten zu wechseln; auch bei den Postämtern und Wechselstuben auf Kos werden die Travellerschecks akzeptiert. Mitunter können Sie sie selbst an der Hotelrezeption einlösen.

Kreditkarten: Die Embleme von Eurocard, VISA Card oder American Express zieren die Schaufenster der Geschäfte in Kardamena und Kos-Stadt. Kreditkarten haben gegenüber Bargeld den Nachteil, dass zusätzliche Gebühren im Ausland anfallen. Diese Provision liegt meist bei 1–1,5 %. Wer mit seiner Kreditkarte Bares holt, bezahlt am Automaten 3 % des abgehobenen Betrages, mindestens aber 5 €.

Postbank Sparkonto/SparCard: In Griechenland ist das Geldabheben mit der SparCard an Geldautomaten mit dem VISA-Emblem möglich.

Schnelles Geld aus der Heimat: Am flottesten geht die *telegrafische Geldanweisung*. Über eine Vertriebsstelle von Western Union lässt man sich das Geld überweisen – oder weist es auf der Homepage von Western Union an (www.westernunion.de) Der Geldtransfer geht in der Regel recht fix. Gebühr 4,90–19,60 € für Beträge bis zu maximal 999,99 €. Vertriebsstellen gibt es in Kos auf der Kanari-Str. 63 und in den Postämtern in Kardamena, Kefalos, auf Kalymnos und Patmos.

Kartenverlust: Wer die EC-Karte verliert, sollte sie umgehend sperren lassen. ✆ 0049-116116. Alternativ kann man die Berliner Rufnummer ✆ 0049-30-40504050 wählen.

Gesten und Grüße

Die Griechen benutzen nonverbale Gesten wesentlich häufiger als die Deutschen. Achten Sie einmal bei Ihrem Gesprächspartner darauf.

Wenn Griechen „*nai*" (sprich: *nä*) sagen, meinen sie übrigens „*ja*". „*Nein*" heißt dagegen „*ochi*".

Ungewöhnliche Geste „Schlaubi Schlumpf"

Man begrüßt sich mit *„kalimera"* (vormittags), *„kalispera"* (ab ca. 14 Uhr) oder *„jassas"* (Plural) bzw. *„jassu"* (Singular) – dem griechischen *„Hallo"*. Man verabschiedet sich – weniger formell – ebenfalls mit *„jassas/jassu"* oder mit *„sto kalo"* (*„Alles Gute"*), *„cherete"* (*„Lebe wohl"*) und am Abend mit *„kalinichta"* (*„Gute Nacht"*).

> **Der Trick mit dem Toilettenpapier**
> „Bitte kein Toilettenpapier ins Klo werfen" – einer solchen, oft in ungelenken lateinischen Buchstaben an die Klotür gepinselten Bitte sollten Sie nachkommen. Denn in vielen Orten des Dodekanes fließt das Seifenwasser aus der Dusche genauso wie die Fäkalien aus der Toilette in eine Sickergrube. Die ist meist einige Meter tief, nach unten offen und oben um das Einleitungsrohr mit einer Zementdecke abgedichtet. Dort versickert das Abwasser, die Fäkalien zersetzen sich, ohne dass die Grube entleert werden müsste. Toilettenpapier dagegen würde diesen Vorgang behindern. Kos-Stadt ist zwar kanalisiert, doch verstopfen die Abwasserrohre schnell, sodass auch hier Hotels und Tavernen bitten, das Toilettenpapier im bereitgestellten Eimer zu entsorgen.

Information

Griechische Zentrale für Fremdenverkehr: Die GZF, in Griechenland unter dem Namen „Ellinikos Organismos Tourismou" (EOT) zu finden, hat in Deutschland vier und in Österreich und der Schweiz jeweils ein Büro eingerichtet. Die GZF gibt Faltblätter mit einer groben Übersichtskarte zu allen touristisch interessanten Gebieten heraus. Die Prospekte werden auf Anfrage auch zugeschickt.

- *Deutschland* 60311 **Frankfurt/Main**, Neue Mainzer Str. 22, ✆ 069-2578270, ✉ 069-25782729, info@gzf-eot.de, www.gzf-eot.de. 20354 **Hamburg**, Neuer Wall 18, ✆ 040-454498, ✉ 040-454404, info-hamburg@gzf-eot.de.
80333 **München**, Pacellistr. 5, ✆ 089-222035, ✉ 089-297058, info-muenchen@gzf-eot.de.
10789 **Berlin**, Wittenbergplatz 3a, ✆ 030-2176262, ✉ 030-2177965, info-berlin@gzf-eot.de
- *Österreich* 10105 **Wien**, Opernring 8, ✆ 01-5125317, ✉ 01-5139189, grect@vienna.at.
- *Schweiz* 8001 **Zürich**, Löwenstr. 25, ✆ 01-2210105, ✉ 01-2120516, eot@bluewin.ch.
- *Griechenland* Zentrale der Ellinikos Organismos Tourismou (EOT): 11521 **Athen**, Tsoha-Str. 7, ✆ 210-8707000, info@gnto.gr, www.gnto.gr.

Auf Kos können Sie sich bei Problemen auch an die *Touristeninformationen* wenden. Besonders die beiden Büros in Kos-Stadt halten eine Vielzahl von Informationen bereit (siehe S. 85).

In Kos-Stadt haben zudem die blau uniformierten Beamten der *Touristenpolizei (Touristiki Astinomia)* ihr eigenes Büro. Mithilfe von kleinen Flaggen ist erkennbar, welche Fremdsprache sie sprechen. Die Touristenpolizei in Kos-Stadt befindet sich im ehemaligen Gouverneurspalast an der Akti Miaouli, ✆ 22420-26666. In kleineren Städten und Dörfern bekommt man die Auskünfte in der Polizeistation. Dort ist zumeist ein Polizist mit dem Aufgabengebiet Tourismus beschäftigt.

Weitere Informationen über Kos und Griechenland im Allgemeinen erhalten Sie u. a. auf folgenden *Internetseiten*:

Infos im Internet

Kos

http://kos.net.ms Stefan Schüller hat eine Vielzahl von Informationen (u. a. zu Busverbindungen, Klima und Sehenswürdigkeiten) sowie Links rund um die Insel zusammengetragen.

www.boarding-time.de Auf der privaten Reiseseite sind die wichtigsten Orte und Sehenswürdigkeiten beschrieben, außerdem acht Routenvorschläge und eine Kos-Diashow.

Allgemeines

www.griechische-botschaft.de Ausführliche Informationen über Griechenland finden Sie auf der Homepage der Griechischen Botschaft in Berlin. Die Presseabteilung der Botschaft stellt auch Kurzmeldungen aus Politik, Kultur und Wirtschaft ins Netz.

www.griechenland.net Die Redaktion des Portals stellt täglich neueste Nachrichten ins Netz, zudem Hintergrundberichte und Reportagen. Weiter im Angebot: Kochrezepte, ein Shop für griechische Produkte und das Online-Angebot der deutschsprachigen *Griechenland Zeitung*.

www.gogreece.com Web-Lexikon mit einer ungeheuren Datenmenge und Links zu allen Themen rund um Griechenland.

Kultur

www.culture.gr Das griechische Kultusministerium bietet hier ausführliche Beschreibungen zu Museen und Ausgrabungsstätten. Fotos, Öffnungszeiten und Eintrittspreise runden das Angebot ab.

www.gnto.gr Seite des griechischen Fremdenverkehrsamts, übersichtlich und hochaktuell. Viele Broschüren stehen zum Herunterladen zur Verfügung.

Verbindungen

www.gtp.gr Verzeichnis der Fährverbindungen in Griechenland, aktuell und sehr verlässlich, mit Link auf Online-Buchung.

www.ferries.gr Hier finden Sie sowohl die Fährverbindungen nach Griechenland als auch innerhalb Griechenlands. Auch hier können Sie Tickets online buchen.

www.olympicair.com Homepage der griechischen Fluggesellschaft, die Kos mit Athen und zahlreichen Nachbarinseln (z. B. Leros, Kalymnos und Rhodos) verbindet; Online-Buchung möglich.

Unterkunft

www.in-greece.de Die Seite bietet interessante Features wie z. B. Buchungsmöglichkeiten im Reiseshop, reisepraktische Informationen für einen Individualurlaub, knapp 1000 gesammelte Artikel und Reiseberichte sowie ein Forum.

www.holidaycheck.de Über 500 Hotelbewertungen von Kos-Urlaubern sind abrufbar. Fotos, Reisetipps und ein Online-Buchungstool stehen zur Verfügung.

www.grhotels.gr Homepage des griechischen Hotellerieverbands. Außer Hotels in ganz Griechenland findet man hier auch Campingplätze. Die Suchfunktion der Startseite ist nicht optimal. Am besten klickt man direkt „Site Map" an und dort unter „Tourist Guide" den Unterpunkt „Search for a hotel".

www.athensnews.gr Die Zeitung „Athens News" erscheint tägl. in englischer Sprache. Sie informiert über Politik, Wirtschaft, Kultur und Wetter Griechenlands.

Kafenion

Nicht wegzudenken aus dem griechischen Leben sind die Kaffeehäuser. Hier debattieren selbst heute noch ausschließlich Männer über Gott und die Welt, schlürfen Mokka mit einem großen Glas Wasser oder trinken Ouzo. Während in einem entlegenen Eck des Kafenions der Fernseher läuft, spielen die Griechen – meist mit stoischer Ruhe, manchmal aber auch recht lautstark – *Tavli*, jenes uralte Brettspiel, das weltweit unter dem Namen „Backgammon" Karriere gemacht hat.

Karten

Die perfekte Karte gibt es (noch) nicht. Rechnen Sie damit, dass Straßen im Landesinneren schon asphaltiert, obwohl sie noch als Schotterwege eingetragen sind. Schlimmer ist – auch das kommt vor –, wenn sich angebliche Asphaltstraßen als holprige Staubpisten entpuppen. Beim Wandern sind die Karten nicht hilfreich, weil Höhenlinien fehlen und Orientierungspunkte wie Berggipfel, Bachläufe und Kirchen oft ungenau verzeichnet sind.

Freytag & Berndt, *Kos*, Maßstab 1:50.000, 7,95 €. Die verlässlichste Karte der Insel. Mit kleinem Stadtplan von Kos, historischen Informationen und Skizzen von Asklepieion und Kastell. Für Radfahrer fehlen einige Zwischenverbindungen.

Pandelis Vayianos, *Kos Island – Greece*, Maßstab 1:65.000, ca. 1,50 €. Mit Stadtplan von Kos und kurzem historischen Abriss. Von den auf Kos erhältlichen Tourist Maps noch eine der besten. Dennoch sind die eingezeichneten Wege ungenau, in diesem Fall sind es eindeutig mehr als tatsächlich existent.

Tourist Map Kos, Maßstab ca. 1:75.000. Die Karte wird in vielen Geschäften kostenlos abgegeben, der Gebrauchswert ist gering. Nützlich ist allenfalls der Plan von Kos-Stadt.

Tipp: ADAC-Mitglieder erhalten von ihrem Autoclub **kostenlose Landkarten** und Informationsbroschüren. Die Angaben sind in der Regel verlässlich, da sie jährlich überarbeitet werden. Recht sinnvoll – und zudem ebenfalls kostenlos – sind die Karten in den Broschüren der Griechischen Zentrale für Fremdenverkehr. Sie werden auf telefonische Anfrage zugeschickt.

Kinder

Für einen Urlaub mit Kindern bietet Kos gute Voraussetzungen. Viele Angebote dürften Kinder begeistern. Zudem sind die Griechen sehr kinderfreundlich. Sie tun in der Regel alles, damit sich die kleinen Gäste auf der Insel wohlfühlen.

● *Ermäßigungen* Für Kleinkinder bis zwei Jahre kostet der Flug meist nur 10 % des Normaltarifs, bei einigen Gesellschaften fliegen sie sogar zum Nulltarif. Allerdings haben sie keinen Anspruch auf einen eigenen Sitzplatz. Für Kinder von zwei bis zwölf Jahren gewähren die Fluggesellschaften Ermäßigungen zwischen 20 und 40 %. Bei Überfahrten auf Fähren und den Flying Dolphins sowie im Bus ist für Kinder zwischen fünf und zehn Jahren etwa der halbe Fahrpreis zu entrichten. Der Besuch von archäologischen Stätten und Museen kostet für Kinder ebenfalls nur die Hälfte.

● *Unternehmungen* Es gibt viele interessante Angebote, z. B. eine Fahrt mit dem **Mini Train** durch Kos-Stadt oder zum Asklepieion (siehe S. 119) oder eine Tour mit dem **Gokart** (Bahnen beim Kap Ag. Fokas oder Kardamena). *Christos Go Karts Center* zwischen Tigaki und Marmari bietet neben Benzin- auch Elektrokarts für Kinder ab drei Jahren (siehe S. 144). Für **Ponyausritte** empfehlen wir den Reitstall *Alfa-Horse* nahe Pyli. Kinder, die Tiere lieben, dürften sich bei den **Pfauen** in der Plaka (siehe S. 190). Richtig austoben können sich Wasserratten im **Lido-Wasserpark** bei Kefalos (siehe S. 150). Die großen Hotels verfügen meist über Spielplätze, zum Teil bieten sie ein eigenes Kinder-Animationsprogramm.

Auch für die **Ausgrabungen** können Kinder zu begeistern sein, denn nicht nur in der Agora ist das Klettern auf den Steinen erlaubt. Die **Kreuzritterburgen** in Kos-Stadt und bei Antimachia beflügeln die Fantasie, auch hier ist das Herumtollen erlaubt (die Eltern sollten hier aber ein wachsames Auge haben, denn die Sicherheitsabsperrungen sind mangelhaft).

Wissenswertes von A bis Z

• *Unterkunft* In vielen Hotels gibt es eine eigene Betreuung, z. B. im Robinson Club Daidalos nahe Antimachia und im Achilleas Beach Hotel in Mastihari.

In den kleineren Hotels und Pensionen wird für Kinder gegen einen geringen Aufpreis ein Zustellbett ins Zimmer gestellt. Die großen Hotels haben meist spezielle Kindertarife. Von folgenden Ermäßigungen kann ausgegangen werden: Kinder bis zwei Jahre sind frei, für die Zwei- bis Zwölfjährigen kostet die Unterkunft etwa die Hälfte. Die meisten großen Hotels verfügen über ein Kinderschwimmbecken und einen kleinen, mitunter jedoch recht trostlosen Spielplatz.

• *Essen* In einigen Restaurants gibt es inzwischen spezielle Kinderkarten. Wenn sie fehlen, bieten die Tavernen einfach halbe Portionen an. Hochstühle sind eher selten – außer in den großen Hotelanlagen. Wo viele Familien Urlaub machen, haben Restaurants Spieleecken oder kleine Spielplätze eingerichtet. Ideal für Familien: Tavernen am Strand. Hier können die Kinder schon im Sand spielen, während die Eltern noch den Nachtisch oder einen Wein genießen; in Mastihari gibt es in Sichtweite auch noch einen Spielplatz.

Die angebotenen Speisen sind kindgerecht: Pommes frites, Fleischbällchen und Spaghetti gehören zum Standardrepertoire. Eis und andere Süßigkeiten stehen in Hülle und Fülle zur Verfügung.

Babynahrung (und Windeln) führen die großen Supermärkte und Apotheken. Die Griechen selbst setzen früh auf Hausmannskost: Sie quirlen einfach das Essen der Familie klein, den Kindern schmeckt's. Frische Milch gibt es überall auf Kos – dank einer großen Molkerei.

• *Strände* Dem Strandurlaub mit Kindern steht nichts im Wege. Der Meeresboden fällt oft nur flach ab. So können auch Nichtschwimmer (unter Aufsicht) im Wasser spielen. Größere Wellen und Strömungen gibt es nur am Strand Ag. Theologos bei Kefalos.

Im Sommer sollten Kinder die heiße und UV-starke Mittagssonne meiden; eine Siesta bietet sich an. Strandspielzeug und Schwimmutensilien können Sie überall kaufen. Zudem werden an den meisten Stränden **Schleppfahrten** (Ringo, Banana Boat etc.) angeboten. Jugendliche können Surf- oder Katamaransegelkurse wahrnehmen. **Windsurfkurse** für Kinder ab zehn Jahren bietet Holger Bründel in seiner Wassersportstation in Marmari an. Das Material ist auf die Junioren zugeschnitten. Ein zwölfstündiger Kurs kostet rund 140 €.

• *Unterwegs* Die meisten Autovermietungen verfügen über Kindersitze. Leider sind die nicht immer in allen Größen verfügbar und nicht immer im besten Zustand. Schauen Sie sich die Sitze vorher an. Das Gleiche gilt für Kinderfahrradsitze.

• *Gesundheit* Ein Moskitonetz eignet sich zum Schutz vor Insekten-, v. a. Mückenstichen. Erkundigen Sie sich vorher, ob Ihr Hotel Netze verleiht. Insektenschutzmittel sollten Sie bereits zu Hause kaufen. Decken Sie sich auch mit Sonnenmilch ein, denn die ist auf Kos teurer als in Deutschland, Österreich oder der Schweiz.

Im Krankheitsfall helfen Hausärzte in Kamari, Kardamena und Tigaki. In Kos-Stadt sind zudem mehrere Kinderärzte niedergelassen. Im Notfall können Sie sich auch an die Erste-Hilfe-Stationen wenden – und natürlich an das Krankenhaus in Kos-Stadt.

• *Schlafen* Die griechischen Kinder machen Siesta. Abends bleiben sie lange wach – oft bis Mitternacht.

Die herrschende Kleiderordnung in Kardamena

Kirchen und Klöster

Beim Besuch eines Klosters oder einer Kirche auf Kos ist wie auch anderswo in Griechenland auf angemessene Kleidung zu achten. Das bedeutet, dass der Besucher so wenig nackte Haut zeigen sollte wie möglich; unbedingt müssen Schultern und Knie bedeckt sein. Auf alle Fälle sollten Besucher vermeiden, hinter die Altarwand (Ikonostase) zu gehen. Denn dort befindet sich das Allerheiligste. Vergessen Sie nicht, nach der Besichtigung eine kleine Spende zu hinterlassen. Das Geld wird dringend zur Instandhaltung der Gebäude benötigt.

Kleidung

Die älteren Griechen sind, was Kleidung betrifft, anspruchslos. Die Jugendlichen dagegen kennen die gängigen Marken – und tragen sie auch. Dennoch: Im Gegensatz zum Modekult der Italiener legt man in griechischen Gefilden Wert auf Zweckmäßigkeit. Nur sonntags wird der Anzug bzw. das feine Kleid zum Kirchgang aus dem Schrank geholt. Bei der Auswahl der Reisekleidung könnte diese Zweckmäßigkeit als Vorbild dienen. Im Sommer genügt meist eine kleine Garderobe – eine lange und eine kurze Hose, einige Kleider und Röcke, ein paar kurze Hemden oder T-Shirts und ein warmer Pullover. Dieser ist nicht nur wichtig, wenn Sie eine Fährfahrt einplanen oder Motorrad fahren, die Abende können kühl werden. Ebenfalls empfehlenswert sind Sonnenbrille und Kopfbedeckung. Wer gerne wandert, sollte sich zudem feste Schuhe einpacken und lange Hosen tragen, denn die Macchia-Sträucher sind stachelig, die Wege steinig.

Nachfahren des Hippokrates: Ärzte auf Kos

Komboloi

Des Griechen liebstes Spielzeug ist das Komboloi, ein Kettchen aus Holz-, Kunststoff-, Bernstein-, Glas- oder Silberkugeln, dessen Ähnlichkeit mit einem Rosenkranz nicht zu übersehen ist. Das Komboloi hat heute jedoch keine religiöse Bedeutung mehr. Die Griechen haben es aus der türkischen Gebetskette entwickelt, die aus 99 Perlen für sämtliche Namen Allahs besteht. Mittlerweile hat sich die Zahl der Kugeln auf 13, 15 oder 17 reduziert – mit ihnen lässt es sich leichter spielen.

Medizinische Versorgung

Die medizinische Versorgung auf Kos ist gut. Es gibt nicht nur ein Krankenhaus, sondern auch zahlreiche Fach- und Zahnärzte in Kos-Stadt. Darüber hinaus gibt es über die Insel verteilt verschiedene Hausarztpraxen und Gesundheitszentren. Die Verständigung ist in der Regel kein Problem, da die meisten Ärzte zumindest eine Fremdsprache (in der Regel Englisch) beherrschen.

Bei den Automobilclubs kann man sich für den jeweiligen Urlaubsort deutschsprachige Ärzte nennen lassen. In Kos-Stadt praktiziert die Deutsch sprechende Ärztin Dr. K. Kosmopoulos, die Sie entweder in ihrer Praxis (Mitropoleos-Str. 4, ☎ 22420-23555) oder im Krankenhaus antreffen.

> **Notfall**
> Unter folgenden Rufnummern erreichen Sie im Notfall Hilfe:
> Polizei ☎ 100
> **Rettungsdienst** ☎ 166 oder ☎ 112
> Die „normalen" Rufnummern der Polizei *(astinomia)* finden Sie bei den jeweiligen Orten.

Deutsche Touristen, die bei einer gesetzlichen Krankenkasse oder Ersatzkasse versichert sind, sind inzwischen im Besitz der blauen *EU-Krankenkassenkarte*. Sie werden – allerdings nur bei akut auftretenden Krankheiten und Verletzungen – kostenlos behandelt. Wer auf Nummer sicher gehen will, kann eine zusätzliche *Auslandskrankenversicherung* abschließen. Sie ermöglicht im Notfall den Rücktransport per Flugzeug ins Heimatland.

> **Wenn Sonne zur Qual wird ...**
> Immer mehr Menschen plagt eine Sonnenallergie, die der Freude an Sonne und Meer abträglich ist. Mittlerweile führen auch die Apotheken auf Kos entsprechende Antiallergika. Die wichtigste Regel lautet jedoch: Vernunft und Vorsorge. Gewöhnen Sie Ihre Haut langsam an die Strahlen, verwenden Sie Sonnenschutzmittel mit hohem Lichtschutzfaktor. Kaufen Sie Sonnenschutzmittel zu Hause – auf Kos sind die Produkte teurer als in Deutschland, der Schweiz und Österreich.

Musik

Je lauter die Mischung aus griechischem Schlagerkitsch und traditionellem *Bouzouki*, desto wohler scheinen sich die Griechen zu fühlen. Griechische Musik hat eine lange Tradition. Schon auf antiken Vasen sind Tänzer, Flöten- und Lautenspieler abgebildet. Man sagt, dass die Zeusmutter Rhea höchstpersönlich die Tanzfiguren ausgewählt hat. Nahezu jede Region Griechenlands hat über Jahrhunderte überlieferte Tanz- und Musikformen (siehe auch *Volkstänze*).

Bouzouki: Die Bouzouki klingt nicht ganz so orientalisch wie ihr türkisches Pendant, die Sas, aber doch fremdartig. In den Tonleitern werden – anders als im westeuropäischen Notensystem – mehrere Halbtonschritte hintereinander verwendet. Es gibt mehr Differenzierungsmöglichkeiten, Zwischentöne und der Improvisation wird viel Raum gelassen.
Bouzouki-Musik bedeutet meist auch Tanzvergnügen, v. a. in Orten mit vielen Touristen. Aber selbst in abgelegenen Dörfern wird zu vorgerückter Stunde das Tanzbein geschwungen. Geschwind sind die Tische beiseite geschoben, die ersten Tänzer und Musiker betreten die Fläche, und keine zehn Minuten später ist das ganze Lokal auf den Beinen.
Rembetiko: Anfang des 20. Jh. entstand als Gegenstück zur ländlichen Volksmusik eine ausgesprochen „städtische Musik". Die Rembetiko-Lieder haben ihren Ursprung in den Armenvierteln der Großstädte. Mittellose Zuwanderer, oft Flüchtlinge oder Landbewohner, die sich eine neue Existenz aufbauen wollten, entwickelten ihre eigene Musik. Es ist die Musik der Außenseiter, die ihrer Wut, Hoffnungslosigkeit und Verzweiflung Ausdruck verlieh.
Ellinadiko: In den späten 1990er Jahren konnten sich Rock- und Popmusiker auch in der Landessprache durchsetzen. Bars, die Rock, Rap und Techno von griechischen Gruppen spielen, heißen Ellinadika.
Der bekannteste griechische Komponist und Liedermacher ist heute sicher **Mikis Theodorakis**, der auch in Westeuropa eine große Fangemeinde hat. Wegen seines antifaschistischen Engagements wurde er im August 1967 verhaftet, gefoltert und interniert. 1970 ging Theodorakis, dessen Lieder verboten waren, ins Exil nach Paris. 1974, nach dem Sturz der Diktatur, kehrte er nach Griechenland zurück, wo er wie ein Volksheld gefeiert wurde. Theodorakis schrieb ein neues Kapitel der griechischen Musikgeschichte, indem er Elemente der Volksmusik, der byzantinischen Kirchenmusik und der Rembetiko mit klassischer Musik mitteleuropäischen Ursprungs verschmolz.

Öffnungszeiten

Die Siesta ist ein Grundprinzip; dafür sind die Läden abends lange geöffnet, wenn die Hitze nachgelassen hat. Die Geschäfte haben montags bis samstags von 8.30 bis 14.30 Uhr und von 17 bis mindestens 21 Uhr geöffnet (in Touristenorten oft länger). Souvenirläden sind nicht selten durchgehend geöffnet. In kleinen Dörfern abseits der touristischen Routen muss man einen „Tante-Eleni-Laden"-Besitzer auch schon mal im nächsten Kafenion suchen.

Post

Postämter gibt es in Kos-Stadt, Kardamena, Antimachia und Kefalos. Sie sind in der Regel Montag bis Freitag von 7.30 bis 14 Uhr geöffnet. Gebühren für Karten und Standardbriefe sind gleich hoch. Briefmarken gibt es auf der Post oder am Kiosk. Wer Pakete heimschicken möchte, sollte sie unverschnürt zum Postamt *(tachydromion)* bringen. Dort kontrolliert der Beamte den Inhalt.

Preise

Ob es sich um den Preis eines Privatzimmers oder um handgearbeitete Lederwaren handelt – das Preisschild ist oftmals nur ein Richtwert. Die Griechen lieben die Zeremonie des Handelns. Doch man sollte den feinen Unterschied zum gierigen Feilschen beachten. Beim Essen, bei den Fährtickets, bei teurer Kleidung und auch in Hotels der gehobenen Klasse gibt es nichts zu verhandeln. Auch das Handeln bei Obst und Gemüse auf dem Markt gilt eher als ungehörig, es sei denn, es handelt sich um große Mengen oder die Qualität der Ware ist schlecht.

Das Preisniveau auf Kos liegt über dem im restlichen Griechenland. Für viele Dinge des alltäglichen Lebens wie Kosmetikartikel oder Fotoartikel liegen die Preise sogar über dem mitteleuropäischen Niveau.

Sport

Auf Kos kommen Sportlernaturen und Aktiv-Urlauber auf ihre Kosten. Groß ist das Wassersportangebot: Abgesehen von den Stränden der Westküste gibt es überall die Möglichkeit, Surfbretter zu leihen, Wasser- und Jetski zu fahren. An den Stränden der Touristenorte befindet sich in der Regel mindestens ein Volleyballplatz. Jenseits des Strandes bieten besonders die großen Hotels von Billard bis Minigolf einiges an Unterhaltung.

Basketball: Neben Fußball der Nationalsport der Griechen. Lange bevor dieses Spiel bei uns populär wurde, erzielten Übertragungen von Basketball-Matches in Griechenland höchste Einschaltquoten. Auch auf Kos trainiert man fleißig Hakenwürfe und Korbleger. Freiplätze finden Sie in Antimachia, Kefalos, Marmari, Pyli und Kos-Stadt. Hier gibt es auch eine große Sporthalle.
Fußball: Plätze bei Antimachia, Kardamena, Kefalos und in Kos-Stadt. In den beiden letztgenannten Orten trainieren regelmäßig

die Vereinsteams. Spiele finden in der Regel am Samstag um 17 Uhr statt, allerdings mit langer Sommerpause.

Radfahren: Da die Insel entlang der Nordküste recht eben ist, eignet sie sich ausgezeichnet für Radtouren. Um und in Kos-Stadt gibt es sogar einige gut ausgebaute Radwege. Mit Mountainbikes kann man auch ins Dikeos-Gebirge vordringen – dies verlangt jedoch Kondition.

Reiten: Pferde und Ponys kann man sich bei *Alfa-Horse* in der Ortschaft Amaniou (nahe Pyli) oder beim *Salt Lake Riding Center* in Marmari leihen. Dort werden auch Reitausflüge organisiert.

Segeln: Segeltörns starten in Kamari oder von Kos-Stadt aus. Charterjachten mit oder ohne Skipper vermittelt *Kavas Yachting*. Zur Flotte gehören 40 Jachten, die gemietet werden können; zudem vermittelt die Agentur Jachten von Privatleuten: Katamarane, Segel- und Motorboote. Gebucht werden kann eine Jacht allein, mit Skipper oder mit ganzer Crew. Der Hauptsitz von *Kavas* ist in Athen, in Kos ist die Agentur im Jachthafen Marina (Pier A-B) zu finden. Kontakt: ✆/≈ 22420-20321, yachtcharter@kavas.com, www.kavas.com.

Surfen: Windsurfstationen an den Stränden der Touristenorte verleihen Bretter für 15–20 € pro Std. Inlandig weht der Wind an der Nordküste, wo der Seegang stärker ist als an der Südküste. Ein ideales Revier finden Windsurfer in der Bucht von Kefalos.

Tauchen: Im Gegensatz zur Küste von Rhodos ist Kos kein hervorragendes Tauchrevier. In Gebieten, die archäologisch von Bedeutung sind, darf in Griechenland nicht getaucht werden. Auch das Unterwasserfischen mit Atmungsgeräten ist in Griechenland grundsätzlich verboten.

Wer trotzdem gerne tauchen will, auch wenn die Unterwasserwelt nicht berauschend ist, der kann sich z. B. an das *Kos Diving Center* wenden, dessen Boot im Mandraki-Hafen liegt. Informationen zu Preisen und weiteren Tauchschulen finden Sie auf S. 118.

Tennis: Die meisten großen Hotels verfügen über mindestens einen Tennisplatz, zum Teil mit Flutlicht. Der Preis pro Stunde liegt bei rund 7 €.

Wandern: Für interessante Touren bieten sich das Dikeos-Gebirge und der Westteil der Insel an. Es gibt jedoch zwei Hindernisse, die es zu überwinden gilt: Zum einen fehlt es an Wanderwegen, wie man sie aus Mitteleuropa kennt, Markierungen oder Wegweiser fehlen in den meisten Fällen. So ist es mitunter schwierig, eine ansprechende Route zu finden, will man hin und zurück nicht den gleichen Weg nehmen. Ein zweites Problem stellt das Kartenmaterial dar: Die erhältlichen Karten sind in der Regel ungenau, wichtige Merkmale wie Höhenlinien fehlen gänzlich. Aus diesem Grund haben wir für die in dem vorliegenden Reiseführer beschriebenen Wanderungen und Ausflüge eigene Karten angefertigt.

Wasserski: In allen Touristenorten möglich (siehe die einzelnen Orts- und Strandbeschreibungen); 15 Min. kosten 25 €.

Sprache

Neugriechisch zählt nicht gerade zu den einfachsten Sprachen; die wenigsten Urlauber beherrschen es. Die Griechen haben sich daran gewöhnt. Englischkenntnisse genügen, um sich mit der Mehrzahl der Einheimischen zu verständigen. Nicht selten trifft man auch auf Griechen, die Deutsch sprechen. Meist haben sie ihre Kenntnisse bei Arbeitsaufenthalten in der Bundesrepublik, der Schweiz oder in Österreich erworben. Dennoch sollte man sich ein paar Alltagswörter der griechischen Sprache aneignen; der kleine Sprachführer im Anhang kann dazu hilfreich sein. Ortsnamen, Hinweistafeln zur Fähre oder Toilette, zum Museum, zum Park oder Zeltplatz usw. sind (auch) in lateinischen Buchstaben geschrieben.

• *Lehrbücher* Auf Lehrbücher zum Griechischlernen und Literatur des Landes spezialisiert ist der Bludszus Buchversand. Von A wie Arbeitsbücher bis Z wie zweisprachige Werke ist alles im Programm. Infos unter www.griechisch-lernen.de.

Viel Sand an der Nordküste: Strand bei Mastihari

Strände

Grundsätzlich: Alle Strände Griechenlands sind frei zugänglich. Gebühren dürfen nirgends erhoben werden. Im Gegensatz zu anderen Dodekanes-Inseln besitzt Kos ausgezeichnete Sandstrände. Entlang der Nordküste zieht sich der ca. 10 m breite Strand vom Kap Skandari bis nach Mastihari – untypisch für eine griechische Insel ist der gradlinige Küstenverlauf ohne größere oder kleinere Einbuchtungen.

Im Bereich der Touristenorte Tigaki, Marmari und Mastihari findet man eine entwickelte „Strandkultur" in Form von Wassersportstationen, Sonnenschirm- und Liegenverleih (6 € pro Tag für zwei Liegen und einen Sonnenschirm). Dies gilt auch für die breiten, kilometerlangen Sandstrände der Südküste, bei Kardamena sowie rund um den Paradise Beach bei Kamari. An der Ostküste finden Sie mehrere Kies- und Kieselstrände, die im Gegensatz zu den Badestränden von Kos-Stadt nicht überlaufen sind. Optisch reizvoll präsentieren sich die Sand- und Kieselbuchten an der Westküste, einsam, aber nicht immer leicht zugänglich. Hier gibt es – abgesehen von einer Taverne – keine touristische Infrastruktur.

Strom

In ganz Griechenland gibt es wie in Mitteleuropa 220 Volt. Nur auf Fährschiffen gibt es Gleichstrom mit 110 Volt. Elektrogeräte mit einem flachen Eurostecker passen normalerweise in griechische Steckdosen. Für andere Stecker benötigt man möglicherweise einen Adapter. Viele Hotels und Pensionen halten diesen für ihre Gäste bereit.

Telefonieren

Handys sind auf Kos wie in ganz Griechenland weit verbreitet, die Netzabdeckung ist sehr gut. Die griechischen Netzbetreiber senden allerdings oft Werbe-SMS auf die Mailboxen der Handybesitzer; bei regelmäßigem Abrufen der Mailbox in Griechenland fallen schnell einige Euro Gebühren an. Beachten Sie, dass Sie auch bei eingehenden Anrufen die so genannte *Roaming-Gebühr* zahlen müssen.

Wenn Sie nicht vom Hotel aus telefonieren können, ist es in den Räumen der *O.T.E.* am bequemsten. Die halbstaatliche Telefongesellschaft hat in Antimachia, Kardamena, Kefalos, Kos-Stadt und Marmari Büros mit mehreren Telefonzellen eingerichtet. In den O.T.E.-Büros geht man an den Schalter und bekommt eine Kabine zugeteilt. In jeder Telefonzelle werden die Einheiten digital angezeigt.

Auch von den vielen öffentlichen *Kartentelefonen* ist das Telefonieren in alle Welt problemlos möglich. Karten gibt es bei der O.T.E. und verschiedenen Geschäften (Schreibwarenladen, Kiosk etc.). Angeboten werden Karten ab 100 Einheiten bzw. rund 4 €.

Trachten gibt es fast nur noch im Museum

> **Vorwahlen für Auslandsgespräche**: Deutschland **0049**, Österreich **0043**, Schweiz **0041**. Danach wählt man die Ortsnetzkennzahl des gewünschten Ortes, jedoch *ohne* die Null, anschließend die Nummer des Teilnehmers. Wer *nach* Griechenland anrufen möchte, wählt die Nummer **0030**.
>
> Auf der Insel Kos ist wie in ganz Griechenland die jeweilige **Ortsvorwahl** seit 2002 Bestandteil der Gesamtnummer. Mit anderen Worten: Auch auf der Insel selbst muss man von jedem Ort aus die Ortsvorwahl 22420 mitwählen.

Trinkgeld

Trinkgeld ist in Restaurants durchaus üblich. Wie überall gilt: Wenn man gut gegessen hat und freundlich bedient wurde, gibt man ein Trinkgeld. Die Höhe richtet sich nach dem eigenen Dafürhalten. Bei einer relativ hohen Rechnung nur fünf Cent liegen zu lassen, ist allerdings ein Affront – nicht nur in Griechenland.

Volkstänze

Die Palette der griechischen Tanzarten ist ungemein vielfältig. Insgesamt zählt man weit über 150 Tänze, von denen allerdings viele nur noch in manchen Orten oder kleinen Regionen praktiziert werden. Generell unterscheidet man zwischen den ruhigen, beschaulichen *Sirtos-Tänzen* (Reigentänzen) und den wilden, ungestümen *Pidiktos-Tänzen*. Die meisten Tänze sind Sirtos-Tänze: Man bildet einen offenen Kreis, greift die Hände seines Partners oder legt die eigenen Hände auf dessen Schulter. Dem Vortänzer fällt dabei eine besondere Rolle zu, weil er nicht nur bestimmt, was getanzt wird, sondern auch sein ganzes Können präsentieren kann. Die Tänze Sirtos, Kalamatianos und Tsamikos sind in ganz Griechenland verbreitet, auf dem Dodekanes werden sie aber oft nur noch für Touristen getanzt.

Sirtos: Schneller Tanz im 2/4-Takt mit sechs Laufschritten. Einfach zu lernen und weit verbreitet.

Kalamatianos: Der älteste griechische Tanz mit zwölf Grundschritten im ungewöhnlichen 7/8-Takt. Die Bewegungen sollen an das ewig wogende Meer erinnern

Tsamikos: Ein ehemaliger Kriegstanz.

Chasapikos: War das Vorbild für den weltberühmten „Sirtaki" im Film „Alexis Sorbas", der inzwischen zu *dem* Touristentanz schlechthin geworden ist. Früher war er etwas verrufen, v. a. Metzger tanzten ihn zu Liedern mit anrüchigem Inhalt. Drei bis vier junge Männer tanzen zunächst nach einem langsamen Musikteil, der sich mehr und mehr steigert und schließlich vom Tänzer ein enormes Durchhaltevermögen verlangt.

Seimbekikos: Solotanz für Männer ohne große Vorgaben, mit sehr langsamen Schrittfolgen und Sprüngen. Die Arme sind ausgestreckt, der Körper ein wenig nach vorn gebeugt, und die Bewegungen werden leicht kreisend ausgeführt.

Wasser

Das Leitungswasser auf Kos ist ohne Bedenken zum Trinken geeignet. Auf den Nachbarinseln fragen Sie am besten nach, ob es verträglich ist. Überall können Sie jedoch Mineralwasser erhalten. Griechen bevorzugen natürliches Mineralwasser, also ohne Kohlensäure.

Zeit

Auf Kos gilt (wie in ganz Griechenland) die Osteuropäische Zeit (OEZ); sie ist der MEZ um 1 Std. voraus. Da es in Hellas genauso wie bei uns eine Sommerzeit gibt, bleibt der Zeitunterschied bestehen. Wenn in Deutschland die Tagesschau beginnt, ist es in Griechenland bereits 21 Uhr.

Zeitungen

In den Touristenorten bekommt man die wichtigsten deutschsprachigen Zeitungen und Magazine. Die Tageszeitungen sind in der Regel einen Tag alt und zudem fast doppelt so teuer wie in Deutschland. Das gilt auch für Magazine wie *Spiegel* oder *Stern*.

Aktuell ist die *Athens News*. Die englischsprachige Zeitung – extra für Touristen produziert – erhält man in den Läden, in denen es griechische Zeitungen gibt. Die beiden größten Tageszeitungen in Griechenland sind *Eleftheros Typos* (Freie Presse, konservativ) und *Ta Nea* (Die Neuigkeiten, liberal). Den griechischen Lebensgewohnheiten entsprechend sind Nachmittags- oder Abendzeitungen beliebter als Morgenzeitungen; fast alle großen Tageszeitungen erscheinen abends. Abonnements gibt es nicht, man kauft seine Zeitung beim Kiosk *(peripteros)*.

Zoll

Seit der Einführung des Binnenmarktes 1993 ist für Bürger der Europäischen Union die Mitnahme von Waren zum eigenen Verbrauch unbegrenzt möglich. Zur Unterscheidung zwischen privater und gewerblicher Verwendung wurden folgende Richtmengen eingeführt:

Alkohol: 10 l Spirituosen; 20 l Zwischenerzeugnisse (Port/Sherry); 90 l Wein oder weinhaltige Getränke, davon höchstens 60 l Sekt/Schaumwein; 110 l Bier.
Tabakwaren: 800 Zigaretten; 400 Zigarillos; 200 Zigarren; 1 kg Tabak.

Sonstiges: 10 kg Kaffee.
Ein Überschreiten dieser Richtmengen stellt kein Problem dar, wenn Sie glaubhaft machen können, dass die Waren ausschließlich zum Eigenverbrauch bestimmt sind.

Was für ein Hundeleben ...

Rund 40 Hunde tollen sich im Garten von Vagelis Trakossa aus Kos-Stadt. Die meisten von ihnen waren krank, als der Elektriker sie aufnahm, angefahren oder ausgesetzt. Vagelis hatte Mitleid mit den Tieren – nicht nur mit seinen Hunden. Er wollte etwas tun für die Tiere der Insel und gründete deshalb 1992 den Tierschutzverein von Kos. Als dessen Vorsitzender spricht er Halter an, die ihre Ziegen oder Esel unsagbar kurz anbinden, sodass diese sich die Fesseln aufreißen oder beinahe strangulieren. Beliebt macht er sich damit nicht bei allen. Einige empfinden sein Engagement als Einmischung, behaupten, er und seine Handvoll Mitstreiter würden sich bereichern. „Alles Quatsch", erklärt Marlies Schopmans-Dimoudis, wie ihre beiden Töchter im Tierschutzverein aktiv. „Wir versuchen nur, ein Zuhause für die Hunde und Katzen zu finden. Um Geldspenden bitten wir nicht, wohl aber um Futter." Jeden Sommer kommt eine Gruppe Schweizer Tierärzte, um herrenlose Tiere zu kastrieren und sterilisieren – nach Schopmans-Dimoudis' Worten auf eigene Kosten. Auch Impfungen nehmen die Veterinäre vor und stellen Impfpässe aus, sodass die Tiere problemlos ausgeführt werden können.

Wer helfen oder einem Vierbeiner ein Zuhause bieten möchte, kann sich an den Verein wenden: ☎ 22420-22816, www.animals.cos-island.info.

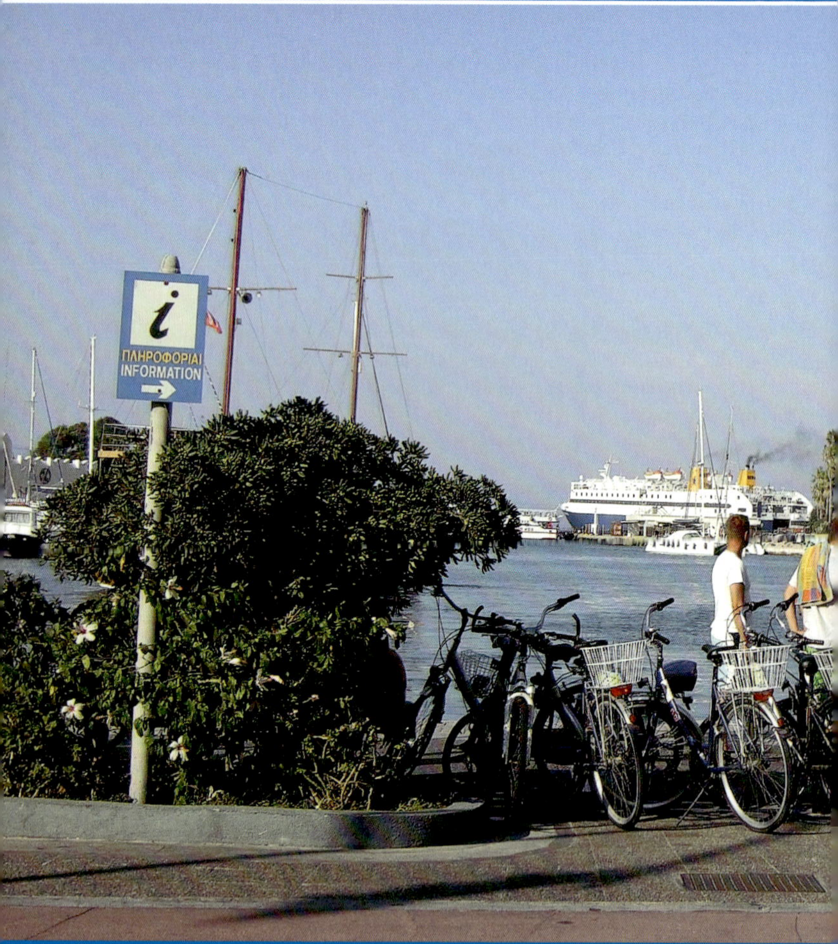

i
ΠΛΗΡΟΦΟΡΙΑΙ
INFORMATION

Kos – die Insel

Kos-Stadt 82	Der mittlere Teil der Insel 175
Die Nordküste 133	Der Westen von Kos 192
Das Dikeos-Gebirge 151	

Das Herz der Stadt: der Hafen Mandraki

Kos-Stadt

Kos ist keine dieser pittoresken griechischen Städte, deren Charme man sofort verfällt. Besucher müssen schon genauer hinsehen, um ihre attraktiven Seiten zu erkennen. Die geschichtlichen Wechselbäder, die leidvollen Besatzungen spiegeln sich auch heute noch in der Architektur. Doch oft sind die schönen Häuser hinter bunten Postkartenständern und schrillen Pergolen versteckt, sodass man einen zweiten Blick riskieren muss, um die sympathische Vielfalt zu entdecken.

Kos ist eine Stadt der Widersprüche: Während ihr unzählige Palmen und die beiden Moscheen orientalisches Flair verleihen, hebt sich wenige Hundert Meter weiter der weiße, italienische Gouverneurspalast gegen den blauen Mittagshimmel ab. In der flirrenden Hitze der steinernen Trägheit antiker Stätten – von denen die Stadt nur so strotzt – ist es schwer, sich vorzustellen, dass an der Uferpromenade hektisches touristisches Leben tobt. Wer sich auf diese Gegensätze einlassen mag und sich Zeit für die Stadt nimmt, der wird sie nicht nur sympathisch finden, der wird wiederkommen.

Kos ist sowohl verwaltungstechnisch die Hauptstadt der Insel als auch deren kulturelles, wirtschaftliches und touristisches Zentrum. Wer Kos in der Hauptreisezeit besucht, wird jedoch auch zwangsläufig die weniger schönen Seiten dieser Hochburg des Fremdenverkehrs zu spüren bekommen. Tag und Nacht herrscht dann Trubel; die Stadt kommt nie ganz zur Ruhe. Die Touristenschar reicht von Jachtkapitänen, die im Sporthafen ankern, über Pauschalreisende aller Kontinente bis hin zu Rucksackfreaks, die von hier aus zum Island Hopping über den Dodekanes starten. Viele der jungen Inselbesucher sind auf das rege Nachtleben aus und tummeln sich tagsüber an den stadtnahen Stränden, die aufgrund ihrer natürlichen Begrenztheit dem Ansturm nicht recht gewachsen sind. Wer also eine Oase der Abgeschiedenheit sucht, ist hier in der Hochsaison falsch. Ihren Charme kann die alte Stadt, in der rund 17.000 Menschen leben, erst entfalten, wenn ihr die Vor- oder Nachsaison eine Verschnaufpause gönnt.

Dann kommt zum Vorschein, warum Kos auch das „Baden-Baden der Ägäis" genannt wird: Kos war und ist eine reiche Stadt, die nicht zuletzt von ihrem Ruhm lebt, der sich aus der Antike bis ins 21. Jh. gerettet hat. Auf Schritt und Tritt begegnen Besucher dem berühmtesten Sohn der Insel, Hippokrates, der als Begründer der modernen Medizin gilt. Der weltweit bekannte Arzt, dessen Name für den Eid steht, den angehende Mediziner bis 1949 leisteten, hat die Stadt mindestens genauso geprägt wie die türkische und italienische Besatzungszeit.

Geschichte

Zwei immer wiederkehrende Erscheinungen kennzeichnen die Geschichte der Stadt: die Erdbeben, zahlreich und verheerend, sowie die fremden Herrscher, die sich in Kos jahrhundertelang die Klinke in die Hand gaben.

Nach einem schweren Erdbeben und Angriffen der Spartaner auf die ehemalige Inselhauptstadt Astypalea (in der Nähe des heutigen Kefalos) fliehen die Einwohner Astypaleas an das andere Ende der Insel und lassen sich nahe dem Kap Skandari nieder, wo sie um 366 v. Chr. auf dem Gebiet der heutigen Stadt Kos eine neue Ansiedlung gründen. Diese entwickelt sich in kurzer Zeit zur Inselmetropole: Zu Beginn des 3. vorchristlichen Jahrhunderts leben auf einem Areal von etwa 1 km² wahrscheinlich rund 10.000 Menschen.

Der antike Geschichtsschreiber *Diodor* schildert die Anfänge der Stadt so: „Das Volk von Kos ließ sich zu jener Zeit in der Stadt nieder, derer es sich jetzt erfreut, und gab ihr den Garten, den sie jetzt hat. Denn sie wurde alsbald sehr volkreich, und es wurde eine kostspielige Mauer um sie gezogen, und sie gaben ihr einen ausgezeichneten Hafen. Von dieser Zeit an wuchs die Stadt mehr und mehr und nahm sowohl in ihren öffentlichen Einkünften als auch im privaten Reichtum ihrer Einwohner stetig zu und war ganz allgemein den hervorragendsten Städten der Welt ebenbürtig."

Die zahlreichen Besucher des *Asklepieion-Heiligtums*, eines der populärsten im antiken Griechenland, die Seidenweberei und der rege Handelsverkehr machen Kos zu einer wohlhabenden und schönen Stadt. Dieser Wohlstand hält sich trotz aller Verwicklungen bis ins 4. Jh. n. Chr. Doch der Reichtum soll der Stadt schließlich zum Verhängnis werden: Er lockt immer wieder Piraten unterschiedlicher Herkunft an, u. a. Normannen und Vandalen, die plündernd und brandschatzend über Kos herfallen. Als 554 n. Chr. abermals ein verheerendes Erdbeben die Stadt und das Asklepeion vernichtet, kehren die Koer den Ruinen den Rücken. Über 600 Jahre bleibt der Ort, wie er war – zerstört und verlassen.

Nachdem die Venezianer 1204 die Insel erobert haben, bauen sie an der Stelle des heutigen Kastells eine Festung. 1314 findet ein Herrschaftswechsel statt: Die Ritter des Johanniterordens lösen die Venezianer ab, errichten auf dem

Gelände der ehemaligen Agora (so wurde in der Antike der Markt, Mittelpunkt der griechischen Stadt, genannt) eine neue Stadt und erweitern das Kastell.
In seinem Reisebericht aus dem Jahre 1403 schreibt der Spanier *Gonzales de Clavigio*: „Der Hauptort der Insel liegt in einem Tal nicht weit vom Meer entfernt und hat viele Einwohner. Er hat ein kleines Kastell, und
zwischen den Festungsmauern und der Siedlung erstreckt sich eine große Lagune. Eine Brücke führt über einen Wehrgraben, der mit Meerwasser gefüllt ist, zum Eingang des Kastells. Rings um die Stadt liegen Gärten mit Orangenbäumen, Reben und Landhäusern."
Sultan Süleiman I. erobert die Stadt 1523 – fast 400 Jahre dauert die Herrschaft der Türken an. Bauwerke wie die Hadji-Hassan- und die Defterdar-Moschee prägen noch heute das Gesicht der Altstadt.

Und wieder wird die Stadt von einem Erdbeben heimgesucht: Nur 27 Sekunden dauern die Stöße am 23. April 1933. In den Trümmern sterben 300 Menschen, nur die Häuser der Altstadt westlich der Kirche Ag. Paraskevi überstehen die Katastrophe. Was für die Bevölkerung eine Tragödie ist, ist für Archäologen ein Geschenk. Die Italiener, die die Insel seit 1912 besetzen, nutzen die Zerstörung, um das antike Kos freizulegen, und bringen u. a. die Überreste der Agora zum Vorschein. Sie restaurieren auch die Casa Romana, errichten die Markthalle sowie den Gouverneurspalast

Defterdar-Moschee

und prägen damit – wie die Türken – nachhaltig das heutige Stadtbild. 1945 übernehmen die Engländer die Macht auf der Insel. Sie werden von der Bevölkerung als Befreier gefeiert. Im folgenden Jahr beschließen die Siegermächte des Zweiten Weltkrieges die Übergabe des Dodekanes an Griechenland, was am 7. März 1948 offiziell in die Tat umgesetzt wird.
Ende der 60er Jahre reicht die bebaute Fläche gerade einmal vom Fußballplatz im Osten bis zur Kirche Ag. Paulus im Westen, eingerahmt von den Straßen Fenaretis, Artemisias, Korai, Grigoriou E. und V. Ipirou. Im heutigen Westteil der Stadt stehen nur vereinzelte Häuser. Das Gebäude, in dem sich heute die Diskothek Heaven befindet, ist eine Tomatenmarktfabrik gewesen, und wohl die wenigsten Besucher der benachbarten Disco Kalua ahnen, dass sie sich in einem Trakt des ehemaligen Schlachthauses amüsieren. Zu jener Zeit gibt es in der Stadt viel Grün, fast jedes Haus hat einen Garten. Nachdem die Baulücken gefüllt sind, werden die meisten Gärten geopfert, denn Erweiterungen und Neubauten versprechen hohen Profit – der Tourismus macht es möglich. So wandelt sich das Gesicht der Stadt. Inzwischen ziehen sich Hotelkomplexe vom Kap Skandari bis zum Kap Ag. Fokas.

Verbindungen

Von 1977 bis 2000 lenkt Bürgermeister Kostas Kaiserlis von der Panhellenischen Sozialistischen Bewegung (PASOK) unangefochten die Geschicke der Stadt. Er ist bei seinen Anhängern ebenso populär wie der 1996 verstorbene Gründer der PASOK, Andreas Papandreou. Inzwischen ist Kaiserlis ins nationale Parlament gewählt worden. Seine Nachfolger, Miltiades Fokas und der amtierende Bürgermeister Georgios Kyritsis, gehören ebenfalls der PASOK an.

Wichtige Telefonnummern

Citybusse: 22420-26276
Flughafen: 22420-51225
Hafenamt: 22420-28507
Inselbus: 22420-22292
Krankenhaus: 22420-28050 (Auskunft) und 22420-22300 (Ambulanz)
O.T.E.: 22420-22499

Polizei: 22420-22100
Post: 22420-22250
Rettungswagen: 22420-22300
Taxi: 22420-22777 oder 22420-23333
Touristeninformation: 22420-29910 (E.O.T.) oder 22420-28724 (städtisch)
Touristenpolizei: 22420-26666

Information

Die **Touristeninformation** der staatlichen Tourismusorganisation E.O.T befindet sich an der Artemisias Str. 2 nahe dem Kreisverkehr. Das Personal ist ausgesucht freundlich und hält Fahrpläne der City- und Inselbusse, der Fährverbindungen sowie allgemeine Informationen über Kos und die anderen Inseln des Dodekanes bereit. Öffnungszeiten: Mo–Sa 9–16 Uhr, sonntags ist das Büro geschlossen. 22420-29910, eotkos@otenet.gr, www.visitgreece.gr

Die **städtische Touristeninformation** unterhält weiterhin ein Büro an der Hafenpromenade Akti Koundouriotou 7/Ecke Vas. Pavlou Str. Sie bietet einen vergleichbaren Service wie das Büro der E.O.T. 22420-28724, kosinfo@kos.gr.

Die **Touristenpolizei**, die Ihnen in dringenden Belangen weiterhilft, befindet sich im ehemaligen italienischen Gouverneurspalast an der Uferpromenade, 22420-26666.

Ausgesprochen kompetent und hilfsbereit sind die Leute bei der **Reiseagentur Pulia Tours**. Hier bekommen Sie verbindliche Auskünfte über alle Fähr- und Hydrofoil-Verbindungen sowie zu Ausflügen und können die entsprechenden Tickets erwerben. Öffnungszeiten: während der Hochsaison 7–22.30 Uhr. Die Agentur befindet sich in der Vas.-Pavlou-Str. 3 (Seitenstraße der Hafenpromenade). 22420-21130 und 22420-24194, 22420-26388, info@laumzis-cruises.gr.

Ebenfalls empfehlenswert – insbesondere für Trips nach Bodrum – ist die Agentur **Fanos Travel** an der Hafenpromenade Akti Koundouriotou 11, 22420-20035, www.kostravel.gr.

Das **Hafenamt** liegt an der Ecke Akti Koundouriotou/M.-Alexandrou-Str. Die Behörde gibt u. a. Auskünfte über den Fährbetrieb, ob z. B. bei stürmischer See noch Schiffe verkehren oder nicht. 22420-28507.

Verbindungen

Die Verbindungen innerhalb des Stadtgebiets, auf der Insel selbst sowie zu den Nachbarinseln sind ausgezeichnet. Auf den ersten Blick verwirrt allerdings die Vielzahl der Reiseagenturen, die Fährtickets verkaufen. Oft hängen in den Büros lediglich Preise für die relativ teuren Tagesausflüge aus – auf die preiswerten Tickets der großen Linienfähren wird nur selten hingewiesen. Mit etwas Geduld finden Sie sich jedoch zurecht.

• *Bus* In Kos-Stadt gibt es zwei zentrale Busbahnhöfe. Die **Citybusse (DEAS)** verkehren innerhalb des Stadtgebiets und pendeln zwischen Hafen und Asklepieion sowie zwischen Lambi und dem Kap Ag. Fokas. Das Citybus-Büro befindet sich an der Uferstraße Akti Miaouli, genau gegenüber der Abzweigung Ippokratous-Str., in einem auffallend schönen alten Eckhaus 22420-26276. Öffnungszeiten: Mo–Sa 7–22 Uhr, Sa/So 7–13 und 18–22 Uhr. Hier gibt es einen Gratis-Fahrplan sowie Fahrkarten für die Busse. Es ist zwar auch möglich, die Fahrkarte im Bus zu lösen, sie ist dann aber rund 20 % teurer. Da die teuerste Fahrt einfach nur 0,95 € kostet, ist das jedoch zu verkraften. Wenn Sie den Bus regelmäßig benutzen, was sich bei den wirklich guten Verbindungen empfiehlt, können Sie im Citybus-Büro auch Fahrkarten auf Vorrat kaufen.

Die **Inselbusse (KTEL)** brauchen z. B. für die Strecke Kos – Kefalos eine Stunde. Der Busbahnhof für den Intercity-Bus befindet sich in der Kleopatras-Str. 7, ✆ 22420-22292 (Öffnungszeiten des Büros: Mo–Sa 8–15 Uhr). Auch hier erhält man einen Fahrplan gratis. Die Fahrkarten werden im Bus gelöst! *Wichtig:* Die Busse sind besonders bei den Fahrten zu den Orten an der Nordküste sowie nach Kardamena und Kefalos voll besetzt. Also rechtzeitig da sein.

Verbindungs- und Preisbeispiele (jeweils von bzw. nach Kos-Stadt): Kefalos 6 x tägl., So 3 x, 4 €; Kardamena 6 x tägl., So 3 x, 2,90 €; Tigaki 12 x tägl., So 7 x, 1,80 €; Pyli 5 x tägl., So 3 x, 1,80 €.

• *Taxis* Der Standplatz befindet sich am südlichen Ende der Hafenpromenade (Akti Koundouriotou), direkt unterhalb des Platzes der Platane des Hippokrates, ✆ 22420-22777 oder 22420-23333. Da es häufig zu Engpässen kommt, sollten Sie bei wichtigen Terminen ein Taxi vorbestellen. *Preise (Stand 9/2009):* Kos – Flughafen 27 €, Kos – Kefalos 38 €, Kos – Kardamena 25 €, Kos – Tigaki 11 €, Kos – Marmari 14 €, Kos – Mastihari 23 €, Kos – Pyli 19 €.

• *Flughafen* Der Flughafen der Insel liegt ca. 25 km entfernt bei Antimachia. Von Kos aus gibt es folgende innergriechische Flugverbindungen: Nach **Rhodos** können Sie mit Olympic Air an zwei Tagen pro Woche fliegen; die Dornier-Propellermaschinen landen auf dem Flughafen Diagoras, der 16 km von Rhodos-Stadt entfernt liegt. Die Flugzeit beträgt 35 Min., das Ticket kostet 41 € (einfach). 2 x wöchentl. starten Maschinen nach **Astipalea** (1 Std.) und **Leros** (20 Min.), der One-Way-Flug kostet 47 bzw. 41 €. Für weitere Infos, auch bzgl. der Flugverbindungen nach Athen, siehe Kapitel *Anreise* ab S. 37.

• *Fähren/Hafen* An der Uferpromenade, der Akti Koundouriotou, legen lediglich die kleineren Ausflugsboote und Fähren an, die am Kai Tag und Nacht ihre Inseltouren feilbieten. Hinter dem Kastell wurde ein Anlegekai für die großen Schiffe der Fährlinien Anek Lines und Blue Star Ferries gebaut, die auf unterschiedlichen Routen einerseits Rhodos und andererseits Piräus anfahren. Hier kann nur ein Überblick über die Häufigkeit der Fährverbindungen gegeben werden; die genauen Zeitpläne ändern sich oft – die Touristeninformation hilft kompetent weiter. Tickets für die Fähren sind in den Reiseagenturen oder auch vor Ort am Pier erhältlich. Der Schalter öffnet 2 Std. vor der planmäßigen Abfahrt des Schiffes. Karten für eine Deckpassage kann man in der Regel auch direkt an Bord bekommen. Es empfiehlt sich jedoch, v. a. in der Hochsaison, Tickets für Kabinenplätze frühzeitig zu kaufen. In der Taverne am Kai können Sie sich mit Reiseproviant versorgen; sie ist rund um die Uhr geöffnet.

• *Fährverbindungen* Die folgende Übersicht kann lediglich eine Orientierung sein. Hilfreich ist die Website **www.gtp.gr**. Dort finden Sie alle aktuellen innergriechischen Fährverbindungen. Die Angaben gelten allgemein als verlässlich.

Kos – Piräus

Tägl. Verbindungen mit den Fähren der Reedereien Blue Star und Anek (nähere Infos siehe S. 41).

Kos – nördlicher Dodekanes

GA Ferries legt auf der Strecke nach Piräus auch in Kalymnos, Leros, Lipsi und Patmos einen Stopp ein – jedoch halten nicht alle Schiffe jeden Tag an den gleichen Inseln. Erkundigen Sie sich genau. Die Fahrt nach Kalymnos kostet rund 6 €, nach Leros 9 €, nach Patmos rund 13 €.

Schneller, aber auch teurer sind die Tragflächenboote (Hydrofoils) und die großen Katamarane der Linie Dodekanisos Seaways. Auch mit diesen beiden Verkehrsmitteln gibt es in der Hochsaison mehrmals tägl. Verbindungen zu den nördlichen Dodekanes-Inseln, in der Nebensaison immer noch mehrmals wöchentl.

Die Preise für Hydrofoils und die beiden Katamarane von Dodekanisos Seaways unterscheiden sich nur geringfügig und sind in der Hochsaison etwas höher als in der Nebensaison. Die folgenden Preise galten im Jahr 2009 für die Hochsaison: Kos – Kalymnos 14,50 €, Kos – Leros 19 €, Kos – Patmos

Architektur mit orientalischem Einfluss: an der Hafenpromenade von Kos-Stadt

25 €. Wer Hin- und Rückfahrtticket gleichzeitig kauft, erhält 20 % Rabatt auf den Rückfahrtpreis. Kinder von sechs bis zehn Jahren zahlen die Hälfte, Kinder bis fünf Jahre sind frei.

> Die beiden großen Katamarane von **Dodekanisos Seaways** machen ein problemloses Reisen zwischen allen Inseln des Dodekanes möglich. Sie sind etwa doppelt so schnell wie die großen Fähren. Patmos z. B. erreichen Sie in 2:30 Std. Im Unterschied zu den Hydrofoils, die noch etwas schneller fahren können, kann man sich auf den Katamaranen draußen aufhalten und aufs Meer gucken. Die Fahrt mit dem Katamaran kostet ungefähr doppelt so viel wie mit einer großen Fähre.
>
> Die stets aktualisierte Homepage von Dodekanisos Seaways informiert über Abfahrts- und Ankunftszeiten: www.12ne.gr.

Kos – Rhodos
Blue Star und Anek steuern Rhodos tägl. an. Die Fahrzeit Kos – Rhodos beträgt etwa 3,5 Std. Eine Deckpassage kostet 15 €. Sie können die Strecke auch schneller mit Hydrofoils (ca. 25 €) oder den Katamaranen von Dodekanisos Seaways (30 €) zurücklegen.

Kos – Nissiros
Nahezu tägl. fahren die Blue Star Ferries über Nissiros (8 €) nach Rhodos; der Transfer per Tragflächenboot ist ebenfalls jeden Tag möglich (10 €). Eine angenehme Fahrt hat man mit dem kleinen Schiff *M/V Nissos Kos*, das einen für 25 € hin- und zurückbringt – schöne Plätze an Deck!

Weitere Inselverbindungen
Mehrmals wöchentl. kommt man von Kos nach *Tilos*. Bedient wird die Strecke von Dodekanisos Seaways und Blue Star Ferries. Mehrmals wöchentl. gibt es zudem Fähren nach *Symi*, tägl. setzt ein Katamaran über. Die Katamaranfahrt kostet um 20 €, mit den großen Fähren wie Anek setzen Sie für etwa 15 € über.

2 x wöchentl. können Sie von Kos aus mit Fähren nach *Astipalea* fahren. Pro Person kostet die einfache Fahrt ca. 15 €, sie dauert etwa 3:30 Std.

Samos ist von Kos per Fähre (2 x wöchentl.) und Tragflächenboot (tägl.) zu erreichen.

Ausflugsboote: Wer von Kos aus lediglich die näher gelegenen Ausflugsinseln des Dodekanes besuchen möchte, kann das

Angebot kleinerer Agenturen und Veranstalter vor Ort nutzen. Die Überfahrt mit den kleinen Ausflugsbooten und -fähren ist jedoch deutlich teurer als die Passage mit den Liniendampfern der großen Reedereien. Im ganzen Stadtgebiet, insbesondere im Hafenviertel, befinden sich Büros von Fähr- und Reiseagenturen, die Tickets für die Ausflugsfahrten verkaufen. Tickets kann man in der Regel auch an Bord bekommen: In der Hochsaison ist es ratsam, dies bereits am Abend vor Fahrtbeginn zu tun. Die Boote machen im Mandraki-Hafen fest, besetzt sind sie bis ca. 21 Uhr (im Sommer oft länger). Eine Drei-Insel-Tour nach Pserimos, Kalymnos und Plati z. B. kostet mit Mittagessen und Snack um die 25 €. Abfahrt ist in der Regel zwischen 9 und 10.30 Uhr, Rückkehr zwischen 17 und 18.30 Uhr (Näheres unter *Ausflüge von Kos-Stadt*).

Kos Marina

In der Vergangenheit lagen Jachten, Ausflugs- und Fischerboote dicht an dicht im Hafenbecken, mitunter in zweiter Reihe. Durch den Neubau des Sporthafens (Marina) ist das Platzproblem gelöst. Privat genutzte Segelboote und Motorjachten ankern im neuen Becken, etwa 1,5 km westlich des Mandraki-Hafens. 250 Plätze stehen zur Verfügung – mit allem, was das Herz der Kapitäne begehrt: Strom, Wasser, Telefon- und Internetverbindungen direkt am Pier. Auch ein Waschsalon ist vorhanden. Das alte Hafenbecken ist Ankerplatz für die Ausflugs- und Fischerboote.

*A*dressen

• *Apotheken* In Kos-Stadt gibt es mehr als ein Dutzend Apotheken. Sie sind in der Regel Mo, Di, Do und Fr 8.30–13.30 Uhr und 17–21 Uhr geöffnet, Mi und Sa 8.30–14 Uhr. **Notdienst**: Jeweils eine Apotheke hat werktags 13–24 Uhr und sonntags 8.30–13 Uhr sowie 17–24 Uhr Dienst. Auch außerhalb dieser Zeiten gibt es einen Notdienst. Name und Adresse der entsprechenden Apotheke erfahren Sie, wie in Deutschland, durch einen Aushang im Fenster jeder beliebigen Apotheke.

• *Krankenhaus* Allgemeines Hippokrates-Krankenhaus, Ippokratous-Str. 32, ✆ 22420-22300 (Ambulanz), ✆ 22420-28050 (Auskunft).

• *Ärzte* Die Verständigung ist in der Regel kein Problem, da die meisten Ärzte zumindest Englisch sprechen. Hier nur eine Auswahl der fast 50 Praxen in Kos:

Allgemeinmediziner/Internisten: I. Maheras, Herodotou-Str. 9, ✆ 22420-23119; D. Siregelas, Hiracleous-Str. 4, ✆ 22420-25060; D. Hatzipanagiotis, Pissandrou-/Vas.-Pavlou-Str., ✆ 22420-28346.

Zahnärzte: M. Phakkos, Ippokratous-Str. 7, ✆ 22420-28350. Besonders empfohlen wurde uns Michael Mastrodomus in der Ortschaft Zipari, ✆ 22420-69959. Die Praxis soll auf hohem Niveau arbeiten, der Arzt selbst sei sehr einfühlsam, so eine Patientin.

HNO: Nicolas Khnouf, Ippokratous-Str., ✆ 22420-23129.

Gynäkologe: M. Papachristou, Ag.-Nikolaou-Str. 9, ✆ 22420-28047.

Kinderärzte: M. Ouranos, Ippokratous-Str. 20a, ✆ 22420-23377. Deutsch spricht die Kinderärztin Dr. K. Kosmopoulos, Mitropoleos-Str. 4, ✆ 22420-23555.

Öffnungszeiten der Praxen: Mo, Di, Do, Fr 8.30–13 Uhr und 17–21 Uhr, Mi und Sa 8.30–14 Uhr.

• *Banken* Die allgemeinen Öffnungszeiten der Banken sind: Mo–Do 8–14.30 Uhr, Fr 8–14 Uhr, Sa/So geschlossen.

National Bank of Greece, Riga-Fereou-/Ant.-Ioannidi-Str., ✆ 22420-22167 und 22420-23317.

Commercial Bank of Greece, Marmaroto-Str., ✆ 22420-22659 und 22420-28825.

Alpha Bank, Korai-/El.-Venizelou-Str., ✆ 22420-22226, zweite Filiale an der Hafenpromenade, nahe der Ecke Vas.-Pavlou-Str.

• *Geldautomaten* Gibt es in Kos-Stadt zwischenzeitlich an jeder zweiten Ecke, sie akzeptieren nahezu alle Karten.

• *O.T.E.* Der Telefonservice befindet sich in der Vironos-Str. 8/Ecke Xanthou-Str., ✆ 22420-22499 (Zentrale). Hier können Sie auch Telefonkarten für die Kartentelefone kaufen. Geöffnet Mo–Fr 7.45–15 Uhr, Sa/So geschlossen.

• *Optiker* Brillen, Sonnenbrillen und Kontaktlinsen führen der Optikladen in der Ve-

riopoulou-Str. 11, ℡ 22420-23618, und der in der 25.-Martiou-Str. 13, ℡ 22420-23883.
* *Post* In der Vas.-Pavlou-Str., nahe der Straße El. Venizelou; geöffnet Mo–Fr 7.30–14.30 Uhr, Sa/So geschlossen; ℡ 22420-22250.

Der Ikonenmaler von Kos

Seit 1973 lebt Panajotis Katapodis mit seiner schwedischen Frau auf Kos. Katapodis ist professioneller Ikonenmaler. In mehreren Kirchen wie der Ag.-Nikolaus-Kirche an der Odos Korai und in vielen kleinen Kapellen sind seine Werke zu bewundern.

Die sind strengen Regeln unterworfen. Vorgegeben sind nicht nur Proportionen und Farben, sondern auch die Körperhaltung – bis hin zur Darstellung einzelner Fingerglieder reichen die Bestimmungen. Folgerichtig bleibt der Ikonenmaler anonym, tritt komplett hinter sein Werk zurück. 15 Jahre musste Katapodis lernen. Ein langer Weg. Doch es geht auch nicht um ein x-beliebiges Produkt. Der griechisch-orthodoxe Glaube verehrt die Ikone als Abbild der auf ihr dargestellten Heiligen und Szenen unmittelbar. Mit anderen Worten: Ikonen sind heilig. Erstellt werden sie meist von Mönchen, die in einem Kloster leben. Katapodis ist einer der wenigen „weltlichen" Ikonenmaler, die von der orthodoxen Kirche anerkannt sind.

Nicht nur Kirchen und Kapellen zieren Katapodis' Werke, auch viele Haushalte schmücken sich mit seinen Ikonen, die ab 50 € erhältlich sind. Besucher sind in seinem Atelier oberhalb der Stadt willkommen, da herrscht die nötige Ruhe, die er für seine Arbeit braucht. Von 10 bis 18 Uhr ist das Atelier geöffnet, wer später vorbeikommen möchte, kann einen Termin telefonisch vereinbaren: ℡ 22420-24942.

Anfahrt: Der Ikonenmaler wohnt westlich außerhalb der Stadt, der Weg ist ausgeschildert. Fahren Sie über die Mitropoleos-Nathanail-Straße Richtung Ag. Nektarios. Nach ca. 1,5 km sehen Sie an einer Kreuzung nach links ausgeschildert „Icon Painter". An dieser Straße finden Sie nach gut 600 m wieder ein Schild mit gleicher Aufschrift, das rechts den Hang hinaufweist. Am Haus des Malers selbst (rechter Hand) ist ebenfalls ein Schild angebracht.

Einkaufen

Werktags pulsiert das Leben besonders in den kleinen Gassen der Altstadt und um die Markthalle herum: Es riecht nach Gyros und Nüssen, und zwischen all den kitschigen Souvenirs findet man auch mal ein ausgesucht schönes Schmuckstück oder einen günstigen Schafwollpullover. Sonntags sind viele Geschäfte in Kos-Stadt geschlossen – Souvenirläden für Touristen ausgenommen. Die Stadt wirkt dann wesentlich ruhiger, die Einwohner entspannter. Ein Bummel durch die Altstadt lohnt sich schon allein wegen der kleinen Gassen, die mit leuchtend roten und violetten Bougainvilleen überwachsen sind. Das klassische touristische Sortiment finden Sie an jeder Ecke. Im Folgenden daher einige Tipps, wo Sie nützliche und nicht ganz alltägliche Dinge erhalten.

Von einigen sehr kleinen Läden abgesehen, die während der Siestazeit noch schließen, haben die Supermärkte und Shops tägl. durchgehend von 8.30 bis 21 Uhr geöffnet. Samstags schließen die großen Supermärkte schon um 18 Uhr, sonntags sind sie ganz geschlossen. Doch auch sonntags ist es kein Problem, sich mit frischen Lebensmitteln zu versorgen, da die meisten Minimärkte keinen Ruhetag einlegen.

* *Foto/Kameras* Innerhalb von 23 Min. werden Ihre Fotos bei **Foto Oscar** in der El.-Venizelou-Str. 23 entwickelt. Außerdem hat der Laden eine große Auswahl an Filmen, Batterien und was Sie sonst noch alles für Ihre Schnappschüsse brauchen. Auch

Kos-Stadt

wenn die Kamera kaputt ist, hilft das Fotogeschäft weiter.

• *Gewürze/Honig* Rosmarin, Lavendel, Thymian, Oregano, Griechische-Salat-Mischung ... Eine beachtliche Auswahl an Gewürzen und Honig in unterschiedlichen Größen und Geschmacksrichtungen finden Sie in der **Markthalle** – es duftet betörend aus allen Ecken. Möchten Sie mehr als ein Glas Honig mit nach Hause nehmen, empfehlen wir einen Abstecher in den **Supermarkt Marinopoulos** am Insel-Highway. Hier gibt es die süße Köstlichkeit bis zu einem Drittel billiger als in den Geschäften der Innenstadt.

• *Komboloi* Es gibt wohl kaum ein Souvenir, das mehr an Griechenland erinnert, als das Komboloi – Lieblingsspielzeug griechischer Männer (Näheres unter *Wissenswertes von A bis Z*). Eine reiche Auswahl dieser vielseitigen Perlenketten führt das kleine Geschäft in der A.-Ipssilandou-Str. 14, nahe der Ecke zur 25.-Martiou-Str. Hier gibt es von der bunten Plastikvariante für knapp 5 € bis zur Kette aus Bernstein oder Silber einfach alles.

• *Musik* Eine vergleichsweise große Auswahl an Schallplatten, CDs und Kassetten haben die beiden Filialen des Musikgeschäfts **Ti amo**, El.-Venizelou-Str. 13/Mitropoleos-Str. sowie A.-Ipssilandou-Str. 4. Neben griechischer Musik finden Sie hier auch ein Jazzsortiment, Hip-Hop und internationalen Pop.

• *Musikinstrumente* Typisch griechische Musikinstrumente wie Bouzoukias und Gitarren, aber auch Synthesizer und Zubehör gibt es bei **Kahoudis** in dem winzigen Viertel Marmaroto, das an der Verlängerung der Grigoriou-E.-Str. in Richtung Asklepieion linker Hand liegt; ℘ 22420-26201. Bouzoukia und Percussion-Instrumente werden zudem in einem kleinen Geschäft gegenüber der Markthalle (Vas.-Pavlou-Str. 13) angeboten. Das Geschäft ist jedoch nicht auf Instrumente spezialisiert, sondern führt auch Fernseher, Ventilatoren u. Ä. Neben einigen Musikinstrumenten gibt es zudem Noten für griechische Musik.

• *Sandalen/Schuhe* Handgefertigte Sandalen produziert und verkauft der Schuster in seinem kleinen Werkstattgeschäft in der Vas.-Pavlou-Str. 9, gegenüber der Markthalle. Hochwertige Sandalen gibt es ab 15 €.

• *Schmuck* Vor allem in der Altstadt von Kos finden sich viele Anbieter, die Auswahl reicht von einfachen Ständen auf der Straße mit preisgünstigem Silberschmuck bis hin zu teuren Juwelierläden, die man ohne hoch dotierte Kreditkarte am besten gar nicht erst betritt.

• *Spirituosen* Besonders Hochprozentiges ist auf Kos aus steuerrechtlichen Gründen (Alkohol dürfen die Händler zollfrei einführen) billiger als im restlichen Griechenland und deutlich preiswerter als bei uns. Reichliche Auswahl an griechischen und interna-

Mitbringsel aus der Tiefe des Meeres: Schwämme

Diverses 91

tionalen Spezialitäten, auch an Wein und Sekt, bieten zwei Geschäfte in der Ipssilandou-Str. Eines befindet sich schräg gegenüber der Nationalbank an der Ecke Riga Ferreou Str. Das andere finden Sie Ipsilandou-Str./Ecke 25th Martiou Str.

● *Sportgeräte/-kleidung* Die größte Auswahl auf Kos hat definitiv **Kosmosport** in der El.-Venizelou-Str. 23. Direkt nebenan befindet sich **Diana Sport**; das Geschäft hat sich auf Tauchen und Angeln spezialisiert. Ob Sie nun also tauchen, joggen, schwimmen, wandern oder Rad fahren wollen und Ihre Ausrüstung vergessen haben, in diesen beiden Läden werden Sie sicher fündig – und auf jeden Fall gut beraten.

● *Supermärkte* Viele Läden nennen sich zwar Supermarkt, doch die meisten haben nur ein kleines Sortiment. Zu Recht trägt jedoch der **Marinopoulos Supermarkt** seinen Namen. Das größte Einkaufszentrum der Insel liegt am Highway, rund 4 km vom Stadtzentrum entfernt. Das Sortiment ist breit: von Lebensmitteln über Kosmetika und Kleidung bis hin zu Haushaltswaren und allerlei nützlichen Dingen, die man für einen Strandurlaub so braucht. Besonders üppig ist die Auswahl an Honig.

Das größte Angebot im Stadtgebiet hat der Supermarkt an der Veriopoulou-Str. (zwischen Alikarnasou- und Lohou-Str.). Recht gut sortiert und sympathisch ist zudem der Supermarkt **Alexandra** an der Kleopatras-Str.

9 in der Nähe der Haltestelle der Inselbusse. Einen **Bio-Supermarkt** namens **Papazoulou** gibt es auf der Ecke Mega Alexandrou/31th Martiou. Die Auswahl an biologisch angebautem Obst und Gemüse ist groß, vieles kommt von der Insel Kos. Die Preise für diese lokalen Produkte sind oft niedriger als für das Obst im Supermarkt! Außerdem gibt es alle Grundnahrungsmittel in Bio-Qualität sowie u. a. Vollkornbrot, Weine, Naturkosmetik. Papazoulou hat eine zweite Filiale in Zipari.

● *Wäschereien* Reinigung in der Agikastrou-Str. , kurz hinter der Ethnikis-Antistasis-Str.; **Happy Wash** in der Mitropoleos-Str. 20, ℡ 22420-23424. Eine Maschine Wäsche waschen kostet inkl. Trocknen jeweils rund 7,50 €.

● *Wein* Einen Weinladen, der nicht nur gute internationale, sondern auch vorzügliche griechische Weine anbietet, befindet sich an der Ethnikis-Antistasis-Str., nahe der Ecke Veriopoulou-Str. Zu erkennen an den Weinranken, die das Laden als Symbol hat. Weine aus Kos erhalten Sie auch bei **Achnari**, Vas.-Pavlou-Str. 22, ab 7,50 € pro Flasche.

● *Zeitungen* Fast alle größeren europäischen Zeitungen und Zeitschriften sind – mit einem Tag Verspätung – in dem Zeitschriftenhandel am Eleftherias-Platz erhältlich. Auf der dunkelblauen Markise steht „News Stand".

Kos-Stadt und Umgebung
Karten Umschlaginnenklappe hinten, S. 93 und 116

Markthalle

Sie können das Gebäude gar nicht verfehlen: Mitten auf dem Eleftherias-Platz steht die große, weiß getünchte Markthalle von Kos. Während sie früher als Umschlagplatz für Obst und Gemüse diente, werden heute v. a. touristische Bedürfnisse befriedigt: Honig, Olivenöl und andere kulinarische Mitbringsel sowie Naturkosmetik aus Olivenöl und allerlei Schnickschnack werden feilgeboten. An einigen Ständen gibt es auch noch Obst – allerdings zu überhöhten Preisen. Die von den Italienern erbaute Markthalle mit dem Brunnen in der Mitte ist v. a. architektonisch interessant.

Öffnungszeiten Mo–Sa 7–23.30 Uhr, So 10–23.30 Uhr.

---

*D*iverses

● *Gottesdienst* In der **Lamm-Gottes-Kirche** an der Anapafseos-Str., zwischen Casa Romana und Odeon, finden während der Saison *katholische Gottesdienste* statt. Der niederländische Herzjesu-Missionar schrieb uns: „In dieser Kirche werden mitunter schon im Mai und Juni, sicher aber in der Zeit von Juli bis September, sonntags um 11 und 18 Uhr katholische Messen in verschiedenen Sprachen und mit ökumenischer Gastfreundschaft gelesen."

Sonntags um 9.30 Uhr finden von Mai bis September in der gleichen Kirche *evangelische Gottesdienste* in deutscher Sprache statt.

• *Kino* Das **Freiluftkino Orfeas** zeigt neuere Spielfilme in Originalfassung (meist englischsprachig). Selbst Streifen, die man bereits kennt, bekommen unter sternklarem Himmel betrachtet eine neue Dimension! Mo, Mi und Fr wechselt das Programm. Die Vorstellungen beginnen um 20.30 Uhr und um 22,30 Uhr, im September um 20 und 22 Uhr. Über das aktuelle Programm informieren die Schaukästen vor dem Kino. Vor der Vorstellung und in der Pause werden Getränke und Snacks verkauft. Die Karte kostet 7 €, für Kinder bis 12 Jahre 5 €. Fenaretis-Str. 1, ✆ 22420-25713.

Die gleichen Betreiber führen auch das **Indoor-Kino** am Eleftherias-Platz, wo man sich die (sehr seltenen!) regnerischen Abende mit den neuesten Kino-Hits vertreiben kann, ✆ 22420-22051.

• *Internet* Wenn Sie auch im Urlaub Ihre E-Mails checken und nicht im Mittelmeer, sondern im World Wide Web surfen möchten, haben Sie hier genügend Möglichkeiten. Zum Beispiel: **Café del Mare** an der M.-Alexandrou-Str. 4a; die große, schattige Terrasse hier ist übrigens auch ohne Computer sehr einladend. 1 Std. Surfen kostet 3 €. Eine wahre Halle voller Computer finden Sie in der Artemisia Str. am Kreisverkehr (Ecke Korai Str.): **e-Global** heißt das Internet-Café, in dem über 50 Plätze zur Verfügung stehen! 1 Std. Surfen gibt es für 2 €, eine halbe für 1 €.

Auto-/Zweiradverleih (siehe Karte Umschlaginnenklappe hinten)

In Kos-Stadt kann man Fahrzeuge aller Art mieten, Anbieter gibt es mehr als genug, die Preisunterschiede sind gering. Nachfolgend einige Beispiele verschiedener Auto-, Motorrad-, Moped- und Fahrradverleihe – das dort angegebene Preisniveau gilt als Orientierungshilfe auch für andere Agenturen in der Stadt.

Tipp: Nehmen Sie auf alle Fahrten die Telefonnummer der Verleihstation mit, eine Panne ist bei der Hitze und der Beschaffenheit der Straßen gar nicht so unwahrscheinlich. Lassen Sie sich erklären, wo sich Ersatzreifen und Werkzeug befinden.

• *Autos* **Sevi Rent a Car**, obwohl der Sitz des Autoverleihs in Tigaki ist (siehe auch dort), lohnt es, sich hier ein Auto zu leihen, auch wenn man in Kos-Stadt wohnt. Die diversen Kleinwagen sind in vorbildlichem Zustand und kosten ab 30 € pro Tag, Vergünstigungen gibt es auf Anfrage. Der Service ist freundlich und zuverlässig. ✆ 22420-69076 und 22420-68299 oder 6947121792 (mobil). E-Mail: sevi_car_rentals1@yahoo.com. **Safari Rent a Car (25)**, Harmilou-Str. 17 /Ecke Karaiskaki-Str. 17. Einen Kleinwagen gibt es ab 40 € pro Tag, einen Suzuki Jeep für 62 €. Wer das Auto für drei Tage oder mehr mietet, bekommt Rabatt. So kostet ein Chevrolet Matiz für eine Woche 244 €. Die Preise verstehen sich inkl. Vollkaskoversicherung, gefahrene Kilometer werden nicht extra berechnet (keine Kilometerpauschale), 24-Std.- und Liefer-Service. ✆ 22420-21023, 6944533420 (mobil), ✉ 22420-21096, safari@kos.forthnet.gr, www.safarirentacar.gr.
AutoWay (21), einen Hyundai Atos erhalten Sie in der NS für 30 €, in der HS für 40 €, der Suzuki Jimny kostet in der NS 50 €, in der HS 65 € tägl. Im Angebot ist auch der Peugeot 206 CC für 90 €. Rabatte ab drei Tagen Vermietung. Vas.-Georgiou-Str. 18, ✆ 22420-25326, 6932284966 (mobil), www.autowaykos.gr.

• *Zweiräder* Bei **Moto Holidays (5)** gibt es keine Preisunterschiede zwischen Neben- und Hauptsaison. Der Verleih (mit eigener Werkstatt) verfügt über insgesamt vier Läden, zwei davon in Kos-Stadt und zwei in Lambi. Die Zentrale liegt in der Meg.-Alexandrou-Str. 21. Obwohl meist viel Betrieb ist, muss man selten länger warten, Fahrradreparaturen gehen hier blitzschnell. Mieträder (Trekking, City) kosten um die 3 €, Scooter (50–125 ccm) 10–18 €, Quads (80–275 ccm) 17–35 € und Buggys (260 ccm) 40 € pro Tag inkl. Service und Versicherung. Ab vier Tagen gibt es Rabattangebote. ✆ 22420-28676

Empfehlenswert ist auch **Moto Service (26)** in der Harmilou-Str. 7. Die Räder und Scooter sind neu und in sehr gutem Zustand, der Service ist prima. Ein Scooter oder ein Motorroller kostet 15–18 €, ein Fahrrad 2,50–3,50 € (ab 13 € pro Woche). Angeboten werden auch leistungsstarke Quads (250 ccm) für 45 € tägl. sowie Motorräder

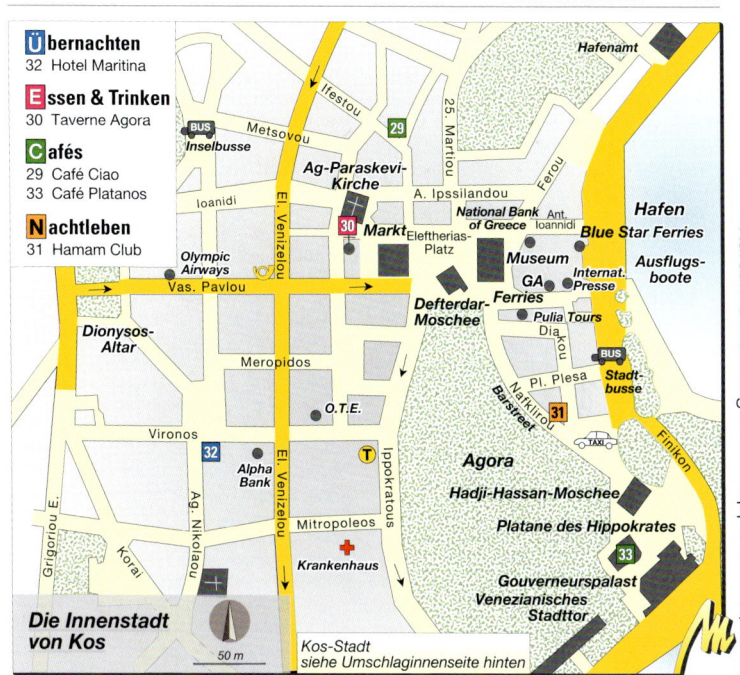

Übernachten 93

Übernachten
32 Hotel Maritina

Essen & Trinken
30 Taverne Agora

Cafés
29 Café Ciao
33 Café Platanos

Nachtleben
31 Hamam Club

Die Innenstadt von Kos

Kos-Stadt siehe Umschlaginnenseite hinten

Kos-Stadt und Umgebung — Karten Umschlaginnenklappe hinten, S. 93 und 116

(ab 20 €). Rabatte ab drei Tagen Entleihdauer. Service: Wer abends in den Bars trinken möchte, tauscht sein Fahrzeug für die Nacht gegen ein Fahrrad ein. Am nächsten Morgen können Sie dann nüchtern wieder auf Ihr motorisiertes Gefährt steigen. ✆ 22420-24828.

Übernachten (siehe auch Karten Umschlag hinten, S. 93 und S. 116)

Hotels und Pensionen sind weit über die Stadt verteilt. Selbst wenn man nicht direkt in Hafennähe wohnt, schränkt das die eigene Bewegungsfreiheit nicht ein, da man in der Stadt nahezu alles zu Fuß oder mit dem Fahrrad erreichen kann. Die handelsüblichen Stadtpläne vermitteln einen falschen Eindruck – die Stadt ist nicht sehr groß. Trotzdem ist sie insgesamt relativ laut, v. a. natürlich in der Hochsaison. Wer absolute Ruhe haben und trotzdem in Stadtnähe wohnen will, sollte auf die Außenbezirke Psalidi oder Lambi ausweichen, wobei die Unterkünfte dort in der Regel komfortabler, aber auch teurer sind.

Viele Hotels, Pensionen und Apartmenthäuser sind an Reiseveranstalter oder Agenturen angeschlossen – somit kann insbesondere in der Hochsaison die Zimmersuche wahrlich nervenaufreibend sein. Wir haben in die folgende Auflistung v. a. Unterkünfte aufgenommen, die ohne Agentur arbeiten. Individualreisende, die es während der Hochsaison nach Kos zieht, sollten ein Zimmer reservieren.

● *Im Stadtzentrum* **Alexis (6)**, den namensgebenden Alexis Zikas trifft man nicht mehr auf der jasminberankten Terrasse dieser sympathischsten Pension der Stadt. Seine Schwester Sonia Argyriou führt das Haus jetzt mit ihrem Sohn Yannis. Sonia versteht es mit ihrer ehrlichen Herzlichkeit, ihren Gästen einen reibungslosen und erholsamen Aufenthalt zu organisieren. Nicht nur, dass man hier auch noch um

Kos-Stadt

13 Uhr ein Frühstück bekommt, Sonia weiß auch über jede Fährverbindung Bescheid, bestellt ein Taxi, wenn man dringend eines braucht, und hält alle Widrigkeiten fern, die einem während einer Reise in die Quere kommen können. Die zweistöckige Pension mit den 15 Räumen war einst das Wohnhaus der Familie und hebt sich angenehm von zweckmäßigen Hotelneubauten ab. Wenn man erst auf der gemeinschaftlichen Terrasse sitzt, mit Reisenden aus allen Kontinenten der Welt plaudert (Englisch ist Umgangssprache) und der Duft der Jasminblüten in der Nase kitzelt, dann hat der Urlaub begonnen und sich gleich von seiner besten Seite gezeigt. Die Pension ist sehr sauber, liegt zentral hinter der Hafenpromenade und ist dafür relativ ruhig. Die doppelt verglasten Scheiben schützen seit 2005 vor dem Knattern der Mopeds, eine Klimaanlage sorgt für angenehme Temperaturen. Es gibt Gemeinschaftsbadezimmer und -toiletten sowie geräuschlose Ventilatoren in den Zimmern der ersten Etage. Der Kühlschrank in der Küche ist mit Getränken bestückt und für alle zugänglich. Sie schreiben selbst auf, was Sie verbrauchen. Für 8 € kann man eine Maschine Wäsche waschen lassen. Die Pension ist ein echter Tipp! Geöffnet von April bis Oktober. Das DZ kostet 25–35 €. Irodotou-Str. 9/Omirou-Str. (Eingang in der Omirou-Str.), ℅ 22420-28798 oder 22420-25594, ℡ 22420-25594, www.pensionalexis.com.

Afendoulis (24), mehr Komfort und Ruhe als die kleine Pension Alexis bietet das Hotel, das Sonias Bruder Alexis Zikas mit seiner Frau Denise führt. Es liegt abseits vom Getümmel des Hafenviertels und doch nur zehn Gehminuten davon entfernt. Die 25 Zimmer, auf drei Etagen verteilt und meist mit Balkon, haben alle einen privaten Telefonanschluss, ein Bad, einen eigenen Kühlschrank und Klimaanlagen. Zudem hat Alexis Fernsehgeräte aufgestellt; damit niemand gestört wird, ist die Lautstärke begrenzt. Sowohl die Zimmer als auch die Küche befinden sich in einem ausgesprochen sauberen Zustand. In der hellen hohen Empfangshalle wird morgens das Frühstück serviert. Auf der Terrasse vor dem Haus kann man in Ruhe sitzen und lesen oder den Katzen beim Spielen zusehen. Geöffnet von April bis Oktober; Sie können hier auch für 8 € eine Maschine Wäsche waschen lassen. Das DZ in diesem sympathischen Hotel kostet ohne Frühstück zwischen 30 und 50 €. Für 5 € bekommen zwei Gäste bis spät in den Tag hinein ein Frühstück (mit selbst gemachter Marmelade). Evripilou-Str. 1, ℅ 22420-25321, ℡ 22420-25797, www.afendoulishotel.com.

Camelia (19), die Zimmer mit zwei Einzelbetten, kleinem Balkon, Bad, Kühlschrank und Telefon sind sauber, die Hälfte der Zimmer verfügt inzwischen über eine Klimaanlage und Kühlschrank. In den bequemen Stühlen auf der Terrasse vor dem Haus sitzt das gemischte Publikum des Hotels, bevor es sich ins Nachtleben von Kos stürzt. Kurz vor Sonnenuntergang lässt es sich hier bei einem kühlen Frappé wunderbar entspannen. Hotelgäste haben freien W-LAN-Zugang. Für eines der 22 DZ zahlt man je nach Saison zwischen 30 und 50 € inkl. Frühstück, ein EZ kostet zwischen 15 und 25 €. Artemisias-Str. 3, ℅ 22420-28983, ℡ 22420-27391, www.camelia-hotel.com.

Koala (27), von der australisch-griechischen Familie Patakos geführtes Hotel. Großer, ansprechender Dachgarten mit Liegestühlen. Ausgestattet sind die Zimmer mit Klimaanlage, Fernseher und Kühlschrank. Insgesamt 49 DZ. Sie kosten je nach Saison 33–55 € inkl. Frühstück. In der Nebensaison gibt es Sonderangebote, z. B. das DZ zwischen 23 und 27 €. Über die Sonderangebote informiert die Website. Harmilou-Str. 21, ℅ 22420-22897, ℡ 22420-23388, www.koala hotel.gr.

Maritina (32), ruhig und dennoch nahe dem Zentrum gelegen, wird das 3-Sterne-Hotel auch von vielen Griechen genutzt, die nach Kos kommen, sei es privat oder beruflich. Die Ausstattung der 81 Zimmer dürfte kaum Wünsche offen lassen: Klimaanlage, Minibar, Fernsehen und Balkon gehören dazu. Das Haus ist übrigens barrierefrei, also behindertengerecht, eingerichtet. Je nach Saison kostet ein DZ 60–75 €, im Preis ist das Frühstück enthalten. Vironos-Str. 19/Ecke Ag. Nikolau, ℅ 22420-23511, ℡ 22420-26124, www.maritina.gr.

Kos Aktis (18), direkt am Meer, neben dem Citybus-Büro. Wer auf gestylte Zimmer Wert legt, ist in diesem Hotel richtig. Satiniertes Glas, Marmor, Metall und edle Hölzer sind für den Innenausbau verwendet worden. Die Gäste bringen ihre Körper im Fitness-Studio in Form. Das 2005 eröffnete Haus bezeichnet sich als „Art Hotel". Das moderne Design prägt auch das hoteleigene Bar-Restaurant H20. In der NS kostet das DZ 90–120 €, in der HS 180–210 €.

Heute sehen Pensionen anders aus: traditionelles griechisches Schlafgemach

Die Suite gibt es in der NS für 120–140 €, in der HS kostet das luxuriöse Vergnügen 200–230 €. Vas.-Georgiou-Str. 7, ✆ 22420-47200, ✉ 22420-47210, , www.kosaktis.gr.

Thomas (28), ruhig gelegenes Hotel nahe dem Sporthafen mit freundlichem Betreiber. Die 24 schmalen Zimmer in dem etwas monoton wirkenden Gebäude verfügen jeweils über ein sauberes Bad, Balkon, TV, Kühlschrank und Klimaanlage. Im Erdgeschoss befindet sich eine angenehme Hotelbar. Das DZ inkl. Frühstück kostet zwischen 35 und 40 €. Artemisias-/N.-Manousi-Str., ✆ 22420-24646, ✉ 22420-26646.

Veroniki (14), zentral und dennoch recht ruhig. Die 21 Zimmer versprühen einen etwas angestaubten Charme, zu dem die liebenswerte Wirtin wunderbar passt. Das Hotel ist einfach, aber sauber. Das DZ mit Bad, TV, Klimaanlage, Kühlschrank und Balkon kostet 25–40 €, je nach Saison. P.-Tsaldari-Str. 2, ✆ 22420-28122 oder 22420-28123.

Phaeton (2), das Hotel liegt abseits des von Nachtschwärmern in Beschlag genommenen Hafenviertels. Die 31 klimatisierten (leider recht schmalen) Zimmer verfügen über Balkon, Bad und Toilette. Zur Ausstattung gehören auch Fernseher und Kühlschrank. Dicke Zypressen sorgen für angenehmen Schatten, und vor dem Haus werden kühle Getränke serviert. Der Übernachtungspreis im DZ liegt in der HS bei etwa 75 €, in der NS beginnt er bei 55 €. El.-Venizelou-Str. 75, ✆ 22420-28901, ✉ 22420-26902.

● *Lambi* **Alice Springs**, alteingesessenes, sympathisches Hotel, rund 300 m vom Strand entfernt. Der größte Teil der 45 Unterkünfte wurde 2004 in Apartments umgewandelt, die über große Reiseveranstalter vergeben werden. Eine Handvoll DZ vermietet der Besitzer aber noch immer selbst. Der schöne Garten mit Swimmingpool und Poolbar hinterm Haus blieb erhalten. Da das Hotel direkt hinterm Strand liegt, ist es besonders für Reisende zu empfehlen, die einen Strandurlaub mit kurzen Wegen haben möchten. Ein DZ kostet ganzjährig um die 50 €. Zouroudi-Str, ✆ 22420-23473, ✉ 22420-24848, www.alicespringshotel.com.

● *Psalidi* **Seagull Apartments (35)**, an der Straße zu den Empros-Thermen, 5 km von Kos-Zentrum entfernt, nahe dem Kap Ag. Fokas. Der Stadtbus hält vor der Haustür. Insgesamt 14 Apartments vermietet die griechisch-deutsche Betreiberfamilie Schopmans-Dimoudis. Sie kümmert sich intensiv um die Gäste, etwa bei gemeinsamen Wanderungen im Dikeos-Gebirge. Wer zum

Strand möchte, muss einfach die Straße überqueren und durch die Hotelanlage gegenüber laufen. In dem wunderschönen Garten rund um die Seagull Apartments gibt es jedoch auch einen Pool. In den sauberen Zimmern mit Balkon können zwei bis vier Personen wohnen, sie kosten durchgängig 25 € (zwei Personen) bzw. 60 € (vier Personen). ✆/✆ 22420-22514 www.travelnet. de/d/30-39093

Theodorou Beach Hotel (34), am östlichen Ende der Marina, 1, 5 km von Kos-Zentrum entfernt. Das recht neue Hotel ist architektonisch angenehm zurückhaltend und trägt den Namen des Strandes, der nur 30 m entfernt ist. Der hauseigene Pool kann natürlich mit der Ägäis nicht konkurrieren, ist aber hübsch gelegen. Das Hotel verfügt sowohl über Zimmer als auch Apartments, beides geschmackvoll eingerichtet und sehr gepflegt. Seit dem Umbau 2005 verfügen alle Zimmer über eine Kochgelegenheit und einen Kühlschrank. Alle Zimmer sind geräumig, haben Bad, Balkon, Klimaanlage und Fernseher. In den Vier-Personen-Apartments gibt es eine separate Küche, vier Personen zahlen zusammen 65–95 €. Das reichhaltige Frühstücksbuffet kostet gut 4 € extra. Ein DZ kostet je nach Saison 50–75€. ✆ 22420-22280, ✆ 22420-23526, www.theodorou hotel.com.

Essen und Trinken (siehe Karten Umschlag hinten und S. 93)

Wie sollte es anders sein: an jeder Ecke eine Taverne oder ein Restaurant. Entsprechend groß ist die Auswahl: Vom etwas feineren Restaurant bis zur Gyros-Bude, von der Peking-Ente bis zur Pizza Margherita ist in Kos-Stadt alles zu haben. Und die Lebensdauer so mancher Taverne ist – angesichts der großen Konkurrenz – denkbar gering. Wir beschränken uns in der folgenden Auswahl daher auf verlässliche Restaurants – und auf die griechische Küche, die viel besser ist als ihr internationaler Ruf. Die folgenden Restaurants beweisen das:

•*Restaurants* **Petrino (9)**, ein schöner Ort für einen feierlichen Anlass: Man speist in einem auf zwei großen Stufen angelegten, sehr ruhigen Garten, in dem alles üppig blüht und duftet. Die wohlschmeckende griechische Küche, die mit großer Sorgfalt zubereitet wird, kann einige Anleihen aus der internationalen Kochkunst nicht leugnen. Das führt zu größerem Abwechslungsreichtum als in den meisten anderen Tavernen: So kann man hier zur Vorspeise auch mit Shrimps gefüllte Avocados essen, und die Salatvariationen sind ausgesprochen vielfältig. Die Speisen sind zwar teurer als anderswo, aber dennoch sind wir sehr entspannt, satt und zufrieden nach Hause gegangen. I.-Theologou-/Ap.-Pavlou-Str., ✆ 22420-27251.

Nick The Fisherman (11), wie der Name schon sagt, das Restaurant gehört Nick: Nikolas Paras ist ein Fischer, der sich nicht nur auf den Fischfang, sondern auch vorzüglich auf die Zubereitung von allerlei Meeresgetier versteht. Während Nick und seine Frau die Speisen zubereiten, bedient der Sohn die Gäste. Mittlerweile hat sich der Familienbetrieb darauf verlegt, die Preise etwas anzuheben, bessere Weine zu servieren und somit eine insgesamt zahlungskräftigere Klientel an die Tische zu ziehen. Doch die hervorragenden Speisen sind ihren Preis allemal wert: Die gefüllten Kalamari sind genauso ein Gedicht wie das Schwertfisch-Steak in Zitronen-Olivenöl-Soße. Der Fisch kostet pro Kilo rund 57 €. Averof-/Alikarnasou-Str.

Psaropoula (13), wenige Häuser von Nick the Fisherman entfernt und inzwischen dessen stärkste Konkurrenz. Hier sind die Gerichte bodenständiger und deutlich billiger. Die sympathische Betreiberfamilie hat ihre Wurzeln in Kreta, und so findet man auch kretische Spezialitäten auf der Karte, die sich zu probieren lohnen: Das unter der merkwürdigen Übersetzung „Zwieback mit Tomaten" angekündigte Gericht ist eine köstliche, würzige und sättigende Vorspeise. Ansonsten sind, wie der Name schon ankündigt, frische Fische und Meerestiere die Spezialität des Hauses, beliebt sind die Kalamari und der gegrillte Tintenfisch. Der Hauswein ist ausgezeichnet. Averof-Str. 17.

Lampros (1), auch nach dem Umzug in eine größere Lokalität eines der beliebtesten Restaurants bei den Einheimischen. Der Service ist herzlich und prompt, Spezialität des Hauses sind die Rind- oder Schweinefleisch-Souvlakis, u. a. mit Kreuzkümmel gewürzt. Die begehrten Spieße werden auch außer Haus verkauft, wovon die Koer

Essen und Trinken

regen Gebrauch machen. Doch auch wer kein Fleisch, sondern z. B. einen Tintenfischsalat bestellt, wird nicht enttäuscht: Erfrischend und würzig ist die Vorspeise. Psaron-Str. 17/Spetson-Str., ✆ 22420-28808.

Barbas (22), die traditionell hellblau gestrichenen Holzstühle des kleinen Lokals gegenüber dem Hotel Afendoulis sind fast jeden Abend komplett besetzt. Viele Gäste kommen immer wieder, und das aus gutem Grund: Die Bedienung ist freundlich, die griechische Küche lecker und preiswert. Allein wegen des köstlichen Tintenfischsalats und Lammfleischs in Metaxasoße lohnt sich ein Spaziergang hierher. Evripilou-Str.

Mummy's Cooking (4), die überschaubare Karte bietet das, was Mama in der Küche kocht. Und das schmeckt vorzüglich. Die Kellner sprechen gut Englisch und erklären gerne, was sich hinter den einzelnen Gerichten verbirgt. Weil die Taverne relativ preiswert (Vorspeise, Hauptgericht und Getränk kosten zusammen rund 10 €) und recht klein ist, findet man selbst in der NS keinen Tisch, wenn man nicht früh genug hier ist. Bouboulinas-Str. 13/Irodotou-Str., ✆ 22420-28525.

Something else (3), schräg gegenüber von Mummy's Cooking und auch sehr beliebt bei Einheimischen, vor allem bei den Jüngeren. Das liegt an der guten Küche und den fairen Preisen – und dem unkomplizierten Service. Fein sind z. B. Rote Beete mit Skordalia (Knoblauchpaste) und Geflügelgerichte. Bouboulinas-Str. 14, ✆ 22420-21386.

Canadeza (23), hier werden nicht nur vorzügliche Pizzen serviert, sondern auch gute traditionelle griechische Gerichte wie gefüllte Weinblätter, Feta Saganaki und Hähnchengerichte. Angenehm: Man sitzt auf einer Terrasse abseits der Uferpromenade und deshalb ruhiger. Artemisias 31/Ecke Evripilou, ✆ 22420-25616

Taverne Agora (30), hinter der Markthalle, in der Vas.-Pavlou-Str., kann man im Schatten eine Rast einlegen – und sehr gut essen. Die Karte ist griechisch, die Küche bemüht sich um Abwechslung in Zubereitung und Zutaten, das gelingt prima. Obwohl das Restaurant im Zentrum des touristischen Treibens liegt, sind die Preise moderat. Der Platz unter vier Schatten spendenden Platanen ist zudem einer der schönsten der Altstadt. ✆ 22420-25885.

Hamam Oriental (8), Bar und Restaurant befinden sich in einem Hamam aus dem 16. Jh., der aufwändig restauriert wurde. Die Kombination von historischer Bausubstanz und moderner Inneneinrichtung ist gelungen: Der Laden hat Charme. Die Küche zeigt orientalische Einschläge, z. B. Couscous mit Lamm (ca. 9 €). Reichhaltig ist das Angebot an Vorspeisen: 14 Mezedes zum Preis von 3–5 € finden Sie auf der Karte. Zu orientalischer Musik können Sie auch eine Wasserpfeife rauchen (10 €). Geöffnet ist der Hamam von 11 bis 16 und ab 18 Uhr. Diagora-Platz am Rande der Altstadt.

Angelica's (7), direkt am Strand. Griechische Hausmannskost ziert die Karte von Betreiber Dimitri, dessen Mutter Angeliki die Speisen zubereitet. Moussaka gibt es für 6,50 €, gegrillten Schwertfisch für 8,50 €.

Beim Tavli entscheiden Können und Würfelglück

Wohltuend bemerkbar macht sich auch der Verzicht auf die Beschallung mit Chart-Musik, die bei den anderen Restaurants am Strand üblich ist. Antimachiou-Str. 2.

• *Restaurants in der Umgebung* **Arap**, etwa 2 km vom Stadtzentrum auf dem Weg zum Asklepieion, am zentralen Platz der kleinen Ortschaft Platani, zu dem sich ein Spaziergang oder ein Ausflug per Rad oder Bus allemal lohnt. Abwechslungsreiche griechische Spezialitäten mit türkischem Einfluss werden serviert, denn die Familie hat türkische Vorfahren. Besonders empfehlenswert: die gemischte Vorspeisenplatte, an der man sich fast schon satt essen kann. Stellen Sie sie ruhig nach Ihren Vorstellungen aus einzelnen Vorspeisen zusammen, die Kellner sind geduldig, freundlich und erfüllen gerne jeden Wunsch. Das Restaurant ist zudem relativ preiswert (und deshalb oft voll belegt).

Ambavris (16), schöne Gartentaverne in der gleichnamigen Ortschaft, ca. 1,5 km südwestlich des Stadtzentrums (die Straße nach Ambavris zweigt zwischen dem Odeon und dem Casa Romana von der Grigoriou-E.-Str. ab). Im Hof des früheren Bauernhauses stehen große alte Bäume, unter denen wunderbare und nicht alltägliche Gerichte serviert werden: Gefüllte Zucchiniblüten, Püree aus weißen Bohnen, Bulgur, kaltes Schweinefleisch und Käsekroketten sind nur einige Beispiele der saisonal ausgerichteten Mezedes, die hier auf den Tisch kommen. Vorausgesetzt, man hält sich nicht nur an die touristische Ausgabe der Speisekarte. Ein Gespräch mit den Kellnern lässt einen schnell herausfinden, was die Küche heute zu bieten hat. ✆ 22420-23612.

Mavromatis, in Psalidi. Ein köstliches Abendessen direkt am Strand, das Meer vor den Füßen, Sand in den Schuhen – und das nur 2 km vom Stadtzentrum entfernt. Einfach die Hafen- und später die Uferstraße entlangfahren in Richtung Psalidi, nach ca. 2 km sehen Sie auf der linken Seite die Taverne. In dem geräumigen Lokal und am Strand davor wird neben griechischer Küche v. a. Fisch serviert, z. B. Schwertfischfilet. Nicht entgehen lassen sollte man sich das leckere Eis zum Nachtisch. ✆ 22420-22433.

Akrogiali, in Psalidi, nur wenige Schritte weiter stadtauswärts als das Mavromatis. Auch hier ist man direkt am Meeresstrand, der Service ist prima, die Speisen, die den Weg aus der sehr sauberen Küche auf den Tisch finden, sind es ebenfalls. Traditionelle Gerichte gibt es auch hier: Fisch und Fleisch vom Grill oder aus der Pfanne, zur Vorspeise vielleicht ein Tirokafteri (mit Peperoni gewürzte Schafskäsecreme) mit frischem Weißbrot oder Dolmadakia aus Kohl- statt aus Weinblättern? Man tritt den Weg nach Hause sicher zufrieden und gut gelaunt an. ✆ 22420-21357.

• *Cafés* **Platanos (33)**, das Café trägt den Namen der legendären und inzwischen reichlich altersschwachen Platane des Hippokrates und befindet sich am gleichnamigen Platz. Die Stühle sind auf die Agora, die beeindruckendste Ausgrabungsstätte der Stadt, ausgerichtet, sodass man einen wunderbaren Blick über das Areal genießt. Diese Aussicht und die klassische Musik, die hier meist im Hintergrund läuft, schaffen eine entspannte und gleichzeitig knisternde Atmosphäre – besonders am späten Nachmittag. All das entschädigt für die satten Preise.

Mylos, am Ende des Lambi-Strands an der alten Mühle, wo der ganz große Touristentrubel bisher ausgeblieben ist. Das schönste Strandcafé der ganzen Insel. Bemerkenswerteste Sitzgelegenheit ist sicher die Holzbank mit Kissen, die lässig im Sand steht und von der aus man bestens den regen Schiffsverkehr auf der Ägäis beobachten kann. Die türkische Küste immer fest im Blick – von hier aus ist sie zum Greifen nah. Abends wird die Stimmung romantisch, dann wird eher Alkohol (internationale Biere, 3–5 €) als Frappé serviert. Der Ort ist auch bei den jungen Koern beliebt. Ein Kicker, eine Tischtennisplatte und ein Beachfußball- sowie Beachvolleyball-Platz sorgen für zusätzliche Unterhaltung. Kleiner Wermutstropfen: Einige der Kellner drehen die Musik auch tagsüber schon mal mehr als einen Tick zu laut auf. Einige Liegestühle am Strandabschnitt vor dem Café unter den Schatten spendenden Palmenschirmen (3 € pro Liege). Auch vom Strand aus kann man inzwischen Drinks bestellen: Die Schirmständer haben eine Vorrichtung, mittels derer man an der Bar ein Klingelzeichen auslösen kann. Und prompt steht ein Kellner vor dem Liegestuhl und nimmt die Order entgegen. Clever! ✆ 22420-23235.

Ciao (29), mitten in den verwinkelten Gassen der Altstadt, in der Ifestou-Str., gelegen. Das Café eignet sich für eine Verschnaufpause beim Einkaufsbummel, auch wenn das Ambiente wenig charakteristisch ist – das Café könnte in jeder anderen europäischen Stadt sein. Das Preisniveau ist gehoben, der Qualität der Speisen und Getränke angemessen. Zu den Spezialitäten des Hauses gehören verschiedene Kuchen, Crêpes und sechs Sorten Quiche (Gemüsekuchen), die mit einem gemischten Salat serviert werden.

Kafenion im Gerichtsgebäude, nicht nur Polizisten und Amtsrichter trinken hier ihren Kaffee. Wegen der niedrigen Preise und dem freundlichen Wirt finden viele Koer gerne den Weg hierhin, Touristen sind natürlich auch herzlich willkommen. Griechischer Kaffee für 1 €, ein Sandwich kostet 1,50 €.

Bella Vista (17), an der Uferstraße Akti Miaouli, gehört zum Nobelhotel Aktis. Hier bezahlt man den unverbauten Blick aufs Meer mit, doch man tut es gerne. Die Korbstühle sind bequem, der Kaffee ist genauso prima wie die Snacks, der Service stets freundlich.

• *Snacks* Die Koer kaufen ihre **Gyros-Pitta** übrigens am liebsten beim Imbiss am Paleologou-Platz/Ecke M.-Alexandrou-Str. (für ca. 1,50 €).

Die besten **Souvlakis** (auch zum Mitnehmen) gibt es in den beiden Restaurants **Krasivoulos** (Artemisias 48, ✆ 22420-30467) und **Thrasivoulos** (Amerikis, ✆ 22420-26945). Es gibt die Souvlaki sowohl in der klassischen Version mit Fleischstücken oder aber mit Hackfleischbällchen – auch sehr lecker. Wer mit wenig Geld reist, wird hier zufrieden satt.

• *Süßspeisen* Zentral liegt das alteingesessene **Ariston** am Platz zwischen dem Archäologischen Museum, der Agora und der Defterdar-Moschee. Es gibt ausgezeichnete Torten und Baklavas, ein Stück kostet um 2,50 €. Die Konditorei schließt schon am Mittag.

> Wussten Sie, dass Eclairs eine griechische Spezialität sind? Die Koer nennen das (eigentlich französische) Gebäck zärtlich *Eklaraki* und kaufen es bevorzugt in der Konditorei **O Lichondis**, Ecke Grigoriou/ Aristonos Str. Ausführliche Testreihen seitens der Autoren dieses Buches haben ergeben, dass nicht nur die unterschiedlich gefüllten Eclairs, sondern auch das restliche Gebäck fantastisch sind!

Gute Süßspeisen gibt es auch bei **Deni's** in der Veriopoulou/Ecke M. Alexandrou. Was hier in den Regalen und an der Theke angeboten wird, muss man einfach probieren. Verführerische Eissorten und die leckeren Waffeltüten mit Schokoladenüberzug.

Den Knüller in Sachen Eiscreme bietet die **Eisdiele an der Uferpromenade** neben dem Aktis Hotel, zu erkennen an der überdimensionalen Eistüte vor der Tür: Selbst um Mitternacht steht hier noch eine Schlange! Betrieben wird die Eisdiele von einer Koer Bäckerfamilie, deren Sohn – so erzählt man sich – in Italien die Kunst des Eismachens gelernt hat. Mit Erfolg! Das Bitterschokoladeneis ist eine Wucht, auch Sesameis und die Fruchtsorten sind fein.

Nachtleben (siehe Karte Umschlag hinten und S. 93)

Das Nachtleben von Kos kann sich sehen lassen, was Umfang, Angebot und Nachfrage angeht: Neben einer großen Freiluft-Diskothek und dem über die Inselgrenzen hinaus bekannten **Fashion Club** gibt es unzählige Bars und Kneipen, die ihre Pforten erst im Morgengrauen schließen. Wer im Urlaub etwas erleben oder sich austoben will, dem sind in Kos-Stadt keine Grenzen gesetzt: Hier begegnen sich Nachtschwärmer und Frühaufsteher. Wer allerdings den Kontakt mit teils hemmungslos betrunkenen Touristen scheut, sollte die Zentren des Nachtlebens lieber meiden und sich in ein ruhigeres Café oder Pub zurückziehen.

• *Discos* Für die Diskotheken gelten folgende Getränkepreise: Bier (0,25 l) ca. 4 €, Cocktails und Longdrinks um die 6 €.

Dancing Club Heaven und **Tropical Island** heißen die beiden Discotheken am Strand (Zouroudi-Str./Lambi Beach). Im Angebot sind schicke Einrichtungen, kühle Swimmingpools, Karaoke-Nights, griechische und internationale Hits und Nonstop-Partys.

Fashion Club (12), der wohl größte überdachte Tanztempel der Stadt. Spätestens beim Flanieren durch das Hafenviertel kommt man an der Diskothek nicht mehr vorbei. An den Tischen, die etwas erhöht über der Straße vor dem Eingang stehen, geht es um Sehen und Gesehenwerden. Die Rausschmeißer an der Tür lassen nicht jeden rein. Der Tanzpalast bietet eine Lasershow, verfügt über eine Klimaanlage und spielt House, Techno oder was sonst gerade in ist. Der Eintritt beträgt 7 € (inkl. eines Getränks). Kanari-Str. 2, ✆ 22420-22592.

Apoplous, in Psalidi, nahe dem Theodorou Beach Hotel. Das Gebäude mit dem großen Schriftzug auf der Hauswand ist nicht zu übersehen. Keine Disco, sondern ein Livemusik-Tempel: Hier finden die meisten Konzerte sowohl griechischer als auch internationaler Künstler statt. G.-Papandreou-Str., ✆ 22420-21916.

Hamam Club (31), unterhalb der Hadji-Hassan-Moschee, am Ende der Barstreet (siehe unten). Die kleine Disco hat historisches Flair und ist daher architektonisch reizvoll: die Räume beherbergten einst ein türkisches Bad. Getanzt wird in den früheren Badekammern, gerne auch zu griechischer Musik. Leider sind die Preise bisweilen erdfern.

● *Bars* Die so genannte **Barstreet** ist ebenso unvermeidlich wie der Fashion Club. Im Zentrum der Stadt zwischen dem Eleftherias-Platz und der Platane des Hippokrates gelegen, besitzt die Barstreet, auch *Barbemena* genannt, gewisse Ähnlichkeiten mit dem Bermuda-Dreieck – Absturz vorprogrammiert! In den drei Straßen Diakou, Pl. Plesa und Nafklirou grenzt eine Bar an die nächste, die Musik vermischt sich allnächtlich auf den Straßen zu einem teilweise ohrenbetäubenden, babylonischen Musikmix! Ob drinnen oder draußen – es wird getrunken, geflirtet und getanzt, vor den Bars auf und ab flaniert. Bis 4 Uhr morgens tobt das pralle Leben. Das Publikum ist gemischt, was die Nationalität angeht, und vorwiegend jung. Eine zweite Barstraße ist mit der Zeit rund um die Porfiriou-Str. nahe dem Lambi-Strand gewachsen. Die Getränkepreise sind die gleichen: ein Bier für etwa 3 €, Cocktails und Longdrinks ab 4 €. Eine besondere Empfehlung für einen Laden auf der Barstreet haben wir nicht. Preisniveau, Ausstattung, Musik und Publikum unterscheiden sich nur unwesentlich.

● *Jenseits der Barstreet* **Four Roses (20)**, die Tanzfläche ist relativ klein, doch die Rockmusik, die hier vorwiegend läuft, bietet Abwechslung vom Mainstream der meisten anderen Bars und Diskotheken. Kleine, aber freundliche Bar. Arseniou-/Vas.-Georgiou-Str., ✆ 22420-21060.

Blues Brothers (10), am Politekhniou-Platz (besser bekannt als „Dolphin Square" in Anlehnung an den Springbrunnen, den drei Wasser speiende Delfine zieren). Wer eine Unterkunft in Hafennähe hat, kann die meistgespielten Hits dieser Bar bald mitsingen – die Leistung der Boxen ist beachtlich. Sitzen kann man drinnen und draußen, im Innenraum befindet sich eine kleine Tanzfläche. Angenehm: Hier hört man auch mal einen Song, der älter als vier Wochen ist – im Gegensatz zur Barstreet. Wer Lust hat, kann draußen das Treiben im Hafen beobachten.

Bitter Sweet (15), das Musik-Café in der Altstadt ist bei einheimischen Jugendlichen genauso angesagt wie bei Kos-Urlaubern. Der Innenraum lebt von der Rustikalität des fast 100 Jahre alten Gebäudes, der Hinterhof ist schlicht und bequem möbliert. Die Musik kommt von einem DJ. Wer Hunger hat, erhält auch spät noch Snacks, Drinks gibt es sowieso immer. Apellou-Str. 19, ✆ 22420-23616.

Mylos, am Ende des Lambi-Strands. Was tagsüber als lässiges Strandcafé funktio-

Die Barstreet:
Ein Zentrum des Nachtlebens

Morgenstimmung am Hafen

niert (siehe *Cafés*), verwandelt sich abends in eine Open-Air-Bar mit angesagter Musik, teilweise auch live. Angenehm: Hier trifft man auch auf einheimische junge Leute. ✆ 22420-23235.

Feste

Dreikönigstag (6. Januar): Ein religiöses Spektakel. Das Heilige Kreuz wird im Meer versenkt und damit das Wasser geweiht. Junge Männer tauchen nach dem Kreuz und übergeben es dem Metropoliten. Während der Zeremonie werden weiße Tauben freigelassen, die über das Geschehen hinwegflattern.

Ostern – das Fest aller Feste: Zum Osterfest kehrt ganz Kos heim. Die Fähren, die in Piräus ablegen, sind oft schon Wochen vorher ausgebucht. Wer jetzt noch nach einem Flugticket fragt, erntet nur bedauerndes Kopfschütteln. Ostern trifft sich die Familie, das Dorf, die ganze Insel.

Das griechisch-orthodoxe Osterfest beginnt am *Gründonnerstag*, doch dem geht eine vierzigtägige Fastenzeit voraus. Das bedeutet v. a. kein Fleisch, kein Vergnügen und keine Liebe – daran halten sich heute allerdings nur noch wenige strenggläubige Alte in den Dörfern.

Am Morgen des *Karfreitags* bringen die Menschen Blumen zur Kirche. Um 21 Uhr treffen sich die Gläubigen an der Kirche Ag. Paraskevi in der gleichnamigen Straße beim Eleftherias-Platz zu einer Prozession, angeführt vom Popen *(papas)* und den städtischen Honoratioren.

Höhepunkt der Osterwoche ist die Auferstehungsfeier am *Samstagabend*. Auch der allerletzte Stehplatz in der Kirche ist vergeben, Menschentrauben bilden sich an den Eingängen. Stundenlang trägt der Pope seine Gebete vor. In der Kirche herrscht keineswegs die stille Andacht mitteleuropäischer Ostergottesdienste, es wird vielmehr gesprochen, begrüßt, man kommt und geht. Nicht zuletzt ist die Feier eine willkommene Informationsbörse. Alle warten auf einen Moment. Um Mitternacht ist es endlich so weit: Der Pope verkündet die Auferstehung Christi: „Christos anesti". Man umarmt und küsst sich, wünscht sich frohe Ostern *(kalo pasca)* und antwortet auf den Gruß „Christos anesti" mit einem freudigen „lithos anesti": Er ist wirklich auferstanden. Am Hafen wird dann ein Feuerwerk gezündet, begleitet von Böllerschüssen, überall flackern Kerzen. Schließlich machen sich Familie und Freunde auf den Weg nach Hause, wo bereits die traditio-

102 Kos-Stadt

Mittelpunkt des Kreisverkehrs: der Delfin-Brunnen

nelle Ostersuppe wartet und man bis zum Morgengrauen trinkt und feiert.

Am *Sonntag* unternehmen die Familien Ausflüge – sehr beliebt ist das Wäldchen Plaka bei Antimachia – und braten dort ihr Osterlamm.

Wichtig: Da das Datum des griechisch-orthodoxen Osterfestes nach dem Julianischen Kalender berechnet wird, liegt es meist später als in Mitteleuropa. Übrigens: Auch Fremde sind beim Osterfest willkommen.

Kulturwochen „Hippokratia": Das städtische Kulturamt veranstaltet jedes Jahr von Juli bis September ein Kulturfestival unter diesem Namen. Das Programm ist ansprechend bunt gemischt und reicht vom Auftritt lokaler Rockbands im Sportstadion über Ausstellungen zeitgenössischer Malerei bis zur Aufführung von Theaterstücken und byzantinischer Musik im Kastell. Auch für Kinder werden Tanz- und Malveranstaltungen angeboten.

Tipp: Ein nicht alltägliches Ereignis ist die *Deklamation des Hippokratischen Eides* im Asklepieion, die mehrfach während der Kulturwochen zelebriert wird. In der einnehmenden Atmosphäre des antiken Heiligtums spricht ein Jüngling, begleitet von zwei Mädchen, die die Göttinnen Hygieia und Panakeia darstellen, den altgriechischen Originaltext der berühmten Eidesformel der Ärzte.

Das zweisprachige Programm (Griechisch und Englisch) für die Hippokratia gibt es bei den Touristeninformations-Büros.

Seit 2009 hat Kos sein eigenes Filmfestival: das **Kos International Health Film Festival „Ippokratis"**. Vom 1. bis zum 6. September 2010 läuft es nun zum zweiten Mal. Sollte es so erfolgreich sein wie bei seiner Premiere, wird es auch in den folgenden Jahren in den ersten Septembertagen stattfinden. Gezeigt werden internationale Lang- und Kurzfilme von Filmemachern, die sich künstlerisch oder dokumentarisch mit Fragen des Lebens, Sterbens, der Gesundheit und Prävention beschäftigen. Eine internationale Jury aus Regisseuren, medizinischen Wissenschaftlern und Spezialisten verleiht Preise an herausragende Arbeiten. Daneben hat das Publikum selbst auch zwei Preise zu vergeben (die sich 2009 gleich drei Filme teilen durften). Künstlerische Leiterin des Festivals ist die griechische Filmemacherin Lucia Rikaki. Die Filme werden im Open-Air-Kino, Fenaretis-Str., und im Saal des Orfeas-Theaters, Eleftherias-Platz, gezeigt. www.healthfilmfestival.gr

Der Eid des Hippokrates

1. Ich schwöre bei Apollon, dem Arzt, und Asklepios und Hygieia und Panakeia und alle Götter und Göttinnen zu Zeugen anrufend, dass ich nach bestem Vermögen und Urteil diesen Eid und diese Verpflichtung erfüllen werde.

2. Den, der mich diese Kunst lehrte, werde ich meinen Eltern gleich achten, ihn an meinem Lebensunterhalt teilnehmen lassen und ihn in Not mitversorgen. Seine Nachkommen werde ich meinen Brüdern gleichstellen und, wenn sie es wünschen, diese Kunst lehren ohne Entgelt und Vertrag.

3. Ratschlag und Vorlesung und alle übrige Belehrung werde ich meinen und meines Lehrers Söhnen mitteilen, wie auch den Schülern, die nach ärztlichem Brauch durch den Vertrag gebunden und durch den Eid verpflichtet sind, sonst aber niemandem.

4. Meine Verordnungen werde ich treffen zu Nutz und Frommen der Kranken, nach bestem Vermögen und Urteil. Ich werde sie bewahren vor Schaden und willkürlichem Unrecht.

5. Ich werde niemandem, auch nicht auf eine Bitte hin, ein tödliches Gift verabreichen oder auch nur dazu raten; auch werde ich nie einer Frau ein abtreibendes Zäpfchen geben.

6. Rein und fromm werde ich mein Leben und meine Kunst halten.

7. Ich werde nie schneiden, sogar den Blasenstein nicht, sondern es denen überlassen, deren Gewerbe es ist.

8. Welche Häuser ich betrete, ich will zu Nutz und Frommen der Kranken eintreten, mich enthalten willkürlichen Unrechts und jeder anderen Schädigung, auch aller Werke der Wollust an den Leibern von Männern, Frauen und Sklaven.

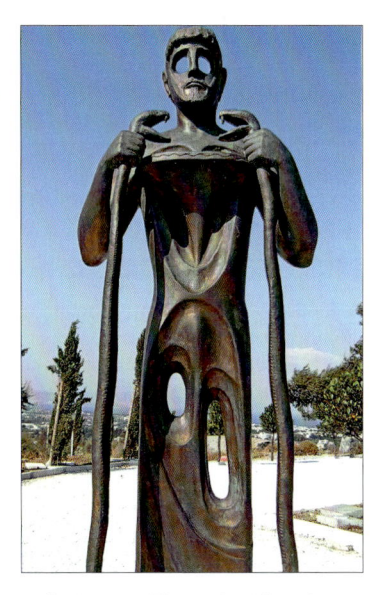

Skulptur zu Ehren des Hippokrates

9. Was ich bei der Behandlung sehe oder höre oder außerhalb der Behandlung im Leben der Menschen, werde ich, soweit man es nicht ausplaudern darf, verschweigen und solches als Geheimnis bewahren.

10. Wenn ich nun diesen Eid erfülle und nicht verletze, möge mir im Leben und in der Kunst Erfolg zuteil werden und Ruhm bei allen Menschen bis in ewige Zeiten; wenn ich ihn übertrete und meineidig werde, das Gegenteil.

Lange Zeit wurde dieser Eid von den angehenden Ärzten geschworen, bis 1949 der Weltärztebund eine zeitgemäße Neufassung des Hippokratischen Eides vorlegte, das so genannte Genfer Gelöbnis – eine nicht minder feierliche Deklaration.

Empfang des Asklepios – Mosaik im Museum von Kos

Die archäologischen Stätten

Jeder Stein ist Geschichte – beim Flanieren durch die Stadt treffen Sie überall auf Ausgrabungsstätten. Mal nur ein paar scheinbar wahllos umherliegende Steine, mal ein halb verdecktes Mosaik, an anderer Stelle Säulengänge und mächtige Mauern.

Folgende archäologische Stätten sollten Sie auf jeden Fall besuchen: das Hafenviertel mit der antiken Agora und dem Kastell, die Ausgrabungen entlang der Grigoriou-E.-Straße und natürlich die bedeutendste Sehenswürdigkeit der Insel, das Asklepieion. Ein Abstecher zu dieser antiken Kultstätte, die gleichzeitig ein Krankenhaus war, darf in keinem Programm fehlen (siehe *Umgebung von Kos-Stadt*).

Museum

Das archäologische Museum von Kos ist in einem auffallend schlichten Gebäude (aus der Zeit der italienischen Besatzung) am Eleftherias-Platz untergebracht. Gezeigt werden Funde von der Insel, die meisten stammen aus dem Odeon, der Casa Romana und dem Haus der Europa. Das Museum unterteilt sich in eine westliche, eine östliche und eine nördliche Halle sowie den kleinen Innenhof (Peristyl), in dem ein hervorragend erhaltenes Fußbodenmosaik einer römischen Wohnung in Kos-Stadt aus dem 2. oder 3. Jh. n. Chr. zu sehen ist. Es zeigt den *Empfang des Asklepios*, des Gottes der Ärzte, durch einen Bewohner der Insel und Hippokrates (sitzend). Das von oben einfallende Tageslicht verleiht dem Raum seine besondere Atmosphäre.

Auf der westlichen Seite des Innenhofes finden Sie die beachtenswerte und gut erhaltene *Dionysos-Gruppe*: Dionysos stützt sich, wahrscheinlich trunken vom Weine, auf einen unbekleideten Satyr sowie auf einen Weinstock, auf dem Pan sitzt und Flöte spielt. Zu ihren Füßen spielt Eros mit einem Raubtier. Erwähnenswert ist außerdem die Statue der *Jagdgöttin Artemis*, die auf der Nordseite des Peristyls steht – Sie erkennen sie an dem Jagdhund zu ihren Füßen, der zusieht, wie sie gerade einen Pfeil aus dem Köcher auf ihrem Rücken zieht, um ihren Bogen zu spannen.

Diese und andere Götterstatuen – nicht alle sind so gut erhalten wie die beiden erwähnten – bilden den Rahmen des Mosaikraums. In den drei anderen Hallen des Museums sind die Ausstellungsstücke nach Epochen gegliedert: Im östlichen Saal sind Funde der römischen Zeit, im nördlichen Saal Werke aus der hellenistischen Epoche und im westlichen schließlich Funde der späthellenistischen Periode ausgestellt. Hier befindet sich eine Statue des Hippokrates, eine Kopie des klassischen Vorbildes.

Das Museum ist zwar nicht groß, aber einige der knapp 130 Exponate, besonders die Statuen, sind nicht nur für Historiker interessant.

Öffnungszeiten/Eintritt In der HS werktags 8–20, Mo ab 13.30 Uhr. Eintritt 3 €.

Kastell Neratzia

Der innere Festungsring des Kastells wurde Anfang des 14. Jh. unter dem venezianischen Gouverneur *Fantino Cueríni* angelegt. Die Johanniter weiteten das Kastell bis ins 16. Jh. hinein systematisch aus: Ende des 15. Jh. ließ *d'Aubussion*, der Großmeister des Ordens, den äußeren Festungsring errichten, 1514 war er fertig. Vom Kastell aus kontrollierten die Ordensritter die Meerenge zwischen Kos und der türkischen Küste, führten ihre Galeeren in den „ewig währenden Krieg gegen die Muselmanen", der nichts anderes war als die vom Papst abgesegnete Seeräuberei gegen die osmanische Handelsschifffahrt. 1464 griffen 18.000 türkische Soldaten auf einer Armada von 156 Schiffen die Festung an, doch die Ritter des Johanniterordens konnten sich gegen die gewaltige Übermacht behaupten. Das Jahr 1523 bedeutete das Ende des Ordens auf

Antike Überreste und steinerne Kreuzritterwappen im Kastell

Das Kastell Neratzia

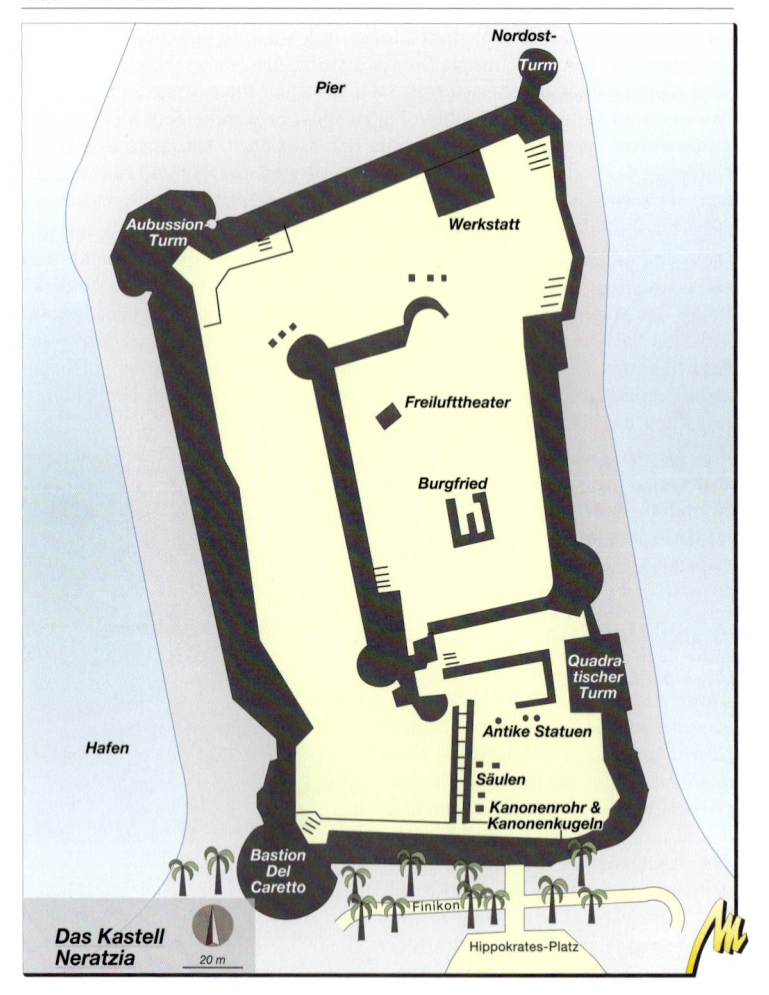

(Karte mit Beschriftungen: Pier, Nordost-Turm, Aubusson-Turm, Werkstatt, Freilufttheater, Burgfried, Quadratischer Turm, Antike Statuen, Säulen, Kanonenrohr & Kanonenkugeln, Bastion Del Caretto, Finikon, Hippokrates-Platz, Hafen)

Kos. Die Türken übernahmen das Kastell, bis 1908 nutzten sie es noch als Kaserne. Das Erdbeben im Jahr 1933 zerstörte schließlich die letzten intakten Gebäude im Inneren. Die mächtigen Mauern dagegen widerstanden den heftigen Erdstößen und demonstrieren, mit welchem Aufwand das Bollwerk einst errichtet wurde.

Vom Platz mit der Platane des Hippokrates führt eine Steinbrücke über den ehemaligen Burggraben zum Eingangstor des Kastells. Der Graben wurde zugeschüttet; heute verläuft dort die palmengesäumte Straße Finikon. Zu sehen gibt es auf dem weitläufigen Gelände zahlreiche Wappen aus dem 15. und 16. Jh.; sie wurden von den Rittern, unter denen die Festung renoviert und erweitert wurde, in die Mauern eingelassen. Als Baumaterial verwendeten sie u. a. Überreste antiker Säulen und Altäre, die heute auf dem Gelände ausgestellt sind. Auch einige arg verrostete Kanonen sind zu sehen.

In einem für die Öffentlichkeit nicht zugänglichen Gebäude im Nordosten des Areals werden archäologische Funde restauriert und aufbewahrt. Im inneren Festungsring ist ein Freilufttheater; dort finden im Rahmen des Festivals *Hippokratia* Aufführungen statt.

Lohnenswert ist ein Rundgang über die restaurierten Wälle und Rundbastionen, nicht zuletzt wegen des schönen Blicks über den Mandraki-Hafen und die Dächer von Kos.

Öffnungszeiten/Eintritt In der HS werktags 8–20, Mo ab 13.30 Uhr. Eintritt 3 €.

Agora

Wer vom Kastell aus in südliche Richtung schlendert, erreicht die größte Ausgrabungsstätte der Stadt, die Agora. Das jederzeit frei zugängliche Gelände hat zwei Eingänge. Der eine liegt im Norden an der Nafklirou-Straße (Barstreet). Hier ist das Areal von gewaltigen dunkelrot und blau blühenden Bougainvillea-Sträuchern und der Hadji-Hassan-Moschee begrenzt. Der andere Eingang befindet sich an der Ecke Ippokratous-/Vironos-Straße. Einen beeindruckenden Überblick über die historische Stätte gewinnt man im Übrigen vom Café Platano am Platz der Platane des Hippokrates.

Zwar bietet die Agora eine ganz besondere Atmosphäre, jedoch ist sie für das archäologisch nicht geschulte Auge wenig aufschlussreich. Dem hat die Stadt Kos Abhilfe geschaffen durch große Tafeln, die das Areal, vor dem man gerade steht, entschlüsseln und erklären.

Einst antiker Markt- und Versammlungsort: die Agora

108 Kos-Stadt

Zwischen den steinernen Zeugen früheren Insellebens wachsen hohe Palmen, Zypressen und vereinzelt Laubbäume, und man kann in diesem Ruinengarten kaum einen Fuß vor den anderen setzen, ohne über marmorne Säulenteile oder Quaderblöcke der mittelalterlichen Stadtmauer zu stolpern. Zutage gefördert wurden diese baulichen Überreste mehrerer Jahrhunderte eher zufällig durch das große Erdbeben im Jahre 1933. In nur 27 Sekunden zerstörte es fast die gesamte mittelalterliche Stadt. Dabei kamen die Agora und die Hafenanlage wieder zum Vorschein.

Die **Agora**, die dem Areal seinen Namen gab, war in der Antike das Zentrum des öffentlichen Lebens, Marktplatz und Ort, an dem die Volksversammlungen stattfanden. Die Agora ist zu erkennen an den beiden mächtigen, wieder aufgerichteten Säulen mit dem teilweise erhaltenen Gebälk, das sie einst verband. Sie vermitteln einen Eindruck von der Größe der Agora, die immerhin 160 x 80 m betrug.

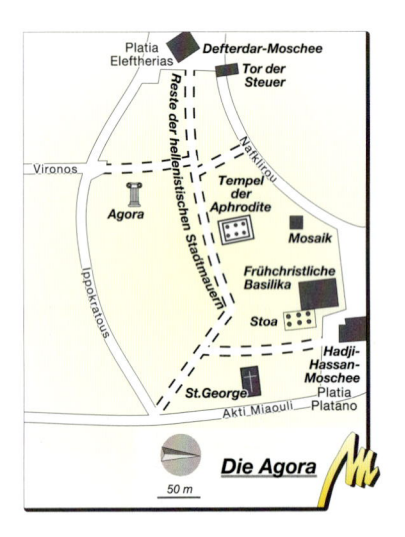

Tempel der Aphrodite: Von diesem Heiligtum sind nur noch Stümpfe korinthischer Säulen aus Marmor erhalten, die auf einem gemauerten Podest stehen bzw. liegen.

Stoa (Säulenhalle): Sie stammt aus dem 4. oder 3. vorchristlichen Jahrhundert und ist damit das älteste Fundstück des Ausgrabungsgeländes. Zu erkennen ist sie an den acht wieder aufgerichteten Säulen mit Akanthuskapitellen. Akanthus ist eigentlich eine Pflanze mit gezackten Blättern, die als Zierform in die antike griechische Kunst übernommen wurde und ein wichtiges Architekturornament darstellte.

Basilika: Im 5. oder 6. Jh. entstand neben den Ruinen der Stoa die große Basilika, deren Grundfläche 72 x 24 m betrug. Trotz der Größe ist heute kaum noch etwas von der Basilika zu erkennen, denn lediglich die Ruinen einer Treppe, die zum Vorraum führte, und Bodenteile der Taufkapelle blieben erhalten.

Hellenistische Stadtmauer: Die Bruchstücke der Mauer durchziehen das ganze Gebiet. Sie war an manchen Stellen bis zu 8 m breit!

Mittelalterliche Stadt (Chorio): Von 1391 bis 1396 erbaute der Johanniterorden unter der Leitung des deutschen Ordensritters *von Schlegelholz* die mittelalterliche Stadt, die mit Verteidigungsmauern befestigt wurde. Reste dieser Stadtmauer sind noch heute zu erkennen, so z. B. das *Tor der Steuer*, das heute den Eingang vom Eleftherias-Platz zur Barstreet darstellt.

In späteren Jahrhunderten wurde die Stadt erweitert und ihr Aussehen verändert. Man verwendete Steine und Quaderblöcke aus antiker oder mittelalter-

Nymphäon: öffentliches Bad aus römischer Zeit

licher Zeit zum Hausbau, sodass die alten Fundamente bald unter den neuen Gebäuden verschwunden oder darin verbaut waren. Erst die Aufräumarbeiten nach dem Erdbeben 1933 förderten die alten Ruinen zutage.

Kirche St. George tou Arrenagogeiou: Die sehenswerte kleine Kirche, die in einem Parkstück zwischen der Agora und der Hafenstraße Akti Miaouli liegt, überlebte als eines der wenigen Gebäude das Erdbeben von 1933. Sie stammt aus der späten byzantinischen Periode und weist eine halbkreisförmige Apsis auf. Ein Dutzend Fenster, davon acht Bogenfenster, bringen Licht ins Innere. Neben der Kirche liegt das Grab von Erzbischof Gerasimos of Kos (gest. 1838) und seiner Mutter Anthoula (gest. 1811). Wenn man vor dem Grab steht, sieht man durch ein Glasfenster Fotos der beiden.

Gymnasion, Nymphäon und das Haus der Europa – ein Rundgang durch die Antike

Im Südwesten von Kos, wo die Grigoriou-E.-Straße die Theokritou-Straße kreuzt, liegt ein weiteres großes Ausgrabungsgelände. Am westlichen Rand des Geländes, entlang der Theokritou-Straße, befand sich in der Antike das *Gymnasion*, eine Sportanlage mit einer überdachten Laufbahn, die es den Athleten ermöglichte, auch im Winter und bei Regen zu trainieren. Der griechische Name der Laufbahn, *Xysto Dromos*, heißt wörtlich „Abschabe-Straße" und weist auf eine hygienische Gepflogenheit der Sportler hin: Vor dem Training und den Wettkämpfen rieben sie ihre Körper mit Öl ein, das sie nachher zusammen mit dem Staub wieder abschabten, um sich anschließend mit klarem Wasser zu waschen – die Seife war eben noch nicht erfunden. Die Anlage

110 Kos-Stadt

Gymnasion, Nymphäon und das Haus der Europa

wird ins 2. Jh. v. Chr., also in die hellenistische Epoche, datiert. Die wieder aufgerichtete Säulenreihe – es waren einmal 80 Säulen – lässt die Größe der Sportstätte erahnen.

Direkt neben der Laufbahn befinden sich die Reste der so genannten *Östlichen Thermen* aus der römischen Zeit – inzwischen nicht viel mehr als ein bogenförmiges Gewölbe. Am nördlichen Ende der Anlage ist ein gut erhaltenes, überdachtes *Fußbodenmosaik* aus römischer Zeit zu sehen. Es stellt die neun Musen mit Apollon als Musenführer, Dionysos und das *Paris-Urteil* dar: Im Streit der Göttinnen Hera, Athene und Aphrodite, wer von ihnen die Schönste sei, entscheidet sich Paris, der in Begleitung des Götterboten Hermes als Schiedsrichter herbeigeeilt ist, für Aphrodite, die ihm dafür die schönste Frau auf Erden verspricht, und überreicht ihr einen Apfel zum Zeichen ihres Sieges.

Wenn Sie den Weg auf der der Säulenreihe gegenüberliegenden Seite wieder zurückgehen, haben Sie das Vergnügen, auf einer *römerzeitlichen Straße* zu wandeln: Die *Via Cardo* (= Achse) begann damals, so wird vermutet, am Ha-

Gymnasion, Nymphäon und das Haus der Europa

Die Säulenreihen der antiken Sportanlage – heute mitten im Wohngebiet

fen der Stadt und verlief parallel zum Sportstadion. Linker Hand steht gleich ein als *Nymphäon* bezeichnetes römisches Gebäude aus dem 3. Jh. v. Chr., das öffentliche Bäder beherbergte. Es wird erzählt, die Entdecker des Hauses hätten es Nymphäon getauft, weil sie von der Grazie des Baus so beeindruckt waren, dass sie ihn für einen Tempel der Nymphen hielten. Der Innenraum des Gebäudes erinnert in seiner Formgebung und seinen Ornamenten an maurische Baukunst: Die Wände sind bis zu einer Höhe von 1,80 m mit Marmor verkleidet, und den Innenhof, der an drei Seiten von Säulen umrahmt wird, schmücken Mosaikarbeiten, von denen leider nur Fragmente erhalten sind. Auf der vierten Seite war eine Mauer mit Nischen, hier befanden sich die Wasserbecken. Leider kann man den Raum nur durch ein kleines Fenster betrachten. Dazu müssen Sie einige Stufen der kleinen Treppe neben dem Nymphäon hinaufgehen. Die Treppe führt zur *Platia Diagora*; auf dieser Anhöhe lag in der Antike wahrscheinlich die Akropolis (Oberstadt) der Stadt Kos, deren Ruinen aber bis heute nicht freigelegt wurden.

Wenn Sie die Stufen wieder hinuntergehen, sich dann nach links wenden und weiter der Via Cardo folgen, stoßen Sie auf die zweite wichtige Straße, die diese historische Stätte durchzieht und den Namen *Decumana* trägt. Sie verläuft im rechten Winkel zur Via Cardo, parallel zur Grigoriou-E.-Straße. Eine Steintafel mit der Aufschrift „paved central road" weist darauf hin, dass es die Hauptstraße war, die im 3 Jh. n. Chr. von den Römern angelegt wurde. Wir folgen der Straße jetzt in ihrem Verlauf von Westen nach Osten. Linker Hand stehen zwei große Säulen, daneben überdachte Ruinen.

Dieser Komplex trägt den Namen *Haus der Europa*, eine ehemalige römische Villa, benannt nach dem berühmten Fußbodenmosaik im Innern. Das Mosaik erzählt die Geschichte der phönizischen Königstochter Europa, die vom Göttervater Zeus in Gestalt eines Stieres nach Kreta entführt wird. Vor ihnen fliegt Eros, der Gott der Liebe, mit einer Fackel in der Hand. Sinn der Entführung, so will es die Sage, waren dann auch allerlei erotische Vergnügungen, von denen allerdings Zeus' Gattin Hera nichts wissen durfte ...

In dem Raum direkt rechts neben den Säulen befinden sich Überreste *römischer Thermen und Latrinen*. Man sieht die Vertiefungen der Becken und Wandmalereien, die verschiedene Berufe darstellen. Relativ gut erhalten ist das Bild des Briefträgers mit dem Schriftzug: „Die ganzen zwölf Stunden laufe ich". Im letzten Haus, am östlichen Ende der Ausgrabungsstätte, lassen sich noch Fragmente eines *Fußbodenmosaiks* erkennen: Auf der der Decumana zugewandten Seite sieht man einen Eber und einen Jäger, links um die Ecke sind einige Kampfszenen dargestellt.

Öffnungszeiten Das Gebäude ist jederzeit frei zugänglich.

Rund um die Casa Romana und das Odeon

Casa Romana: Die restaurierte Römische Villa südlich der Grigoriou-E.-Straße wurde auf den Fundamenten eines hellenistischen Gebäudes aus dem 3. Jh. v. Chr. errichtet. Es handelt sich um ein zweistöckiges Wohnhaus mit drei Atrien, die der Belichtung und Belüftung der umliegenden Wohnräume dienten; diese Räume zieren farbenprächtige Mosaikböden. Daneben gibt es mehrere Fresken sowie ein Badezimmer mit einem 2,5 x 5 m großen Becken. Obwohl – abgesehen von den Mosaiken und den Säulen rund um den großen Innenhof – nur wenig erhalten ist und leider nicht alle Zimmer zu besichtigen sind, vermittelt das Haus einen guten Eindruck vom Wohnkomfort der antiken Römer.

Öffnungszeiten/Eintritt Tägl. außer montags 8.30–19.30 Uhr. Eintritt 3 €.

Thermen: Sie befinden sich neben der Römischen Villa; das Gelände ist über denselben Eingang zu betreten. Im Gegensatz zur Casa Romana gleichen die Thermen eher einem Trümmerhaufen. Rechts vom Eingang zur Römischen Villa kann man die Überreste eines antiken Bades inklusive Toilette bewundern – von einer Steinaushöhlung führt eine Abflussrinne zur Kanalisation. Mit viel Fantasie lässt sich ausmalen, über welch ausgeklügelte Installation diese Stätte vor 2000 Jahren verfügt haben muss.

Öffnungszeiten/Eintritt Tägl. außer montags 8.30–15 Uhr. Eintritt frei.

Die Bäder, die Weine, die Liebe

Einen anschaulichen Eindruck, welche Bedeutung die Thermen bei den alten Römern besaßen, vermittelt der Grabstein eines Mannes, der dort seine Philosophie verewigen ließ: „Die Bäder, die Weine, die Liebe: Sie ruinieren unsere Körper, aber sie machen das Leben aus: Die Bäder, die Weine, die Liebe." Römische Bürger aller Schichten schätzten den Besuch von Thermen und verzichteten nur ungern darauf, obwohl es ein teures Vergnügen war. Für die Befeuerung der Heizungen benötigte man Unmengen von Holz und Holzkohle. Ob auch auf Kos – wie in Italien geschehen – große Waldgebiete abgeholzt wurden, um als Brennmaterial in den Thermen zu enden, ist jedoch nicht bekannt.

Altar des Dionysos: Schräg gegenüber den Thermen liegt ein weiteres kleines Ausgrabungsgelände. Hier befand sich der *Tempel des Dionysos*, des Gottes der Feste, des Weines und des Rausches. Von dem Bauwerk aus dem 3. Jh. v. Chr. blieben jedoch lediglich Reste des Altars erhalten.
Öffnungszeiten Jederzeit frei zugänglich.

Odeon: Das kleine Amphitheater aus dem 2. Jh. n. Chr. liegt am Ende eines Parks an der Grigoriou-E.-Straße, westlich der Casa Romana. Es war ursprünglich überdacht und für musikalische Aufführungen konzipiert. Wiederentdeckt wurde es erst 1929. Die insgesamt 18 Ränge aus Marmorstufen sind in einem erstaunlich guten Zustand. An sie schließen sich niedrige Steinstufen an, die den Oberrang des Theaters bildeten – hier durften die weniger begüterten Zuschauer sitzen. Der vielleicht interessanteste Teil des Odeons, der Rundgang unterhalb der Stufen, ist jedoch verschlossen. Gelegentlich finden hier noch heute Theater- und Konzertaufführungen statt.
Öffnungszeiten Jederzeit frei zugänglich.

Weitere Sehenswürdigkeiten

Zu den reizvollsten Plätzen der Stadt gehören sicherlich der muschelförmige Mandraki-Hafen mit der breiten Promenade und die Palmenallee Finikon, die zwischen Kastell und dem Platz der Platane des Hippokrates verläuft. Am östlichen Ende der Finikon befindet sich der ehemalige, von den Italienern errichtete Gouverneurspalast, auch heute noch Sitz verschiedener Ämter, der Polizei und des Gerichts; um den Innenhof des hoheitlichen Gebäudes verlaufen Arkadengänge, in seiner Mitte steht eine hohe Palme.

Am Gouverneurspalast beginnt die breite Uferstraße Akti Miaouli, gesäumt von italienischen Villen, deren mit Flieder, Palmen und Hibiskussträuchern bewachsene Gärten heute Cafés beherbergen. Zwischen diesen Prachtbauten finden Sie die restaurierten Tore der venezianischen Stadtmauer aus dem 13. Jh.

> ### Volta: Griechisches Flanieren
> Volta, das ist die Promenade am Abend, eine Tradition, die in vielen Ländern am Mittelmeer gepflegt wird. Familien, Teenagergruppen oder Soldaten auf Ausgang schlendern gemächlich über bestimmte exponierte Straßen, in Kos-Stadt z. B. den Hafenboulevard. Besonders am Wochenende aufs Feinste herausgeputzt, heißt das Motto: Sehen und Gesehenwerden.

Prima als Orientierungshilfe für den ersten Tag und obendrein lustig ist die Fahrt mit dem *Mini Train* durch Kos-Stadt. Mehrmals täglich zuckelt die kleine Lok mit ihren drei grün-weißen Waggons an den wichtigsten Sehenswürdigkeiten vorbei. Aus den Lautsprechern tönen auf den Fahrten bis 14 Uhr englische Erläuterungen, auf den späteren Touren griechische Musik, während einem der Fahrtwind um die Nase weht. Der blau-weiß gestreifte Mini Train startet ein paar Hundert Meter weiter östlich, kurz vor der Touristeninformation. Mit ihm gelangen Sie zum Asklepieion und zurück.

- *Fahrzeiten/Preise* Die 20 Min. lange Fahrt durch Kos-Stadt kostet 5 € (Kinder 2,50 €). Abfahrt ist halbstündlich zwischen 10 und 18 Uhr im Hafen. Der blau-weiße Mini Train zum Asklepieion startet stündlich. Fahrpreis: 5 €, Kinder 2,50 €. Da das Asklepieion montags geschlossen ist, fährt dann auch kein Mini Train dorthin. Nähere Informationen unter ✆ 22420-26276.

Platane des Hippokrates: „Eine der hübschesten Gegenden der Stadt", so schreibt *Erhart Kästner* (1904–1974, Prosaautor, Reiseschriftsteller und ehemaliger Sekretär Gerhart Hauptmanns) in seinen Erinnerungen an die Insel aus den 40er Jahren, „ist der kleine Platz, wo die sogenannte ‚Platane des Hippokrates' ihre müden Arme auf Marmorsäulen stützt und eine entzückende kleine Moschee aus dem Jahre 1786 beschattet." Die Platane des Hippokrates steht auf einem kleinen Hügel zwischen der Finikon-Straße („Allee der Palmen") und der Agora, direkt vor dem Eingang zum Kastell. Auch wenn die Überlieferung daran festhält und die Koer die Geschichte bis heute gerne erzählen, Hippokrates hat weder im Schatten dieses Baumes gesessen noch dort seine Schüler unterwiesen. Die gewaltige Platane, deren Stamm einen Durchmesser von etwa 10 m hat, zählt nach Einschätzung von Biologen höchstens 500 Jahre. Gestützt wird der altersschwache Baum von marmornen Pfeilern, Stahl- und Holzkrücken.

Platane des Hippokrates

An der Mauer, die die Platane umgibt, befindet sich ein Sarkophag, der während der Türkenherrschaft als Brunnen und Wasserreservoir für die gegenüberliegende *Hadji-Hassan-Moschee* diente. Die arabische Inschrift am Sarkophag gibt das Gründungsjahr der Moschee (1786) an. Wegen ihrer schönen Säulenloggia wird die Moschee auch *Loggia-Moschee* genannt. Bedauerlicherweise kann sie wegen Baufälligkeit nicht besichtigt werden.

Am Rande des Platzes haben die Porträtmaler ihre Staffeleien aufgebaut. Meisterhaft beherrschen sie das nötige Vokabular in den verschiedensten Sprachen, um ihre Kundschaft zu gewinnen.

Platia Eleftherias: Der *Platz der Freiheit*, wie die Koer ihn getauft haben, ist der Hauptplatz, das Zentrum der Stadt. Hier herrscht den ganzen Tag reges Treiben: Die Bauern bringen Obst und Gemüse zur Markthalle, aus den angrenzenden Gassen der denkmalgeschützten Altstadt strömen scharenweise Touristen, und nachts schallt die Musik aus den Bars entlang der Nafklirou-Straße über den Platz. Zwischen Barstreet und Eleftherias-Platz erhebt sich ein Tor der mittelalterlichen Stadtmauer, das von Bougainvilleen überwachsen ist. Schräg gegenüber vom Museumsgebäude steht die zweite große Moschee der Stadt, die *Defterdar-Moschee* aus dem 18. Jh., die jedoch – wie die Hadji-Hassan-Moschee bei der Platane des Hippokrates – nicht besichtigt werden kann. Einen bestechenden Kontrast bilden ihre roten Dächer, die sich gegen

Weitere Sehenswürdigkeiten

das Blau des Himmels abheben. Der Platz der Freiheit liegt etwas oberhalb des Hafens. Folgen Sie von der Uferpromenade aus der Vas.-Pavlou-Str.

Synagoge von Kos: Die ehemalige Synagoge liegt in der Diakou-Str. 4, inmitten der Amüsiermeile und doch etwas versteckt zwischen der Agora und der Uferpromenade. Obwohl Juden seit der Antike auf Kos gelebt haben, gibt es nur wenige Spuren ihres Lebens und Wirkens auf der Insel. Der jüdische Friedhof, nur wenige Hundert Meter neben dem moslemischen gelegen (siehe unten), einige paar jüdische Häuser in der Nähe des Hafens und die Synagoge sind die einzigen sichtbaren Zeugnisse ihrer Anwesenheit. Ein Schild am Eingangstor des ehemaligen Gebetshauses weist auf den Umstand hin, dass die letzten 120 Juden der Koer Gemeinde 1944 von den Nazis nach Auschwitz deportiert wurden. Ihre Namen sind auf einer Tafel im Eingangsbereich verewigt. Seit Anfang der 1990er Jahre ist das Gebäude wieder instand gesetzt und dient der Stadt als Kulturzentrum, in dem z. B. Ausstellungen stattfinden.

Es gibt nur wenige Spuren jüdischen Lebens auf Kos: die ehemalige Synagoge

Islamischer Friedhof: Die letzte Ruhestätte scheint aus allen Nähten zu platzen. Grabsteine stehen dicht an dicht entlang der Wege und Mauern und liegen an anderer Stelle scheinbar wahllos übereinander. Der Friedhof entstand wahrscheinlich kurz nach der türkischen Eroberung, Moslems aus fünf Jahrhunderten liegen hier begraben – größtenteils sind arabische Schriftzeichen in die Grabsteine gemeißelt. Das von einer hohen Mauer geschützte Gelände liegt an der Straße in Richtung Asklepieion, etwa auf halber Höhe zwischen der Ortschaft Platani und dem Zervanos-Platz (westlich von Kos-Stadt).

Islamischer Leuchtturm

Wie Bleistiftspitzen ragen die Türme der Moscheen aus dem Häusergewirr von Kos heraus. Der Name *Minarett*, von dem aus einst der Muezzin die Gläubigen zum Gebet rief, leitet sich von dem arabischen Wort „manara" ab, was so viel bedeutet wie „Platz, auf dem Feuer und Licht ist". Tatsächlich wurden die Türme im Frühjahr, während des Fastenmonats Ramadan, nachts beleuchtet. In der islamischen Welt kennt man das Minarett seit dem 8. Jh.

Kos-Stadt

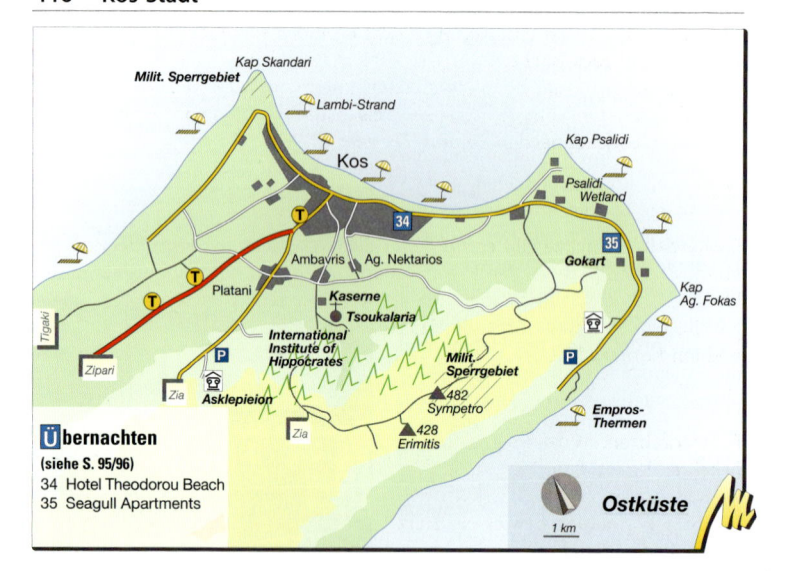

Map labels:
Kap Skandari · Milit. Sperrgebiet · Lambi-Strand · Kos · Kap Psalidi · Psalidi Wetland · 34 · Ambavris · Ag. Nektarios · Gokart · 35 · Kap Ag. Fokas · Platani · Kaserne · Tsoukalaria · Tigaki · International Institute of Hippocrates · Zipari · Zia · Asklepieion · Milit. Sperrgebiet · 482 Sympetro · Empros-Thermen · Zia · 428 Erimitis · Ostküste · 1 km

Übernachten
(siehe S. 95/96)
34 Hotel Theodorou Beach
35 Seagull Apartments

Baden

Sowohl nördlich als auch östlich der Stadt befinden sich lang gezogene Sandstrände. An touristischen Unterhaltungsmöglichkeiten fehlt nichts: Wasserski, Paragliding, Surfbrett- und Sonnenschirmverleih (6 € pro Tag für zwei Liegen inklusive Schirm), Strandcafés und Eisverkäufer. Massen sonnenhungriger Urlauber aalen sich auf den Liegestühlen.

Lambi Beach, der Hauptbadestrand der Stadt, ist für Touristen, die Abgeschiedenheit und Ruhe in natürlicher Umgebung suchen, nicht zu empfehlen. Selbst in der Vor- und Nachsaison geht es hier zu wie auf dem Rummelplatz. Nichtsdestotrotz: Für einen Sprung in die kühlenden Fluten der Ägäis reicht es allemal – in den Morgenstunden und am späten Nachmittag ist der Strand nicht so übervölkert. Etwas weniger Andrang, auch tagsüber, herrscht an der Küste in Richtung *Kap Skandari*. Der Strand vor dem Hotel Atlantis ist so weit vom Zentrum entfernt, dass sich dort außer den Hotelgästen kaum Touristen aufhalten. Hie und da spenden die Bäume ein wenig Schatten. Der Strand ist frei zugänglich, Sie können einfach durch die Hotelhalle und Gartenanlage gehen oder am Strand entlangwandern (Entfernung zum Hafen ca. 3 km).

Auch östlich des Mandraki-Hafens drängen sich die Erholungssuchenden auf dem 5 m breiten Strand, reiht sich Liegestuhl an Liegestuhl. Zudem verlaufen die stark befahrene Vas.-Georgiou- und die G.-Papandreou-Straße direkt dahinter.

In Richtung *Kap Psalidi* (= Schere) hinter dem Jachthafen Marina haben Café-Betreiber in den letzten Jahren die Strandabschnitte vor ihren Cafés mit Liegestühlen bestückt. Der Strand ist zwar immer noch schmal, doch sauber. Die Anbindung an gastronomischen Service macht den Aufenthalt komfortabel.

Zwischen *Kap Psalidi* und *Kap Ag. Fokas* befinden sich mehrere größere und kleinere Sand-Kies-Buchten, von der Asphaltstraße zweigen Schotterpisten zu den Stränden ab. Wenige Hundert Meter hinter dem *Kap Ag. Fokas* endet der schmale Kiesstrand und geht in eine Felsküste über. Bademöglichkeiten gibt es dann erst wieder bei den *Empros-Thermen*.

Sport und Spiel

Basketball: Freiplätze gibt es auf dem Gelände des Gymnasiums an der Ippokratous-Straße sowie an den Ecken Kanari-/S.-Christou-Straße und Themistokleous-/Finilou-Straße Weitere Plätze befinden sich gegenüber vom Hotel Niridiis (an der Straße Richtung Kap Ag. Fokas, kurz vor dem Camping-Platz) und am Koritsas-Platz. In der Halle an der Ecke Artemisias-/Fenaretis-Straße spielen und trainieren die Teams des örtlichen Basketballclubs.

Fahrradfahren: Wird in Kos immer beliebter. Rennrad und Mountainbike sind Statussymbole der jungen Koer. Die Stadtverwaltung bewies ein Herz für die Radler: 3 m breite, asphaltierte Radwege ziehen sich vom Stadtrand über das Kap Psalidi in Richtung Kap Ag. Fokas auf der einen und vom Kap Skandari mehrere Kilometer in Richtung Tigaki auf der anderen Seite. Außerdem ist auf dem Highway zwischen Kos-Stadt und Zipari eine Spur für die Velofahrer reserviert. Der aktuelle Koer Bürgermeister widmet sich vermehrt Fragen des Umweltschutzes und der Verkehrsplanung und hat die Uferstraße zur Einbahnstraße für Autos erklärt. Dafür führen jetzt Radwege am Hafen entlang – auf denen allerdings meist Fußgänger spazieren gehen ...

Griechischer Nationalsport Basketball

Fußball: Auf dem planierten Sandplatz werden die Ligaspiele (in der Regel samstags um 17 Uhr, allerdings lange Sommerpause) ausgetragen. Eingänge befinden sich an der Artemisias-Straße.

Gokart: Im Stadtgebiet von Kos gibt es eine Bahn. Sie liegt in Psalidi, rund 5 km vom Zentrum entfernt. 8 Min. kosten 7 €, für 17 € können Sie 20 Min. lang aufs Gas drücken.

Tennis: Die meisten großen Hotels außerhalb des Stadtzentrums haben einen Tennisplatz, viele mit Flutlicht. Der Preis für 1 Std. liegt bei 7–8 €, das Entleihen von Schlägern kostet extra (ca. 4–5 €/Paar). Folgende Hotels verfügen über einen oder mehrere Courts:

In Psalidi: Alexandra Beach, Archipelago, Aristo, Dimitra Beach, Edmark, Oceanis Beach Resort, Platanista, Ramira Beach, Sun Palace.

In Lambi: Aeolos Beach, Apollon, Athina Beach, Blue Sea Beach, Cosmopolitan.

Wassersport: Die *Wassersportstation Crazy Riders* an der Zouroudi-Straße (Lambi-Strand) ist eine gute Adresse. Angeboten werden Parasailing (ca. 15 Min. kosten für eine Person etwa 45 €, im Doppel 70 €), Wasserski (15 - Min. ca. 25 €, für Anfänger gibt's eine kostenlose Unterweisung) und Jetski (18–25 € je nach Maschine). Daneben gibt es hier für 10–20 € die weniger sportlich ambitionierten als vielmehr vergnüglichen Aktivitäten wie Ringo und Banana Boat.

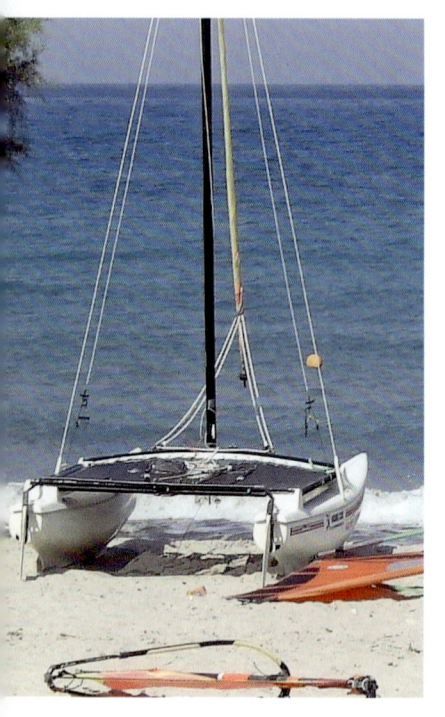

Wassersportstationen haben auch einige Hotels eingerichtet: Das Atlantis am Lambi-Strand in der Nähe vom Kap Skandari, das Oceanis und das Sun Palace beim Kap Psalidi sowie das Dimitra am Kap Ag. Fokas. Die Stationen verleihen ihre Surfbretter jedoch bevorzugt an Hotelgäste.

Tauchen: Die Tauchreviere bei Kos sind nicht gerade berauschend, die Ägäis ist praktisch leer gefischt. Dennoch nutzen viele im Urlaub die Gelegenheit und entdecken die Welt unter Wasser. Tauchausflüge bietet u. a. das *Kos Diving Center*. Sein Boot liegt im Mandraki-Hafen und hat alle nötige Ausrüstung an Bord. Tauchausflüge können direkt auf dem Boot gebucht werden. Anfänger erhalten eine Einweisung.

Ein Tauchtrip mit *Liamis Dive Centre* kostet 55 €, im Preis sind die Bootsfahrt nach Pserimos, die Ausrüstung, Einweisung (auf Deutsch) und Unterwasserbegleitung enthalten; das zweite Abtauchen ist mit 25 € deutlich preiswerter. Sicherheit schreiben die Tauchlehrer groß: In kleinen Gruppen mit ständiger Begleitung geht es maximal 6 m tief. Alles andere wäre für Anfänger zu gefährlich. Auch hier liegt das Boot im Hafen Mandraki, ✆ 6932209406 (mobil), www.liamisdiving.com. Die *Kos Divers* sitzen im Niriides Beach Hotel in Psalidi, etwa 1,5 km vom Zentrum entfernt. Hier bietet man begleitete Tauchgänge oder Auffrischungskurse an (30/50 €) und Tauchausrüstung sowie -zubehör zum Verkauf. Im Kipriotis Village Resort, einer großen Ferienanlage ebenfalls in Psalidi, werden außerdem PADI-Tauchkurse für Fortgeschrittene angeboten (ab 40 €), ✆ 22420-21553, ✆ 6932155422 (mobil), www.kosdivers.com.

Waterpark Shape

Im Sommer 2002 öffnete der „Sun & Fun Park" namens *Shape*, doch schon vier Jahre später war es vorbei. Auf einem großen Küstengelände in Psalidi wurden einige Schwimmbecken mit riesigen Rutschen, Rasenflächen mit Liegestühlen und Sonnenschirmen, Bars und Minishops angelegt. Das Remmidemmi im Park vertrieb jedoch die Vögel im angrenzenden Schutzgebiet. Stadtverwaltung und Parkbetreiber gerieten aneinander. Am Ende siegte der Naturschutz. Gut für die Tiere. Und nicht so schlimm für die Urlauber, denn wer auf Riesenwasserrutschen steht, der kommt im Wasserpark *Lido* in Mastihari auf seine Kosten.

Psalidi Wetland: Die Spitze des Kaps hat die Stadtverwaltung zu einer ökologischen Schutzzone für Vögel und Kleintiere erklärt. Während des Winters und im Frühjahr bildet sich durch die Niederschläge ein kleiner See. Dort nisten und überwintern z. B. Flamingos und Reiher, beobachten kann man sie von den Türmen, die auf dem Gelände des Informationszentrums gebaut wurden. Das passiert man auf dem Weg zum (geschlossenen) Wasserpark Shape. Der Eintritt ist frei. Im Hochsommer ist das Gelände jedoch trocken, zu sehen gibt es dann leider nichts.

Umgebung von Kos-Stadt

Das Asklepieion

Weiß werden die Augen
vor der blendenden Weiße
der kleinen Kapelle auf Astypalea.
Und dann die Einfahrt in den Hafen von Kos,
das blaue Meer bis zum Horizont,
das weite grüne Land,
versprechen dir alles und geben dir alles.
Unverfälscht und kraftvoll diese Insel des Hippokrates,
wo Menschen immer noch Heilung finden,
droben im Asklepieion.

(K. Panajiotopoulos)

Das Asklepieion ist mit Kos und dem Arzt Hippokrates, ohne Zweifel der berühmteste Sohn der Insel, eng verbunden. Das antike Heiligtum und Krankenhaus muss man besichtigen, will man die frühe Geschichte der Koer begreifen. Und so verlässt kaum ein Tourist die Insel, ohne das Asklepieion besucht zu haben – oft drängen sich mehrere Besuchergruppen gleichzeitig auf dem Gelände, das knapp 4 km vom Stadtzentrum entfernt liegt.

Ein Asklepieion (sprich: Äsklipion) ist ein *Heiligtum des Asklepios* oder auch *Äskulap*, wie die Römer den Gott der Heilkunst, Sohn des Gottes *Apollon*, nannten. Die rund 300 Asklepieien in Griechenland, an die teilweise Ärzteschulen angeschlossen waren, entwickelten sich seit dem 5. Jh. v. Chr. zu Wallfahrtsorten für Kranke. Zentrum der Asklepios-Verehrung war Epidauros. Von hier aus verbreiteten die Asklepiaden – Mitglieder einer geheimen Brüderschaft von Priesterärzten – den Kult zu Ehren des Gottes der Heilkunst.

Immer wenn ein neues Heiligtum eingeweiht wurde, brachten sie eine Schlange aus Epidauros mit. Die antiken Äskulap-Statuen zeigen den Arzt meist mit einer Schlange, die sich um einen Stab windet. Noch heute gilt der so genannte *Äskulapstab* als Symbol der Heilkunst; er ziert Apotheken und Arztpraxen und dient den Sanitätskorps mehrerer Nationen (u. a. der Bundeswehr) als Abzeichen.

Die antiken Therapiezentren waren mit Badeanlagen, Ruheräumen, Gästehäusern und vielem mehr ausgestattet. Die – neben Epidauros – bekanntesten Asklepieien befanden sich in Athen, Pergamon und schließlich auf Kos.

Obwohl das Asklepieion auf Kos wahrscheinlich erst nach seinem Tod 370 v. Chr. entstanden ist, gilt es weithin als die Heilstätte und Schule des Hippokrates. Zweifelsfrei steht jedoch fest, dass dieses medizinische Therapiezentrum auf seinen Lehren basierte.

Viel ist von der ursprünglich beeindruckenden Architektur des antiken Asklepieion nicht geblieben, wie der größte Teil der Insel fiel sie dem Erdbeben von 554 n. Chr. zum Opfer. Dennoch ist genug erhalten, um einen guten Eindruck von der Größe und Konzeption des antiken Asklepieion zu bekommen. Entdeckt wurden die Ruinen des Heiligtums 1902 von dem deutschen Archäologen *Rudolf Herzog* und von *Iacovos Zaraftis*, einem Geschichtsforscher aus Kos. Die Restaurierung der Anlage erfolgte hauptsächlich unter italienischer Regie.

Ruinen der Badeanlage

Die nicht zuletzt wegen ihrer Größe Aufsehen erregende Heilstätte erstreckte sich über drei Terrassen, die durch Mauern voneinander getrennt und durch Freitreppen miteinander verbunden waren. Der antike Reiseschriftsteller *Pausanias* berichtet, dass ein heiliger Hain das Asklepieion umschlossen habe, der weder durch Geburt noch durch Tod verunreinigt werden durfte.

Erste Terrasse: Hat man den Eingang passiert, geht man direkt auf die große Treppe (24 Stufen) zu, die zur ersten Terrasse führt. Kurz hinter der obersten Stufe fällt rechts der Blick auf eine Zypresse, an deren Fuß eine Steintafel darauf hinweist, dass hier einst das Eingangstor (Propylon) des Asklepieion stand; die Rudimente, die noch zu erkennen sind, lassen die Größe des Portals erahnen. Insgesamt hat die erste Terrasse eine Ausdehnung von 80 x 100 m.

Das Asklepieion 121

Kos-Stadt und Umgebung
Karten Umschlaginnenklappe hinten, S. 93 und 116

Das Asklepieion

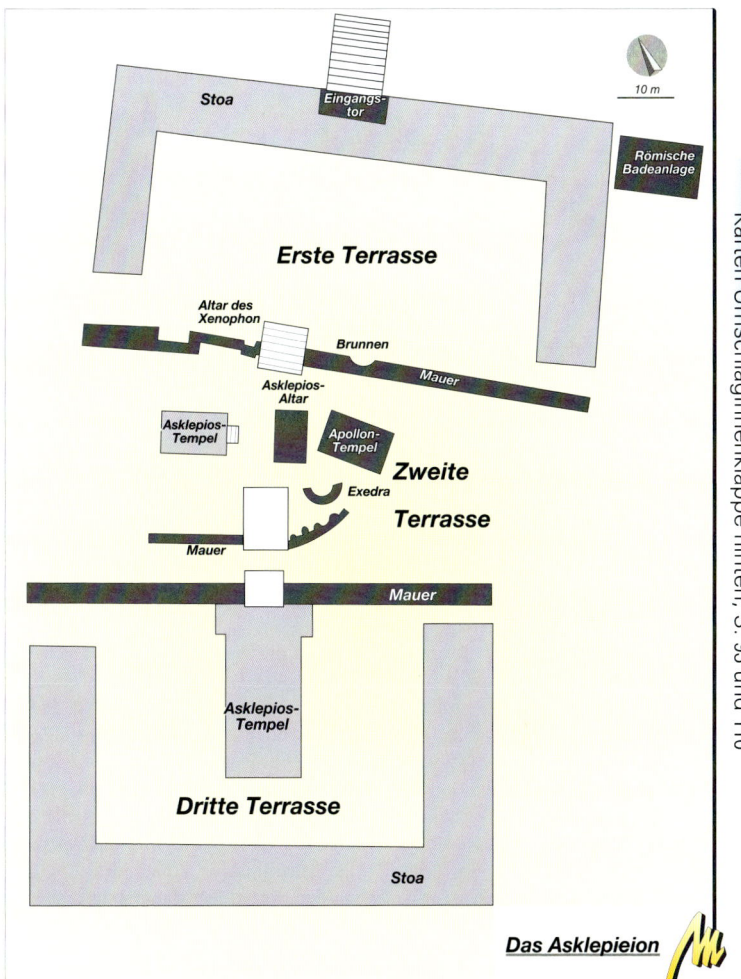

Die Fundamentreste sind Überbleibsel der *Säulenhalle* (Stoa), die die Terrasse im Westen, Norden und Osten umgab, sowie der dahinterliegenden Zimmerreihen. Es ist anzunehmen, dass hier Patienten wohnten und behandelt wurden und außerdem ein Teil der Ärzteschule sowie das Anatomie- und Pathologie-Museum untergebracht waren. Wenn Sie sich gleich nach dem Treppenaufgang links halten, finden Sie hinter den Stoa-Resten die Ruinen einer *römischen Badeanlage*, in der Wasserbehandlungen durchgeführt wurden.

An der Frontseite des Areals sehen Sie die Mauer mit eingelassenen Bogennischen, die die zweite Terrasse stützt. In den restaurierten Nischen standen

Eines der ersten Krankenhäuser der Geschichte: das Asklepieion

früher Götterstatuen. In einer etwas größeren links von der Treppe befindet sich ein *Brunnen* mit einer Figur des Gottes *Pan*, der seine Flöte in der Hand hält. Leider ist die Quelle, die den Brunnen mit Wasser speiste, versiegt. In der ersten Nische rechts neben der Treppe sind die Reste eines Altars zu besichtigen. Eine Inschrift weist darauf hin, dass der Altar dem Koer *Xenophon*, einem Leibarzt von Kaiser *Claudius*, geweiht war.

Zweite Terrasse: Sie ist deutlich schmaler als die erste. Hier befand sich das religiöse Zentrum der Anlage. Wenn Sie nach dem Treppenaufgang weiter geradeaus gehen, sehen Sie direkt vor sich den *Asklepios-Altar*, der mit Seilen abgesperrt ist. Rechts davon, etwas erhöht und mit einem eigenen kleinen Treppenaufgang, sind zwei Säulen des dazugehörigen *Asklepios-Tempels* wieder aufgebaut worden; sie stammen aus dem 4. oder 3. Jh. v. Chr. Im Tempel verdeckt eine recht gut erhaltene Granitplatte die Schatzkammer mit den Weihgeschenken an *Asklepios*, den Gott der Heilkunst. Links vom abgesperrten Altar stehen sieben wieder aufgerichtete korinthische Säulen des *Apollon-Tempels*. Auch diese Terrasse wird im Süden von einer Mauer begrenzt, die die nächste Plattform stützt. Links der Treppe, die die Mauer unterbricht, befindet sich das Fundament einer *Exedra*, eine Nische mit Sitzbank, aus dem 3. Jh. v. Chr.

Dritte Terrasse: Auf der mit 60 Stufen längsten Treppe geht es hinauf zur dritten Terrasse, die etwa so groß ist wie die erste. Direkt gegenüber der Freitreppe erhebt sich der große *Asklepios-Tempel* aus dem 2. Jh. v. Chr., der einmal 34 x 18 m maß, überdacht und von 104 Säulen umgeben war, deren Podeste teilweise noch zu erkennen sind. Erhalten ist hier ein Altar. Auch diese Ebene war wie die erste an drei Seiten von einer *Säulenhalle* (Stoa) – von der allerdings nur noch spärliche Überreste gefunden wurden – und daran angrenzenden Zimmern umgeben.

Ein Besuch des Asklepieion lohnt sich nicht nur wegen der archäologischen Funde, sondern auch wegen der geschichtlichen Assoziationen, die die Weite

Das Asklepieion

dieser antiken Heilstätte mit ihren freigelegten Ruinen zulässt. Ein weiterer Grund für einen Besuch: die herrliche Aussicht auf die Ebene, in der die Stadt Kos liegt, auf das ägäische Meer und die Küste des türkischen Festlandes.

> „Mit der Lust, die es gewährt, auf der Höhe von Freitreppen zu stehen, blickt man über den marmorgestuften Berg. Inseleinwärts hat man die Zackenwand des Gebirges vor sich, an dessen Hängen die Heilstatt liegt. Es sind Felswände, die dem Karwendel nicht nachstehen. Meerwärts aber breitet die Ebene sich hin. Ihresgleichen ist auf keiner anderen griechischen Insel, nirgends liegt eine so weite, liebliche, fruchtende Fläche am Meer, denn die Inseln sind ja alle nichts als Gebirge mitten im Meer."
>
> Aus Erhart Kästners Reisebericht, den er 1944 auf dem Dodekanes schrieb. Der *Insel Verlag* veröffentlichte den Text unter dem Titel „Griechische Inseln".

Tipp: Besuchen Sie das Asklepieion während der Woche am späten Nachmittag, wenn sich die Touristenbusse bereits wieder auf den Heimweg gemacht haben.

- *Öffnungszeiten/Eintritt* tägl. 8–19.30 Uhr, Mo 13–19.30 Uhr; in der NS ist das Asklepieion meist nur bis 14.30 Uhr geöffnet, letzter Einlass ist dann um 14 Uhr. Eintritt 4 €, ermäßigt 2 €, Kinder und Jugendliche bis 17 Jahre sowie Studenten frei. Ein Set mit Dias kostet 2,50 €.
- *Anfahrt* Von 8 bis 23.45 Uhr fahren die Stadtbusse 1 x stündl. zur Ortschaft Platani; von hier sind es nur noch 1,5 km bis zum Ziel. Bis zum Asklepieion fährt der blau-weiße Mini Train, der stündlich zwischen 9 und 17 Uhr am Hafen von Kos-Stadt startet. Fahrpreis: 4 €, Kinder 2 €. Auch mit dem Fahrrad ist das Asklepieion problemlos zu erreichen. Ab Platani geht es zwar stetig bergauf, jedoch ist die Steigung gut zu schaffen. Die Fahrt mit dem Rad dauert von Kos-Stadt aus etwa 20 Min. Der Weg zum Asklepieion ist übrigens gut ausgeschildert.

Auch Autoparkplätze stehen ausreichend zur Verfügung.

Vor dem Eingang zum Asklepieion bietet eine Bar, die einige Tische und Stühle im Schatten der Bäume platziert hat, frisch gepressten Orangensaft an. Teuer, aber der Saft ist köstlich.

Aussicht von der dritten Terrasse des Asklepieions

Zwischen Platani und Asklepieion zweigt eine Straße zum *International Institute of Hippocrates* ab. Ziel der 1960 gegründeten Stiftung ist die Förderung einer humanistisch ausgerichteten Medizin in der Tradition des Hippokrates.

Bevor man zum Hippokrates-Institut kommt, das leider nicht zu besichtigen ist, liegt auf der Hälfte des Anstiegs – mit schönem Blick auf die Insel – *Hippocrates Altis*. Es handelt sich um ein imposant hergerichtetes Gelände, das an eine Kultstätte erinnert (Altis = Allerheiligstes). Sie ist frei zugänglich und verleiht kulturellen Veranstaltungen im Zusammenhang mit dem Institut einen stimmungsvollen Rahmen.

Hippokrates, die Legende lebt ...

Hippokrates wurde 460 v. Chr. auf Kos geboren. Er war der Sohn der *Fainareti* und des Arztes *Gnossidikos*, der ihm grundlegende medizinische Kenntnisse beibrachte. Hippokrates studierte in den medizinischen Schulen von Kos und Iona sowie im Asklepieion von Ephesus, unternahm Studienreisen nach Ägypten, Asien und zur Insel Samos. Er starb um 370 v. Chr. in Larissa (Thessalien). Um sein Leben und Wirken ranken sich unzählige Sagen und Legenden, deren Wahrheitsgehalt Historiker allerdings bezweifeln. So soll Hippokrates den an einer „unheimlichen Krankheit" leidenden Makedonenkönig *Perdikkas II.* geheilt haben, indem er die Ursache der Erkrankung in einer unstandesgemäßen Liebesbeziehung zu einer schönen Magd entdeckte. Nach Abbruch des Verhältnisses verschwanden Kopfschmerz und Appetitlosigkeit des Königs, und schließlich bekam jener auch wieder Lust auf die Königin.

Als gesichert gilt, dass Hippokrates die medizinische Wissenschaft seiner Zeit entmystifizierte, indem er sie aus den magischen Fesseln der Zauberei löste und auf die Grundlage empirischer Beobachtung und Beschreibung von Krankheitssymptomen stellte. Der bedeutendste Arzt seiner Zeit vertrat die so genannte *Säftelehre*, nach der die Elemente Wasser, Feuer, Luft und Erde – in Gestalt von „Blut, Schleim, gelber und schwarzer Galle" – im Körper des Menschen als Kardinalsäfte wirken. Gesundheit beruht demnach auf der richtigen Mischung dieser Elemente, Krankheit auf einer fehlerhaften Zusammensetzung. Das „Corpus Hippocraticum" ist die erste naturwissenschaftlich fundierte Systematik der Medizin in Europa. Hippokrates' Säftelehre hielt sich bis ins Mittelalter.

Jedoch nur ein kleiner Teil der Schriften, die Hippokrates zugeschrieben werden, stammt tatsächlich von ihm selbst. Unter seinem Namen finden wir Dokumente aus rund 500 Jahren vereinigt – ein Beweis für die rätselhafte Wirkungskraft dieser historisch schwer fassbaren Persönlichkeit.

In seiner Reportage „Eine Handvoll Feigen für ein Lächeln" schreibt *Theodor Geus*: „Fast nichts von den Geschichten, die hier (auf Kos) erzählt werden, ist wahr. Niemals saß Hippokrates unter der Platane am Marktplatz, die uralt ist, aber nicht alt genug; er hat nicht den Eid der Ärzte geschrieben, und er hat nicht im Asklepieion gewirkt."

Die Empros-Thermen

Die schwefelhaltige Heilquelle, fast an der Ostspitze der Insel, dem Kap Ag. Fokas, gelegen, lockt scharenweise Besucher an – allerdings kurieren die wenigsten davon ein Leiden aus.

Von der Straße oberhalb der Thermen zweigt eine stellenweise recht steile Sand- und Geröllpiste hinunter zum Meer ab, die an einer hohen schroffen Felswand entlangführt. Zunächst passieren Sie einen kleinen Strand mit schwarzem Sand. Hier bietet ein Sonnenschirm- und Liegenverleih seine Dienste an. Kurz darauf folgen die Thermen: 49 Grad Celsius heiß strömt das nach Schwefel riechende Wasser aus einer Felsspalte, von dort fließt es durch einen schmalen, kurzen Korridor ins Meer. In einem Naturbecken aus aufgeschichteten Steinen vermischt es sich mit dem Salzwasser. Die Temperatur in dem ca. 25 qm großen Pool liegt zwischen 30 und 40 Grad, je nach Entfernung zum einströmenden Quellwasser. Bei den Außentemperaturen ist das Baden nicht gerade erfrischend, aber umso gesünder. Hartgesottene schwören auf Wechselbäder: Zunächst legt man sich in das heiße Wasser (möglichst direkt bei der Quelle), um dann in das vergleichsweise kühle Meer außerhalb des Bassins zu springen. Die Bäder sollen bei Haut-, Augen-, Atemwegs- und Muskelerkrankungen sowie bei Rheuma und Arthritis helfen; auch Entwicklungsstörungen im Kindesalter werden bekämpft – so verspricht es zumindest der Text einer Tafel bei den Thermen.

Vom Meeresboden in der Umgebung der Thermen steigen Luftblasen empor: Bei den als *Thionies* bezeichneten Bläschen handelt es sich um Gase, die einem unterirdischen erloschenen Vulkan entströmen. Zu tauchen lohnt auch wegen der vielen Fische, die sich hier tummeln. Leider sind sowohl der Pool als auch der Strand bei den Thermen in der Hauptsaison bis in die frühen Abendstunden arg überlaufen.

Die Empros-Thermen: wenig erfrischend, aber umso gesünder

Dies gilt auch für den schmalen Kieselstrand westlich der Thermen, der von einer bis zu 20 m steil aufragenden Felswand gesäumt wird. Wenn Sie aber über den nächsten Felsvorsprung klettern, erreichen Sie eine weitere Kiesbucht, in die sich nur wenige Touristen verirren.

Tipp: Besuchen Sie die Thermen am Abend oder in der Nacht, am besten in einer Vollmondnacht. Wenn die Außentemperaturen sinken, ist das Baden im heißen Wasser unter einem grandiosen Sternenhimmel besonders schön.

Oberhalb des Strandes neben den Thermen befindet sich die *Taverne Therma*. Das Gebäude wurde in den 1920er Jahren von den Italienern errichtet, die es als Badehaus nutzten; das Quellwasser wurde damals in Eimern in die Badestuben getragen. Nach dem Zweiten Weltkrieg war das Anwesen verwaist, bis es Anfang der 80er Jahre renoviert wurde. Im Erdgeschoss ist die Gastronomie untergebracht.

• *Anfahrt* Über die beiden Kaps Psalidi und Ag. Fokas führt die breite Uferstraße direkt zu dem beliebten Ausflugsziel, rund 12 km von Kos-Stadt entfernt. Parkmöglichkeiten gibt es sowohl an der Hauptstraße, bevor die Sandpiste zu den Thermen hinabführt, als auch direkt unten am Strand bei den Thermen. Besonders nachts fahren die meisten die Sandpiste bis ganz nach unten.

Radfahrer dürfen sich über eine in Griechenland seltene Einrichtung freuen: einen Fahrradweg. Dieser beginnt am nördlichen Rand von Kos und endet nach etwa 6 km. Schweißtreibend ist die Strecke rund um das Kap Ag. Fokas, einem Ausläufer der Gebirgskette, die sich bis nach Kardamena zieht. Hier gilt es zwar nur, einen Höhenunterschied von ca. 75 m zu überwinden, doch wer keine Gangschaltung hat, der schiebt. Nehmen Sie auf jeden Fall ausreichend Wasser und eine Kopfbedeckung mit. Von der Anhöhe am Kap Ag. Fokas haben Sie einen schönen Blick auf die türkische Küste.

Die **Stadtbusse** fahren von 9 bis 18 Uhr stündlich zu den Thermen und zurück; die einfache Fahrt kostet 0,95 €. Am Ende der asphaltierten Strecke, wenige Hundert Meter hinter der Bushaltestelle an der Abfahrt zu den Thermen, führt ein Fußweg auf eine ca. 20 m hohe Klippe mit einer herrlichen Aussicht über die karge, hügelige Südküste von Kos.

• *Essen und Trinken* **Taverne Therma**, die Küche hält eine kleine Auswahl an Fisch- und Fleischgerichten, Pasta und verschiedenen Vorspeisen bereit. Fisch ist die Spezialität des Hauses. Gefangen wird er mit dem Kaiki, das vor der Therme ankert. Probieren Sie den frisch gefangenen Thunfisch oder die Oktopus-Bällchen. Der Fisch kostet 20–50 € pro Kilo. Von der schattigen Terrasse genießt man einen wunderbaren Blick über die von hohen Felsen eingerahmte Bucht.

Imbissbuden finden Sie am oberen Parkplatz und am Steinstrand neben der Therme.

Panagia Tsoukalaria

Suchen die Bewohner der Stadt Ruhe und Abgeschiedenheit in nächster Umgebung, dann unternehmen sie einen Ausflug in ein schmuckes Wäldchen westlich von Kos. Mitten im Wald, zwischen Nadel- und Eukalyptusbäumen, liegt die Kirche Panagia Tsoukalaria.

Sie ähnelt mehr einem Bunker als einem Gotteshaus: Das 1920 errichtete Gebäude ist komplett betonverschalt. Auch die Sitzgelegenheiten und Tische auf dem großen Vorplatz strahlen unbesetzt eher den Charme einer Autobahnraststätte aus. Dies ändert sich jedoch an Sonn- und Feiertagen, wenn die Koer zum Grillen hierher kommen, dann erfüllen griechische Sommerhits vom Band den kleinen Wald, und der Duft von Holzfeuer und gegrilltem Fleisch lässt einem das Wasser im Munde zusammenlaufen. Dem Weg in den Wald folgend, findet man eine baufällige Holzbrücke, die über ein trockenes Flussbett führt. Dahinter liegt eine Quelle, aus der Gebirgswasser sprudelt.

Mountainbike-Tour: Kos – Zia – Asklepieion – Kos

• *Anfahrt* Zwischen dem Odeon und der Casa Romana zweigt von der Grigoriou-E.-Str. eine Straße in Richtung des Vororts Ambavris ab. An der gleichnamigen Taverne vorbei, erreichen Sie eine Kreuzung, an der eine Windmühle steht, die zu einer Ferienwohnung umgebaut wurde. Dort geradeaus weiter, an einer Kaserne vorbei, bis sich der Weg nach ca. 500 m gabelt. Der links abzweigende Weg, der im letzten Stück von hoch gewachsenen Zypressen gesäumt wird, führt direkt zur Kirche Panagia Tsoukalaria.

Der an der Gabelung rechts abzweigende Weg (siehe *Anfahrt*) führt zur *Quelle Vourina*. Durch einen ca. 30 m langen unterirdischen Gang gelangt man zum Quellgebäude, das wahrscheinlich aus der hellenistischen Epoche stammt und heute leider verschlossen ist. Durch eine Öffnung in der Mitte der Kuppel dringt Licht und Luft ins Innere. Noch heute wird das Quellwasser der Stadt Kos als Trinkwasser zugeleitet.

• *Tipp für den Rückweg* Die gleiche Strecke bis zur Kreuzung nach der Kaserne zurück, dort nach links abbiegen, bis Sie nach etwa 800 m die Ortschaft Platani erreichen. Rund um die Platia warten drei gemütliche Tavernen mit ausgezeichneter Küche auf, ideal für eine Rast. Besonders empfehlenswert ist die Taverne Arap. Von hier mit dem Stadtbus zurück ins Zentrum von Kos.

Mountainbike-Tour: Kos – Zia – Asklepieion – Kos

Strecke: 23 km; Höhendifferenz: +/–350 m; Dauer: 2:30 Std.

Kondition und sportlicher Ehrgeiz sind gefragt, wenn es gilt, von Zipari die Berge hinaufzustrampeln. Über gut 6 km schlängelt sich die Straße den Hang hinauf, die durchschnittliche Steigung beträgt 5 %! Doch hat man einmal Zia erklommen, folgt eine leicht abschüssige Piste durch die waldreichen Nordausläufer des Dikeos. Richtet man den Blick nach Norden, schimmert dort die tiefblaue Ägäis. Ein Mountainbike ist unverzichtbar für die Tour – man lernt die 21 Gänge genauso zu schätzen wie die Stabilität der Räder.

Fahren Sie von Kos-Stadt aus die Parallelstrecke zum Highway in Richtung

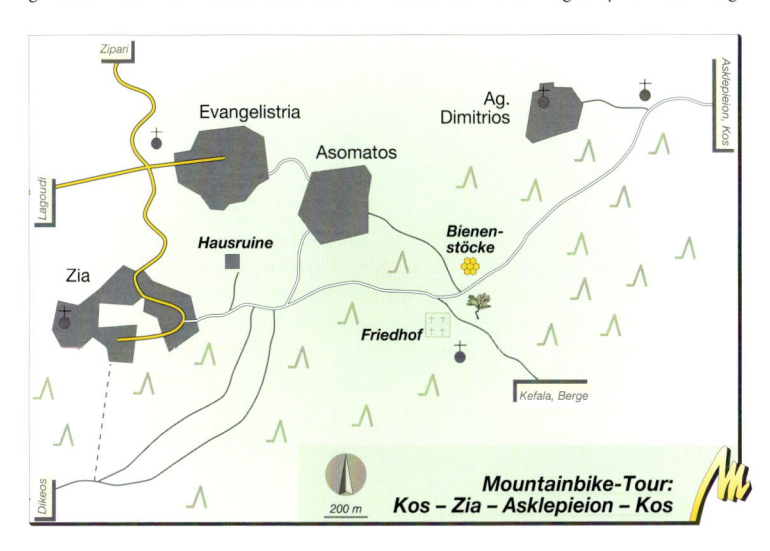

Tigaki (siehe Kasten „Per Velo nach Tigaki" im Kapitel *Tigaki*). Auf dem letzten Kilometer, der Sie bereits an der Küste entlangführt, ist linker Hand die *Taverna Alkion* ausgeschildert. Folgen Sie diesem Weg an der Taverne (ein rundes Gebäude) vorbei bis nach Zipari. Im Ort zweigt eine schmale Asphaltstraße in Richtung Lagoudi ab.

In Serpentinen schlängelt sich die Straße den Berg hoch. Nach ca. 5 km stetiger Steigung erreichen Sie das Dorf Evangelistria. Von hier aus sind es noch 1,5 km bis Zia, dem höchsten Punkt der Tour, 350 m über dem Meeresspiegel. Hier in Zia können Sie in einer der Tavernen eine Rast einlegen (siehe Ortsbeschreibung). Von Zia aus folgen Sie der schmalen Asphaltstraße, die am Ortsausgang (in der Kurve) in östliche Richtung abzweigt. Von jetzt an bleiben Sie im Prinzip auf dieser Straße.

Für einen kurzen Abstecher bietet sich das verlassene Dorf Ag. Dimitrios an (Ortsbeschreibung siehe Kapitel *Das Dikeos-Gebirge*). Nach knapp 3 km treffen Sie auf den Abzweig nach Ag. Dimitrios. Ein kleines, altersschwaches Holzschild weist auf das verlassene Dorf hin. Zur Orientierung: Direkt an der Abzweigung steht eine kleine Kirche am Wegesrand.

Sollten Sie die Straße verlassen, finden Sie oft bunte Schrotpatronen – Überbleibsel der Jagdsaison: Vom 15. September bis zum 10. März stellen die Koer hier Kaninchen, Hasen und Rebhühnern nach. Hinter Ag. Dimitrios geht es stetig bergab. Nach knapp 2 km gabelt sich die Straße: Folgen Sie der links abzweigenden, kurvenreichen Asphaltstraße, auf der man nach 3 km das Asklepieion erreicht. Von dort führt eine lange Allee schließlich zur Ortschaft Platani. Um die Platia, den Dorfplatz, gruppieren sich einige ausgezeichnete Tavernen wie das Restaurant Arap (siehe S. 98). Dem Verlauf der Straße folgend, die am islamischen und jüdischen Friedhof vorbeiführt, erreichen Sie nach 2 km den Stadtrand von Kos.

Wer sich den „Strapazen" einer Radtour nicht aussetzen möchte, kann die Strecke auch wandern. In diesem Fall empfiehlt es sich, mit dem Bus nach Zia zu fahren und dort mit der Wanderung zu beginnen. Von Zia bis ins Stadtzentrum von Kos sind es rund 11 km, für die man kaum mehr als 2 Std. benötigt, da es größtenteils bergab geht.

Ausflüge von Kos-Stadt

Mit dem Bus

Inselrundfahrt: Auf der Rundreise werden in mehreren Orten Stopps eingelegt – Zia, Antimachia und Kefalos fehlen in keinem Programm. Zum Baden und Essen fährt man in der Regel nach Kamari. Der Preis inklusive Mahlzeit beträgt ca. 30 €. Die Stopps sind allerdings sehr kurz – fast ein wenig zu kurz, um einen Eindruck von den Orten gewinnen zu können. Diese Tour können Sie in Reiseagenturen in Kos-Stadt buchen.

Griechische Nacht: Nach dem Abendessen in einer der Mammuttavernen in Zia spielt eine Tanzkapelle Bouzouki-Musik. Die Veranstaltung kostet inklusive Transfer, Essen und Wein rund 30 €. Auch dieser Ausflug ist im Programm der meisten Reiseagenturen vor Ort.

Frischer Wind auf offener See: Bootsausflug in der Ägäis

Mit dem Boot

Die Auswahl an Überfahrten zu den Nachbarinseln ist groß. Tickets verkaufen Reise- und Fähragenturen; oft besteht auch die Möglichkeit, eine Tour an der Rezeption der großen Hotels zu buchen (das ist allerdings in der Regel deutlich teurer als bei den Agenturen). Wir empfehlen, das Ticket direkt am Hafen zu erwerben: So können Sie wählen, ob Sie lieber mit einer großen Motorfähre oder einem kleinen Segler aufbrechen wollen.

Am Abend ankert die Armada von Ausflugsbooten im Mandraki-Hafen entlang der Promenade. Am Kai stehen Tafeln, die die Fahrten der nächsten Tage ankündigen. Vielsprachig versucht man, Sie vom Kauf eines Tickets zu überzeugen. Die Boote sind bis 21 Uhr besetzt (in der Hauptsaison länger).

Unser Leser Olaf Köllner aus Freital hat sich auf dem Segler *Eva* besonders wohlgefühlt: „Es ist das kleinste und schönste Schiff. Nach einem einfachen, aber reichlichen und sehr schmackhaften Mittagessen – die Mannschaft grillt in einer malerischen Bucht Souvlaki und Schwertfisch, röstet Brot und bereitet Salate frisch zu, dazu gibt es echten griechischen Rotwein aus einem Fass – werden noch zwei kleine Häfen angelaufen. Die Rückfahrt erfolgte unter vollen Segeln. Das war ein solch beeindruckendes Erlebnis, dass die plötzliche Ruhe sich auf die 30 Passagiere übertrug. Wie in einem Kitschroman ging dazu die Sonne langsam unter."

Beachten Sie: Die kleinen Nussschalen schaukeln schon bei leichtem Wind erheblich – wer leicht seekrank wird, sollte sich daher für eine große Ausflugsfähre entscheiden.

Hier nun die populärsten Ausflüge und Insel-Touren (ausführliche Informationen über die Nachbarinseln finden Sie in den letzten Kapiteln des Buchs):

Three-Islands-Tour: Seit Jahren die beliebteste aller Touren – mindestens 20 Boote stehen täglich für diesen Ausflug bereit. Sie führt zu den Inseln *Pserimos*, *Plati* oder *Krevatia* und *Kalymnos*. Sie können wählen, ob Sie nach Kalymnos-Stadt (dort wird meist eine Schwammfabrik besichtigt) oder zur Ortschaft Vathi im Osten der Insel Kalymnos (liegt in einer bezaubernden Bucht) wollen. Bei beiden Touren gehören in der Regel Badestops auf Pserimos und Plati zum Programm. Auf allen Booten stehen ausreichend Schnorchel, Taucherbrillen und Flossen zur Verfügung. Im Preis enthalten sind Snacks an Bord sowie ein einfaches Mittagsmahl, oft auch Getränke. Die Boote fahren in der Regel zwischen 9 und 10.30 Uhr raus, zwischen 17 und 18.30 Uhr legen sie wieder im Mandraki-Hafen an. Eine vergnügliche Tour, wenn auch der Aufenthalt in Kalymnos-Stadt viel zu kurz ist. Sollten Sie ruhebedürftig sein, fragen Sie bei der Buchung nach eventueller musikalischer Beschallung. Manche Boote haben Boxen an Bord, die 8 Std. lang unter Beweis stellen, was sie zu leisten in der Lage sind! Die Three-Islands-Tour kostet je nach Anbieter, Route und Verpflegung rund 25–35 €.

Nissiros, die Vulkaninsel: Ebenfalls täglich steht dieser Ausflug auf dem Programm, allerdings ist die Zahl der Anbieter deutlich kleiner. Beispielsweise die Ausflugsfähren *M/V Nissos Kos* und *M/V Stefamar* fahren fast täglich zur Vulkaninsel (buchen können Sie die Tour bei *Pulia Tours* in der Vas.-Pavlou-Str. 3). Die Fähre startet in Kos um 8.30 Uhr, Abfahrt von Nissiros um 15.30 Uhr, der Ausflug kostet rund 25 €. Diese Bootstour sollten Sie auf keinen Fall missen, der Vulkan ist ein Erlebnis – auch wenn der Schwefelgestank im Kraterinneren unerträglich scheint.

Patmos: Die Insel wird einmal wöchentlich von der Ausflugsfähre *Petros L* angelaufen. Die Tour dauert von 8.30 bis 16 Uhr und lohnt sich für alle, die sich nur kurze Zeit auf Kos aufhalten, aber doch gerne eine andere Inseln kennen lernen möchten. Der Tagesausflug kostet rund 35 € und ist bei *Pulia Tours*, Vas.-Pavlou-Str. 3, zu buchen.

Bodrum: Der Trip hinüber auf das türkische Festland ist ein teures Vergnügen: 20–30 € müssen Sie für Hin- und Rückfahrt schon rechnen. Ob Sie dort einen Einkaufsbummel durch die kleinen Gassen der Altstadt unternehmen oder das Mausoleum besichtigen, bleibt Ihnen überlassen. Die Fähren legen täglich zwischen 8.30 und 9 Uhr ab, Rückkehr zwischen 16 und 17 Uhr.

Den Reiz Bodrums (= Keller) macht das historische Straßenbild aus. Auf den Bau klotziger Hotelburgen hat man hier verzichtet. Der Blick von oben auf das in der Sonne gleißende Städtchen gehört zu den beliebtesten Fotomotiven der Ägäis. Folgende Sehenswürdigkeiten sollten Sie sich nicht entgehen lassen:

Mausoleum: Das Monument liegt 100 m hinter der Tepecik-Moschee. Es wurde von Artemisia II., Schwester und Gattin von Mausolos (377–353 v. Chr.), gebaut. Es soll sich ursprünglich um einen 50 m hohen Bau gehandelt haben,

In historischen Gewändern auf dem Weg zur Deklamation des Hippokratischen Eides

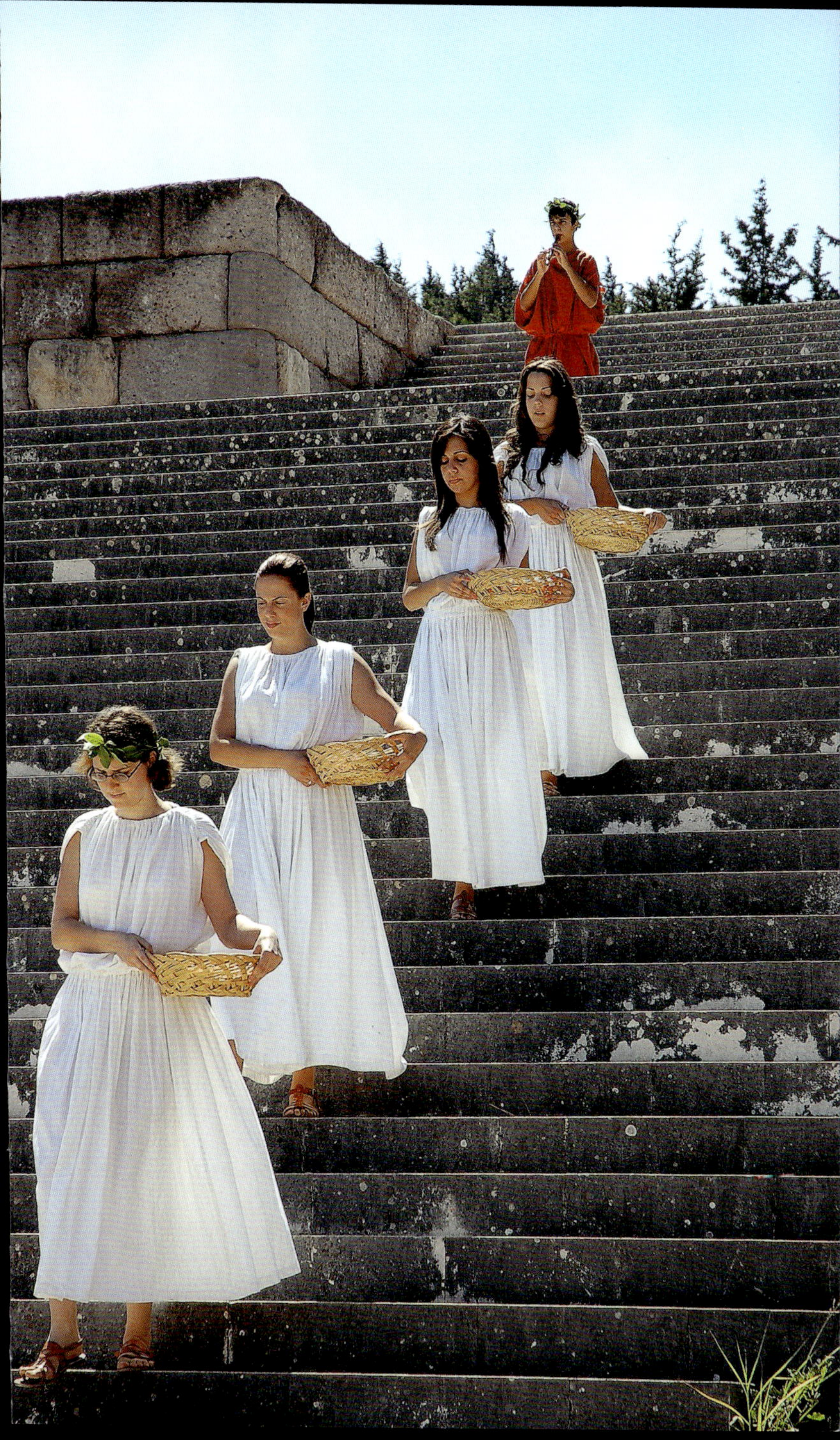

der auf einer in den Fels gehauenen Terrasse von 105 x 242 m Grundfläche stand. Den Dachabschluss bildete eine Stufenpyramide, deren Spitze die Statuen von Mausolos und Artemisia krönten. Das Mausoleum galt in der Antike als eines der sieben Weltwunder. Erdbeben und Steindiebstahl beim Bau des Kastells führten dazu, dass nur noch die Grundmauern vorhanden sind.
Öffnungszeiten Tägl. außer montags 8–12 und 13–18 Uhr. Eintritt 2 €.

> Mehrere Leser haben uns von ihren schlechten Erfahrungen mit den Führungen in Bodrum berichtet. Stefan Goller aus Bottrop schrieb: „Es war wie auf einer Kaffeefahrt mit zweistündiger Besichtigung und Kaufzwang." Auch Winfried Dauner aus Germaringen warnt: „Man sollte es tunlichst vermeiden, die so genannte Führung in Anspruch zu nehmen. Nach einem viertelstündigen langweiligen Monolog darf man den Bus besteigen. Nach kurzem Aufenthalt auf dem Hügel geht es vorbei am Amphitheater (Besichtigung vom Bus aus!) zum Verkaufshaus."

Kastell St. Peter: Das Wahrzeichen Bodrums ist die Johanniterburg, die sich auf einer Halbinsel im Hafen erhebt. In ihrem Zentrum stehen der Französische und der Italienische Turm (beide 1431 errichtet), um die im Jahr 1440 eine Mauer mit dem Deutschen Turm, dem Englischen Turm und dem Schlangenturm angelegt wurde. In den Mauern des Kastells ist das *Museum* mit festen und wechselnden Ausstellungen untergebracht. In der Kapelle und deren Nebenräumen lässt sich eine große Sammlung von Unterwasserfunden bewundern. In der so genannten *Glashalle* neben der Kapelle wird eine prächtige Glassammlung mit geborgenen Schalen und Vasen präsentiert. Im Italienischen und Französischen Turm ist die Ladung eines byzantinischen, 1025 gesunkenen Schiffes zu sehen, die 1977 entdeckt und geborgen wurde. Der Englische Turm ist originalgetreu eingerichtet, u. a. mit einer Rittertafel.

Kastell St. Peter in Bodrum (Türkei)

Öffnungszeiten Tägl. außer montags 9–12 und 13–19 Uhr. Eintritt 3 €.

Weitere Sehenswürdigkeiten sind das *Basarviertel*, das *alte Stadttor* und das frei zugängliche *Amphitheater*.

Wichtig: Wenn Sie sich länger als 24 Std. in der Türkei aufhalten wollen, bekommen Sie einen griechischen Ausreise- oder einen türkischen Einreisestempel in den Reisepass. Das könnte zu Schwierigkeiten bei der Ausreise aus Griechenland führen. Erkundigen Sie sich bei einem Aufenthalt von mehr als 24 Std. nach den aktuellen Regelungen und Gepflogenheiten.

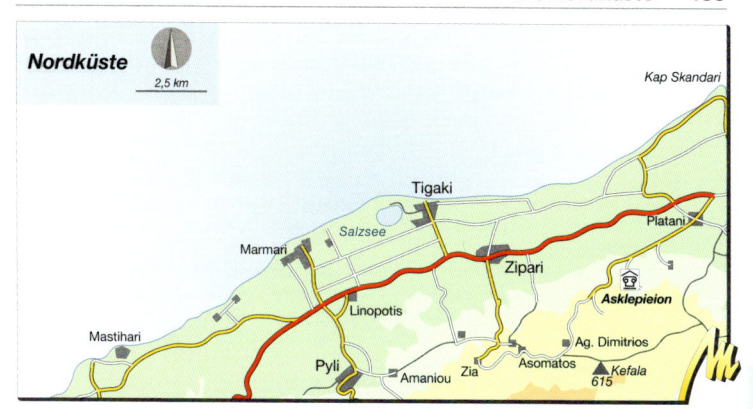

Die Nordküste

Vom Kap Skandari bis nach Mastihari – durchgängig zieht sich der schmale Sandstrand entlang der gradlinigen Nordküste über eine Länge von 25 km. Dahinter erstreckt sich eine fruchtbare Küstenebene, in der allerdings in den vergangenen Jahren mehr neue Hotels als Tomaten hochgezogen wurden.

Hotels in den Touristenhochburgen Tigaki und Marmari fehlen heute in kaum einem Katalog deutscher Reiseveranstalter. Noch in den 1980er Jahren gab es weit und breit nur Felder, wo jetzt Tavernen, Geschäfte und Unterkünfte für Touristen stehen. Auch das ehemalige Fischerdorf Mastihari geriet in den Sog des lukrativen Fremdenverkehrs, doch noch ist der ursprüngliche Charme des Ortes, der direkt gegenüber der Insel Kalymnos liegt, nicht ganz verschwunden. Obwohl die Zahl der Besucher jährlich zunimmt, lässt sich ein ruhiger Platz am Strand, abseits von Tavernen und Sonnenschirmen, nach wie vor finden. Schön sind die Abschnitte vor dem Salzsee und westlich von Mastihari.

Tigaki

Die Ansiedlung Tigaki, oft auch „Tingaki" geschrieben, ist ein Ort aus der Retorte, dessen Bebauung Anfang der 1980er Jahre einsetzte. Mittlerweile tummeln sich in der Hochsaison hier mehrere Tausend Urlauber. Die meisten kommen aus Deutschland und England – und haben pauschal gebucht.

Im Wesentlichen besteht der Ort aus einer Stichstraße, die vom Insel-Highway zum Meer führt. An ihr haben sich Hotels, Tavernen, Bars und Geschäfte bis hinunter zum Wendeplatz angesiedelt. Kontinuierlich entstehen Bauten auch entlang der Uferstraße in Richtung Kos. Seit 2002 gibt es in Tigaki, wie in Marmari, zwei große All-inclusive-Clubs, die auf Rundum-Betreuung und Rambazamba ausgerichtet sind. Griechen leben hier – zumindest auf Dauer – nicht; sie treten lediglich als Personal in Erscheinung und verlassen den Ort am Ende der Saison. Im Winter ist Tigaki weitgehend menschenleer.

Die ursprüngliche, natürliche Schönheit des Strandes ist durch Unmengen von Sonnenschirmen und Strandliegen verloren gegangen. Dafür verspricht die touristische Infrastruktur einen Urlaub der kurzen Wege: Die meisten Hotels befinden sich in der Nähe des Strandes, an dem auch die Versorgung mit Getränken und Snacks stets gesichert ist.

> **Per Velo nach Tigaki**
> Viele Urlauber, die in Kos-Stadt wohnen, fahren mit dem Fahrrad nach Tigaki. Da die Strecke über den Insel-Highway jedoch wegen der vorbeibrausenden Autos und Lkws sowie der Steigungen unangenehm zu fahren ist, schlagen wir eine alternative Route vor:
> Verlassen Sie Kos-Stadt in Richtung Lambi über die Amerikis-Straße – die Parallelstraße zur Kanari-Straße. Wenn Sie an deren Ende angelangt sind, fahren Sie rechts und dann sofort wieder links. Jetzt sind Sie auf der Verlängerung der Kanari-Straße in Richtung Lambi. Nach etwa 1 km sehen Sie links eine Bushaltestelle und eine Allee, die von Eukalyptus-Bäumen gesäumt ist. In die biegen Sie ein. Am Ende der Allee, wo sich die Straße gabelt, rechts abbiegen und an der Blue Lagoon Resort Anlage entlang bis zum Meer fahren. Dort geht es nach links und auf der breiten, asphaltierten Straße direkt am Meer entlang. Am Hotel Costa Angela führt die Asphaltstraße ins Landesinnere, der folgen Sie einfach. Nach rund 1 km gabelt sich die Straße. Nach rechts folgen Sie einfach dem natürlichen Verlauf der Straße, die den letzten Kilometer die Küste entlangführt, bis zum Wendeplatz von Tigaki. Die Strecke ist v. a. wegen des teilweise unverstellten Blicks auf die Türkei sowie die Inseln Pserimos und Kalymnos attraktiv.
> Alternativ können Sie Kos-Stadt auch über die Argirokastrou-Straße in westlicher Richtung verlassen, die Strecke ist etwas kürzer. Sie überqueren die Ethnikis-Antistasis-Straße und sind nun auf der Verlängerung der Argirokastrou-Straße – von nun an folgen Sie einfach dem natürlichen Verlauf der Straße bis nach Tigaki. Diese Route führt durch landwirtschaftlich genutztes Gebiet: Am Straßenrand sieht man Felder mit Tomaten und Auberginen, wild wachsende Feigenbäume, Oliven- und Zitronenhaine und ab und an einige Kühe neben verfallenen Schuppen. Linker Hand sehen Sie die ganze Zeit das Dikeos-Gebirge mit seinen Ausläufern. Die Fahrten dauern 30–40 Min.

Verbindungen/Adressen

- *Verbindungen* Von Kos-Stadt fahren die **Busse** Montag bis Samstag zwischen 9 und 23 Uhr insgesamt 12 x tägl. nach Tigaki. In umgekehrter Richtung fährt der erste Bus um 9.20 Uhr, der letzte abends um 22.25 Uhr. Sonntags fahren die Busse zwischen 9 und 18 Uhr 7 x von Kos nach Tigaki und retour. Der aktuelle Fahrplan hängt bei **Tigaki Tours** am Wendeplatz aus. Die Agentur verkauft auch deutsche Zeitungen und Magazine, und wer ins Internet will, kann hier für 2 € pro 15 Min. surfen. Am Wendeplatz halten die Busse, und einige **Taxis** warten auf Kundschaft. Die einfache Busfahrt kostet 1,40 €. Ein Taxifahrer verlangt für die 12 km lange Fahrt von Kos-Stadt nach Tigaki etwa 11 €.
- *Arzt* Ein Schild auf der rechten Seite der Stichstraße, vom Meer kommend, weist auf einen „Deutschen Facharzt" hin, der einen 24-Std.-Service anbietet. Telefonisch ist der Arzt unter ✆ 22420-68016 oder 6944533440 (mobil) zu erreichen.
- *Geldautomat* gibt es am Kreisverkehr gegenüber der Reiseagentur Tigaki Tours, direkt neben dem Hotel Meni Beach.
- *Supermarkt* Der **Konstantinos Supermarkt** verfügt über ein enorm großes Sortiment an Souvenirs: von Schwämmen über Muscheln bis zu griechischer Musik. Daneben finden Urlauber hier alles, was sie zum Baden brauchen. Und Lebensmittel gibt es auch. Unten am Wendeplatz findet man einen kleineren Supermarkt, dessen Sortiment jedoch für den täglichen Bedarf mehr als ausreichend ist.

Tigaki

• *Auto-/Zweiradverleih* Jede Menge Autoverleihstationen buhlen um Kundschaft. Empfehlen können wir auf jeden Fall **Sevi Rent a Car** mit zwei Stationen in Tigaki: eine an der Stichstraße und eine an der Straße, die am Strand entlang Richtung Kos führt. (Der Verleih hier lohnt auch, wenn man in Kos-Stadt wohnt.) Die diversen Kleinwagen sind in vorbildlichem Zustand und kosten ab 30 € pro Tag, Vergünstigungen gibt es auf Anfrage. Der Service ist freundlich und zuverlässig. ☏ 22420-69076 und 22420-68299 oder 6947121792 (mobil). sevi_car_rentals1@yahoo.com.

Tigaki Tours, die Reiseagentur verleiht auch Autos. Einen Kleinwagen können Sie ab 40 € pro Tag mieten. Ab zwei Tagen Leihdauer oder bei Buchung einer Tour sind Sonderangebote möglich. Das freundliche Personal spricht auch Deutsch. ☏ 22420-69994 oder 22420-69494.

Tigaki Moto, alteingesessener Verleiher mit vielen Bikes. Gute Alu-Fahrräder ab 3 € pro Tag, Motorroller ab 12 €. Quads und Vespas können Sie für 20 € pro Tag leihen. Preise mit Haftpflichtversicherung, freien Kilometern, Helm und 24-Std.-Service. ☏ 22420-69044.

Nikos, für die neuen Alu-Fahrräder verlangt der freundliche Betreiber 4–8 € pro Tag, Mountainbikes kosten 8 € täglich. Motorroller gibt es ab 10 €, Quads ab 20 € und Buggys ab 40 € pro Tag. Ermäßigung ab 3 Tagen. Preise inkl. Helm und 24-Std.-Service. Nikos unterhält zwei Filialen: eine an der Stichstraße und eine an der Uferstraße Richtung Kos. ☏ 22420-68380.

• *Tankstelle* An der Stichstraße, nahe dem Insel-Highway.

Übernachten *(siehe Karte S. 136)*

Der Bauboom hat in Tigaki eine Architektur entstehen lassen, die sich weder durch einen charakteristischen Stil noch durch Liebe zum Detail auszeichnet. Ein Großteil der Hotels und Tavernen ist zweckmäßig und schmucklos – Ausnahmen bestätigen die Regel. In der Hauptreisezeit kann die Suche nach einem Zimmer anstrengend werden, da die meisten Unterkünfte an Reiseveranstalter gebunden sind. Wenn die Hotels jedoch freie Zimmer haben – und das kommt in den letzten Jahren häufiger vor – stehen sie selbstverständlich auch Individualreisenden offen.

Kos Palace (1), das 1993 eröffnete und kürzlich renovierte Luxushotel mit 100 Zimmern und sieben Suiten liegt rund 1 km westlich des Wendeplatzes. Die Decke über dem Marmorboden in der weitläufigen Eingangshalle ist mit englischem Rosenholz verkleidet. Viel Licht durchflutet die moderne, ansprechende Architektur. Die Zimmer sind mit einem Kühlschrank ausgestattet und haben Balkon oder Terrasse sowie Fernsehen (mit deutschen Programmen). Zudem gibt es einen Spa-Bereich und ein Fitnessprogramm. An der Rezeption wird auch Deutsch gesprochen, die Frau des Inhabers stammt aus Deutschland. Wenig anziehend präsentiert sich allerdings der Strand vor dem Gelände: schmal und ohne Schatten. Ein Restaurant und eine Snackbar am großen Swimmingpool mit üppigen Grünflächen ringsherum stehen den Gästen zur Verfügung, die für das DZ inkl. Frühstück und Abendessen zwischen 60 und 100 € je nach Saison zahlen. ☏ 22420-69890, ✆ 22420-69600, , www.kospalace.gr.

Tigaki's Star (6), östlich der Stichstraße. 1991 fertig gestelltes Gebäude, das immer noch in gutem Zustand ist. Das von Anfang April bis Ende Oktober geöffnete Hotel mit seinen 73 Zimmern verfügt über einen Pool sowie einen kleinen Kinderspielplatz und ist lediglich 500 m vom Strand entfernt. Einmal pro Woche laden die Betreiber zum gemeinsamen Grillen im hübschen Garten. Bungalow-Apartments werden in der NS ab 60 € vermietet, in der HS für ca. 70 €. Wer eine Klimaanlage im Zimmer haben will, muss 5 € mehr zahlen, Ein DZ kostet inkl. Frühstück in der HS ca. 65 €, in der NS 50 €. ☏ 22420-69541, ✆ 22420-69047, www.tigakisstar-kos.com.

Tropical Sol (9), die insgesamt 120 Zimmer verfügen eine Klimaanlage und einen Kühlschrank. Swimmingpool und Tischtennisplatte sind in reger Benutzung, das sympathische Hotel versprüht 70er-Jahre-Charme und liegt recht zentral an der Stichstraße. Ein DZ kostet in der HS 60 €, in der NS 40–50 € inkl. reichhaltigem Frühstücksbuffet. ☏ 22420-69341, ✆ 22420-69034, www.tropicalsol-kos.gr.

Ipanema (7), das kleine, sympathische Hotel liegt etwas versteckt und ruhig abseits der Stichstraße. Die schattige Terrasse vor dem Hotel ist ein angenehmer Ort. Die

136 Die Nordküste

Zimmer sind sauber und mit TV, Klimaanlage und Kühlschrank ausgestattet. Der Betreiber führt direkt neben dem Hotel auch eine Café-Bar. Ein DZ mit Dusche gibt es in der NS für 25 €, in der HS für 35 €. ✆ 22420-69255 (auch Fax).

Seaside (3), ordentliche Apartments, auch wenn die Anlage inzwischen renovierungsbedürftig wirkt. Alle Zimmer mit freiem Blick aufs Meer und mit Bad und Balkon. Die Räume liegen über der Taverne Alikes (an der Stichstraße in Richtung Salzsee) und werden von denselben Betreibern vermietet. Für eine Woche kostet das Apartment für zwei Personen zwischen 300 und 350 €. ✆ 22420-69577

Meni Beach (5), direkt am Wendeplatz gelegenes Hotel, in dem meist auch Zimmer für Individualreisende frei stehen. Alle Unterkünfte haben einen Balkon. Am Pool, den nicht nur die Hotelgäste benutzen dürfen, gibt es eine Snackbar. Inzwischen ist ein gleichnamiges Restaurant angeschlossen, das auch Nicht-Hotelgästen offen steht. 65–95 € kostet ein DZ inkl. Frühstück, 85–130 € ein Familienzimmer mit zwei Schlafräumen. ✆ 22420-69217, 22420-69181, www.hotelmenibeach.com.

Essen und Trinken

Die Tavernen vor Ort bieten v. a. Fastfood und einfache griechische Küche – höhere Ansprüche bleiben unbefriedigt. Empfehlenswert sind aber die Tavernen Plori, Ampeli und Alikes.

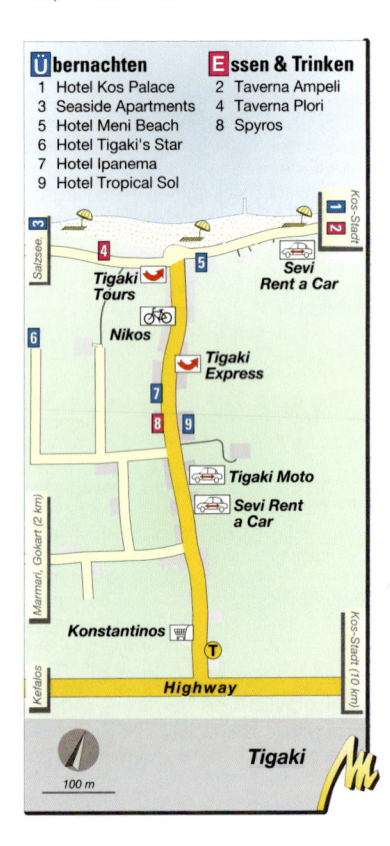

Übernachten
1 Hotel Kos Palace
3 Seaside Apartments
5 Hotel Meni Beach
6 Hotel Tigaki's Star
7 Hotel Ipanema
9 Hotel Tropical Sol

Essen & Trinken
2 Taverna Ampeli
4 Taverna Plori
8 Spyros

Plori (4), rund 100 m westlich des Kreisverkehrs. Hier hat man die Füße fast im Sand, so nah am Strand liegt die Taverne. Die Kellner sind ausgesprochen freundlich, die griechische Küche ist gut und abwechslungsreich. Wirt Michali pflegt seinen Garten, Gemüse und Gewürze landen auf den Tellern der Gäste. Der Rote-Beete-Salat ist genauso frisch und lecker wie der Fisch, der hier je nach Tagesangebot auf den Tisch kommt. Natürlich gibt es aber auch die typischen Fleischgerichte. Wer auf dem Heimweg noch auf einen Frappé vorbeikommt, wird im Schatten der Weinreben ebenfalls herzlich willkommen geheißen. Die Betreiber unterhalten auch die Wassersportstation am Strand, die sich auf Spaßsport wie Jetski und Banana Boat spezialisiert hat.

Spyros (8), schräg gegenüber dem Tropical Sol. Gediegene Atmosphäre mit Stofftischdecken unter hölzerner Wandverkleidung. Empfehlenswert sind das Bekri meze (Gulasch mit Kartoffeln) und die Grillteller. Das Personal ist ausgesprochen freundlich und aufmerksam.

Ampeli (2), in dem alten Bauernhaus etwas außerhalb von Tigaki herrscht eine familiäre Atmosphäre. Gäste sitzen in einem wunderschönen Garten und lassen sich die Speisen schmecken, die hier auf den Tisch kommen. Das Essen ist einfach, aber lecker und reichhaltig. Wegbeschreibung: Von Tigaki aus spazieren Sie am Strand entlang in Richtung Kos. Bei den Byron Apartments führt die Straße ins Landesinnere. Die Taverne ist jetzt ausgeschildert: Von der Straße parallel zur Küste führt rechter Hand ein Weg zur Taverne.

Alikes, vor dem Salzsee (Alikes), mit Blick aufs Meer. In das einfach eingerichtete, griechische Restaurant kehren regelmäßig – vornehmlich am Sonntagmittag – Einheimische ein. Die solide Küche zu niedrigen Preisen verdient diesen Qualitätsbeweis. Die angebotene Palette der Vorspeisen ist breit, vom klassischen Tsatsiki über Kartoffelsalat mit Knoblauch bis zu kleinen, gebratenen Fischen ist alles dabei. Auch all jene, die von der griechischen Küche genug haben, kommen auf ihre Kosten: Die Sandwichs und Pizzen sind dick belegt und schmecken, wenn auch nicht authentisch italienisch, richtig gut. Im Wendekreis Richtung Salzsee fahren, auf der linken Seite am Ortsende gelegen.

Nachtleben

Wer des Nachts das Tanzbein schwingen will, muss sich auf den Weg nach Kos-Stadt machen. Das Nachtleben Tigakis spielt sich in Bars und Musikcafés ab, von denen manche auch eine kleine Tanzfläche haben, auf der ausgelassen getanzt wird, so z. B. das **Mascot**. Die meisten befinden sich an der Stichstraße, die Stühle zur Flaniermeile hin ausgerichtet. Sie bieten Snacks, Kaffee und natürlich Alkoholika aller Art: Vom irischen und deutschen Bier bis zum Cocktail gibt es hier alles. Im **Barzentrum Mall**, 100 m westlich vis-a-vis der Taverne Plori spielt hin und wieder sogar eine Band.

Eine Sperrstunde kennen die Bars nicht, sie haben ihre Pforten bis in den frühen Morgen geöffnet, solange eben trinkende und zahlende Gäste da sind.

Baden

Im *Ortsbereich* ist der Sandstrand zwischen 50 und 100 m breit; einige Tamarisken spenden Schatten, die regelmäßige Reinigung zeigt Wirkung, doch stehen die Sonnenliegen, die für den stolzen Preis von 6 € (zwei Liegen mit Schirm) pro Tag verliehen werden, dicht an dicht. Zur Infrastruktur am Strand gehören zudem Süßwasserduschen, Toiletten und einige Snackbars. Rund 500 m westlich und östlich des Wendeplatzes verschwinden die Sonnenschirme, der Strand ist hier schmaler.

Folgt man dem Schild *Alikes*, so erreicht man nach 800 m das ehemalige Salzwerk, das zum Naturschutzgebiet erklärt wurde. Vor dem Salzsee rechts runter finden „Dorfstrand-Flüchtlinge" den wahrscheinlich besten Platz

Front aus Sonnenschirmen

Der Salzsee – Naturschutz kontra Tourismus

Wer von den Bergen aus den Blick über die Ebene an der Nordküste schweifen lässt, sieht die helle Fläche, die sich zwischen Marmari und Tigaki erstreckt: der Salzsee oder Alikes, wie die Griechen ihn nennen. Einst zur Gewinnung von Salz aus Meerwasser genutzt, ist die Saline heute stillgelegt und hat sich zum Lebensraum für allerlei Tierarten entwickelt. Im Frühling und Frühsommer brüten hier viele seltene Vogelarten. Auch Exoten wie Flamingos kommen zu Hunderten hierher, um zu überwintern – Salzseen und Brackgewässer sind die bevorzugten Lebensräume dieser grazilen Vögel. Spätestens im April brechen die Flamingos wieder auf, dann ist das Wasser im See vertrocknet.

zum Baden: Den Strand ziert zwar stellenweise Seegras, und er ist schmaler als im Ortsbereich, doch dafür ist das Wasser klar, und die Zahl der Badegäste (darunter auch einige FKK-Freunde) hält sich in Grenzen. Eine vorgelagerte Sandbank sorgt dafür, dass man selbst nach 50 m noch stehen kann – ideal für Kinder. Allerdings gibt es hier, wie an der gesamten Nordküste der Insel, kaum Baumbestand und damit wenig Schatten. Lediglich der kontinuierliche Wind aus nördlichen Richtungen verschafft den Strandbesuchern etwas Kühlung.

Sport

Plori Water Sports (am Strand bei der gleichnamigen Taverne) bietet Wasser- und Jetski (15 Min. für 30 €), man kann auch Tretboote leihen (20 € pro Std.) oder auf dem Banana Boat über das Wasser reiten.

Eine *zweite neue Wassersportstation* befindet sich ca. 200 m weiter in Richtung Salzsee. Hier steht Windsurfen im Zentrum des Angebots: Wer sich ein Brett leihen will, zahlt für 1 Std. 15 €, für 2 Std. 25 €, für einen halben Tag 30 € und für einen ganzen Tag 50 €. Wer surfen lernen will, zahlt für eine

Unterrichtsstunde 25 €. Gruppen von 2 bis 4 Personen können zu einem ermäßigten Preis lernen: Pro Person kostet die Stunde dann noch 15 €. Komplettes Zubehör ist in den Preisen inbegriffen. Außerdem gibt es hier Kanus, Kajaks und Wakeboards zu leihen. Die Betreiber haben zur großen Freude der Kinder aufblasbare Burgen zu Wasser gelassen.

Ausflüge

Inzwischen buhlen in diesem kleinen Ort eine ganze Handvoll Touristenbüros um die Gunst ausflugswilliger Urlauber. Das angebotene Programm ist nicht nur von den Ausflugszielen, sondern auch von den Preisen her nahezu identisch – was dieses Überangebot noch absurder erscheinen lässt. Die meisten der unten aufgeführten Ausflüge sehen ein Mittagessen vor und werden von einer deutschen Reiseleitung begleitet. Allgemein gilt, dass Kinder die Hälfte des veranschlagten Preises bezahlen.

Für 25 € wird ein Tagesausflug zur Vulkaninsel *Nissiros* angeboten (3 x wöchentlich). Für den gleichen Preis gibt es die *Inselrundfahrt* im Bus (2 x wöchentlich). Den Sonnenuntergang in *Zia* kann man immer samstags für 6 € bestaunen, ebenso viel kosten der Ausflug von Tigaki zu den *Empros-Thermen* und der *Shopping-Trip* nach Kos-Stadt. In der Kürze der Zeit bekommt man jedoch von den Orten nur wenig zu sehen. Bestseller ist der Trip nach *Bodrum* (4 x wöchentlich), der inklusive Hafentaxe und Transfer nach Kos zwischen 25 und 35 € kostet. Für eine Tagestour nach *Rhodos* mit dem Tragflächenboot werden 38 € verlangt (2 x wöchentlich). Beliebt ist auch die *Three-Islands-Tour* (Pserimos, Plati und Kalymnos, 4 x wöchentlich), die etwa 25 € inklusive Mittagessen kostet. Ein Tagesausflug nach Patmos kostet 35 € (1 x wöchentlich).

Im Programm ist ferner ein *Griechischer Abend*, der in Zia veranstaltet wird und für den 27 € zu zahlen sind (1 x wöchentlich). Essen und Wein sind im Preis inbegriffen, geboten werden Tanz und Livemusik. Bei solch einem Abend werden Sie wahrscheinlich bis zu 500 Touristen kennen lernen, aber wohl keinen einzigen Griechen.

Die Touristenbüros Tigaki Tours und Tigaki Express verkaufen außer den Tickets für die Ausflüge auch Fahrkarten für die Fähren sowie für die Tragflächenboote (Flying Dolphins), die in Kos-Stadt ablegen.

Eine nähere Beschreibung der Ausflüge finden Sie unter *Kos-Stadt/Verbindungen* und *Ausflüge*.

Marmari

Ähnlich wie der östliche Nachbarort Tigaki ist Marmari ein Produkt der Hotelkonzerne – die ersten Unterkünfte wurden hier Ende der 1980er Jahre gebaut. Mehr und mehr dominieren All-inclusive-Hotels den Ort – zum Leidwesen der Tavernen, denen die Gäste ausbleiben. Freuen können sich dagegen Urlauber, die Wassersport mögen. Mit drei Stationen gibt es hier ein reichhaltiges Angebot.

Zwar finden Sie auch hier die meisten Gebäude unmittelbar an der Stichstraße zum Meer, doch ein Teil der Infrastruktur hat sich abseits dieser Pulsader angesiedelt. Ausschlaggebend für die touristische Erschließung war der schöne

Sandstrand, an dem sich sogar heute noch ein ruhigeres Plätzchen finden lässt, wenn man sich etwas vom Zentrum des Orts entfernt, in dem 460 Koer leben – die meisten in Häusern weit abseits der Hotels. Durch die teilweise sehr weit ins Wasser hineinreichenden Sandbänke eignet sich dieser Küstenabschnitt für einen Urlaub mit Kindern.

In Marmari machen viele deutsche Pauschalurlauber Ferien. Der Ort hat sich darauf eingestellt: Das Hotelpersonal spricht oft Deutsch, und die übersetzten Speisekarten bieten Gerichte an, die auf wenig experimentierfreudige Kundschaft schließen lassen. Dass es in Marmari inzwischen riesige All-inclusive-Anlagen gibt, hat sich zu Ungunsten der Infrastruktur ausgewirkt. Obwohl die Zahl der Urlauber nominell gestiegen ist, existieren hier inzwischen weniger Tavernen und Cafés als früher. Die Gäste werden eben in den Anlagen und Hotels rundum versorgt.

Verbindungen/Adressen

- *Verbindungen* Von Kos-Stadt fahren die **Busse** Montag bis Samstag zwischen 9 und 23 Uhr insgesamt 12 x tägl. nach Marmari. In umgekehrter Richtung fährt der erste Bus um 9.25 Uhr, der letzte abends um 22.25 Uhr. Sonntags fahren die Busse zwischen 9 und 18 Uhr 7 x von Kos nach Marmari und retour. In Marmari hält der Bus vor dem Marmari Beach Hotel und am kleinen Platz unten am Strand. Die Fahrt von/nach Kos-Stadt kostet 1,80 €. Mit dem **Taxi** kostet die Strecke Kos – Marmari 14 €.
- *Geldautomat* gab es bei unserer Recherche 2009 nicht. Das könnte sich aber bald ändern.
- *Auto-/Zweiradverleih* Eine Handvoll Auto- und Zweiradverleiher konkurrieren in Marmari um die Gunst der Kunden. Bei **Kombos** kostet z. B. ein Hyundai Getz mit Klimaanlage 40 €, ein Fiat Panda 30 € pro Tag. Suzuki Jeeps werden für 45 € tägl. angeboten. Für Gruppen interessant: der Fiat Doblo (bis 7 Pers.) oder Fiat Scudo (bis 9 Pers.) für je 70 €. ✆ 22420-41657 oder 6945550112.

Autos bietet auch die Filiale der Reiseagentur **Tigaki Tours** in Marmari. Das Angebot entspricht dem in Tigaki (siehe dort). ✆ 22420-42055.

Beim Zweiradverleih **Dino Moto Rentals** stimmen nicht nur Service und Wartung, sondern auch die Auswahl. Rund 400 motorisierte und nichtmotorisierte Räder stehen zur Verfügung. Motorräder kann man ab 20 € pro Tag leihen, einen Scooter gibt es ab 14 €, ein Mountainbike ab 4 €, leistungsstarke Quads oder Buggys ab 30 € pro Tag. Wer ein Gefährt für eine Woche mietet, zahlt nur den Preis für sechs Tage. ✆ 22420-41770, www.dinomoto.gr.

Übernachten

1995 hat in Marmari der erste All-inclusive-Club der Insel seine Pforten geöffnet: *Magic Life* heißt das Ganze. Magisch daran ist allenfalls, wie die Unternehmensleitung es schafft, die Gäste von der Außenwelt abzuschirmen. Das Gelände zu betreten ist explizit verboten. Ganz verschont bleibt man als Außenstehender vom Clubleben jedoch nicht, wird man doch von der deutsch- und englischsprachigen Animation belästigt, die akustisch den Küstenabschnitt nahe dem Magic-Life-Club in Beschlag nimmt. Inzwischen gibt es unweit vom Magic Life ein weiteres All-inclusive-Hotels. Dennoch sind in Marmari auch weiterhin angenehme Unterkünfte zu finden, in denen man von dieser Art von Rund-um-die-Uhr-Betreuung verschont bleibt.

Captain's Studios (3), eines der ersten Häuser, die in Marmari gebaut wurden, und ein Tipp für alle, die auf Hotelbunker keine Lust haben. Der ehemalige Tankerkapitän Nikita baute es 1987 mit dem Wunsch, an dieser Stelle die Ruhe und die Natur der Insel genießen zu können. Der Bauboom der letzten Jahre hat diesen Plan zunichte gemacht, aber immer noch genießen Nikitas Gäste die angenehme Ruhe und die

Marmari 141

Übernachten
2 Hotel Caravia Beach
3 Captain's Studios
5 Zikas Studios
6 Hotel Palladium
7 Venos Apartments
10 Apartments Kontis

Essen & Trinken
1 Smiley's Corner
4 Taverne Stavros
8 Insel-Bar
9 Restaurant Iliovasilema

Die Nordküste Karte S. 133

relative Abgeschiedenheit des jenseits der Stichstraße (am westlichen Küstenabschnitt) erbauten Hauses. Die Atmosphäre ist herzlich und familiär: Frühstück, Abendessen und Snacks zwischendurch nehmen die Gäste in der Cafeteria mit Blick aufs Meer ein. Insgesamt stehen zwölf einfache Räume, acht Studios und vier DZ zur Verfügung – alle mit Moskitonetz und Klimaanlage. Kinder sind stets herzlich willkommen. Ein DZ kostet 30 € inkl. Frühstück, ein Studio 36 €. ✆ 22420-41431, captain_nikita@hotmail.com.

Caravia Beach (2), die Anlage liegt am Strand, rund 400 m östlich des Wendeplatzes. Insgesamt 600 Betten stehen im fünfgeschossigen Haupthaus und einer Reihe von Bungalows zur Verfügung. Durch ihre Blütenpracht sticht die Gartenanlage des Hotels aus der Umgebung hervor, es ist eine der schönsten und größten auf ganz Kos. Erfreulich menschenleer präsentiert sich der Strandabschnitt vor dem Hotelkomplex. Das Freizeitangebot des All-inclusive-Hotels ist reichhaltig: Swimmingpool, Tennisplätze, Windsurfing, Minigolf, Disco ... – die Liste ließe sich fortsetzen. Das Hotelmanagement sorgt auch für eine Kinderbetreuung. Für das, was hier geboten wird, halten sich die Preise im Rahmen. Das DZ kostet in der NS 91 € inkl. Frühstück (121 € mit Halbpension), in der HS 120 € (164 €). Einen Bungalow für zwei Personen gibt es ab 111 € inkl. Frühstück, in der HS 170 €. ✆ 22420-41291, ✉ 22420-41215, www.caraviabeach.gr.

Palladium (6), 800 m liegt das Hotel vom Strand entfernt, in einer Seitenstraße, die von der Verbindungsstraße nach Tigaki abzweigt. An der Frontseite des u-förmigen Gebäudes sind Bar, Restaurant, Minimarkt und Rezeption (auch deutschsprachig) untergebracht. In den anderen Teilen des sympathischen zweistöckigen Hauses befinden sich die 96 Zimmer. Größtenteils deutsche Pauschaltouristen logieren hier. Breites Angebot an Tageszeitungen, fast alle überregionalen bundesdeutschen Blätter sind erhältlich. „Auch das Essen hier war ein echter Genuss", schrieb uns Sylvia Dechert. Das DZ kostet je nach Saison zwischen 40 und 64 € mit Frühstück, Familienzimmer gibt es ab 56 €. Für Halbpension zahlt man in der NS pro Tag 10 €, in der HS 13 € mehr. ✆ 22420-41407, ✉ 22420-41409, www.hotelpalladiumkos.com.

Zikas Studios (5), an der Stichstraße zum Pithos Beach, rund 1 km östlich von Marmari. Stavros Zikas, der den gleichnamigen Supermarkt betreibt, vermietet sechs Studios. Ein kleiner Garten umgibt das Haus, die Unterkünfte sind einfach, zum Strand sind es etwa 400 m. 20–40 € kosten die Studios pro Tag. ✆ 22420-41323.

Venos Apartments (7), an der Straße Richtung Tigaki. Auf den ersten Blick fällt der

Garten mit Rosen und Geranien auf. Im zweistöckigen Gebäude gibt es elf schlichte Zimmer mit Balkon zum Meer (400 m entfernt), Kitchenette, Klimaanlage und TV. DZ zwischen 25 und 35 €. ℡ 22420-41538, mobil 6944654870.

Apartments Kontis (10), an der Stichstraße zum Meer, gegenüber der Abzweigung nach Tigaki. Die kleinen, zusammenhängenden Bungalows verfügen über eine Küche mit Spüle, Herd sowie Kühlschrank und sind sauber. Vom hinteren Balkon aus blickt man über die Felder. Für die Übernachtung in einer der sechs Unterkünfte werden je nach Saison 20–30 € (für 2 Pers.) berechnet. ℡ 22420-48570, ℡ 22420-48572.

Essen und Trinken/Nachtleben (siehe Karte S. 141)

• *Essen und Trinken* Da viele der Besucher Pauschalurlauber sind, die Halb- oder Vollpension oder gar all inclusive gebucht haben, gibt es in Marmari leider nur noch wenige Tavernen.

Smiley's Corner (1), auch wenn der Name etwas anderes vermuten lässt, hier wird frisch und gut und griechisch gekocht, u. a. Saganaki (panierter, gebackener Schafs- oder Ziegenkäse). Der Besitzer spricht sehr gut Englisch, was den Kontakt erleichtert. Dass sich die Einheimischen hier zum Essen einfinden, ist ebenfalls ein gutes Zeichen.

Stavros (4), nahe dem Hotel Marmari Beach. Von vielen Lesern gelobte traditionelle griechische Küche, große Portionen, günstige Preise (z. B. Moussaka für ca. 6,50 €). Spezialitäten wie mit Reis und Leber gefüllte Ziege gibt es auf Bestellung. Verwendet werden Zutaten und Fleisch aus der Region.

Snackbar Captains's Studios (3), die griechischen Standards werden sorgfältig zubereitet und sind preisgünstig. Hier wird man nicht nur mit Essen und Trinken versorgt, sondern kann auch Kicker und Billard nutzen.

Iliovasilema (9), etwas abseits der Hauptader des touristischen Lebens gelegen. Die Taverne ist komplett weinumrankt, sodass man den Eingang an der Ecke kaum wahrnimmt. Angenehm ist die Bepflanzung, da sie auch an heißen Tagen Schatten bietet. Neben traditioneller griechischer Küche wird an manchen Abenden auch musikalische Unterhaltung geboten: Der Wirt lässt sich dann zu Gesang und Tanz hinreißen.

• *Nachtleben* Wie in Tigaki findet das Nachtleben in den Bars statt, die sich entlang der Stichstraße zum Meer angesiedelt haben. Sie sind auf flanierendes Publikum eingestellt, die gepolsterten Stühle mit Blick auf die Straße ausgerichtet. Ein Cocktail kostet ca. 3,50 €, ein halber Liter Bier um die 2 €. In der **Insel-Bar (8)** sind die Oldie-Abende besonders beliebt. Dann wird jeder Millimeter unbestuhlter Raum als Tanzfläche genutzt.

Eine musikalische Besonderheit bietet die **Bar Image** in der Nähe des Wendeplatzes am Strand. Zwar werden auch hier die handelsüblichen Charts gespielt, ab Mitternacht jedoch wird klar, warum sich im Laufe des Abends mehr und mehr Einheimische einfinden: Der DJ wechselt das Programm und spielt griechische Weisen und Bouzouki-Musik, zu der dann auch gerne und ausdauernd getanzt wird.

Baden

Lediglich unterhalb des zentralen Platzes gibt es natürlichen Schatten, doch die Plätze unter den Tamarisken sind rasch belegt. Wie in den meisten Badeorten der Insel bestimmen auch in Marmari Sonnenschirme und Strandliegen das Erscheinungsbild. Man sucht vergeblich nach einem ruhigen Platz, der 20–30 m breite Strand ist – zumindest in der Hochsaison – mit sonnenhungrigen Mitteleuropäern gepflastert.

Deutlich weniger Andrang herrscht an der Küste sowohl in westlicher als auch in östlicher Richtung, allerdings wird der Strand auch schmaler (knapp 10 m). Ohne Unterbrechung zieht er sich bis Tigaki bzw. Mastihari – beste Voraussetzungen für einen ausgedehnten Strandspaziergang. Leider sammelt sich stellenweise jede Menge Seegras im Wasser und am Ufer, was die Badefreuden erheblich trüben kann. Ein angenehmer Abschnitt, weil etwas weniger be-

Auf der Suche nach Schatten: Baden an der Nordküste

sucht, ist der *Pithos Beach* etwa 1 km östlich des Wendeplatzes. Sie erreichen ihn über eine ausgeschilderten Abzweig von der Verbindungsstraße zwischen Marmari und Tigaki.

Sport

Da an der Nordküste ein beständiger Wind weht, wird in Marmari v. a. Wassersport angeboten.

Am Strand vor dem Hotel Caravia Beach ist die *Wassersportstation von Holger Bründel* angesiedelt. Absolut entspannt präsentiert sich der Mann aus Norddeutschland – die gute Stimmung greift auf die Gäste schnell über. Ein Windsurfkurs mit jeweils 2 Std. an sechs Tagen kostet 140 €. Erlernen können Sie hier auch das Katamaransegeln. Könner leihen sich ihre Ausrüstung hier: Surfequipment pro Tag 35 €. Weiter im Angebot: Wasserski und so genannte *Schleppfahrten*, also Banana Boat oder Ringo. Die Station ist von Mai bis Oktober geöffnet, ☏ 22420-41291.

Neben dem Hotel Marmari Beach befindet sich die Sportstation *Marmari Windsurfing*, spezialisiert auf Windsurfen und Katamaransegeln. Der Surfeinsteigerkurs dauert 6 Std. und kostet 120 €. Für 180 € unterrichten die Surflehrer aus der Schweiz 10 Std., die Ausrüstung steht für eine Woche zur Verfügung. Wer bereits surfen kann und sich nur ein Brett mieten will, zahlt 20 € pro Std. bzw. 210 € pro Woche. Ein einstündiger Katamarantrip kostet 30 €. Kanus gibt es für 5 € pro Std. www.marmari-windsurfing.com.

Auch auf der dritten Station in Marmari, *Fun 2 Fun*, wird Deutsch gesprochen. Die Station befindet sich nahe dem Grecotel Royal, westlich des Ortszentrums. Neben einem klassischen Surfkurs (10 Std. für 210 € inklusive Grundschein) können Sie auch einen Kitesurfkurs belegen. Anfänger zahlen für 6 Std. 190 €. Wer nur Surfequipment braucht, erhält es für 20 € pro Std. Zur Verfügung steht hier stets aktuelles Fanatics- und Northsail-Material. Außerdem im Angebot: Katamaranverleih und -schulungen. ✆ 6942695576 (mobil), www.fun2fun-kos.de.

Beim *Salt Lake Riding Center* werden unterschiedliche Touren angeboten, z. B. ein Strandausflug zu Pferde (Dauer: 1 Std.; 20 €) oder ein Ritt um den Salzsee. Besonders beliebt ist der Sunset-Ausritt am Strand (Dauer: 2 Std.; 45 €). Kinder sind nach Angaben der Betreiberin Gina Daoúlas (die Kanadierin spricht gut Deutsch) ganz versessen aufs Ponyreiten, die Eltern zahlen für 30 Min. 15 €. Wer sich auf den Rücken eines Pferdes schwingt, sollte lange Hosen und geschlossene Schuhe tragen. Der Reitstall stellt Helme und Schutzwesten für Kinder zur Verfügung. ✆ 69441044446 (mobil).

Auf halbem Weg zwischen Tigaki und Marmari liegt das *Christos Go Karts Center*. Die 750 m lange Piste ist top, ebenso die Karts. Der zehnminütige Fahrspaß kostet 9 €. Auf einer kleinen Extrastrecke können sich Kinder bis acht Jahre auf Elektrokarts als Nachfolger Michael Schumachers profilieren (4 € für 8 Min., 25 € für 30 Min.). Derweil können die Eltern auf der Terrasse der Snackbar ihren Sprösslingen zuschauen – die meisten steigen aber lieber selbst in eines der rasanten Gefährte. Die Bahn ist täglich von 9.30 bis 23 Uhr geöffnet. ✆ 22420-68184, www.christosgokarts.com.

Ausflüge

Hier finden Sie das gleiche Ausflugsprogramm wie in Tigaki (siehe dort), zu buchen sind die Ausflüge in den Touristenbüros vor Ort (z. B. Tigaki Tours, ✆ 22420-42055, oder Tigaki Express, ✆ 22420-41666).

Mastihari

Schnurgerade zieht sich die Straße auf den letzten zwei Kilometern zwischen Antimachia und Mastihari durch die fruchtbare Küstenregion, den Wegesrand säumen Eukalyptusbäume. Der dritte Badeort an der Nordküste zeichnet sich nicht nur durch seine schönen Strände und die spärlich bevölkerte Umgebung aus, sondern auch durch die zentrale Lage, die es erlaubt, weitere einsame Strände in kurzer Zeit zu erreichen.

Während im Bereich des Dorfzentrums noch die kleinen Privatquartiere dominieren, haben in den vergangenen Jahren rund um Mastihari (auch *Matihari* oder *Masticharí* geschrieben) neue komfortable Hotels ihre Pforten geöffnet. Der Tourismus hat auch hier Einzug gehalten und wird die weitere Entwicklung des Ortes beeinflussen. Doch noch ist Hektik eher ein Fremdwort in Mastihari, das sich viel von seinem ursprünglichen Charme bewahrt hat.

Geschichte

Überreste antiker Hafenanlagen und einer frühchristlichen Basilika, wahrscheinlich aus dem 5. Jh., deuten auf eine frühe Besiedelung der Gegend hin. Für das Mittelalter fehlen Zeugnisse, es ist jedoch anzunehmen, dass die Siedlung damals aufgegeben wurde. Erst 1933 fanden erneut Menschen an diesem Platz eine Heimat. Dabei handelte es sich um Bewohner von Antimachia, die

Mastihari

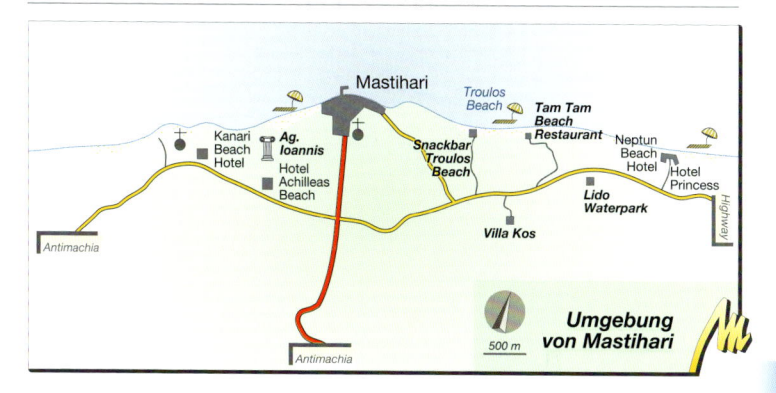

ihr Dorf nach einem schweren Erdbeben verlassen hatten. Bis Mitte der 80er Jahre lebten die Einwohner Mastiharis vorwiegend von Landwirtschaft und Fischerei. Dann fasste der Tourismus langsam Fuß, und heute ernährt diese Branche die Mehrheit der Einwohner.

Information/Verbindungen

• *Information* Die lokale **Touristeninformation** am Wendekreis ist gleichzeitig Verkaufsstation für Fährtickets. Eine kleine Broschüre über die Orte Mastihari und Antimachia wird hier kostenlos abgegeben. ✆ 22420-59027 oder 22420-59124.
• *Bus* Die Busverbindungen sind mittelmäßig: 7 x tägl. (sonntags nur 3 x) geht es nach Kos und zurück; die Fahrt dauert 30 Min. und kostet 2,60 €. Achtung: der letzte Bus nach Kos fährt sonntags schon um 16.15 Uhr ab.
• *Taxi* Taxifahrer scheinen den Ort eher zu meiden, da sie in Kardamena und Kos-Stadt mehr Kunden finden. Der Taxameter klettert auf der Strecke von Mastihari nach Kos (rund 30 km) auf 23 €.
• *Fähre* Zwischen Mastihari und **Kalymnos** verkehrt 4 x tägl. eine Fähre, sonntags 3 x täglich (auch in der NS). Erwachsene zahlen für die einfache Fahrt 4 €, Kinder 3 €, Mopeds werden für 4 € und Pkws für 16,50 € befördert. In der Regel legt die Fähre morgens gegen 9 Uhr, nachmittags um 14 und um 17 Uhr und am Abend gegen 21 Uhr in Mastihari ab. Genaue Zeiten sind beim A.N.E.M-Büro am Wendekreis zu erfragen, ✆ 22420-59027 oder 22420-59124. Siehe auch www.anemferries.gr.

Wer mit den späteren Fähren in Mastihari anlegt und den Ort verlassen möchte, steht vor einem Problem: Der letzte Bus ist um 21 Uhr weg, und Taxifahrer lassen lange auf sich warten. Wer nicht in Mastihari zu bleiben gedenkt, sollte daher die früheren Fähren benutzen. Die Überfahrt nach Kalymnos-Stadt (Pothia) dauert ca. 45 Min.

Adressen

• *Arzt* Die Sprechstunde vor Ort findet Mo–Fr 9–13.30 und 18.30–21 Uhr statt. Der Arzt ist unter ✆ 22420-59066 oder im Notfall unter ✆ 6976249866 (mobil) zu erreichen.
• *Auto-/Zweiradverleih* Autos vermieten die großen Hotels, die Reiseagenturen sowie die beiden Verleihstationen vor Ort. Bei **Mavos Travel** kostet ein Fiat Panda mit Klimaanlage 35–40 € pro Tag (je nach Saison), ein Jeep Suzuki Jimni 45–52 €, einen Minivan gibt es für 70–90 €. Rabatte gibt es ab drei Tagen Leihdauer, sie sind unterschiedlich gestaffelt. ✆ 22420-59255.
Mastihari Travel, der Fiat Seicento kostet pro Tag 30–35 €, für drei Tage 85 € und für eine Woche 190 €. Einen Suzuki Jimni Jeep bekommen Sie für 50–60 € tägl., drei Tage kosten 145 €. ✆ 22420-59290.
Theo verleiht Fahrräder ab 7 €, Scooter ab 15 €, Quads ab 40 € und Buggys ab 50 € pro

Die Nordküste — Karte S. 133

Tag. Rabatte gibt es auch hier ab drei Tagen Leihdauer – sie sind unterschiedlich gestaffelt. ✆ 22420-59097.

• *Einkaufen* Internationale **Presse** (einen Tag alt) hat der Supermarkt nahe dem Restaurant Kali Kardia im Sortiment. Außerdem gibt es in Mastihari eine Boutique, ein Schmuckgeschäft sowie zwei Souvenirläden.

• *Feste* Am Abend des **28. August** beginnt an der Kirche Ag. Ioannis, zwischen den Hotels Kanari Beach und Kouros Club gelegen, eine Feierlichkeit, die bis zum Morgen des nächsten Tages andauert. Bei Musik, Wein und Gegrilltem begehen die Griechen ihr Patronatsfest.

Übernachten

Die Bettenkapazität vervielfachte sich in den letzten Jahren stetig durch Neueröffnungen von großen Hotel- und Apartmentanlagen im Einzugsbereich von Mastihari – zuletzt das Horizon Beach Resort, das nicht am Strand, sondern *in the middle of nowhere* liegt. Trotzdem wirken weder die Strände noch der Ort selbst überlaufen.

Sea Breeze (3), das Hotel liegt unweit des Wendekreises an der Uferpromenade. Unser Tipp für alle, die eine Unterkunft in Mastihari suchen. Eleni und Costas Diakanastasi verfügen in ihrer Residence über 28 Hotelzimmer und vier Apartments, zum Teil mit Klimaanlage. Mitte der 1980er Jahre haben sie eröffnet und peu à peu ihr Domizil rund um den mit Bougainvilleen, Bananen und Hibiskus bepflanzten Innenhof erweitert. Die Betreiber sind außerordentlich freundlich und haben Freude am Kontakt mit den Reisenden. Ein DZ kostet je nach Saison 35–50 €, ein Apartment, für eine Familie mit zwei Kindern konzipiert, ist für den gleichen Preis zu haben – Frühstück inbegriffen. Angerichtet wird es im großen, gemütlichen Innenhof des Hauses. ✆ 22420-59171, ✉ 22420-59172, www.seabreezekos.gr.

Kyma (7), einfaches, sauberes Hotel mit Blick auf den Strand. 13 Zimmer, ausgestattet mit Ventilator, Balkon und Bad. DZ zwischen 25 und 35 €, ein EZ kostet 5 € mehr. ✆/✉ 22420-59045, http://kyma.kos web.com.

Mastichari Bay, eine der großen, älteren Hotelanlagen in Mastihari, 400 m östlich des Ortszentrums. Abwechselnd gelb und türkis sind die Fensterläden der insgesamt 22 Häuser gestrichen, die durch kleine Straßen miteinander verbunden sind. Dazwischen blüht ein üppiger Garten: kunstvoll angelegt, vereint er eine Vielzahl von Pflanzen: Bougainvilleen, Bananen, Jasmin, Farne ... Sauber präsentiert sich der aufgeschüttete Sandstrand der Anlage, unmittelbar am Ufer jedoch, wo Felsbrocken den Sand vor den Angriffen des Meeres in Schutz nehmen, sammelt sich Seegras. Über Seegras und Felsen hinweg führen drei Stege vom Strand ins Wasser. Hinter dem Strand liegt noch ein Pool. Zur Verfügung stehen zudem ein Fitnessstudio, ein Tennisplatz, zwei Bars und im Restaurant. Pro Person kostet die Unterkunft mit Halbpension in einem der 280 Zimmer (mit Klimaanlage, Kühlschrank, Meerblick, Telefon, Balkon und Fernseher mit Satellitenanschluss) zwischen 30 und 60 € je nach Saison. Die Apartments für bis zu vier Personen werden für 105–210 € angeboten, Kinder von acht bis zwölf Jahren zahlen die Hälfte. ✆ 22420-59300, ✉ 22420-59307, www. masticharibayhotel.com.

Pension Anna (4), hier haben uns die Zimmer gut gefallen. Zur Ausstattung der fünf Unterkünfte zählen Bad und Balkon. Leider sind Fremdsprachen nicht gerade Annas Stärke: Geduld muss beweisen, wer telefonisch ein Zimmer reservieren möchte. Ab 20 € bekommt man ein DZ, ab 25 € ein Studio mit Kitchenette. ✆ 22420-59041.

Gut wohnt es sich auch in den **Studios Daiana (6)**, sie liegen direkt hinter der Strandpromenade. Nehmen Sie ein Zimmer zum Meer und genießen Sie die Aussicht auf die untergehende Sonne. Der Preis liegt bei 30 € pro Zimmer/Nacht. ✆ 22420-59116.

Villa Kos, auf einem Hügel gelegen, rund 2,5 km vom Ortszentrum entfernt, nahe dem Hotel Horizon Beach Resort und dem Lido-Wasserpark. Leonidas und Blandine Stephanidis (die Französin spricht ausgezeichnet Deutsch) vermieten fünf Ferienhäuser, die 64 m² groß sind und über zwei Schlafzimmer und einen großen Raum verfügen, der Wohnzimmer und Küchenzeile (mit Geschirrspülmaschine) beherbergt. Die Strecke zum Strand beträgt gut 500 m. Die Pflanzen auf dem 12.000 m² großen Grundstück müssen noch ein wenig wachsen, dann dürfte die Anlage der freundlichen Besitzer ein echtes Kleinod sein. Preise pro Haus und Woche: für 2 Personen 350–525 €,

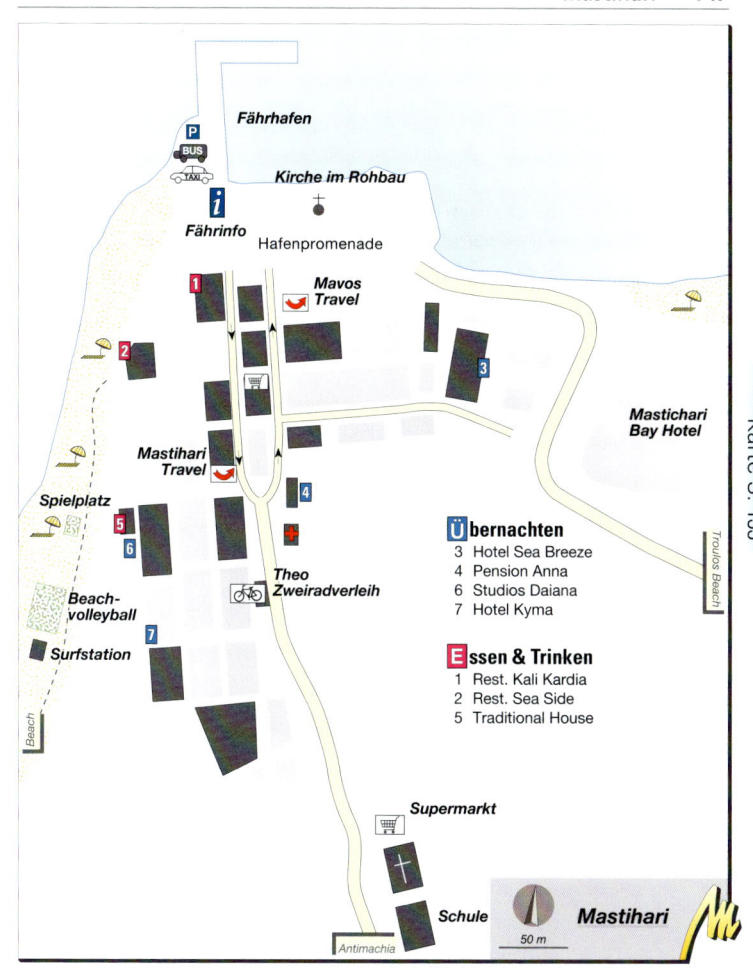

Mastihari 147

Übernachten
3 Hotel Sea Breeze
4 Pension Anna
6 Studios Daiana
7 Hotel Kyma

Essen & Trinken
1 Rest. Kali Kardia
2 Rest. Sea Side
5 Traditional House

Die Nordküste — Karte S. 133

---

für 4 Personen 490–850 €. ☎ 22420-59167, mobil 6978012153, www.villakos.com.

Privatquartiere gibt es ebenfalls einige, hauptsächlich an der Eingangsstraße und hinter der Strandpromenade. Der Übernachtungspreis liegt zwischen 20 und 30 €, abhängig von Ausstattung und Saison.

Essen und Trinken

Ein gutes Dutzend gastronomischer Betriebe hat sich in Mastihari angesiedelt, meist entlang der Ufer- und Hafenpromenade. Geboten wird hauptsächlich traditionelle griechische Küche, besonders Fischgerichte.

Traditional House (5), am westlichen Ende der Strandpromenade, gegenüber dem Kinderspielplatz. Wirt Savas und seine Familie versorgen ihre Gäste mit ausgezeichneten koischen Spezialitäten – und zwar reichhaltig. „Hier gibt es alles, was Griechenland

Monument des Scheiterns

Am Hafen von Mastihari fällt der Blick unweigerlich auf die Ruine einer Kirche. Doch handelt es sich hier nicht um eine Ausgrabung, sondern um Steine, die heftigen Anstoß erregt haben. Die Gemeinde wollte dem Hafen mehr Charme verleihen, plante deswegen den Bau des Gotteshauses als Blickfang im ansonsten tristen Hafenrund. Gleichzeitig wollte ein anderer Bauherr direkt gegenüber eine Taverne errichten. Die Interessen kollidierten. Denn der Tavernenbetreiber in spe fürchtete um den Meerblick seiner künftigen Gäste und trat dem Bau der Kirche entgegen. Mit Erfolg: Die Arbeiten mussten eingestellt werden. Doch Ironie des Schicksals – während des langen Streits ging dem Griechen das Geld aus, die Taverne blieb genauso unvollendet wie die Kirche.

---

kulinarisch zu bieten hat", schwärmten Leser (Dr. Angela Kremshofer und Andreas Lafner, Graz). Gemüse und Fleisch stammen aus eigener Züchtung bzw. eigenem Anbau. Besonders gut: selbst gebackenes Brot mit Olivenpaste, der pikante Schafskäsesalat, das Melanzani briam (im Ofen geschmorte Mischung aus Kartoffeln, Tomaten, Zucchini und Auberginen), die mit Tomaten, Käse und Zwiebel gefüllten Calamari und der in Rotwein eingelegte Käse, Tiri krassato.

Kali Kardia (1), direkt an der Hafenmole. Während eine Gruppe alter Fischer an ihrem Stammtisch sitzt und diskutiert, genießen die Gäste beim Essen den Blick aufs Meer. Das Angebot an Weinen ist reichhaltig – allein fünf verschiedene lokale Sorten stehen zur Auswahl. Der gute Ruf des Restaurants gründet sich auf die Fischgerichte.

Sea Side (2), an der Strandpromenade. Hier überzeugen alle Gerichte inkl. der Vorspeisen, die Preise sind mit denen des Kali Kardia vergleichbar. Von der überdachten Terrasse genießt man den Blick auf die im Meer versinkende Sonne. Spezialität des Kochs sind die mit Käse überbackenen Shrimps Saganaki und die Bekri meze, scharfes Schweinefleisch mit Kartoffeln oder Reis.

Sehenswertes

Nahe dem Strand vor dem Hotel Euro Villages Achilleas, gut 1 km westlich von Mastihari, stehen die Überreste der frühchristlichen *Basilika Ag. Ioannis*, die wahrscheinlich aus dem 5. Jh. stammt. Die Strukturen des insgesamt etwa 20 x 15 m

Taufbecken von Ag. Ioannis

großen Gebäudes lassen sich anhand des Verlaufs der rudimentär erhaltenen Grundmauern gut rekonstruieren. Besonders gut erhalten innerhalb der Reste der Außenmauern ist das kreuzförmige Taufbecken, in den Boden eingelassen und mit Marmor und Ziegeln befestigt. Es lag einst inmitten der Taufhalle, des Baptisteriums, eines Raumes mit kuppelartigem Dach und fünf halbkreisförmigen Nischen in den Wänden; in einer dieser Nischen saß der Bischof während der Taufzeremonie.

• *Wegbeschreibung* Am angenehmsten ist der (nachts beleuchtete!) Fußweg am Strand entlang bis zur Hotelanlage Euro Village Achilleas, die westlich von Mastihari liegt. Kurz vor dem Hotelstrand weist links ein Schild „Basilica St. John" auf die Ausgrabung hin.

Baden

Westlich des Hafens beginnt der örtliche *Badestrand*, der sich über 1 km erstreckt. Er ist bis zu 20 m breit, anfangs von Tamarisken gesäumt und größtenteils feinsandig. Später gibt es einige Dünen, die mit Büschen und Disteln bewachsen sind. Die regelmäßige Säuberung des Strandes verhindert, dass sich das Seegras auftürmt, so, wie es im Hafen geschieht. Hinter dem Strand befinden sich ein Kinderspielplatz und ein Volleyballfeld. Bis dorthin stehen auch die Liegestühle, die im Set (zwei Liegen und ein Sonnenschirm) für 6 € pro Tag vermietet werden. Für das leibliche Wohl der Urlauber sorgen mehrere Tavernen in Strandnähe. Ein schmaler, aber beleuchteter und betonierter Weg führt vom Ortskern den Strand entlang zum Euro Village Achilleas Hotel – ideal für einen abendlichen Spaziergang.

Feiner Sand und schroffe Felsen: Strand bei Mastihari

150 Die Nordküste

Der nächste, feinsandige Strand befindet sich unterhalb des Hotels Seagulls Bay, westlich von Mastihari (von dort aus ausgeschildert). Bei starkem Wind rollen die Wellen über 50 m kräftig ein, sodass sich hier Bodysurfer richtig wohlfühlen können.

Rund 1,5 km östlich von Mastihari führt eine Sandpiste zum Strand, dem so genannten *Troulos Beach*. Dort scheint die Zeit stehen geblieben zu sein: Einige einfache, von Sonne und Salz bereits ausgebleichte Liegestühle unter Schirmen bieten den wenigen Besuchern schattige Plätzchen. In der kleinen Bar „Troulos Beach" verkauft ein älterer Grieche Snacks, Kaffee und kühle Getränke.

Etwas weiter östlich, gegenüber dem Lido Waterpark, ist das Restaurant *Tam-Tam* ausgeschildert. Die schöne Anlage hat sich in den letzten Jahren ausgedehnt – inzwischen gehören auch ein Shop (Kleidung, Schmuck etc.) und ein Kinderspielplatz zum Tam Tam. Café und Restaurant liegen windgeschützt oberhalb des Strandes, man hat einen wunderbaren Blick aufs Meer. Die Servicekräfte sprechen Englisch und Deutsch (die Betreiberin ist Deutsche). Die Speisekarte bietet neben griechischen Klassikern auch Thunfisch-Sandwichs, Pizza und Pasta an – zu moderaten Preisen. Das Essen ist einfach, aber lecker.

Lediglich in der Umgebung der Bars trifft man auf Touristen unter Sonnenschirmen. Ansonsten ist dieser 10 m breite Sandstrand wenig besucht. Der sandige Meeresboden ist kaum abschüssig, sodass nach 30 m Entfernung vom Strand erst eine Tiefe von 1 m erreicht ist.

Lido Waterpark: Es soll der größte Wasserpark der Ägäis sein – das sagen zumindest die Betreiber. Geboten wird Wasserspaß auf 80.000 m². Die älteren Besucher können sich auf fünf großen Wasserrutschen und im Wellenbad, die Kleinen auf einem Wasserspielplatz austoben. Bademeister wachen darüber, dass keiner untergeht. Wer es entspannter mag, kann sich im Lazy River auf einem großen Schwimmring treiben lassen. Und neben einem Jacuzzi gibt es übrigens auch noch ein ganz normales Schwimmbecken. Fürs leibliche Wohl (und zusätzlichen Umsatz) sorgen Bars und Restaurants.

Gutes Surfrevier: die Nordküste

Anfahrt/Eintritt Der Wasserpark liegt zwischen Mastihari und Marmari, in der Nähe des Neptun-Hotels. Eintritt 17 € für Erwachsene, 13 € für Kinder von vier bis elf Jahren. ✆ 22420-59241, www.lidowaterpark.com

Sport

Die Wassersportstation *Water Proof* am Ortsstrand von Mastihari verleiht ein Board mit Segel für 12 € pro Std. bzw. 40 € pro Tag. Ein zehnstündiger Kurs kostet 145 €. Ein einstündiger Katamarantrip kostet 40 €, wer Katamaransegeln lernen will, zahlt 190 € für 10 Std. Weitere Infos unter www.water-proof.de.

Direkt neben der Surfstation befindet sich ein Beachvolleyball-Feld.

Ausflüge

Die *Three-Islands-Tour* nach Kalymnos, Plati und Pserimos beginnt täglich (außer Fr und So) um 9 Uhr und endet um 17.30 Uhr. Der Ausflug kostet inklusive einer Mahlzeit 25 €. Ein Tagestrip nach Nissiros kostet ebenfalls 25 €, eine „Greek Night" in Zia 30 €. Der Ausflug nach *Bodrum* wird für 29 € angeboten. Im Preis enthalten sind die Hafentaxe und der Transfer nach Kos-Stadt, von wo aus die Boote übersetzen.

Informationen Auskunft zu Ausflügen erhalten Sie bei **Mastichari Travel**, ✆ 22420-59290. Hier können Sie auch Geld wechseln. Öffnungszeiten: 8.30–13 und 17.30–21.30 Uhr.

Das Dikeos-Gebirge

Zurück in die Vergangenheit: Nur wenige Kilometer von den Touristenhochburgen mit ihren Hotelkomplexen entfernt ducken sich die kleinen Häuser der Bergdörfer an die Hänge des Dikeos. Weite Wälder bedecken die Nordflanke des Gebirgszuges, der faszinierend viele Braun-, Grau- und Grüntöne aufweist.

Das Gebiet bietet ausgezeichnete Möglichkeiten für Touren aller Art – sei es die Besteigung des Dikeos (mit 846 m der höchste Berg der Insel), eine Wanderung über die Ausläufer der Gebirgskette oder ein Ausflug zur verlassenen Stadt Paleo Pyli, über der sich die Ruinen einer venezianischen Festung erheben.

Was immer Sie auch unternehmen, überall bietet sich ein grandioses Panorama auf die fruchtbare Hochebene und die Küste, hinüber auf das türkische Festland und die benachbarten Inseln im ägäischen Meer.

Zipari

Etwa 10 km von Kos-Stadt entfernt gruppieren sich die Häuser des Dorfes Zipari um den Insel-Highway. Entlang dieser Schnellstraße reihen sich Geschäfte und Tavernen aneinander, sodass das Dorf wenig Atmosphäre entwickelt hat. Kern des Ortes mit seinen 1100 Einwohnern ist seit 1999 der Dorfplatz – auch er liegt jedoch direkt an der Durchfahrtsstraße.

> **In neuen Schläuchen: der Wein von Kos**
> Der Name ist unaussprechlich, der Wein gut. Seit 1929 erzeugt die *Winzerfamilie Hatziemmanouil* Wein auf Kos. Lange Zeit weitgehend unbeachtet, wurde der Wein in vielen Tavernen als Hauswein ausgeschenkt. Mit dem Umzug der Kellerei nach Asfendiou im Jahr 2005, neuen Maschinen und repräsentativem Gebäude ist alles anders geworden. Der Wein wird wahrgenommen. Dabei muss er Vergleiche mit den renommierten Erzeugnissen anderer Regionen wie etwa Rhodos nicht scheuen. Drei trockene Weine stellt die Winzersippe her: weiß, rosé und rot. Zudem noch einen süßen Roten. Die Weine können Sie vor Ort verkösigen: Im markanten rosa Haus, direkt an der Hauptstraße, findet der Ausschank statt. Leider sind bislang keine Öffnungszeiten festgelegt worden, rufen Sie besser vorher an (☎ 22420-68888). Die Weine sind erschwinglich, zwischen 9 und 12 € kostet eine Flasche, die man inzwischen nicht nur beim Winzer selbst, sondern auch in vielen Lebensmittelläden findet.

Dennoch wächst Zipari stetig: Viele Griechen, die das Leben in den beengten Verhältnissen der Bergdörfer satt haben, schaffen sich hier ein neues Domizil genauso wie Bewohner der Inselhauptstadt, die hier von ihren Eltern und Großeltern Land geerbt haben, das sie zum Teil noch landwirtschaftlich bestellen oder auf das sie ein Haus für die Familie bauen.

- *Verbindungen* Sämtliche **Busse** von und nach Kos-Stadt halten in Zipari gegenüber der Schule an der Ortsdurchfahrt; die Fahrt nach Kos-Stadt kostet 1,80 €.
- *Essen und Trinken* Vor, in und hinter Zipari gibt es am Straßenrand zahlreiche Tavernen, die sich größtenteils auf die Versorgung von Ausflüglern spezialisiert haben; kleine, einfache Gerichte stehen auf den Speisekarten.

In der **Taverne Dimitris** herrscht typisch griechische Atmosphäre: Neonlicht und Kunstlederstühle zur Wachstischdecke. Hier essen die Bewohner von Zipari, die offensichtlich weniger Wert aufs Ambiente als auf das Preis-Leistungs-Verhältnis legen – und das stimmt. Zwar ist die Auswahl an griechischen Gerichten nicht groß, doch die Portionen sind reichhaltig und die Preise niedrig. Zu Dimitris gelangen Sie, indem Sie – von Kos kommend – in die erste nach rechts abzweigende Straße einbiegen; nach 50 m auf der rechten Seite liegt die Taverne.

Sehenswertes: Rund 1 km nordöstlich von Zipari befinden sich Reste der *Agios-Ioannis-Kapelle*. Die Kapelle ist Teil eines kleinen Bauernhauses. Der Boden der Kirche besteht teilweise aus Steinblöcken, die aus der Antike stammen, die Kirche selbst wird jedoch ins 16. Jh. datiert. Ansonsten ist das Kirchlein recht schmucklos und unscheinbar. Ausgeschildert ist Agios Ioannis sowohl vom Highway aus als auch von der Parallelstrecke nach Tigaki.

Asfendiou

An den nördlichen Ausläufern des Dikeos-Gebirges liegt die Gemeinde Asfendiou. Sie ist mit rund 1.900 Einwohnern die größte Ansiedlung in den Bergen. Seit 2001 heißt die Region zwar offiziell „Dikeos", doch das wissen selbst die meisten Koer noch nicht. Zum Verwaltungsbezirk Dikeos bzw. Asfendiou gehören die Dörfer Evangelistria, Asomatos, Lagoudi und Zia sowie das verlassene Agios Dimitrios. Die Dörfer sind der ideale Ausgangspunkt für Wanderungen und Spaziergänge in der Berglandschaft der Insel. Je weiter Sie hinaufsteigen, desto alpiner muten die Berge an, und desto traumhafter wird die Aussicht auf die Küstenebene der Insel.

Außer Zia und Pyli sind die Ortschaften bislang vom Fremdenverkehr weitgehend unberührt geblieben. Einzig in den Tavernen kehren schon einmal müde Wanderer und erschöpfte Radfahrer ein, und ihr Besuch erregt immer noch Aufmerksamkeit bei den Einwohnern. Die Blicke, die man ihnen zuwirft, schwanken zwischen Bewunderung und Mitleid. Berge mit einem unmotorisierten Zweirad zu erkunden, sich aus freien Stücken derart abzuplagen, das halten die Griechen für verrückt.

Das Leben verläuft hier meist ruhig und beschaulich, die Menschen sind geprägt von der Kargheit der Berge und der zähen Geduld, die es erfordert, dem Boden landwirtschaftliche Erträge abzuringen. Da es immer seltener regnet und gleichzeitig der Massentourismus den jährlichen Wasserverbrauch steigert, sinkt der Grundwasserspiegel kontinuierlich. Immer mehr der noch vor wenigen Jahren zahlreich sprudelnden Quellen versiegen, was sich katastrophal auf die einst üppige Vegetation auswirkt. Die Bewässerung der Felder wird teurer und schwieriger. Die Folge: Mit den Preisen der Plantagenprodukte vom griechischen Festland können die hiesigen Bauern nicht konkurrieren.

Also verkaufen viele ihre Felder, nicht zuletzt, weil sie wissen, dass für Land in Küstennähe hohe Preise winken – auf landwirtschaftlich unrentablem Gebiet kann schließlich immer noch ein Hotel gebaut werden ... Wer so zu Geld kommt, schafft sich in Zipari ein neues Domizil, die anderen bleiben in den Bergdörfern.

- *Verbindungen* Von Kos-Stadt aus fahren Mo–Sa tägl. drei **Busse** via Zipari und Evangelistria nach Zia und wieder zurück, sonntags fährt kein Bus. Die 18 km lange Fahrt dauert etwa 40 Min., denn der Bus kann die engen Serpentinen nur langsam bewältigen. Der Fahrpreis beträgt 1,80 €. Wichtig: Der letzte Bus zurück nach Kos-Stadt fährt von Zia bereits um 16 Uhr ab.
- *Arzt* Den ärztlichen Dienst erreichen Sie unter ✆ 22420-69202.

Kreatives Bauen am Hang

Erhalten, was sich bewährt hat

Die Ansiedlungen von Asfendiou stehen unter Denkmalschutz – ein Versuch, den traditionellen Baustil der Häuser zu erhalten. Die Bauweise ist einfach, aber effektiv: Über die Grundmauern werden Balken gelegt, quer dazu Bretter und Äste. Bedeckt ist das Flachdach schichtweise mit Schilf, Algen und schließlich mit Lehm, der mit einer Steinwalze zusammengedrückt, d. h. verdichtet und somit undurchlässig wird. So bleibt es in den Häusern im Sommer angenehm kühl, und wenn im Winter geheizt wird, kann die Wärme kaum nach außen abstrahlen. Die Fenster und Türen sind ringsum von behauenen Steinen eingerahmt.

Evangelistria

In Zipari zweigt eine schmale, asphaltierte Straße nach Süden ab, hinauf in die Ausläufer des Dikeos. Nach 2 km stetiger Steigung von etwa 5 % passieren Sie die *Taverne Panorama*, deren außergewöhnliche Auswahl an köstlichen Vorspeisen übrigens auf jeden Fall einen Stopp lohnt. Über die von Feigen- und Olivenbäumen, Aloe Vera und Mittelmeer-Zypressen gesäumte Straße erreichen Sie nach weiteren 3 km Evangelistria. Blickfang des Dorfplatzes ist die Kirche, daneben eine Taverne.

Durch die linke Tür können Sie in die *Kirche Evangelismo* (Verkündung) eintreten. Das 1910 erbaute Gotteshaus (der Glockenturm wurde 27 Jahre später hinzugefügt) wird durch vergoldete Kronleuchter erhellt und bietet auch sonst alles, was viele griechisch-orthodoxe Kirchen so prägt: naiv anmutende Darstellungen in schillernden Farben und Goldverzierungen im Übermaß.

Die *Taverne Asfendiou* neben der Kirche lädt zum Verweilen ein. Auf der schattigen Terrasse werden als Spezialität des Hauses Hähnchen serviert, gebraten auf dem Grill vor der Taverne.

Nur durch einen vertrockneten Gebirgsbach getrennt sind Evangelistria und *Asomatos* – sie können also zu Fuß nach Asomatos spazieren. Vom Dorfplatz in Evangelistria zweigt eine kleine Asphaltstraße in Richtung Westen ab, über die man via Lagoudi und Amaniou schließlich Pyli erreicht. Auf der Straße, die bergan führt, gelangen Sie nach Zia.

Asomatos

Der Ort grenzt östlich an Evangelistria, getrennt sind die Dörfer nur durch einen meist ausgetrockneten Gebirgsbach, über den eine kleine Brücke führt. Einst gehörten Asomatos und das inzwischen völlig verlassene Ag. Dimitrios zu den größten Orten der Insel. Besonders während des Zweiten Weltkrieges flüchteten viele Koer vor den Bombenangriffen von der Küste in die Berge. Nach Beendigung der Kampfhandlungen verließen die Menschen die Bergregion jedoch wieder.

Asomatos 155

> **Waldbrände**
>
> Nahezu die gesamte Nord- und Ostseite der Berge Dikeos und Sympetro sind mit strohtrockenen Wäldern und etlichen Olivenhainen überzogen. Die Koer haben berechtigte Angst, dass dieser Baumbestand durch ein Feuer vernichtet werden könnte: Der kleinste Funke kann die Katastrophe auslösen! Deshalb der dringliche Appell:
> – im Wald nicht rauchen
> – generell kein offenes Feuer entfachen
> – keine Dosen liegen lassen (das Aluminium kann die Sonnenstrahlen reflektieren und dadurch trockene Äste oder Grashalme entzünden; Ähnliches gilt für Flaschen, Glas kann die Sonnenstrahlen bündeln und so ein Inferno auslösen)

Nach dem Anschluss des Dodekanes an den griechischen Staat sahen sich viele Bauern gezwungen, die Gegend um Asomatos zu verlassen, weil sie mit den landwirtschaftlichen Erträgen des Festlandes nicht konkurrieren konnten. Mitte der 70er Jahre lockte die Arbeit im Tourismus v. a. junge Leute an die Küste – hier konnte man in kurzer Zeit viel Geld verdienen. Heute ist über die Hälfte aller Häuser verwaist; Gestrüpp, Feigen- und Olivenbäume wuchern in den halb verfallenen Ruinen des Dorfes, in dem weit mehr Hühner als Menschen leben.

Doch seit einigen Jahren wird in Evangelistria und v. a. Asomatos rege gebaut und restauriert: Mühsam schaufeln Bagger in den viel zu engen Straßen Schutt weg, viele der alten Häuser sind bereits wieder instand gesetzt, eines davon sogar mit Swimmingpool und Bar – und natürlich einer erstklassigen Aussicht. Noch wirken derlei Anwesen wie Fremdkörper inmitten der ruhigen Gassen.

In der Mittagshitze nahezu ausgestorben: das Dorf Evangelistria

Mittelmeer-Zypresse

Sie ist – neben der Olive – der am weitesten verbreitete Baum auf Kos. Zu erkennen ist die Mittelmeer-Zypresse an den kugelförmigen, ca. 3 cm großen Zapfen, die an kurzen Stielen hängen und aus acht bis vierzehn holzigen Schuppen bestehen. Neben der wichtigen Funktion, den Boden gegen Erosion zu schützen, dienen Blätter und junge Zweige verschiedenen Zwecken: Das aus ihnen gewonnene ätherische Öl lindert Atemwegserkrankungen, findet aber auch als Bestandteil von Raumsprays und Parfums Verwendung.

Sehenswert ist die *Kirche des Erzengels Taxiarches* aus dem 18. Jh. Alljährlich am 8. November begehen die Einwohner der Gemeinde Asfendiou ihr Patronatsfest.

Zia

An den Hängen des Berges Dikeos, 350 m über dem Meeresspiegel, liegt der kleine Ort, der sich – im Gegensatz zu den anderen Bergdörfern der Gemeinde Asfendiou – auf das Geschäft mit den Touristen eingelassen hat. Allein schon der Anfahrt wegen lohnt ein Abstecher in das höchstgelegene Inseldorf. Die schmale Straße windet sich in Serpentinen durch Obstgärten, Mandel- und Olivenhaine den Berg hinauf.

Zia hat sich fein herausgeputzt: Die Häuser sind frisch getüncht, die Ortsdurchfahrt und Gassen sauber. Oft herrscht um die Mittagszeit ein reges Treiben. Tagesausflügler flanieren, suchen sich einen Platz in einer der Tavernen, studieren das Angebot der Souvenirgeschäfte. Doch wenn nicht gerade zwei Busse gleichzeitig im Ort mit seinen 100 Bewohnern eingetroffen sind, wirkt Zia immer noch eher gelassen, ruhig und freundlich.

• *Übernachten* Es gibt weder eine Pension noch ein Hotel, nicht einmal explizit zur Vermietung eingerichtete Privatzimmer. Ob sich dennoch eine Übernachtungsmöglichkeit finden lässt, klärt ein Besuch in den Tavernen.

• *Essen und Trinken* Die Auswahl an Restaurants ist für einen derart kleinen Ort riesig groß, denn in Zia gilt die Regel: Jedes Haus, in dem kein Souvenirgeschäft untergebracht ist, beherbergt eine Taverne. Alle buhlen sie um die Gunst der Touristen. Empfehlenswert sind die folgenden Restaurants:

Oromedon (2), wie geschaffen, um sich den Sonnenuntergang anzuschauen, ist der schöne Balkon auf drei Ebenen. Das Oromedon – der alte Name für den Dikeos – am Ortseingang hat sich ganz darauf eingestellt, den Abend in Zia für die Besucher perfekt zu gestalten. Mit Erfolg: Der Service ist zuvorkommend, die

Speisen wie Auberginen-Käse-Taschen oder Kichererbsenpaste sind einfallsreich. Das selbst gebackene Krustenbrot dazu ist ein Gedicht, und die Preise stimmen auch. Bleibt zu hoffen, dass diese Qualität trotz des Besucherandrangs lange erhalten bleibt.

Taverne Olympia (1), hier kommen die besten griechischen Speisen des Ortes auf den Tisch. Besonders gut schmecken die gefüllten Weinblätter *(dolmadakia)*, Bulgur und die Eintöpfe mit Wurst oder Fleisch. Einfach, aber sehr gut ist der Hauswein. Dass das Restaurant am Wochenende v. a. von Griechen besucht wird und auch im Winter geöffnet hat, ist ebenfalls ein Hinweis auf die gute Qualität. Von der Terrasse am Hang hat man zudem einen schönen Blick.

• *Nachtleben* Zia wird von den Tourismus-Managern als „typisches Bergdorf" angepriesen. Hier veranstalten sie die von jeder Reiseagentur auf Kos sowie von zahlreichen Hotels angebotenen *Griechischen Nächte*, zu denen die Gäste scharenweise in Bussen gebracht werden. Sicher nicht jedermanns Sache, denn vornehmlich wird dem Publikum dabei statt traditioneller Folklore ein kitschig-seichtes Tingeltangel verkauft. Konzipiert für derartige Massenveranstaltungen mit bis zu 500 Teilnehmern ist z. B. die Taverne **Fantasia**, auf halbem Weg zwischen Zia und Evangelistria gelegen. Die Großtavernen verfügen über eine Tanzfläche und eine Bühne für die aufspielenden Bands. Aus den ursprünglich griechischen Bouzoukia wird hier ein gefälliges folkloristisches Spektakel. Immer lohnenswert jedoch ist der herrliche Panoramablick über die Nordküste von Kos auf das türkische Festland.

• *Einkaufen* Fast zwei Dutzend kleiner Geschäfte bieten Kräuter und Gewürze feil. Getrocknet und in kleine Tüten verpackt, sind sie ein nützliches Mitbringsel, das gut riecht und farbenfroh ist: Curry, Safran, Paprika, grüner Pfeffer ... Das Tütchen kostet 1–3 €. In den Souvenirshops werden auch Webarbeiten, meist Teppiche und Decken, Keramikprodukte, Kleider, Alabasterfiguren, Ledersandalen und Thymian-Honig angepriesen. Die Läden schließen ungefähr zwischen 21.30 und 22 Uhr.

• *Feste* Am Abend des 5. August klettern die Einwohner Zias hinauf zur Kirche Ag. Christos. Sie feiern dann in den 6. August hinein, den Namenstag des Heiligen.

Sehenswertes

Die zu dem kleinen Kloster *Moni ton Spondon* (Kloster der Opfergaben) gehörende Kirche Ag. Georgios steht im oberen Teil von Zia. Der ursprünglich byzantinische Baustil des Gotteshauses wurde durch zahlreiche Um- und Anbauten verfälscht.

Im oberen Teil des Dorfes steht eine funktionstüchtige *Wassermühle* aus dem 19. Jh., die allerdings nur noch selten in Betrieb genommen wird. Sie ist die letzte von 20 Mühlen, die einst der Dorfbach angetrieben hat. In der Mühle ist heute ein Souvenirgeschäft untergebracht.

Abt Hossios Christodoulos: der heilige Bauherr

Im Jahr 1088 gründete der Abt Hossios Christodoulus oberhalb von Zia ein Kloster, das der Mutter Gottes (Panagia) geweiht war. Der byzantinische Kaiser Alexios Komnenos I. legte in einer Goldbulle fest, dass die Mönche im Kloster von Zia wirtschaftliche Unterstützung erhalten sollten. Zu diesem Zweck übertrug der Kaiser dem Abt Christodoulos, der zu diesem Zeitpunkt auf der Insel lebte, die Lehnsrechte der kaiserlichen Güter auf Kos. Damit verbunden war die Verpflichtung, einen Teil der Einkünfte für den Bau eines Klosters auf der damals unbewohnten Insel Patmos zu verwenden, die der Abt von der Mutter des Kaisers, Anna Dalassena, als Geschenk erhalten hatte. Dokumentiert wurde diese Schenkung in einer 2 m langen Urkunde, die sich im Klosterarchiv auf Patmos befindet.

Umgebung

Etwas oberhalb des Ortes, hinter der Taverne Kefalovrysi, befindet sich eine kleine Niederlassung des Klosters Spondon, die Kapelle *Isodia tis Theodokou* neben der *Quelle Kefalovrysi*. Zu erreichen sind Kirche und Quelle über einen 300 m langen Weg (anfangs Treppen), der am Wendeplatz bergauf führt. Die Strecke gleicht einem natürlichen Korridor: Verschiedene Sträucher und Bäume säumen beidseitig den Weg und bilden mit ihren Blättern einen grünen

Letzte Einkehr vor der Bergbesteigung: das Dorf Zia

Hymne an die Feige

„Als ich am anderen Morgen die Landstraße entlang lief, war es ein Weg durch einen einzigen Hain übervoll hängender Feigenbäume. Überall boten die Bauern an, sich vom Baum zu bedienen. Feigen sind zwei, drei Monate lang das Allerwohlfeilste. Getrocknet, wie wir sie kennen, ist es ein armer Ersatz. Die frische Feige ist erdbeerhaft süß, ihr weichsaftiges Fleisch gehört zu den besten der Früchte der Erde, v. a. am Morgen genossen, wenn die Kühle der Nacht noch drin steckt. Es ist eine richtig nährende Frucht, und sie sättigt gewaltig. Es gibt unzählige Arten, jeder Baum trägt anders schmeckende Früchte. Auch in den Farben weichen sie ab, da gibt es grüne, mehr gelbe und die blauvioletten, die sicher die besten sind."

aus: Erhart Kästner, *Griechische Inseln*

Gang. Im Spätsommer verströmen die vielen Feigen, die zu Boden gefallen sind und dort gären, einen betörenden Geruch. Im Halbdunkel des Blätterdachs vollzieht sich der Aufstieg zur Kapelle inmitten des Waldes. Die Quelle ist zwar versiegt, die weiß-blau getünchte Kapelle steht aber meist offen. Im Inneren wirkt der heilige Ort jedoch mehr wie eine Rumpelkammer für ausrangierte Reliquien ... Fröhlich geht es hier am 21. November zu, wenn die Einwohner der Bergdörfer sich zum Patronatsfest der Kapelle versammeln.

Wanderung 1: Besteigung des Dikeos

Strecke (Auf- und Abstieg): 10 km; Höhendifferenz: +/– 500 m; Dauer: knapp 3 Stunden

Aufstiegswillige sollten festes Schuhwerk und eine Kopfbedeckung tragen. Ins Gepäck gehört außerdem ein Mindestmaß an Verpflegung; wichtig ist ein ausreichender Wasservorrat (mindestens ein Liter pro Person). Voraussetzung für die Besteigung sind stabile Wetterverhältnisse – schauen Sie sich die Vorhersage an, und fragen Sie in Zia nach: Die Einwohner des Bergdorfes kennen sich mit dem Wetter aus. Auf keinen Fall sollte man die Besteigung des 846 m hohen Dikeos allein in Angriff nehmen. Auf dem rutschigen Geröll besteht immer die Gefahr einer Verletzung, Hilfe ist kaum zu erwarten. Beginnen Sie mit der Tour am frühen Morgen, denn die Baumgrenze liegt bei ungefähr 600 m, d. h. knapp 250 Höhenmeter sind in der prallen Sonne zu überwinden, da kaum Schatten zu finden ist! Ungeübte können sich einem ortskundigen Führer anschließen; erkundigen Sie sich bei einer Reiseagentur oder der Touristeninformation.

Anfahrt: Mit dem Auto, Zweirad oder Bus nach Zia. Beachten Sie, dass der letzte Bus zurück nach Kos-Stadt den Ort um 16 Uhr verlässt. Sonntags fährt keiner.

Wanderung: Vom Wendeplatz im oberen Ortsteil führt ein schöner Fußweg (anfangs Treppen) zum Aufstieg. Wenn Sie die kleine Kapelle Isodia tis Theodokou passiert haben, halten Sie sich rechts und folgen dem Schild „Dikeos".

160　Die Nordküste

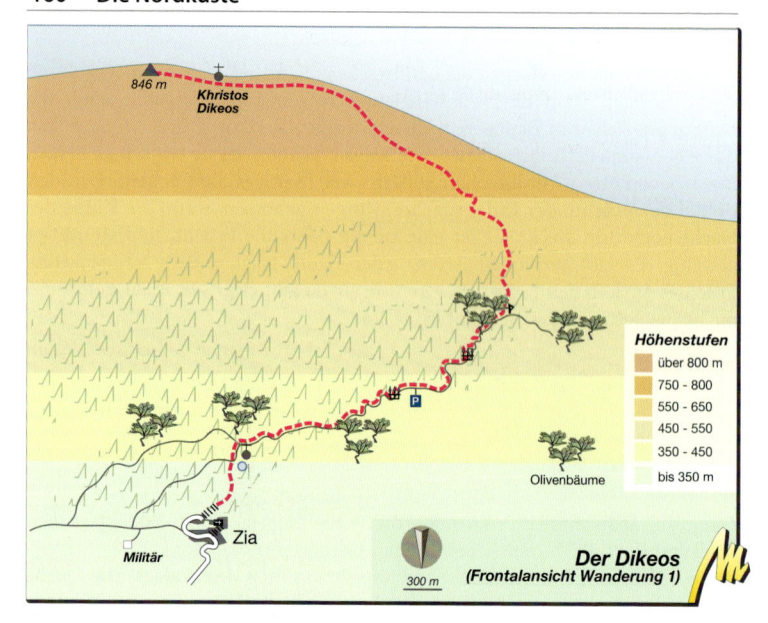

Kurze Zeit später zeigt ein Schild nach links – ab jetzt weisen rote Markierungen den Weg bis zum Gipfel.
Von der Schotterpiste zweigt ein schmaler Fußweg ab, ein Schild weist hier auf die Ag.-Christos-Kapelle hin. Der Fußweg führt erst durch ein Kiefernwäldchen, dann in die Felslandschaft hinein. Die Strecke ist gut sichtbar mit Kreuzen markiert. Sie führt zu einem Bergkamm westlich des Gipfels. Hier befindet sich eine Kapelle, die zum 1079 errichteten Kloster Christos gehört, entsprechend trägt der Gipfel des Dikeos auch den Namen *Christos*. Während das Kloster von Piraten und Türken wiederholt angegriffen, geplündert und schließlich zerstört wurde, steht nicht weit vom Gipfel noch immer die Kapelle mit ihrem kleinen Glockenturm. Wegen der Aussicht, des Schattens und im Bewusstsein einer erfolgreichen Besteigung ein idealer Platz zum Rasten. Auf dem gleichen Weg wieder absteigen.

Wanderung 2: Über die Flanken des Dikeos

Strecke: 16 km; Höhendifferenz: +/– 550 m; Dauer: 4-4:30 Stunden

Diese Wanderung bietet vieles, wovon Wanderer träumen: schattige Waldwege, herrliche Panoramen, Ruhe und Einsamkeit. Wer sich zu der Wanderung entschließt, sollte stabiles Schuhwerk tragen und genügend Proviant – v. a. ausreichend Wasser – mitführen. Abraten möchten wir davon, den umgekehrten Weg, von Kos nach Zia, zu gehen: Zwischen dem Hauptort und dem Dikeos-Gebirge gibt es ein Labyrinth aus Wegen, viele davon enden als Sackgasse. Beim Aufstieg ist der Wanderweg nach Zia nicht zu sehen, und es

Wanderung 2: Über die Flanken des Dikeos 161

gibt keine markanten Punkte, an denen man sich orientieren könnte. Die Wahrscheinlichkeit, unter diesen Umständen die richtige Strecke zu finden, ist gering. Die Wanderung hat verschiedene Ein- und Ausstiegspunkte. Der Weg eignet sich auch für trainierte Mountainbikefahrer.

Anfahrt: *Für Einstieg der Version A:* Mit dem Auto, Zweirad oder Bus nach Zia. Beachten Sie, dass der letzte Bus zurück nach Kos-Stadt den Ort um 16 Uhr verlässt. Sonntags fährt keiner.

Für Einstieg der Version B: Wer mit dem Auto oder Mountainbike gekommen ist, fährt weiter durch Zia hindurch Richtung Asomatos. Man passiert linker Hand einen großen Busparkplatz und kommt nach einer Rechtskurve an eine *Kehre*: Folgt man der scharfen Linkskurve, geht es weiter nach Asomatos. Der Schotterweg rechts markiert den Beginn der Wanderung.

Wanderung: *Version A (von Zia aus):* Vom Wendeplatz im oberen Ortsteil führt ein schöner Fußweg (anfangs Treppen) zum Aufstieg. Wenn Sie rechter Hand die kleine Kapelle Isodia tis Theodokou passiert haben, halten Sie sich an der Weggabelung links, wo das Schild „Dikeos" nach rechts zeigt. Dann geht es weiter wie in Version B (siehe unten *).

Version B (von der Kehre aus): Es geht bergauf in den Wald und in Schlangenlinien voran. Nach ungefähr 1 km kommt man einer kleinen, weiß getünchten, mittelalterlichen Kapelle vorbei, die etwas abseits vom Weg liegt. Dort kann man Überreste von Fresken entdecken, die am besten mit einer Taschenlampe zu sehen sind. Zurück auf dem Weg folgt man seinem natürlichen Verlauf, alle Abzweigungen ignorieren. So kommt man an ein paar wenigen Häusern und vielen aufgeregten Hühnern vorbei, die den Weg kreuzen.

Dann ist es nicht mehr weit, bis der Weg auf den von Zia kommenden Fußweg stößt. Es geht bergauf weiter bis zur Gabelung bei der Kapelle Isodia tis Theodokou mit dem „Dikeos"-Schild.
* Hier treffen sich die Versionen A und B.

Nun geht es weiter nach links auf eine Mischung aus Schotter- und Waldweg, der ebenso viel Schatten wie Sonne bietet. Nach ca. 1 km kommt man an eine nach rechts, steil nach oben führende Abzweigung, die man ignoriert. Auf dem Weg weiter geradeaus gelangt

Esel sind hier noch immer wichtig für die Landwirtschaft

man zu einem Gatter, das verschlossen sein kann. Es lässt sich leicht öffnen, sollte anschließend auf jeden Fall wieder geschlossen werden! Es kommen im Verlauf des Weges noch weitere Gatter, die man, je nachdem, offen lässt oder wieder schließt. Auf etwa 4,5 km geht es in Serpentinen durch den Wald, der immer wieder Blicke auf den Bergkamm oder die Nordküste freigibt – bis rechts oben auf einer Anhöhe der Friedhof von Asomatos auftaucht.

162 Die Nordküste

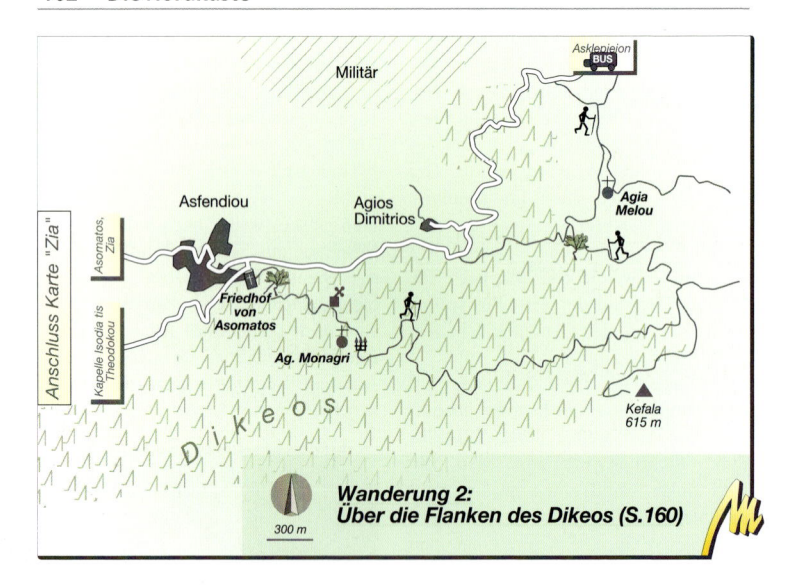

Wanderung 2: Über die Flanken des Dikeos (S. 160)

Hier kann man abkürzen (oder auch die Wanderung beginnen). Wer den Friedhof rechts liegen lässt, kommt weiter geradeaus auf die asphaltierte Landstraße, die, nach links bergab, zurück nach Asomatos und Zia führt.

Wer weiter wandern will, geht den Weg um den Friedhof herum hinauf, an Olivenbäumen vorbei wieder in den Wald hinein. Der nun folgende, weiterhin in großen Serpentinen verlaufende Abschnitt bietet wunderbare Aussichten ins Tal, auf die Nordküste, den Bergkamm, und ein schönes Wechselspiel von dichter Bewaldung und faszinierend zerklüfteter Natur. Nach etwa 1 km kommt man linker Hand an einer steinernen Kirche (2009 im Rohbau) vorbei, kurz danach liegt eine kleine Kapelle rechts am Hang, wo man auch wieder auf ein Gatter stößt. Auf den weiteren etwa fünf folgenden Kilometern begegnet man an manchen Stellen der vulkanischen Vergangenheit der Insel. Plötzlich riecht es nach Schwefel, das Gestein hat die entsprechend gelbe Farbe. Darauf folgt rotes, eisenhaltiges Gestein – und baumbewachsene Bergwelt. So findet man auch immer wieder Schatten. Plötzlich führt der Weg aus dem Wald hinaus. Eine Abzweigung, die kurz darauf scharf nach rechts den Berg hinaufführt, ignorieren. In der folgenden großen Rechtskurve führt links ein gewundener Weg talwärts, den schlägt man ein. Mit grundsätzlicher Orientierung zur Nordküste, alle weiteren Abzweigungen ignorierend, kommt man zur asphaltierten Straße, die etwa 2,5 km nach rechts bergab zum Asklepieion führt, von wo aus man mit dem Bus zurück nach Kos fahren kann.

Agios Dimitrios

In der flirrenden Mittagshitze hat das völlig verlassene Dorf die Atmosphäre einer Geisterstadt im Wilden Westen. Doch zwischen all den öden und überwucherten Ruinen blendet das Weiß der Dorfkirche. Obwohl Agios Dimitrios seit Jahren unbewohnt ist, wurde die Kirche 1988 renoviert. Und auch einige der Häuser, die noch nicht zu Ruinen verfallen sind, scheinen mit ihren verschlossenen Fenstern und Türen geduldig auf die Rückkehr ihrer Bewohner zu warten. Hier, an den nordwestlichen Ausläufern des Dikeos, zwischen Zia und Asklepieion, sprudelte einst eine Quelle, die die Felder fruchtbar machte, doch auch sie ist heute versiegt. Doch vielleicht kehrt das Leben in Agios Dimitrios wieder zurück. Ein Haus wird wieder hergerichtet. Ob es das einzige bleibt?

Einen herrlichen Blick über Felder und Landschaft genießt man vom Kirchplatz unterhalb des Glockenturms aus.

Von den Häusern sind oft nur die Fassaden geblieben

Liebe in der Geisterstadt

Manche erzählen die Geschichte mit einem anerkennenden Augenzwinkern, andere mit dem Unterton moralischer Empörung – die Geschichte des Liebespaares, das sich in das verlassene Dorf zurückgezogen hat: Eine deutsche Touristin, die gemeinsam mit ihrer Familie den Sommerurlaub auf Kos verbringt, lernt einen Koer kennen, und die beiden verlieben sich ineinander. Während ihr Mann alleine nach Deutschland zurückkehrt, bleibt sie auf der Insel. Um das unerwartete Liebesglück ungestört genießen zu können, zieht das Paar nach Ag. Dimitrios, wo es noch heute leben soll – glücklich und als einzige Bewohner.

Verlassener Ort in den Bergen: Paleo Pyli

Pyli

Der 2400 Einwohner zählende Ort liegt inmitten einer fruchtbaren Hochebene, 300 m über dem Meer. Die Verbindungsstraße vom Insel-Highway nach Pyli führt durch Tomatenfelder und Olivenhaine, um sich dann kurvenreich durch den Ort zu winden, vorbei an der Platia – dem Mittelpunkt des Dorflebens.

Das Zentrum bevölkern tagsüber v. a. Touristen, die hier eine Rast einlegen. Den Kindern von Pyli (oft auch *Pili* geschrieben) dient die Platia als Spielplatz, den Erwachsenen am frühen Abend als Treffpunkt.

Einen Abstecher in diesen Ort sollten Sie auf keinen Fall versäumen. Denn mit dem Brunnen Pigi, dem Traditional House sowie dem Charmylos-Grab gibt es einiges zu sehen. Und dann ist da ja auch noch die Geisterstadt Paleo Pyli. In jüngster Zeit ist Pyli aber auch ein heißer Tipp für Kunstfreunde. Denn mit Kurt Hlavacek hat hier auch ein international anerkannter Künstler sein Atelier eröffnet.

Geschichte

Bereits in der Antike war das Gebiet bewohnt. Hier siedelte der Stamm der Peleten, wovon sich der Name *Pyli* ableitet. Doch die Ansiedlung war nur schwer gegen die Angriffe von Piraten, Vandalen und Westgoten im 5. und 6. Jh. und die der Normannen und Sarazenen im 7. Jh. zu verteidigen. Also zogen die Bewohner in die Berge und ließen sich unterhalb der byzantinischen Festung nieder, hinter deren Mauern sie Schutz finden konnten.

Pyli 165

Wegen einer Cholera-Epidemie verließen die Einwohner von Pyli 1830 ihre Zuflucht in den Bergen, zogen erneut in Richtung Küste und siedelten an der Stelle des heutigen Pyli. Der verlassene Ort in den Bergen trägt heute den Namen *Paleo Pyli*, was einfach „das alte Pyli" heißt.

- *Verbindungen* Mo–Sa fahren 5 x tägl. (So nur 2 x) Busse von Kos-Stadt nach Pyli und zurück. Die 30-minütige Fahrt kostet 1,80 €.
- *Arzt* Der ärztliche Dienst ist unter ✆ 22420-41230 zu erreichen.
- *Polizei* Die kleine Station an der Ortsdurchfahrt hat die Nummer ✆ 22420-41222.
- *Übernachten* Das Angebot an Unterkünften ist bescheiden. Lediglich einige **Privatzimmer** für etwa 20 € pro Nacht stehen zur Auswahl. Auskünfte erhält man in den Tavernen rund um die Platia.
- *Essen und Trinken* Mehrere Tavernen rund um den Dorfplatz und entlang der Ortsdurchfahrt haben sich auf Touristen eingestellt: Serviert werden v. a. Snacks und Getränke.

Taverne Pili, im Schatten einer dichten Bougainvillea lässt sich das bunte Treiben auf dem Marktplatz prima verfolgen. In der netten Taverne werden u. a. Pizzen und Salate serviert. Die Karte bietet eine große Auswahl an solider, griechischer Kost.

Unmittelbar neben dem Brunnen Pigi finden Sie die **Taverne Palea Pigi (Old Spring)**, die zu den empfehlenswertesten des Ortes zählt. Von der Terrasse, die von einem riesigen Feigenbaum beschattet wird, blickt man auf der einen Seite auf den Brunnen mit den Löwenköpfen hinunter. Auf der anderen kann man Frösche und Fische in einem kleinen Teich beobachten. Währenddessen serviert der freundliche Betreiber appetitliche Vorspeisen und Grillgerichte zu

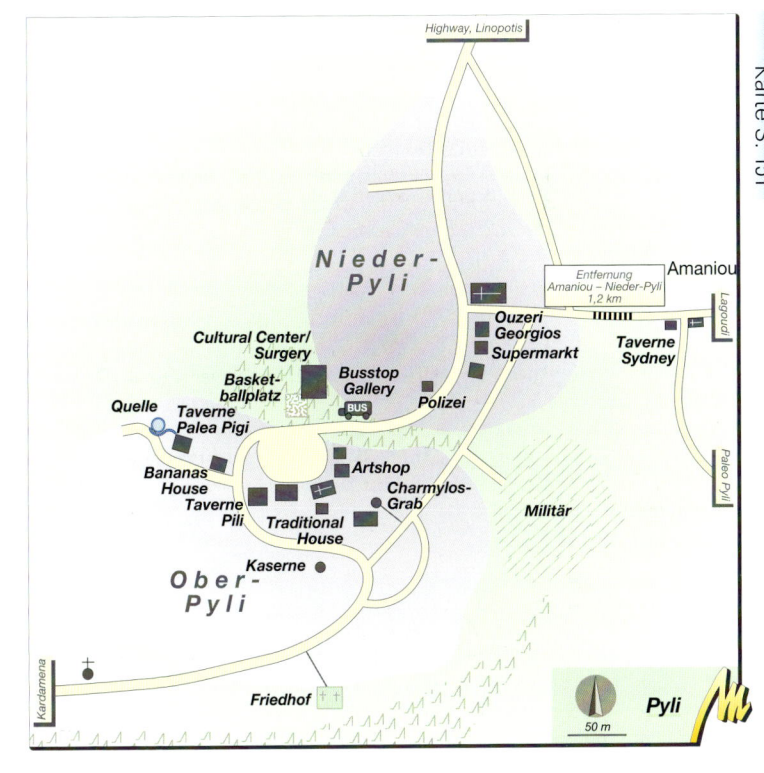

Das Dikeos-Gebirge
Karte S. 151

günstigen Preisen. Man kann hier aber auch nur auf einen eisgekühlten Frappé einkehren.
- *Sport* Top ist der Basketballplatz von Pyli mit Flutlicht und farbigem Feld.
- *Einkaufen* **Ria und Remko**, das Paar aus den Niederlanden lebt seit 1978 in Pyli. Remko widmet sich Aquarellen und Radierungen, Ria fertigt Gold- und Silberschmuck. Die Produkte können Sie in den beiden Geschäften an der Platia erwerben.

Silberschmuck und Keramiken finden Sie zudem im Geschäft vis-à-vis, **The Mermaid**. Bilder in Acryl und Öl sowie Kunsthandwerk finden Sie in der **Busstop Gallery** (siehe Kasten S. 169).
- *Feste* Am **23. April** feiert man den Namenstag des heiligen Georg mit einem Pferderennen. Gut 80 Vierbeiner nehmen daran teil. An der Stirn des siegreichen Pferdes wird ein Hühnerei aufgeschlagen!

> ### Ausflug mit Pferden: Reiten auf Kos
> Pferdeliebhaber landen auf Kos früher oder später in Amaniou bei Pyli. Dort betreiben Peter Ehrenberg und seine Frau den ausgezeichnet geführten Stall *Alfa-Horse* mit eigenem Reit- und Longeplatz. Die Pferde und Ponys kommen alle aus Deutschland, die Tiere sind geimpft und gepflegt. Das Angebot reicht von Ponyreiten für Kinder über Anfänger- und Auffrischungskurse bis zu anspruchsvollen Ausritten für erfahrene Reiter. Ungeübte Reiter werden geführt, die Sicherheit bei den Ausritten wird großgeschrieben. Eine interessante Art, die schöne Bergwelt der Insel zu erkunden.
> - *Adresse* Alfa-Horse, Pyli, ☎ 22420-41908, 22420-48609, www.alfa-horse.de.
> - *Anfahrt* von Pyli in Richtung Amaniou fahren, an der Kirche im Ort links abbiegen.

Sehenswertes

Brunnen Pigi: Von der Platia zweigt eine Straße nach Westen zum 200 m entfernten Brunnen Pigi (= Quelle) ab, der als *Water Spring* ausgeschildert ist. Aus dem Steinquader des Brunnens ragen sechs Rohre, aus denen das Wasser plätschert. Eine Inschrift belegt, dass das Brunnenhaus 1592 erbaut wurde.

Mitten in den Bergen, doch das Meer stets zum Greifen nah

Viele Einwohner Pylis kommen noch heute regelmäßig mit bauchigen Gefäßen vorbei, um sich das kühle Nass für den Heimkonsum abzufüllen.

Sollten Sie beobachten, dass jemand den Brunnen umrundet und aus jedem der Rohre einen kräftigen Schluck nimmt, so hat das seine besondere Bewandtnis: Gerüchten zufolge soll nämlich dieses Ritual dazu führen, dass der oder die Betreffende noch im selben Jahr ihren Auserwählten oder ihre Auserkorene zum Traualtar geleitet und diese Ehe mit reichlich Nachwuchs gesegnet wird. So viel zur Legende. Tatsächlich ist die Fruchtbarkeit in nächster Nähe zu beobachten: Rund um den Pigi-Brunnen blüht die Natur kraftvoll auf. Vom Brunnen aus führt ein breiter Weg leicht bergab. Nach wenigen Metern sehen Sie rechter Hand die Überreste eines frühneuzeitlichen Patrizierhauses, etwa aus dem 17. Jh.

Spendet Liebe und Leben

Charmylos-Grab: Knapp 700 m von der Platia entfernt befindet sich ein unterirdisches antikes Familiengrab, dessen zwölf Totenkammern in den Fels eingelassen wurden (siehe Karte). In dieser Gruft, die gut erhalten und zu besichtigen ist, fanden Angehörige des Charmylos-Geschlechts ihre letzte Ruhestätte. Stammvater dieser Sippe war der Sagenheld Charmylos, der mit dem Götterboten Hermes verwandt gewesen sein soll.

Auf dem Hügel über der Totenkammer steht eine kleine byzantinische Kirche. Links neben der Tür sehen Sie antike Fresken, rechts eine Steinplatte mit einer altgriechischen Inschrift. Sowohl die Fresken als auch die Steinplatte entstammen dem Grab, und auch in der Kirche sind mehrere Quaderblöcke aus der Gruft verbaut worden. Die Tür des griechisch-orthodoxen Gotteshauses steht immer offen. Im Innenraum riecht es nach Kräutern und Räucherwachs, die Wände schmücken Heiligenbilder, die zum Teil aus Russland stammen. Es ist kühl, und nur ein ewiges Licht erhellt den weiß gekalkten Raum. Vor dem Eingang der Kirche steht ein runder Tisch mit Stühlen, der zum Ausruhen einlädt. Eine alte Frau, die im Haus nebenan wohnt und die Kirche in Ordnung hält, stellt eine Karaffe mit Wasser auf den Tisch und bietet uns Kaffee an. Bald kommt ihr Mann hinzu, der früher auf großen Öltankern die Weltmeere befahren hat und gerne Seemannsgarn spinnt. Auch die Enkelin mit ihrer Lieblingskatze auf dem Arm und ein neugieriger Nachbar gesellen sich zu uns, und im Nu sind wir in dieser religiösen Umgebung in ganz irdische Themen vertieft.

Herkules in Frauenkleidern

Gemäß der griechischen Mythologie soll es Herakles, den Sohn des Zeus und der Alkmene – bei den Römern hieß er Herkules –, auch auf die Insel Kos verschlagen haben.

Nachdem Herakles seine berühmten zwölf Aufgaben – z. B. den Höllenhund Cerberus aus der Unterwelt locken oder die Ställe des Augias säubern – vollbracht hatte, befahl ihm sein Vetter, der König Eurysteus, die Tochter des Königs Laomedon, Hesione, zu befreien. Sie war von einem Meeresungeheuer entführt und an einen Felsen gekettet worden. Herakles tötete das Untier, rettete Hesione und brachte sie zu ihrem Vater. Der wortbrüchige Laomedon verweigerte ihm jedoch die versprochene Belohnung, worauf Herakles sein Land verwüstete und plünderte. Mit einer Beute, die sechs Schiffe füllte, stach er in See, wo er und seine Gefährten in ein furchtbares Unwetter gerieten. Bis auf Herakles' Schiff versank die kleine Flotte in der Ägäis. Als Schiffbrüchige landeten der Held und einige seiner Getreuen auf Kos.

Dort trafen sie den Hirten Antagoras, dem sie ein Schaf abkaufen wollten, um ihren Hunger zu stillen. Antagoras, der für seine Kraft berühmt war, schlug den Handel aus und forderte stattdessen einen Zweikampf: Sollte Herakles siegen, bekäme er das Tier. Herakles willigte ein, der Kampf begann. Viele Stunden rangen die Muskelprotze, ohne dass es einem gelang, den anderen zu bezwingen. Mittlerweile hatten sich zahlreiche Schaulustige versammelt, die den Kampf zunächst beobachteten, schließlich aber zugunsten ihres Landsmannes Antagoras eingriffen. Dies provozierte die Gefährten des Herakles, die sich nun ebenfalls in das Geschehen einmischten – der Zweikampf artete in eine Schlacht aus. Nach einiger Zeit flohen Herakles und seine Gefährten, geschwächt vom Kampf und den vorangegangenen Strapazen.

Herakles versteckte sich daraufhin im Haus einer Bäuerin, die ihm Frauenkleider gab. In dieser Aufmachung flüchtete er nach Pyli, wo ihn gastfreundliche Menschen erkannten und aufnahmen. Die Bewohner des Bergdorfes versammelten sich und entschieden, dass der König von Kos, Eurypilos, der Herakles in Abwesenheit als Seeräuber verurteilt hatte, in sträflicher Weise das Gastrecht verletzt hatte. Zusammen mit Herakles führten die Einwohner Pylis, die Peleten, Krieg gegen den König, den Herakles im Kampf tötete. Die schöne Königstochter Chalkiope nahm er gefangen. Nach Beendigung der Feindseligkeiten erkannten die siegreichen Peleten den Sohn von König Eurypiles als Thronfolger an, und Herakles nahm Chalkiope zur Frau.

Traditional House (paradosiako spiti): 60 Jahre sind vergangen – das Haus wirkt wie aus einer anderen Welt: ohne Strom, ohne fließendes Wasser, mit Körben an der Decke, in denen einst Vorräte gelagert waren. Einen Einblick in den Wohnalltag der 50er Jahre des 20. Jh. erlaubt das Haus an der Platia in Pyli. Das Gebäude selbst ist älter als seine Ausstattung; es wurde vor gut 100 Jahren errichtet.

Kurt Hlavacek vor seinem Bild „Stairway" (rechts)

Solismus aus Pyli

Vielleicht haben Sie das Signum SOL schon einmal in einer Galerie oder Ausstellung gesehen. Dahinter verbirgt sich der Maler *Kurt Hlavacek*. Seine Werke, farbenfroh und surreal, entstehen in seinem Atelier in Pyli, nahe dem Brunnen Pigi. Doch nicht nur Bilder schafft der Künstler, stetig wächst auch sein Skulpturenpark. Das Spiel mit Dimensionen hat es ihm besonders angetan – und wenn die Schatten der Skulpturen über die weißen Wände wandern, hilft ihm die Sonne eine weitere entstehen zu lassen.

Ein Eigenbrötler ist er nicht, im Gegenteil. „Ich lasse mir auch gerne über die Schulter gucken", sagt der Mittfünfziger. Auch Malkurse bietet er an, vermittelt Techniken, freut sich über Talente. Rund 90 € pro Tag verlangt der „Begründer des Solismus", Transport vom Hotel, Essen und Material im Preis inbegriffen. Seine Werke verkauft er mit seiner Frau Nel Bezemer auch in der *Busstop Gallery* an der Durchgangsstraße von Pyli, 50 m unterhalb der Platia. Dort können Sie auch Werke anderer Künstler sowie modernen Schmuck erwerben. ✆ 22420-42104, busstopgallery.kosweb.com.

In dem Bild „24 Hours Kos" hat sich Hlavacek mit der Hauptstadt der Insel auseinandergesetzt. „Jedes Mal, wenn ich die Stadt verlasse, bleiben Eindrücke hängen. Die habe ich hier gemalt", sagt Hlavacek. Beispielsweise ein Schiff mit Menschen, die beim Einlaufen von der Reling herunterschauen, oder die Brücke, die von der Platane des Hippokrates zum Kastell Neratzia führt.

Umgebung

Paleo Pyli (Altes Pyli): Auf einem imposanten Fels, etwa 30 Höhenmeter oberhalb der inzwischen weitgehend zerfallenen Häuser von Paleo Pyli, ragen die Mauern der byzantinischen Festung in den Himmel. Das unterirdische Tunnelsystem der befestigten Anlage ist noch intakt – einige Einbrüche geben den Blick in die Unterwelt frei. Innerhalb der Festungsmauern befanden sich einst drei Kirchen, Überreste des *Marienklosters Moni Theodokou*, das Ende des 11. Jh. von Abt Hossios Christodoulos gegründet wurde. Der Aufstieg zur Burgruine lohnt sich nicht zuletzt wegen des herrlichen Blicks auf die umliegende Landschaft.

Zum Kloster gehörte auch die *Kapelle Asomati Taxiarches*. An ihrem roten Dach und dem Rundbogendurchgang auf dem Vorhof ist sie, auf halbem Weg unterhalb der Festung gelegen, leicht zu erkennen. Die Wände der Kirche zieren Fresken, die aber mittlerweile leider zum großen Teil zerstört sind.

- *Anfahrt* Zunächst nach Amaniou, einer kleinen Ortschaft 500 m östlich von Pyli. Ab jetzt ist Paleo Pyli ausgeschildert. Die ansteigende Asphaltstraße endet an einer Quelle, deren Wasser in ein mehrere Meter langes, ca. 40 cm breites Becken fließt (Vorsicht: unangenehme Bremsen!). Hier können Sie Ihr Fahrzeug abstellen. Vom Parkplatz aus weisen hölzerne Schilder den Wanderweg hinauf zur alten Festung. Auf- und Abstieg dauern insgesamt rund 40 Min.

- *Essen und Trinken* **Old Pyli**, an der Straße zum Kastell, die Spezialität des Hauses ist Fisch. Den fängt Wirt Georgios Stavropulos selbst, wozu er jeden Tag mit seinem Boot in Mastihari in See sticht. Georgios setzt auf Qualität: nur frische, selbst zubereitete Speisen kommen auf den Tisch. Und das schmeckt man. Hier sollten Sie unbedingt einkehren – und neben dem Essen den Blick über die Tiefebene und das Meer genießen.

Burgruine über Paleo Pyli

Wanderung 3: Durch die Berge um Paleo Pyli

Strecke: 4,5 km; Höhendifferenz: +/– 150 m; Dauer: 2 Stunden

Ein leichter Fußweg, aber kein Spaziergang, denn ein Drittel der Strecke ist querfeldein zurückzulegen – und das erfordert stabiles Schuhwerk. Um nicht mit zerkratzten Beinen nach Hause zu kommen, empfehlen wir, zusätzlich robuste Strümpfe oder eine lange Hose zu tragen.

Anfahrt: Mit dem eigenen Fahrzeug bis zur Quelle unterhalb von Paleo Pyli. Wer mit dem Bus nach Pyli fährt, muss von dort die ca. 3 km nach Paleo Pyli wandern.

Wanderung: Von der Quelle führt die steile Sandpiste durch den Nadelwald, vorbei an einem Plateau, auf dem ein Gehöft und Weinreben stehen. Die Piste endet nach 500 m an der Ruine eines Bauernhofes mit Schatten spendender Platane. Über einen Ziegenpfad den Berghang entlang, streckenweise mitten durch Macchia und Buschwerk, gelangen Sie zu einem Stall, von dem nur noch die Grundmauern geblieben sind. Beeindruckend ist die Stille in den Bergen, die man in kurzen Augenblicken wie eine Wand zu fühlen glaubt. Nur hie und da unterbricht der Schrei eines Raubvogels oder das Meckern einer Ziege diese Ruhe.

Von hier aus, oberhalb der fruchtbaren Hochebene um Pyli, auf die sich der Blick richtet, ist der Abstieg nach Amaniou möglich: Zunächst weiter über einen schmalen Pfad, der steil hinunter zu einem weiteren Plateau samt Stall führt, geht es schließlich in nordöstlicher Richtung gut 1,5 km querfeldein. Der Pfad führt durch spärlich bewachsenes Weideland stetig bergab bis zur Straße zwischen Amaniou und Paleo Pyli. Auf dem Weg dürften Sie immer wieder Landschildkröten entdecken, die hier in großer Zahl leben. Von dem Unterfangen, querfeldein in die andere Richtung (nach Pyli) zu marschieren, müssen wir dringend abraten – der Weg führt durch militärisches Sperrgebiet: Betreten verboten!

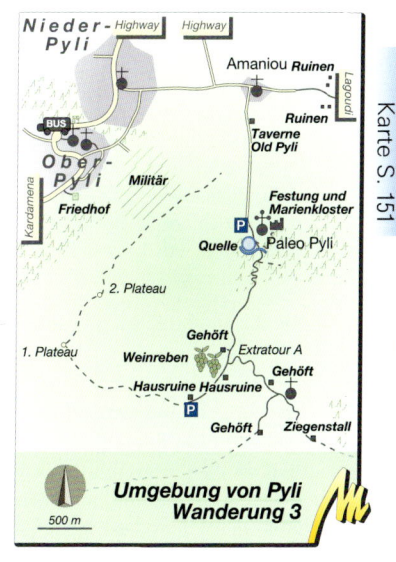

Extratour A

Wenn Sie den in Höhe des Weinstocks links abzweigenden Weg einschlagen (siehe Karte), erreichen Sie nach 500 m eine grüne Oase: Inmitten der weitgehend kargen Landschaft, wo sich nur noch Macchia in der ausgetrockneten Erde festkrallen kann, wachsen plötzlich Feigen- und andere Obstbäume. Mehr tröpfelnde als fließende Quellen ermöglichen es den Bauern, hier Felder zu bewirtschaften.

Etwas verwundert blickt man links vom Weg auf die Terrasse eines Bauernhofes, die hoch umzäunt einem Käfig gleicht. Die Funktion des Zaunes wird jedoch deutlich, sobald sich einem die frei umherlaufenden Truthähne in aggressiver Pose nähern. Durch lautes Geschrei, kombiniert mit ein paar platzierten Steinwürfen, gelang es uns, die Bestien in die Flucht zu schlagen – sehr zur Erheiterung der im sicheren Schutz des Zaunes applaudierenden Bauernfamilie. Verkehrte Welt: Menschen im Käfig, Tiere in Freiheit ...

Oberhalb des Bauernhofes gabelt sich der Weg: Die linke Piste endet an einem Ziegenstall. Von hier aus führt ein Ziegenpfad nach Südosten, fast bis zum Gipfel des Dikeos. Der rechts abzweigende Weg endet nach 200 m an einem Bauernhof.

Lagoudi

Hier scheint die Zeit stehen geblieben: Die Einwohner arbeiten nach wie vor überwiegend in der Landwirtschaft, die Gassen des Dorfes sind eng, die Häuser weiß, das Leben ist einfach. Nur wenige Urlauber verirren sich nach Lagoudi, wo Fremde noch freundlich gegrüßt werden. Am Ortsanfang bzw. -ende führt Sie ein gepflasterter – und beleuchteter – Weg durch den Ort. Auf einer Anhöhe am Nordrand des Ortes thront die Marienkirche *Langadi*; im Innenraum sind naiv anmutende Heiligenportraits zu sehen, überragt von einer Jesus-Darstellung in der Kuppel. Interessanter als die Kirche selbst erschien uns eines der beiden Kafenions. Das *Paradosiako Kafenio* liegt am Platz unterhalb der Kirche. Das winzige Gebäude ist von außen nicht als Gastronomiebetrieb zu erkennen. Durch einen niedrigen Eingang blickt man in den höhlenartigen Innenraum, der kaum 10 m^2 misst. Hier herrscht (hoffentlich noch lange) der über 80-jährige Jannis. Bei den Koern beliebt ist seine *Kannelada*, ein Erfrischungsgetränk aus Zimtöl und Wasser, das hier hergestellt und ausgeschenkt wird. Nirgends sonst soll er besser schmecken.

Fest Am Abend des 7. Mai beginnt das Kirchweihfest in Lagoudi mit Musik und Tanz, am 8. Mai findet ein Gottesdienst mit anschließender Prozession statt.

Wanderung 4: Von Evangelistria nach Pyli

Strecke: 5 km; Höhendifferenz: +/– 100 m; Dauer: 1 Std.

Abseits der Touristenpfade führt diese Strecke durch die Ortschaften Lagoudi und Amaniou – denkmalgeschützte Bergdörfer, deren Bewohner nach wie vor von der Landwirtschaft leben.

Nahe der Kirche Evangelismo am Ortseingang von Evangelistria zweigt eine geteerte Straße ab, die zum knapp 1 km entfernten Lagoudi führt.

Kurz hinter dem westlichen Ortsende Lagoudis führt dann eine von der Landstraße links abgehende, kleine asphaltierte Straße zunächst in einen Nadelwald. Idealer Platz für einen Stopp, um sich zu erholen, ist das Wäldchen **Konidario**. Im Schatten der Kiefern stehen Tische, Bänke und eine große Grillstelle. Frisches Quellwasser gibt es auch. Doch Vorsicht: Die hölzernen Wanderschilder in den Wald hinein führten 2009 ins Nichts bzw. endeten vor militärischem Sperrgebiet. Bleiben

Blick aus dem Festungstor

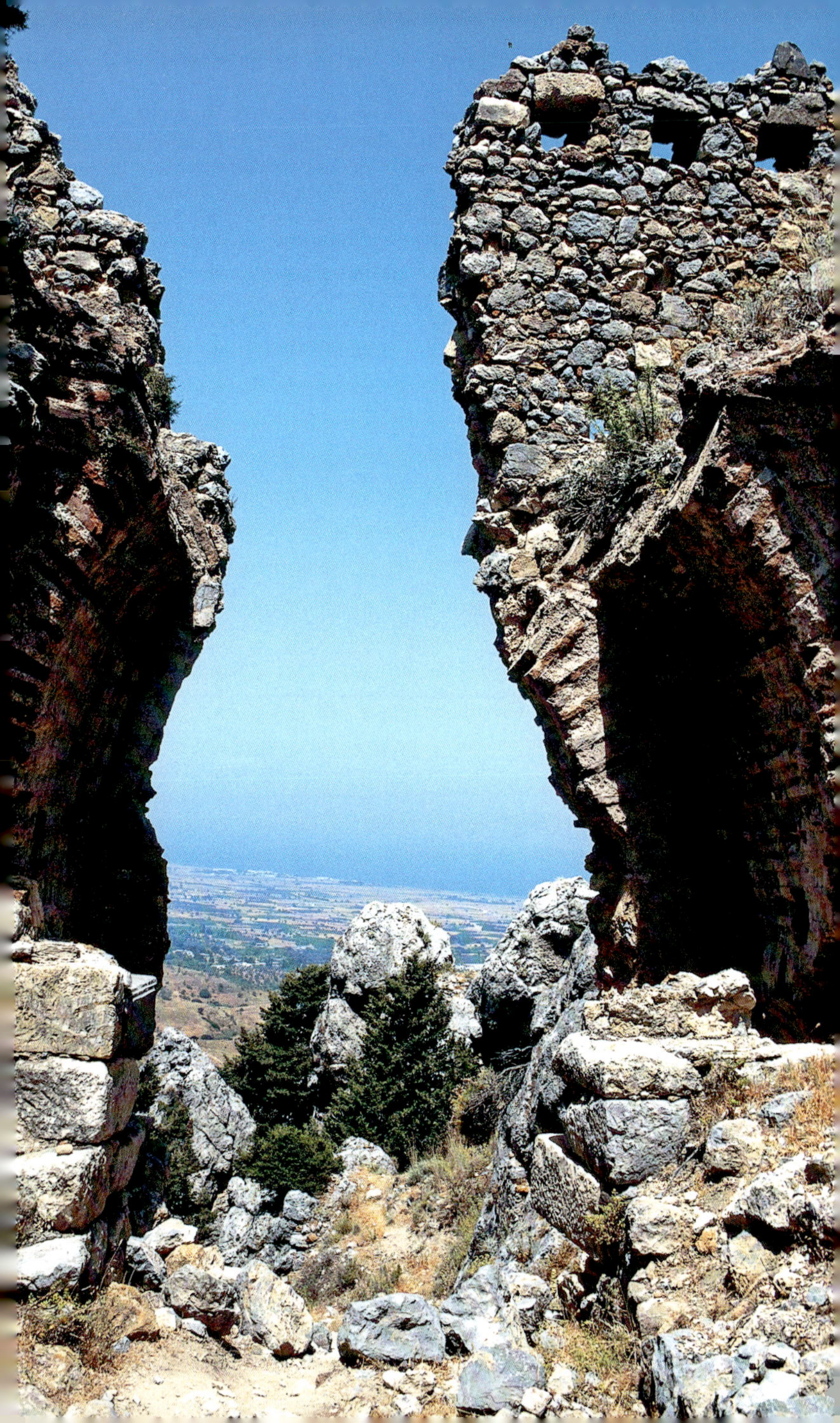

Sie einfach auf der asphaltierten Straße, die nach dem Wäldchen immer wieder den Blick über die Nordküste freigibt, wo das Blau des Meeres mit dem Weiß des Salzsees kontrastiert. Am Wegesrand stehen zwischen Olivenhainen vereinzelt die Ruinen verlassener Gehöfte. Gleich nachdem Sie weit oben in den Bergen die Ruinen der byzantinischen Festung bei Paleo Pyli ausmachen, erreichen Sie **Amaniou**. Inmitten dieser traditionellen, lang gezogenen Ortschaft, unmittelbar hinter der Kirche, gabelt sich die Straße: Rechts abbiegend, erreichen Sie nach etwa 1,2 km den tiefer gelegenen Ortsteil von Pyli. Wer hungrig geworden ist, sollte in der Taverne Old Pyli einkehren. Dazu müssen Sie an der Gabelung in Amaniou links abbiegen.

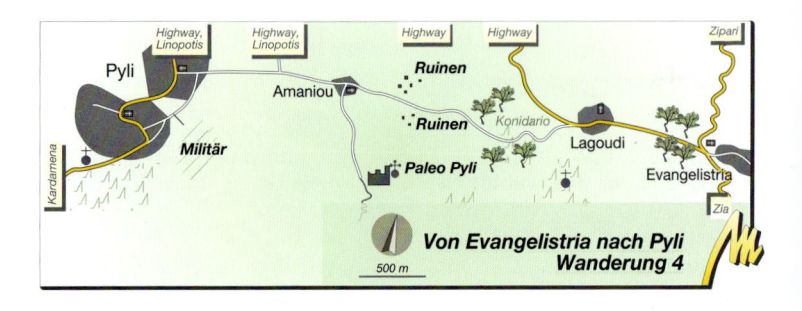

Linopotis

Am Highway nördlich von Pyli, rund 13 km von Kos-Stadt entfernt, liegt Linopotis: ein Dutzend Häuser, eine Tankstelle, zwei Tavernen und ein Teich.

Die ersten Einwohner der Ortschaft waren Italiener, die hier 1925 ihre Häuser bauten, nachdem die einheimischen Grundbesitzer enteignet worden waren. Bekannt ist Linopotis wegen der nahe liegenden Quelle *Limni* (= See). Die Benennung erfolgte aus gutem Grund: Das Quellwasser speist einen Teich direkt am Highway – die Heimat von Wasserschildkröten und einer großen Entenfamilie. Wichtig ist die Quelle für die Landwirtschaft; sie dient der Bewässerung der Felder um Pyli und Marmari. Schon Theokrit, ein Dichter der Antike, nach dem heute der lokale Retsina benannt ist, rühmt in seinen Idyllen die Schönheit der Quellenlandschaft.

Nahe der Kaserne westlich von Linopotis wurden auf einem kurzen Stück begrünter Mittelspur zwischen den Fahrbahnen des Insel-Highways Reste einer *römischen Wasserleitung* freigelegt.

• *Essen und Trinken* Gewiss, es gibt romantischere Plätze. Doch hier isst Kos. In der **Taverne Karamolentes** versammeln sich sommers wie winters allabendlich viele Koer, um zu essen und zu reden. Die griechische Küche ist ausgezeichnet, die Auswahl groß. Die Taverne liegt direkt an der Hauptstraße beim Linopotis-Teich.

Der mittlere Teil der Insel

Landschaftlich ungemein abwechslungsreich: Fruchtbare, in verschiedenen Gelb- und Grüntönen schimmernde Ebenen werden von zerklüfteten Landstrichen unterbrochen. Die Oberfläche erinnert an einen Pizzaboden, der Blasen wirft. Die Mitte der Insel ist bizarr und kontrastreich.

Mitte des 19. Jh. lebten die Bewohner Antimachias und Kardamenas noch zusammen in der mächtigen ehemaligen Johanniterfestung, dem Kastell von Antimachia, dann trennte sich die Gemeinde. Heute präsentiert sich ein ungleiches Geschwisterpaar: Während die Einwohner Antimachias noch immer hauptsächlich ihre Felder bestellen, avancierte Kardamena zum Zentrum eines durchorganisierten Tourismusbetriebes.

Kardamena

Eine im Vergleich zu früher kümmerliche Anzahl von Booten im kleinen Hafen deutet darauf hin, dass die Einwohner Kardamenas einst von der Fischerei lebten. Die meisten haben ihren Beruf aufgegeben, ebenso wie die Bauern. Heute leben 1800 Griechen in dem Ort, in dem sich in der Hauptsaison bis zu 20.000 Touristen gleichzeitig drängeln.

Von britischen Reiseveranstaltern wird Kardamena als „English Village" angepriesen. Die touristische Infrastruktur war bislang auch gänzlich auf die Geschmäcker und Urlaubsgewohnheiten der Gäste aus Großbritannien eingestellt. Trinken und Feiern stehen für sie ganz oben auf der Liste. Weil das in der Regel bis tief in die Nacht hinein stattfindet, beginnt das morgendliche Leben in Kardamena auch recht spät. Ab mittags laufen in den Bars dann englische TV-Programme oder aktuelle Kinohits auf der Leinwand. Dazu wird das erste Bier des Tages getrunken. Mittlerweile scheint sich jedoch grundsätzlich etwas zu ändern, denn es gibt bereits Hoteliers, die diesen am Gastgeberland völlig uninteressierten Spaßtourismus leid sind und keine britischen Gäste mehr aufnehmen.

Der ursprüngliche Dorfkern Kardamenas liegt zwischen Hafen und Kirche, doch ist er zwischen all den Hotelbauten, die sich gleichen wie ein Ei dem anderen, nicht mehr wirklich auszumachen. An der Uferpromenade reiht sich Café an Café, davor dümpeln die Boote im Wasser; hier präsentiert sich Kardamena (zumindest tagsüber) von seiner schönsten Seite. Etwas ruhiger und griechischer als im Zentrum geht es in dem Ortsteil zu, der westlich des – meistens ausgetrockneten – Flussbettes liegt.

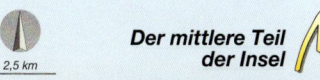

Sowohl am östlichen als auch am westlichen Ausläufer der Stadt wird Kardamena von gigantischen Hotelprojekten eingerahmt. Im Osten liegt das Hotel Norida Beach, das inzwischen ein All-inclusive-Club mit 1000 Betten ist, im Westen befindet sich das luxuriöse Aegean Village, dessen Name Programm ist: Hier ist ein eigenes Dorf entstanden.

Geschichte

Südwestlich des heutigen Kardamena befand sich in der Antike die Stadt *Halasarna*, deren Bevölkerungszahl weit über der von Kardamena lag. Von dieser Stadt wurden einige Überreste gefunden, u. a. die eines hellenistischen Theaters und einer Grabanlage. Aus den ersten nachchristlichen Jahrhunderten stammen die Grundmauern der Basilika Ag. Theotis bei Kardamena.

In den 80er Jahren des 19. Jh. zogen die Bewohner schließlich dorthin, wo das heutige Kardamena liegt, und betrieben Fischerei und Landwirtschaft. Dies änderte sich Mitte der 1970er Jahre: Tourismusmanager entdeckten den langen Sandstrand, sahen, dass die Ebene sich als Baugrund hervorragend eignet, und begannen mit der Errichtung der ersten Hotels. So vollzog sich der Wandel vom ehemaligen Fischerdorf zur Hochburg des Massentourismus im Sommer, aus der im Winter eine Geisterstadt wird.

Einst Sumpf, heute Bettenburgen

Iraklis M. Karanastasis schreibt in seiner „Volkskunde von Kos": „In der Mitte der Insel und etwa eine Stunde voneinander entfernt liegen die Dörfer Antimachia und Kardamena. Diese beiden Dörfer bildeten früher eine Gemeinde. Zur Zeit, als die Revolution von 1821 ausbrach, lebten die Einwohner – wie uns unsere Großeltern erzählten – im Kastell von Antimachia, einer großen venezianischen Festung, welche die gesamte zentrale Hochebene der Insel beherrscht. Sie hatten sich dorthin zurückgezogen, um den furchtbaren Einfällen algerischer und sarazenischer Korsaren zu entgehen, von denen die Ägäis zur Zeit der Piraten heimgesucht wurde. Um 1850 verließen sie den engen Raum in der Festung, um in freieres Gebiet überzusiedeln. Sie teilten sich in zwei Gruppen: Die eine ließ sich in einer offenen, weiten Hochebene (220 m ü. d. M.) nordwestlich des Kastells nieder (dem heutigen Antimachia), und die andere ging vom Kastell in Südwestrichtung hinunter und siedelte sich in einem Tal an, das dicht mit Weingärten, Öl- und Obstbäumen bewachsen ist, von einem Trockenbach durchflossen wird und zwanzig Minuten Fußweg von der Küste entfernt liegt. Heute trägt die Stelle den Namen Paläa Kardamäna. In diesem schönen Tal konnten sie jedoch nicht länger als 50 Jahre leben, da das Gebiet versumpfte, die Bevölkerung unter Malaria zu leiden hatte und das Dorf sich nicht entwickeln konnte. Die Einwohner glaubten, dass dieser Ort verhext sei, und deshalb ließen sie immer nur 39 Familien hier wohnen. Wurde eine vierzigste Familie gegründet, musste sie aussiedeln."

Kardamena

In Katalogen als „English Village" angepriesen: Kardamena

Information/Verbindungen

- *Information* Eine Touristeninformation gibt es im Ort nicht mehr. Im Gemeindehaus, in dem sie vorher untergebracht war, sitzt inzwischen die Post. Auskünfte erhalten Sie bei den Reisebüros. Gleich vier davon finden Sie zwischen der Platia Elephterias und dem Halteplatz der Inselbusse. Freundlich und kompetent bedienten uns die Mitarbeiter von **Offshore Travel** (✆ 22420-91673). Das Angebot umfasst Fährtickets, organisierte Ausflüge und Autovermietung. Einige Agenturen vermitteln auch Zimmer.
- *Bus* Zwischen Kos-Stadt und Kardamena gibt es Mo–Sa 6 x, So 3 x tägl. eine Busverbindung. Die Fahrt dauert 45 Min. und kostet 2,90 €. Der Bus hält beim Supermarkt Louis oberhalb der Platia Elephterias.

Zudem fahren **Lokalbusse** 11 x tägl. (zwischen 8 und 24 Uhr) die Strandabschnitte nach Osten und Westen ab; bei den Hotels Porto Bello und Norida Beach kehren sie wieder um.

- *Fähre* Tägl. um 14 oder 17 Uhr legt eine der beiden Fähren Agios Konstantinos oder Nisyros in Richtung Nissiros ab (einfache Strecke für 8 €). In der HS fahren die Fähren zudem um 9.30 Uhr auf die Nachbarinsel. Informationen zu den Abfahrtzeiten gibt die Reiseagentur Entikon, ✆ 22420-31465.
- *Mini Train* Der Zug auf Rädern startet vom Hafen, um die Strände 3 x tägl. sowohl in Richtung des Hotels Porto Bello im Westen als auch in Richtung des Norida-Beach-Hotels im Osten abzufahren.
- *Taxi* Ein **Taxi** kostet von Kos-Stadt nach Kardamena rund 25 €. Die Wagen warten dort, wo auch die Inselbusse halten.

Adressen

- *Arzt/Apotheke* Nahe der Kirche befindet sich eine Notfallpraxis, in der mehrere Mediziner arbeiten. Geöffnet 9–14 und 17–21 Uhr. ✆ 22420-91525. Im Ort gibt es mehrere Apotheken.
- *Auto-/Zweiradverleih* Das Angebot ist riesig; neben den Filialen der renommierten Autoverleiher gibt es ein Dutzend lokaler Unternehmen, die Zwei- und Vierräder anbieten. Da sich die Preise nicht wesentlich unterscheiden, seien hier stellvertretend nur zwei Beispiele genannt:

Autoverleih Lukas, ein Fiat Seicento kostet pro Tag 35–45 €, je nach Saison. Für einen

178 Der mittlere Teil der Insel

Suzuki Jimny oder Samurai sind 50–60 € zu entrichten. Die Preise verstehen sich inkl. Vollkaskoversicherung. Wer den Wagen drei Tage mietet, zahlt in der NS für den Seicento 85 €, für den Suzuki 125 €. Hier im Autoverleih kann man auch Studios und Apartments mieten (siehe bei Übernachten) – wer Unterkunft und Auto zusammen mietet, bekommt einen günstigen Paketpreis. ✆ 22420-91598, 6946928632 (mobil), www.lukasbeachstudios.com, lukasbeach studios@hotmail.com.

Zweiradverleih Peter's hat zwei Filialen und eine große Auswahl. Fahrräder gibt es ab 4 € tägl., Scooter ab 15 €, Buggys ab 40 € und Quads ab 25 €. Rabatte gibt es ab drei Tagen. Auch hier kann man Studios mieten, die in der NS 22–25 €, in der HS 28–35 € kosten. ✆ 22420-92160 oder 22420-92260.

- *Einkaufen* In Kardamena gibt es alles, was das Urlauberherz begehrt: Souvenirläden und Boutiquen, Fotogeschäfte und kleine Supermärkte.

- *Geld* Banken und Automaten sind mehrfach vorhanden. Einen **Geldautomaten** finden Sie direkt an der Platia. Die Filiale der *National Bank of Greece* mit EC-Automat befindet sich an der Hauptstraße nahe der Kirche. Geöffnet ist sie Mo–Do 8.45–13.30 Uhr, Fr 8.45–13 Uhr.

*Ü*bernachten

Während der Hauptsaison sind die Hotels und Pensionen meist ausgebucht. Zu diesem Zeitpunkt auf gut Glück ein Zimmer zu suchen, ist nicht ratsam, denn von Mitte Juli bis Mitte August läuft hier ohne vorherige Buchung absolut nichts. Besser sind die Aussichten in der Vor- und Nachsaison.

Zimmer vermittelt das Reisebüro Kardamos Tours. Weisen Sie auf Ihre Preisvorstellungen hin. Selbst in den kleineren Pensionen entlang der Strandpromenade zu beiden Seiten des Hafens müssen Sie mit 25–40 € für ein DZ rechnen, je nach Saison und Ausstattung. Der Nachteil dieser Unterkünfte: Da die Promenade auch Zentrum des Nachtlebens ist, stellt Lärmbelästigung keine Ausnahme, sondern die Regel dar.

Olympia Mare (15), idealer Platz zum Entspannen. Gut 1 km westlich von Kardamena direkt am Strand gelegen – man braucht keine Straße zu überqueren! Keine Hotels, Tavernen oder Diskotheken stören in der Nähe. Das Haus steht allein abseits des touristischen Trubels. Die Gäste sind allesamt Individualreisende, denn Betreiber Niklos Katsillis arbeitet nicht mit Agenturen zusammen. Zur Auswahl stehen 21 Apartments: jeweils zwei Räume (einer davon mit kleiner Küche) und Bad, zwischen 44 und 64 qm groß. Alle Unterkünfte sind klimatisiert, gepflegt und mit Geschmack möbliert; zwei Apartments sind barrierefrei. Der Aufenthalt für zwei Personen kostet 50–90 €. ✆ 22420-91711, ✎ 22420-92711, www.olympiamare.com.

Nissia und Kamares (1), wohl eine der sympathischsten Unterkünfte, was Architektur und Ambiente angeht. Rund um einen üppig bepflanzten großen Innenhof liegen die 40 Apartments der Anlage. Zahlreiche Bogengänge verbinden die verschachtelten, weißen Häuser mit den blauen Fensterläden; die Zimmer sind geräumig und mit Holzmöbeln eingerichtet. Es herrscht eine entspannte Atmosphäre. Der Swimmingpool steht auch Nicht-Hotelgästen zur Verfügung. Es gibt auch Apartments für vier Personen. Alle Unterkünfte sind mit Bad und Küche. Wenn Sie ein Zimmer in der HS möchten, müssen Sie schnell sein und am besten schon im Vorjahr buchen, da die Apartments teilweise über Agenturen vermietet werden. Studios für zwei Personen kosten je nach Saison zwischen 32 und 47 €. ✆ 22420-91091, ✎ 22420-92291, www.nissiakamares.gr.

Lagas Aegean Village (13), eine Ferienanlage der Superlative, hauptsächlich Gäste aus der Schweiz und Deutschland. Errichtet wurde die Anlage auf der dem Meer zugewandten Seite eines Hügels, etwa 2 km westlich des Hafens. Der Name ist Programm: Das Aegean Village ist ein kleines Dorf und mit den vielen Einkaufsmöglichkeiten, Sportangeboten, Restaurants und einer Diskothek fast schon autark. Angenehm überrascht die abwechslungsreiche Gestaltung der zweistöckigen Bungalows, die in der Farbe und Form variieren. Die Unterkünfte sind geräumig und alle Zimmer aufs Meer ausgerichtet. Die Anlage kann bis zu 650 Urlauber beherbergen und verfügt über zahlreiche Möglich-

Kardamena/Übernachten

keiten, sich sportlich zu betätigen: fünf Tennisplätze, zwei große Schwimmbecken, eine Sauna und ein Fitnesscenter sowie verschiedene Wassersportangebote am Strand unmittelbar vor dem Feriendorf. Für Rollstuhlfahrer werden speziell ausgestattete Hotelzimmer angeboten, auch die Gemeinschaftseinrichtungen und Geschäfte sind mit Rampen versehen. In den Monaten April, Mai und Oktober kostet der Aufenthalt pro Person mit Halbpension 60 € im DZ, in der HS von Juli bis August 80 € pro Person, 40 % Kinderermäßigung (bis zwölf Jahre). ✆ 22420-91401, ✆ 22420-91635, www.aegeanvillage.com.

Silver Beach (5), das frisch renovierte Hotel liegt ein paar Hundert Meter östlich der Platia, an der Straße hinter der Uferpromenade. Die 62 Zimmer werden nur teilweise über Agenturen vermietet. Eine schattige Terrasse, die als Café-Bar genutzt wird, umgibt das Hotelgebäude. Die Zimmer sind mit Bad und Balkon ausgestattet und kosten in der HS 50 €, in der NS 40 €. Auch 3- und 4-Personen-Zimmer werden angeboten (4 Pers. 70–80 €). ✆ 22420-91415, ✆ 22420-91006, www.silverbeach.gr.

Lukas Beach Studios, angenehme Apartments, die fünf Minuten Fußweg von Kardamena entfernt – und damit ruhig – liegen. Vermietet werden sie vom Betreiber der Autovermietung Lukas Rent a Car. Die Studios bieten 2–4 Pers. Platz, haben Balkon mit Meerblick und eine gut ausgestattete Küche. Preise: In der NS zahlen 2 Pers. 140 € pro Woche, in der HS 190 €, ✆ 22420-91598, lukasbeachstudios@hotmail.com, www.lukasbeachstudios.com.

Nach **Privatzimmern** sehen Sie sich am besten westlich des Flussbettes um, über das eine kleine Brücke führt. Hier findet man DZ zwischen 25 und 35 € je nach Saison und Größe.

Der mittlere Teil der Insel
Karte S. 175

Übernachten
1 Nissia und Kamares
5 Hotel Silver Beach
13 Lagas Aegean Village
15 Olympia Mare

Cafés
8 The Garden

Essen & Trinken
4 Restaurant Genesis
6 Taverne Avli
7 Restaurant Ta Adelfia
9 Taverna Chrisopolous
11 Theo's Taverne
12 Restaurant Hellas
14 Liotrivi

Nachtleben
2 Starlight Disco
3 Discothek Status Club
10 Poolbars Blue Lagoon & Obsession

Kardamena
100 m

Der mittlere Teil der Insel

Essen und Trinken (siehe Karte S. 179)

In Kardamena eine original griechische Taverne zu finden ist kein leichtes Unterfangen. Hier im englischen Badeort dominieren Fastfood und Pizza das kulinarische Geschehen. Einige der empfehlenswerteren Tavernen finden sich im westlichen Stadtteil hinter dem Hotel Valinakis.

Liotrivi (14), schöner Kontrast: die Füße im Sand, die Tische weiß eingedeckt. Das 1850 errichtete Gebäude direkt am Strand hat Stelios Kopanas aufwändig restaurieren lassen. Hier wurde bis vor 30 Jahren noch Olivenöl gepresst. Die einst von Eseln angetriebene Mühle steht noch im Innenraum, die Mühlsteine stammen von den Inseln Nissiros und Santorini. Gute griechische Küche, auch Fisch ist im Angebot. Ein Bekri Meze kostet 13 €, ein Fisch Bekri Meze 13,50 €.

Avli (6), besticht durch eine große Auswahl, v. a. an Weinen. Nahe der Platia sitzen die Gäste in einem großen Patio – abgeschirmt vom Rummel ringumher. Das Restaurant befindet sich in einem 1902 erbauten Haus. Es ist eines der wenigen Gebäude, die das Erdbeben im Jahr 1933 überstanden haben.

Ta Adelfia (7), schräg gegenüber der Taverne Liotrivi. Spezialität ist Pizza in allen Variationen, daneben gibt es auch Pasta und griechische Küche zu günstigen Preisen.

Wenige Hundert Meter weiter am Strand finden Sie die Taverne **Chrisopolous (9),** die sich selbst als „Family Restaurant" charakterisiert. Wie bei Akteo gibt es auch hier v. a. Fisch und die griechischen Standards zu günstigen Preisen. Und dazu ist der Blick aufs Meer schöner und unverbauter.

Hellas (12), etwas abseits des Trubels, ebenfalls kurz hinter der Brücke über das im Sommer ausgetrockneten Flussbett, sitzen die Gäste des Hellas auf einer netten Terrasse und lassen sich die köstliche Pizza aus dem Holzofen für um die 6,50 € schmecken. Neben einfachen italienischen Speisen in großer Auswahl gibt es natürlich auch griechische Hausmannskost, die frisch ist und richtig satt macht.

Theo's (11), an der Uferpromenade in der Nähe der Hafenmole. Hier gibt es relativ preisgünstige griechische Kost. Theos ist noch die griechischste aller Tavernen und Bars, die sich an der Uferpromenade aneinanderdrängen.

Ein wirklich angenehmes Café namens **The Garden (8)** befindet sich schräg gegenüber der Autovermietung Lukas Rent. Auf der erhöhten Terrasse entlang der Straße sitzt man unter Schatten spendenden Bäumen.

Flaniermeile bei Nacht: Uferpromenade von Kardamena

Kardamena/Veranstaltungen

Sie wollen sich von den Engländern kulinarisch verführen lassen? Dann kehren Sie im **Genesis (4)** ein. Spezialitäten des Hauses sind Sheperd's Pie, Rinderbraten mit Yorkshire Pudding und Leber mit Zwiebeln und Schinkenspeck.

Nachtleben (siehe Karte S. 179)

An der Uferpromenade reiht sich eine Bar an die andere. Und in mancher Parallelstraße im Zentrum Kardamenas sieht es nicht anders aus. Sommer, Sonne, Flirts und jede Menge Alkohol lautet das Motto in den Bars und Diskotheken ...!

● *Bars* Eine lange Theke, eine kleine Tanzfläche und ohrenbetäubend laute Musik – so präsentieren sich die Nachtlokale in Kardamena. Zentrum des Nachtlebens sind die Uferpromenade und die Parallelstraße, doch auch im übrigen Stadtgebiet gibt es kaum eine Straße ohne Bar. Einheitliche Öffnungszeiten gibt es nicht; meist sind die Bars bis tief in die Nacht geöffnet, manche haben gar einen 24-Std.-Betrieb. Ab Mitternacht müssen die Lokale, die nicht über einen entsprechend schallisolierten Innenraum verfügen, die Musik leiser drehen, in den anderen kann bei unveränderter Lautstärke weiter getrunken und getanzt werden. Preise: Ein Cocktail kostet zwischen 2,50 und 3,50 €, die Flasche Bier (0,5 l) um 2 €, der Eintritt ist frei.

Blue Lagoon und **Obsession (10)**, in beiden Bars gruppieren sich die Tische rund um einen Pool, in dem sich erhitzte Gemüter abkühlen können. Aus leistungsstarken Boxen klingen Techno, Pop, Soul und Blues, während die Gäste, Bier und Cocktails schlürfend, vermutlich langsam taub werden. Es gibt hier auch Frühstück (englisch und kontinental) sowie einfache Gerichte und Snacks. Das Preisniveau liegt geringfügig über dem der normalen Bars.

● *Diskotheken* **Starlight (2)**, der Klassiker unter den Discos in Kardamena, am nördlichen Ortsende, unweit des Hotels Kardamos. Die Saisonhits dröhnen aus leistungsstarken Boxen auf die Open-Air-Tanzfläche.

Status Club (3), ein Tanztempel im wahrsten Sinne des Wortes: Das Gebäude erinnert an antike Tempelarchitektur. Abends stehen die aufgestylten Teenager Schlange, um hineingelassen zu werden.

Veranstaltungen

Patronatsfest: Am Abend des 7. September ist die Kirche Kardamenas übervoll. Die Messe wird per Lautsprecher auf den Platz vor dem Gotteshaus übertragen, wo halb Kardamena dicht gedrängt und gut gelaunt zusammensteht. Nach dem Gottesdienst zieht der Tross durch die Gassen, an der Spitze der Priester mit der Marienikone. Am 8. September versammeln sich die Einwohner erneut auf dem großen Hof der Kirche, um den Geburtstag der Muttergottes zu feiern. Bei diesem Fest grillt, trinkt, singt und tanzt die Gemeinde bis in den frühen Morgen.

Großveranstaltungen sind die **Griechischen Abende**, die von den großen Hotels in den eigens dafür konzipierten Tavernen am nördlichen Ende von Kardamena oder in den Hotels selbst veranstaltet werden. Für 15 € gibt es Essen, Wein und griechische Livemusik.

Baden

Die Badebedingungen um Kardamena sind eigentlich ideal: Der feinkörnige helle Sand zieht sich über etwa 9 km am Meer entlang. Vermutlich liegt es genau daran, dass es selbst außerhalb der Hochsaison an den *Stadtstränden* zugeht wie auf einem Rummelplatz. Kommentar eines Einheimischen: „Die Leute müssen verrückt sein, sich dorthin zu legen." Keine 500 m jenseits des Ortes nimmt der Andrang Sonnenhungriger deutlich ab.

Relativ wenige Urlauber halten sich am östlichen Strandabschnitt zwischen dem Club Malibu und dem Hotel Norida Beach auf. Die Strandqualität ist wechselnd – mal steinig, dann wieder feinsandig. Rund 200 m östlich des Clubs Malibu sorgt ein kleiner Tamariskenhain für Schatten. Je weiter man sich in Richtung Osten bewegt, umso sauberer, breiter und feinsandiger wird der Strand.

Am Ostende des Strandes, oberhalb des Hotels Norida Beach, stehen eine Handvoll Häuser und eine kleine Kirche, die zu den Orten *Eleon* und *Tolari* gehören – Ansiedlungen, die nur auf wenigen Karten eingezeichnet sind. Von Eleon erhascht man einen guten Ausblick über den Küstenverlauf bei Kardamena.

An den beliebteren Abschnitten westlich des Hafens, wo nur vereinzelt Bäume für Schatten sorgen, werden Sonnenschirme und Liegen zum Verleih angeboten (5–6 € für zwei Liegen und Sonnenschirm pro Tag). Hier ist das Ufer ziemlich flach; dank der zahlreichen Sandbänke kann man noch weit draußen im Meer stehen. Außerdem herrscht hier – im Gegensatz zur Nordküste – kaum Seegang, was die Strände besonders kinderfreundlich macht. Aber Familienurlaub ist wie gesagt nicht die Haupteinnahmequelle dieses ehemaligen Fischerortes.

Urlaub der kurzen Wege: Strand, Schirm, Snackbar

Wanderung 5: Castle Walk 183

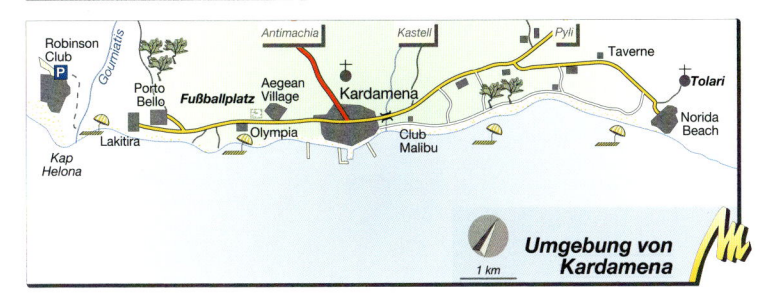

Sport

An den Stränden in und um Kardamena gibt es vier *Wassersportstationen*, alle firmieren unter dem Namen *Kardamena Water Sports*. Die Stationen befinden sich im Hafen (nahe McDonald's) sowie bei den Hotels Akti, Aegean Village und Porto Bello. Am Ortsbadestrand werden v. a. Parasailing (35 € pro Person), Jet- und Wasserski sowie Schleppfahrten (jeweils ab 15 €) angeboten. Stärker auf Surfen und Katamaransegeln setzen die Filialen bei den Hotels. 1 Std. Surfen kostet 20 €, wer für die gleiche Dauer einen Katamaran segeln will, bezahlt 40 €. ✆ 22420-91444, ✆ 6944636565 (mobil), www.koswatersports.gr.

Die *Gokartbahn Enjoy* an der Straße zum Hotel Norida Beach hat von 11 bis 23 Uhr geöffnet. 10 Min. kosten 15 €. ✆ 22420-92065.

Tauchen lernen oder auch PADI-Fortgeschrittenenkurse buchen kann man beim *Arian Diving Centre*. Der Schnupperkurs mit Bootsausflug kostet inklusive Ausrüstung 48 €, PADI-Kurse gibt es ab 100 €. ✆ 22420-92465, ✆ 6934770790 (mobil), www.arian-diving-centre.com.

Minigolf ist im Zentrum von Kardamena möglich. Der Spaß kostet 5 €, Kinder zahlen die Hälfte. Täglich geöffnet, Tickets im Fotoshop gegenüber.

Ausflüge

Der Ausflug nach *Nissiros* kostet 16 €, ein Ausflug nach *Kos* („Shopping Tour") 7 €. Besonders beliebt ist die Bootstour *Three Beaches* (Bubble, Paradise und Camel Beach); inklusive Mittagessen bezahlt man 20 €. Für 25 € kann man auch eine *3-Island-Tour* nach Pserimos, Kalymnos und Krevatia machen. Auch Ausflüge nach Kalymnos, Pserimos und Bodrum umfasst das Programm, die Boote starten in Kos-Stadt. Tickets für die Tagestouren verkaufen die Reisebüros.

Wanderung 5: Castle Walk

Strecke: 10 km; Höhendifferenz: +/− 120 m; Dauer: 3 Std.

Wer sich vom regen Treiben in Kardamena erholen will, der sollte sich auf den Weg zum oben genannten Kastell machen. Der Weg, der Sie von der Küste weg ins Landesinnere führt, steigt zwar bis auf die letzten 1,5 km nur leicht an,

184   Der mittlere Teil der Insel

bietet aber insgesamt kaum Schatten. Deshalb empfehlen sich für den Ausflug die Morgenstunden oder der späte Nachmittag. Längere Zeit gehen Sie an einem Flussbett entlang, das in den Sommermonaten fast völlig ausgetrocknet ist. Trotzdem erkennt man den Verlauf des Flusses problemlos an dem auffallend fruchtbaren Boden. Im Flussbett wächst Riesenschilf, am Rande des Bachverlaufs gedeihen Oliven und Feigen.

Anfahrt: Mit dem Bus oder eigenen Fahrzeug nach Kardamena.

Wanderung: An der Disco *Starlight* führt stadtauswärts eine Straße vorbei, über die man nach knapp 1 km den Friedhof erreicht. Auf der gegenüberliegenden Straßenseite des Friedhofs ist ein Fußballplatz. Am Friedhof links auf die wenig befahrene Straße abbiegen, die einen schönen Ausblick auf die Berge bietet. Wiederum knapp 1 km weiter steht auf der linken Seite ein Lagergebäude, daneben eine kleine Kapelle. Es geht noch ein Stück weiter geradeaus, bis auf der rechten Seite ein Schild auftaucht, das auf die „Leader+"-Initiative hinweist. Von dort gelangt man über den gepflasterten, vielfach gewundenen Weg hinauf zum Kastell. Während der Wanderung hat man viele schöne Ausblicke ins Tal. Auch Mountainbiker befahren diesen Weg gern. Wenn Sie das Kastell besichtigt haben, biegen Sie vom Parkplatz des Kastells rechts ab: Der Weg, eine Staubpiste, die durch ein Erosionstal führt, läuft in weit gewundenen Serpentinen an Riesenschilf, Olivenhainen und Feigenbäumen vorbei. Ignorieren Sie alle Abzweigungen und folgen dem natürlichen Verlauf des Wegs bis zu einer Gabelung, an der linker Hand ein großer steinerner Wassertrog steht. Hier nicht (!) nach rechts abbiegen, sondern geradeaus gehen, bis 200 m weiter eine Kreuzung kommt, an der man rechts abbiegt; die folgende Linksabzweigung wieder ignorieren. Der Kreis schließt sich, wenn man – diesmal am Fußballplatz vorbei – wieder am Friedhof ankommt.

Kirche im Kastell von Antimachia

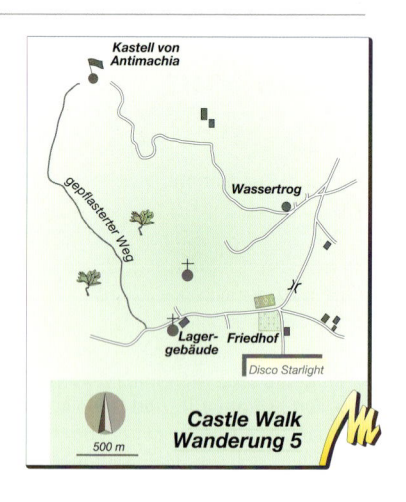

Antimachia

Antimachia selbst liegt auf einem Hochplateau, etwa 200 m über dem Meer. Wenn man die ganze Ortschaft durchquert, stellt man fest, dass sie sehr weitläufig und immer wieder von unbebautem Gebiet unterbrochen ist.

Die 2000 Einwohner des Ortes leben größtenteils von der Landwirtschaft: Getreide, Gemüse, Sesam und Tabak wachsen auf den Feldern rund um Antimachia (sprich: *Andimachia*). Große Bedeutung kommt dem Anbau von Wein und Oliven zu, der sich auf das Gebiet nördlich des Ortes konzentriert.

Die meisten Touristen sehen den Ort während ihres Urlaubes nur zweimal – nach der Landung und vor dem Abflug, denn wer zum Flughafen will, muss zwangsläufig an Antimachia vorbei. Zwar ist der Ort selbst kein Idyll, wegen der restaurierten Windmühle und dem alten Bauernhaus lohnt sich aber ein kurzer Abstecher. Sehenswert sind in der Umgebung das Kastell und die Plaka.

Geschichte

In der Antike lebten zwei Bevölkerungsgruppen in der Nähe des heutigen Ortes: Zum einen die kleine Gemeinde der Hippioten, knapp 3 km nordöstlich, und zum anderen die der Antimachiden, die in der Gegend um das Plateau siedelte, auf dem der Johanniterorden Jahrhunderte später seine Festung errichten sollte. Nach den Antimachiden wurde der Ort später benannt. Die antiken Siedlungen zerfielen und wurden verlassen. Wie die Siedler aus Kardamena flüchteten auch hier die Menschen vor Piraten und Türken und zogen in das Kastell. Um 1850 ließ sich ein Teil der Bewohner in einem Tal südwestlich der Festung nieder, ein anderer im Nordwesten. Das Erdbeben von 1933 brachte zahlreiche Häuser zum Einsturz und beschädigte die übrigen so schwer, dass viele abgerissen werden mussten; die Menschen aber blieben und bauten ihre Stadt wieder auf. Ein kleiner Teil der Einwohner zog an die Nordküste und gründete die Siedlung Mastihari.

- *Verbindungen* Der internationale Flughafen von Kos liegt ca. 1,5 km südwestlich von Antimachia. Von Kos-Stadt aus fahren tägl. sechs Busse ins Ortszentrum. Am Kreisverkehr kurz vor Antimachia halten jedoch tägl. mehr als 20 Busse, da die Linien Kos – Kefalos und Kos – Kardamena (und retour) hier vorbeifahren. Vom Kreisverkehr zum Dorf sind es nur wenige Minuten zu Fuß.
- *Arzt* Einen Landarzt erreichen Sie unter ☏ 22420-51230.
- *Polizei* Die örtliche Polizeistation hat die Telefonnummer ☏ 22420-51222.
- *Feste* Am 29. und 30. Juni findet das **Kirchweihfest Ag. Apostoli** statt.

Am zweiten Wochenende im Juli folgt das **Honigfest**. Imker zeigen ihr Handwerk, Besucher können verschiedene Honigprodukte probieren. Die genauen Termine kennt die Touristeninformation in Kos-Stadt.

- *Übernachten* Abgesehen von einer Unterkunft zwischen der Landebahn des Flughafens und dem Highway, die aber den Mitarbeitern der Fluggesellschaften vorbehalten ist, gibt es in Antimachia weder ein Hotel noch eine Pension. Lediglich eine kleine Anzahl an **Privatzimmern** steht für rund 25 € zur Verfügung. Auskunft erhält man in den örtlichen Tavernen.

Robinson Club Daidalos, in der Umgebung von Antimachia wurde 1992 auf einer 50 m hohen Klippe oberhalb von Kap Helona der Club eröffnet. Das 220.000 m2 große Feriendorf mit 268 Zimmern, das durch einen Schrägaufzug mit dem Strand verbunden ist, verfügt über zwei Pools, Sauna, Fitnesscenter, Theater, Disco, zwei Tavernen und diverse Geschäfte – die Bezeichnung „Dorf" ist durchaus passend. Reichhaltig ist auch die Palette des Sportangebots: Vom Tenniskurs auf einem der zwölf Plätze (vier mit Flutlicht) über Volleyball, Tischtennis, Bogenschießen und Gymnastik bis hin zum Wassersport ist hier alles möglich. Katamarane und Surfbretter stehen zur Verfügung, Kurse müssen extra bezahlt werden. Exklusiv für Sportler werden spezielle Buffets angerichtet! Organisiert werden Jeep- und Bootsausflüge; eine ganztägige Kinderbetreuung sowie ein Jugendprogramm entlasten Eltern. Kontakte zur einheimischen Bevölkerung sind nahezu ausgeschlossen: Der nächste erreichbare Ort ist das 9 km entfernte Antimachia. Anfahrt: 5,5 km westlich von Antimachia zweigt eine asphaltierte Straße nach Norden ab, die durch eine zerklüftete, unberührte Landschaft führt. Hier ist der ca. 3 km entfernt gelegene Club ausgeschildert. Eine Woche Aufenthalt mit Vollpension kostet pro Erwachsenem im DZ je nach Zimmergröße und Saison rund 520–1200 €. ☎ 22420-91527, www.robinson.de.

• **Essen und Trinken** Auf Touristenrummel ist hier niemand eingestellt, auch die Tavernen und Kafenions nicht, in denen sich fast nur Einheimische aufhalten. Eine ordentliche Mahlzeit bekommt man in der **Taverne Panorama** am Ortsausgang, die mit einem außergewöhnlichen Ausblick aufwartet: Von hier aus sieht man die startenden und landenden Flugzeuge. Kühle Getränke, Eiscreme und andere Kleinigkeiten bietet der Kiosk gegenüber der Windmühle an, der auch über einige Sitzgelegenheiten verfügt.

Sehenswertes

Windmühle: Sie ist die letzte von einst 50 Windmühlen, die in der Gegend rund um Antimachia standen. Sie wird wegen ihres einstigen Besitzers *o mylos tou papa*, „die Mühle des Pfarrers", genannt. Im Hintergrund knirschen unablässig die Mühlsteine, während einige der Holzbalken des 250 Jahre alten Gebäudes schwach ächzen. Wen das nicht beunruhigt, der kann bis ins Dach hochklettern und durch eine Öffnung hinausschauen. Wenn die Mühle in Betrieb ist, sollten Sie beim Aufgang allerdings vorsichtig sein: Es ist eng in dem Gemäuer, die Mühlsteine und die Zahnräder sind bedenklich nahe, ohne abgesichert zu sein.

Das Dach selbst lässt sich drehen – so kann es an der Richtung des Windes ausgerichtet werden. Auch auf die Stärke des Windes reagiert der Müller: bei starkem Wind werden die Holzmasten der Flügel nur mit kleinen, bei schwachem Wind mit großen Segeltüchern bespannt.

Öffnungszeiten/Eintritt Tägl. 9–15.30 Uhr. Eintritt 1,50 € (inkl. Eintritt für das *Traditional House*).

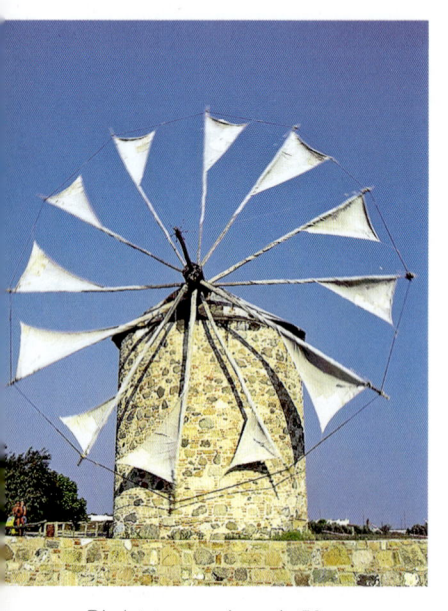

Die letzte von ehemals 50: Windmühle von Antimachia

Antimachia/Umgebung

Traditional House (paradosiako spiti): Schräg gegenüber der Windmühle befindet sich der Nachbau eines traditionellen Bauernhauses der Region, ausgeschildert als *Traditional House of Antimachia*. Vier Räume umfasst das Anwesen: Wohnzimmer, Schlafzimmer, Stall und Arbeitsraum mit Ofen. Bis in die 60er Jahre des 20. Jh. haben in solchen Häusern bis zu drei Generationen zusammengelebt.

Auf der linken Seite des *Vorhofes* befindet sich die Lagerstätte der Wasserkrüge, die mit Schwämmen verschlossen sind. Hinter dem Haupthaus ist der Schweinepferch zu erkennen; in dem kleinen Rundbau wurden die Tiere bis Weihnachten gemästet – dann waren ihre Tage gezählt.

Im *Anbau* auf der rechten Hofseite steht ein Webstuhl aus dem Jahr 1919, dessen Funktionstüchtigkeit die Hausherrin gerne vorführt. Auch ein Backofen befindet sich in diesem Raum; auf der Bank neben dem Eingang wurde der Teig geknetet und das Brot nach dem Backen gekühlt. Neben dem Ofen fällt ein Tongefäß auf: Darin wurde das traditionelle Osterlamm, gefüllt mit Leber und Reis, gebacken.

Der Hauptraum, das mit traditionellen Teppichen versehene *Wohnzimmer*, diente der Repräsentation und als Kinderzimmer. Hier werden Holztruhen mit handgeschnitzten Verzierungen, Stickereiarbeiten und Fotos gezeigt. Gäste erholten sich einst auf dem *Tavlados*, einem mit Kissen und Decken ausstaffierten Ruhelager, das über vier Holzstufen betreten wurde. Nachts diente es dem älteren männlichen Nachwuchs als Bett. Im Hohlraum unter dem Tavlados wurden in Tongefäße gefüllte Lebensmittel gelagert: Wein, Öl oder Käse.

Gegenüber der Eingangstür liegt der nachträglich eingebaute Durchgang zum *Stall*. Dort sehen Sie Nischen, in die das Futter für Kühe, Ziegen und Schafe geschüttet wurde. Außerdem werden im Stall u. a. eine Tabakpresse, Eselgeschirr mit Transportkörben und ein Spinnrad gezeigt, alles sehr gut erhalten. Der Eselskopf mit Glocke diente den Kindern zu Karneval als Teil des Kostüms.

Über dem Bett im *Schlafzimmer*, das außerdem noch als Küche und Esszimmer diente, hängen eine Wiege und ein Brotkorb. Gegenüber dem Bett sehen Sie eine breite, erhöhte Bank, die während der Mahlzeiten als Sitzgelegenheit, in der Nacht als Bett der Mädchen diente. Die erhöhte Anlage der Schlafstätten schaffte Lagerraum (unter dem Bett der Eltern wurde v. a. Weizen aufbewahrt) und schützte vor Schlangenbissen oder Skorpionstichen. Die Kinderwiege verhinderte, dass die Eltern sich aus Versehen auf den Säugling legten, sodass diesem der Erstickungstod drohte – auch in unseren Gefilden früher eine verbreitete Todesursache.

Öffnungszeiten/Eintritt Tägl. 9–15.30 Uhr. Eintritt 1,50 € (inkl. Eintritt für die Windmühle).

Umgebung

Kastell von Antimachia: Auf einer Anhöhe oberhalb der Bucht von Kardamena thront das mächtige Kastell, das, abgesehen von verschiedenen Um- und Anbauten, die Ritter des Johanniterordens erbaut haben.

Die Johanniter – Ritter ohne Furcht und Tadel?

Die Entstehung des Ordens reicht zurück ins Mittelalter, in die Zeit der Kreuzzüge. Dem Aufruf der Päpste zur Rückeroberung der heiligen Stätten im Vorderen Orient folgte der europäische Adel zwischen 1096 und 1270 siebenmal. Besonders umkämpft war Jerusalem, das die christlichen Ritter mehrmals eroberten, doch letztendlich siegten die überlegenen islamischen Streitkräfte und brachten die Stadt wieder in ihre Gewalt. Wegen der zahlreichen verwundeten Kreuzritter und der erkrankten Pilger wurde in Jerusalem ein christliches Hospital eingerichtet, das Johannes dem Täufer geweiht war; die Mitglieder der Krankenpflege-Bruderschaft nannten sich in Anlehnung daran *Johanniter*. 1120 formt der erste Meister, Raimund du Puy, die Bruderschaft zum Orden um: Mitglied konnte werden, wer adeliger Abstammung, unverheiratet sowie schuldenfrei war und schwor, sowohl keusch und besitzlos zu bleiben als auch den Armen und Kranken zu dienen. Im Kampf gegen „die Feinde der Christenheit" zeichneten sich die Ritter mit dem weißen Kreuz auf dem schwarzem Mantel und dem roten Waffenrock jedoch durch besondere Grausamkeit aus.

Zusammen mit dem genuesischen Abenteurer und Piraten Vignolo dei Vignoli wollten die Johanniter den gesamten Dodekanes erobern. 1306 landeten die ersten Kriegsgaleeren auf Rhodos, drei Jahre später war die Insel in ihrer Gewalt. Auch auf Kos und Leros errichtete der Orden Festungen. Das Ende kam über 200 Jahre später, am 26. Dezember 1522: Der militärischen Übermacht der Türken konnten sich die Johanniter nicht mehr erwehren. Während der größte Teil das Angebot Sultan Süleimans des Prächtigen annahm und die Insel mitsamt der mobilen Besitztümer verließ, kämpfte der Rest vergeblich gegen die Übermacht; die meisten verloren dabei ihr Leben.

1530 schließlich überließ Kaiser Karl V. den Johannitern die Insel Malta als Lehen – daher auch der bekanntere Ordensname *Malteser*. Nachdem Napoleon Bonaparte 1798 die Insel erobert hatte, folgten einige heimatlose Jahrzehnte. Schließlich erhielt der Orden im Vatikan eine faktisch autonome Enklave, wo der Großmeister auch heute noch residiert, offiziell anerkannt von 38 souveränen Staaten.

Eine gut lesbare Inschrift über dem zweiten Tor dokumentiert, dass die Festung 1404 zum letzten Mal erweitert wurde. Begründet hatten das Kastell im 13. Jh. die Venezianer, die ein Jahrhundert später von den Johannitern als Burgherrn abgelöst wurden; schließlich bezogen die Türken in der Festung Quartier. Die meterdicken Grundmauern sind an der Nordflanke verhältnismäßig gut erhalten, selbst ein Teil der Zinnen hat die sechs Jahrhunderte überdauert. Das Innere der Burg hat sich die Natur zurückgeholt. Nur einige Zisternen und zwei Kirchen sind noch weitgehend erhalten. In der *Kirche Ag. Nikolaus* sind die Reste eines Freskos des hl. Christophorus auszumachen, der

Antimachia/Umgebung 189

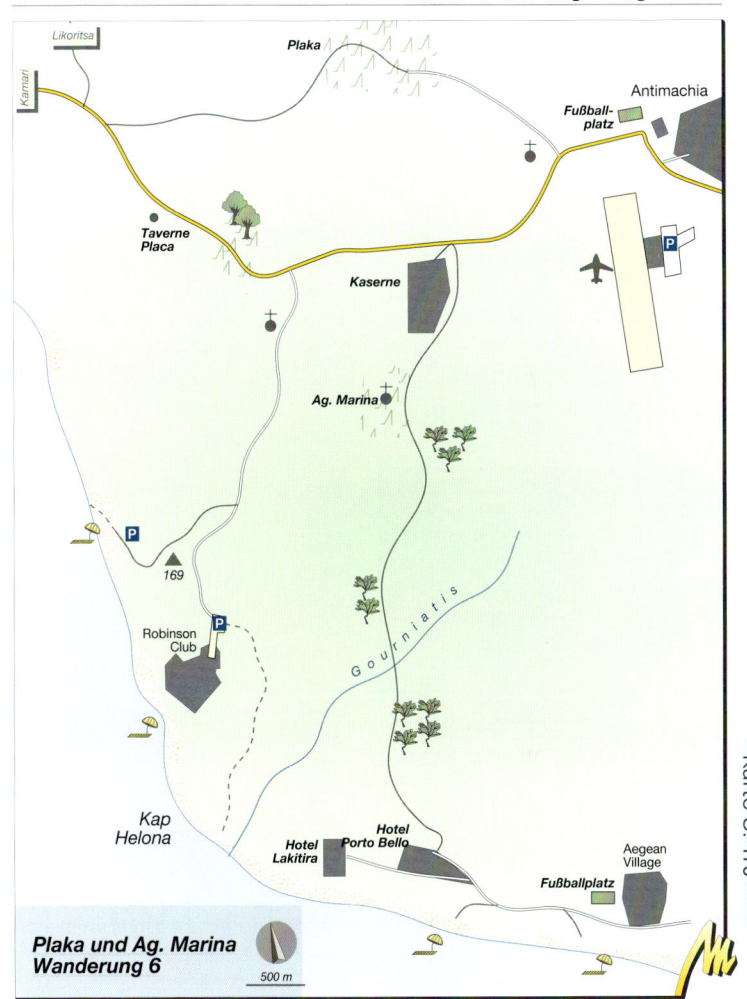

Plaka und Ag. Marina Wanderung 6

Der mittlere Teil der Insel — Karte S. 175

das Christkind trägt. In der *Kirche Ag. Paraskevi* stoßen Sie auf insgesamt 16 Ikonen der heiligen Paraskevi, der Märtyrerin, der im 2. oder 3. Jh. von ihren Verfolgern die Augen ausgestochen und schließlich der Kopf abgeschlagen wurde. Ihre Augen trägt sie auf den Darstellungen in einer Schale – heute wird Paraskevi als Schutzheilige der Augenkranken verehrt. Die Kirchweih ist am 26. Juli mit einer Prozession und einem Gottesdienst.

Über dem Eingang der Kapelle im östlichen Teil der Festungsanlage sind drei Wappen angebracht, eines davon zeigt die Jahreszahl 1520 und gehörte dem damaligen Großmeister des Johanniterordens, Del'Carretto. Im Inneren des ziegelgedeckten Gemäuers ist der Rest eines Freskos zu erkennen, das den heiligen Christophors darstellt. Die tiefe Zisterne auf dem Vorhof speichert schon lange kein Wasser mehr. Von den übrigen Gebäuden auf dem Areal, ehemalige Ställe und Häuser, ist nicht sehr viel erhalten. Im Kastell sorgt eine Getränkebude für Erfrischung.

Von der Südflanke des Kastells bietet sich bei klarem Wetter ein herrliches Panorama, der Blick reicht über die Bucht von Kardamena und die Ägäis bis zur Vulkaninsel Nissiros.

• *Anfahrt* Von Kos-Stadt aus fahren Sie über den Insel-Highway in westlicher Richtung. Rund 800 m vor dem Kreisverkehr bei Antimachia, unmittelbar vor einer Kaserne, müssen Sie nach links abbiegen. Ein Schild macht auf das Kastell („Castle") aufmerksam.

• *Eintritt* Künftig soll der Besuch des Kastells Eintritt kosten, das Kassenhäuschen steht schon seit Jahren – es war 2009 aber noch immer unbesetzt.

Plaka: Ein beliebtes Ausflugsziel, diesmal nicht für Touristen, sondern für die Inselbewohner selbst: Die Plaka ist ein Wäldchen in einer Senke, inmitten einer ansonsten kargen Landschaft. Zwar führt der Bach, der sich durch den Wald schlängelt, im Sommer kein Wasser, doch der Anblick einer Quelle verrät, warum hier Stein- und Aleppokiefern wachsen können. Auf einer Lichtung mit zwei großen Grillstellen versammeln sich am Wochenende die Einheimischen, um geduldig ganze Lämmer und Ferkel am Spieß zu rösten, die einen appetitlichen Duft verströmen. Neugierigen Touristen reicht man stolz ein Stück vom Sonntagsbraten zum Probieren. Aus den Autos dröhnen laut die griechischen Schlager der Saison, die schon die Kinder auswendig kennen, was sie auch unter Beweis stellen. Mitten in diesem Szenario stolzieren rund zwei Dutzend Pfauen umher, die nervös nach heruntergefallenen Brotkrumen oder anderen Leckerbissen Ausschau halten. Kaum 1 km² groß, eignet sich die Plaka weniger für einen Waldspaziergang, doch für eine Rast bietet dieser schattige, kühle Ort ideale Bedingungen.

• *Anfahrt* Von Antimachia über den Highway nach Westen. Etwa 2,5 km hinter dem Ort zweigt kurz vor einer kleinen Kapelle (weiß-blaues Dach) eine asphaltierte Straße nach rechts (Nordwesten) ab, die nach etwa 2 km in den Wald führt. Über die Schotterpiste kommt man von der Lichtung in südwestlicher Richtung zurück zur Insel-Hauptstraße.

Kirche Ag. Georgios Loizos: Durch landschaftlich reizvolles Gebiet führt die Strecke zwischen Antimachia und Mastihari. Die durchfurchte Landschaft, in der sich Schluchten und Hochplateaus abwechseln, ist fruchtbar; das dokumentieren großflächige Olivenhaine und Weinberge. Etwa auf halbem Weg befindet sich östlich der Straße die kleine Kirche Ag. Georgios Loizos, für deren Bau Steine antiker Gebäude verwandt wurden. Verschiedene archäologische Funde belegen, dass die Kapelle im ehemaligen Hippioten-Gebiet liegt: Entdeckt wurden u. a. eine marmorne Weihinschrift für Pan, den Gott der Wildnis, sowie eine Inschrift, die dokumentiert, dass die Einwohner dieser kleinsten antiken Gemeinde auf Kos alle zwei Jahre ein Fest zu Ehren der Göttin Hera, Gattin des Zeus und Beschützerin von Ehe und Geburt, veranstalteten.

Wanderung 6: Ag. Marina – die Kirche im Olivenhain
Strecke: 5 km; Höhendifferenz: +/– 110 m; Dauer: 2:30 Std.

Ein wunderschöner Spaziergang durch die überwiegend karge, durchfurchte Landschaft, in der fast nur kleinwüchsiges Dornengestrüpp überlebt. Zu dieser Umgebung bilden die Eukalyptusbäume und Zypressen rund um die kleine Kirche Ag. Marina und das Schilfgras entlang dem im Sommer trockenen Flusslauf einen faszinierenden Kontrast. Die Wanderung eignet sich auch sehr gut als Mountainbike-Tour!

Anfahrt: Mit dem eigenen Fahrzeug bis nach Antimachia. Von Antimachia aus geht es zunächst ca. 2,5 km über den Highway in westlicher Richtung. Unmittelbar vor einer Kaserne zweigt die Sand-Schotter-Piste nach links (Süden) ab. Hier nun können Sie den Wagen oder das Moped abstellen und laufen.

Wanderung: Zunächst zwischen Rollbahn und Militärgelände verlaufend, windet sich der Weg langsam in die zerklüftete Landschaft, bis beidseitig die macchiabewachsenen Wände einer Schlucht aufragen. Nach 1,7 km passieren Sie die Kirche Ag. Marina, die den Beinamen *en Eläoni* (= im Olivenhain) trägt. Tatsächlich sind es weniger Olivenbäume, die das Gebäude umgeben, als vielmehr Eukalyptus- und verschiedene Nadelbäume. Der Beiname verweist darauf, dass es früher einmal in diesem Tal Olivenhaine gegeben hat, die allerdings weitgehend verschwunden sind – das Geschäft mit den Oliven lohnt sich heute nicht mehr.

Zwischen dem Weg und der in Hanglage errichteten Kirche verläuft das Flussbett des Gourniatis, der lediglich im Winter und Frühjahr Wasser führt. Diese Feuchtigkeit reicht dem Spanischen Rohr, bekannt auch als Riesenschilf, um zu gedeihen. Dicht an dicht wiegen sich die Halme der größten Grasart Europas im Wind. Aus den Halmen des Riesenschilfes werden übrigens Matten geflochten und Angelruten hergestellt.

Gut 1,5 km weiter kreuzt die Straße den Flusslauf; schließlich kommt links vom Weg ein Brunnen, aus dem auch im Sommer Wasser tröpfelt. Parallel zum Flussbett, an der tiefsten Stelle der zerfurchten Landschaft, zieht sich der Weg bis zum Hotel Porto Bello. Von hier aus können Sie den schönen Weg zurückgehen.

Zerfurchte Wände und Macchia: die Mitte der Insel

Kleine Insel, große Bucht: der Westen von Kos

Der Westen von Kos

Einsame Buchten und kilometerlange, breite Sandstrände, weite Ebenen und schroffe Felsen – vielfältig und widersprüchlich präsentiert sich Kos rund um den Isthmus. Erfreulicherweise hält sich der Touristentrubel auf der Halbinsel von Kefalos, die die Koer in Anlehnung an ihre Form auch „Schafskopf" nennen, noch in Grenzen.

Die Bucht von Kefalos zählt zu den schönsten Griechenlands, und auch die Sandstrände rund um den Paradise Beach brauchen keinen Vergleich zu scheuen. Westlich von Kefalos, der verwinkelten und etwas verschlafenen Ortschaft, liegen kleine, ruhige Badebuchten an der zerklüfteten Küste. In der Antike befand sich hier die Hauptstadt der Insel; archäologische Sehenswürdigkeiten wie die *Stefanos-Basilika* zeugen von der historischen Bedeutung dieser Gegend.

Kamari

Eigentlich steht der Name Kamari für zwei Orte: für den alten Hafen von Kefalos, der immer schon Kamari hieß, und für den Badeort Ag. Stefanos, benannt nach der Basilika im Ostteil der Bucht. Im Laufe der Zeit wuchsen die Ansiedlungen zusammen. Für den auf diese Weise entstandenen Ort hat sich die Bezeichnung Kamari durchgesetzt.

Trotz kontinuierlicher Erweiterung der touristischen Infrastruktur erweckt der Ort größere Sympathie als etwa Tigaki oder Marmari – obwohl auch hier

Der Westen von Kos

kaum Griechen leben. Die malerische Bucht mit der vorgelagerten kleinen Insel *Kastri* dürfte wohl ein wesentlicher Grund für Kamaris Anziehungskraft sein. Überragt vom Hochplateau, auf dem sich der ursprüngliche Ort Kefalos befindet, liegt Kamari auch in unmittelbarer Nähe der schönsten erschlossenen Strände der Insel. Viele Touristen, darunter jede Menge Deutsche und Engländer, kommen hierher, um ihrem sportlichen Hobby zu frönen: Kamari ist ein Eldorado der Surfer und Segler, die den stetigen, ablandigen Wind zu schätzen wissen.

Verbindungen

Bushaltestellen befinden sich am Ortseingang und an der Kreuzung der Straße, die die Uferpromenade mit der Ortsdurchfahrt verbindet. Von Mo bis Sa fährt der **Bus** 6 x tägl. (der erste um 9.10 Uhr, der letzte um 21 Uhr) über den Highway nach Kos-Stadt, sonntags 3 x. In umgekehrter Richtung fährt der Bus 5 x tägl., sonntags 3 x, der letzte fährt immer um 18 Uhr! Die Fahrt dauert knapp 1 Std. und kostet 4 €. Fast doppelt so schnell sind die **Taxifahrer**, die für die Strecke (40 km) aber 38 € verlangen.

Adressen

● *Bank* Lediglich in Kefalos gibt es eine Filiale. Wenn Sie nach Kefalos hochfahren und sich direkt an der Ortseinfahrt scharf rechts halten, finden Sie die Bankfiliale (neben dem Restaurant Labada). In Kamari gibt es allerdings neben der Tankstelle einen **Geldautomaten**.

● *Telefon/Post* Weder die O.T.E. noch die Post hat eine Filiale in Kamari. Briefmarken verkaufen jedoch auch Souvenirläden und kleine Supermärkte.

● *Polizei* In Kefalos unter ✆ 22420-71222 zu erreichen.

● *Arzt* Die Praxis war bei unserer Recherche unbesetzt, im Notfall kommt ein Arzt aus Kefalos. ✆ 6978217107 (mobil).

● *Reisebüro* Professionellen Service bietet **Kastri Travel** an der Durchgangsstraße. Buchen können Sie hier Ausflüge aller Art, Mietwagen und Tickets für die Tragflächenboote ab Kos-Stadt. Für 3 € können Sie auch 30 Min. im Internet surfen. ✆ 22420-71755.

Flug- und Fährtickets sowie Zimmervermittlung bietet **Asklipios Tours**. Das Büro liegt am Ende der Uferpromenade in Richtung Kefalos. Auch Ausflüge können Sie buchen, etwa nach Nissiros für 18 € (plus 7 € für den Bus-Trip in den Vulkankrater) oder nach Kalymnos für 30 €. Die Boote zu diesen Inseln starten in Kefalos. ✆ 22420-72143.

● *Auto-/Zweiradverleih* **Manolis**, mit zwei Stationen an der Ortsdurchfahrt vertreten, vermietet Autos und Zweiräder. Einen Scooter gibt es je nach Hubraum für 10–12 € pro Tag. Auf ein kleines Quad mit 50 ccm können Sie sich für 13 € tägl. setzen. Ein klimatisierter Atos kostet in der NS 20 €, in der HS bis zu 40 €. Für den Jimny-Jeep von Suzuki werden in der NS 30 €, in der HS 55 € verlangt. ✆ 22420-71662, manolis.car.rental@hotmail.com.

Trust Tours, ebenfalls mit zwei Filialen an der Durchgangsstraße. Service wird in dem Familienbetrieb von Savvos, Irene und Yiannis Kapiris großgeschrieben, und die Fahrzeuge sind bestens in Schuss. Quads gibt es ab 12 €, einen Buggy für 30 € tägl.

Bei den Autos liegt die günstigste Kategorie (z. B. ein Fiat Panda) bei 30 € pro Tag, einen Jimny-Jeep gibt es für 50 €. Im Preis freie Kilometer und 24-Std.-Service inbegriffen. Außerdem können Sie für 60–100 € pro Tag Motorboote leihen. ✆ 22420-71780, 6999987878 (mobil). www.trustrentalskos.com, trusttourskos@gmail.com

• *Feste* Am 25./26. Juli findet das Kirchweihfest zu Ehren der heiligen Paraskevi in Kamari statt.

*Ü*bernachten

Die meisten Hotels und Apartmentanlagen sind in den letzten Jahren eilig hochgezogen worden, entsprechend funktional ist die Architektur. Schöner sind in der Regel die Unterkünfte entlang der Uferpromenade, leider aber oft ausgebucht. In der HS hat man hier als Individualreisender ohne Reservierung kaum eine Chance, ein Zimmer zu bekommen.

Panorama Studios (3), der Name ist Programm: Die Aussicht auf eine der schönsten Buchten der griechischen Inselwelt ist sagenhaft. Die Unterkünfte lassen auch ansonsten nichts zu wünschen übrig. Die 17 Apartments auf drei Ebenen sind sauber, verfügen über eine Kochnische sowie einen Kühlschrank und sind mit Geschirr ausgestattet – und natürlich mit Balkon oder Terrasse, um den Blick über die Bucht zu genießen. Familie Diamantis, die die Studios betreibt, versteht sich außerordentlich gut auf freundlichen Service. Frau Diamantis spricht Deutsch, da sie lange in Deutschland gelebt hat. Die Zufahrt zu den Studios geht vom Insel-Highway ab, zwischen der Straße zum Camel Beach und der zum Ag. Stefanos Beach weist ein Schild darauf hin. Zu Fuß zum Strand läuft man von den Apartments rund 15 Min. Ein DZ kostet je nach Saison zwischen 35 und 50 €, ausgezeichnetes Frühstück inkl. ✆ 22420-71924, ✉ 22420-71524, panoramas@hol.gr, www.panorama-kefalos.gr.

Mussonos Studios (1), der zweite echte Tipp für eine wunderbare Unterkunft liegt ebenfalls auf einem Hochplateau, allerdings auf der anderen Seite der Bucht. Auf der Straße, die nach Kefalos hochführt, sehen Sie links ein Schild mit dem Hinweis auf die Mussonos Studios. Die Aussicht auf die Bucht und die Insel Kastri ist berauschend, die Ruhe hier oben ebenfalls. Das freundliche Ehepaar, das die Winter in Athen und die Sommer hier in Kefalos verbringt, vermietet acht schlicht und geschmackvoll eingerichtete Apartments, die für 30–40 € an 2 Pers. vermietet werden. ✆ 22420-71501, esifahi@panafonet.gr.

Hermes (2), am Hang oberhalb von Kamari, auf halbem Weg nach Kefalos. Das kürzlich renovierte Hotel mit 70 Betten und großem Pool ist zehn Fußminuten vom Strand und ruhig gelegen. Die Zimmer sind klimatisiert und verfügen über einen Balkon. Die Familie, die das Hotel führt, hat noch einiges vor: eine Internetstation, ein Wäscheservice und ein Supermarkt sollen in Kürze entstehen. Bereits eröffnet ist der Autoverleih. Ein DZ kostet zwischen 40 und 50 € inkl. Frühstück und Klimaanlage. ✆ 22420-71102, ✉ 22420-71794, hermes@kefalos.com, www.kefalos.com/hermes.htm.

Studios Tsakini (15), am westlichen Buchtende, über dem Hafen (Abzweigung „Basilica"). „Herrlicher Ausblick, und der Vermieter verwöhnt seine Gäste mit Obst und Gemüse aus seinem Garten", schrieb uns Leserin Andrea Kromoser. DZ zwischen 30 und 35 €. ✆ 22420-71649.

Eleni (4), das Hotel liegt an der Parallelstraße zur Durchgangsstraße. Die Abzweigung ist etwas schwer zu finden; sie befindet sich genau gegenüber den Zafira-Studios. Die 35 Zimmer mit Bad und großem Balkon sind sauber, ruhig und angenehm kühl. Die Hotelterrasse am Pool nutzen die Urlauber als Kommunikationszentrum. Hier wird auch das Frühstück serviert, das im Preis von 25–35 € für das DZ enthalten ist. ✆ 22420-71318, ✉ 22420-71888.

Kordistos (12), direkt am Strand, aber auch nahe der Hauptstraße. Interessant v. a. für Wassersportfans. Meerblick gibt es von den meisten Balkonen der 38 Zimmer. Das Hotel kooperiert mit der Windsurfstation in unmittelbarer Nähe. Wer nicht ins Meer springen mag, nutzt den Pool. Die Preise für die Zimmer schwanken stark, sie liegen bei 35–55 € inkl. Frühstück. ✆ 22420-71251, ✉ 22420-71206, , www.kordistoshotel.com.

Pansion Anthoulis (9), relativ neues, kleines Hotel an der Durchgangsstraße, viele Apartments und Balkone haben Meerblick. Die Apartments sind sauber, geräumig, die Küche ist zweckmäßig ausgestattet; zwei

Kamari 195

Übernachten
1 Mussonos Studios
2 Hotel Hermes
3 Panorama Studios
4 Hotel Eleni
5 Chronis Studios
9 Pansion Anthoulis
12 Hotel Kordistos
15 Studios Tsakini

Essen & Trinken
10 Restaurant The Wave
11 Restaurant Ag. Stefanos
13 Taverne Katerina
14 Taverna Stamatia
16 Taverne Faros

Nachtleben
6 Cocktailbar Time Out
7 Disco Siwa
8 Popeye's Bar

Personen zahlen 25–35 €, vier 35–40 € pro Nacht. ✆ 22420-72057, ✆ 22420-72004.

Chronis Studios (5), von der Durchgangsstraße aus nicht sofort zu finden, liegen die Studios doch etwas zurückgesetzt, hinter dem Restaurant Hub's, dessen Besitzer die acht freundlich eingerichteten Studios vermietet. Das Haus ist von einem Garten umgeben, die Apartments haben alle Balkon und sind günstig: Zwei Personen zahlen 25 € pro Nacht. ✆ 22420-71540, hub's_kefalos@yahoo.gr.

Essen und Trinken

Mehr als ein Dutzend Tavernen, Restaurants und Cafés wetteifern um die Kundschaft; die meisten befinden sich entlang der Uferpromenade, von der man einen ausgesprochen schönen Blick über die Bucht genießt.

Faros (16), an der Anlagestelle, am westlichen Ende der Bucht. Eine große Auswahl an griechischen Gerichten, flotter Service und reichliche Portionen zu günstigen Preisen stimmen die Gäste auf der Terrasse am Strand zufrieden. Neben den reichhaltigen Omeletts überzeugen die Fischgerichte preislich wie qualitativ. Prima war auch das Kaninchenstifado.

The Wave (10), direkt am Strand gelegen. Die schöne Aussicht aufs Meer und die Bucht lockt am Abend zahlreiche Gäste an die Terrasse. Geboten wird griechische Küche zu gemäßigten Preisen, es gibt eine große Auswahl an Fisch- und Fleischgerichten. Wen das Baden oder Surfen hungrig gemacht hat, der stärkt sich mit Omeletts. Es wird auch Frühstück angeboten.

Stamatia (14), die Taverne liegt ebenfalls direkt am Strand, nahe dem Wendeplatz. Die windgeschützte Terrasse ist etwas erhöht, sodass man einen erstklassigen Blick auf Bucht und Badende hat. Stamatia ist vielleicht die griechischste der Strandtavernen in Kamari: Die Speisekarte bietet vor allem griechische Kost – vom Stifado bis zur Dorade vom Grill.

Ag. Stefanos (11), das Restaurant an der Durchgangsstraße serviert die traditionelle griechische Küche. Neben den Standards gibt es hier regelmäßig „Special Offers". Sowohl vor als auch hinter dem Haus

Der Westen von Kos
Karte S. 193

haben die Eigentümer eine hübsche Terrasse angelegt.

Katerina (13), am östlichen Ende der Bucht, neben dem Club Med. Vor allem von hungrigen Sonnenanbetern gut besucht, entsprechend sieht die Tageskarte aus: Omelette, Pizza und griechische Standardgerichte.

Nachtleben (siehe Karte S. 195)

Die Zeiten, in denen in Kamari nachts die Bürgersteige hochgeklappt wurden, sind vorbei. Inzwischen ringen zumindest zwei kleine Diskotheken und ein Dutzend Bars um die Gunst der späten Kunden. Recht gut besucht war die Bar **Popeye's (8)**. Einmal pro Woche geben hier nicht die Sangesprofis von CDs, sondern Laien ihr Können beim Karaoke-Wettbewerb zum Besten. Ein Cocktail kostet 3 €. Rechts hinter dem Supermarkt liegt die Cocktailbar **Time Out (6)**, die eine beachtliche Karte vorweisen kann. Auf den Rattanmöbeln auf der Terrasse sitzt es sich nett – auch dann noch, wenn die Sonne schon lange untergegangen ist. Später am Abend sind die Tanzclubs **Survivor** und **Siwa (7)** angesagt.

Sehenswertes

Insel Kastri: Kaum ein Reiseführer oder Prospekt verzichtet auf den Abdruck eines Fotos der Bucht von Kefalos. Aus gutem Grund, denn es handelt sich um eines der reizvollsten Motive auf der Insel. Ein Aussichtspunkt neben dem Highway, etwa 500 m östlich des Club Med, bietet eine sehr gute Fotoperspektive, die sich auch die meisten Katalogmacher zunutze machen. Blickfang ist die Insel Kastri, etwa 90 m vom Ufer entfernt. Selbst schlechte Schwimmer können das Eiland erreichen. Auf dem Inselchen befindet sich die Kapelle des hl. Nikolaus, dem Schutzpatron der Seefahrer, die allerdings in der Regel verschlossen ist.

Bucht von Kefalos: beste Aussicht für Strandfaulenzer

Überreste der Basilika Ag. Stefanos

Ag. Stefanos: Am Strand vor dem Gelände des inzwischen geschlossenen Club Med, gegenüber der Insel Kastri, sind die Überreste der frühchristlichen Basilika Ag. Stefanos zu besichtigen. Errichtet wurde das antike Heiligtum zwischen 496 und 554 n. Chr., zu einer Zeit, als die Insel Kastri mit dem Festland noch durch eine Brücke verbunden war, die später bei einem Erdbeben einstürzte. Der italienische Archäologe Luciano Lorenzi legte die Basilika 1932 frei und richtete vier Säulen wieder auf. Eigentlich handelt es sich um eine Doppelbasilika: zwei dreischiffige Kirchen mit einer gemeinsamen Taufkapelle am Kopfende. Die Mosaike der Basilika sind größtenteils mit Kies bedeckt, um sie zu schützen.

Basilika Kamariou: Die Überreste der Basilika sind am westlichen Ende der Bucht oberhalb der Taverne Faros zu sehen. Folgen Sie der Straße an der Taverne landeinwärts, dann zweimal links abbiegen und den kleinen Hügel hinauf. Die Säulenstümpfe und die Mosaike, die geometrische Muster zeigen, sind jedoch deutlich schlechter erhalten und weniger anschaulich als die von Ag. Stefanos.

Agora: Die Annahme, dass Kamari bereits in der Antike eine bedeutende Ansiedlung war, wird durch neuere Funde gestützt. 300 m westlich des Hotels Kordistos, zwischen Ortsdurchfahrt und Strand, legten Archäologen Ruinen frei, die vermutlich von einer antiken Agora stammen. Noch sind die Ausgrabungsarbeiten nicht abgeschlossen, und es ist zu vermuten, dass sich im Erdreich noch weitere Schätze verbergen.

Baden

Die Bucht mit der vorgelagerten Insel Kastri präsentiert sich nicht nur optisch als Traumbucht. Der bis zu 25 m breite Strand besteht aus feinem hellen Sand, ebenso der Meeresboden, der flach abfällt. Die Sonnenschirme stehen selbst in der Hauptsaison nicht dicht an dicht, und die regelmäßige Reinigung des Strandes garantiert ungetrübte Badefreuden. Nachteil: Wer zu weit hinausschwimmt, für den können die Surfer eine ernst zu nehmende Gefahr darstellen – Vorsicht ist geboten! Zwei Sonnenliegen mit Schirm kosten pro Tag 6 €.

Da inzwischen auch die lärmenden Varianten des Wassersports (Jetskis) hier immer mehr Anhänger finden, ziehen sich Ruhe suchende Touristen mehr und mehr in den westlichen Teil der Bucht am Fuß des Berges Zini zurück – auch dort findet man Liegestühle und Sonnenschirme.

Sport

In Kamari wird Wassersport aller Art betrieben. Die Bucht von Kefalos gilt als *High Wind Area* und bietet Windsurfern ideale Bedingungen, wie sie in Griechenland nur noch auf der Insel Lefkas anzutreffen sind. Der Wind ist stetig, stark und ablandig, nachmittags erreicht er oft 6, manchmal sogar 8 Beaufort.

Surfer und solche, die es werden wollen, sind bei *Kefalos Windsurfing* gut aufgehoben. Der Schweizer Jens Bartsch bietet Anfängerkurse für 220 € an, Material inbegriffen. Wer nur Equipment leihen möchte, erhält dies für 25 € die Stunde bzw. 60 € täglich. Für Vorausbuchungen gibt es Preisnachlässe. ✆ 22420-71917, ✆ 6977620316 (mobil), www.kefaloswindsurfing.com.

Cat Adventures, Katamaranschule und Apartmenthaus in einem, ist am Strand nahe der Taverne Wave zu finden und von Mai bis Oktober geöffnet. Die von dem flämischen Paar Dirk und Ann Trio geführte Schule bietet komplette Urlaubspakete an: Eine Woche in einem der sieben Apartments (zwei bis drei Personen) mit Unterricht in der Gruppe kostet je nach Saison zwischen 539 und 579 €. Wer einen Katamaran mieten möchte, zahlt für 1 Std. 50 €, für eine Privatstunde bezahlt man 25 € extra. Den Leiter Dirk Trio erreichen Sie in den Wintermonaten in Belgien unter ✆ 0032-494-187595, im Sommer vor Ort unter ✆ 6970719498 (mobil). Mehr Infos auf www.catadventures.be.

Bei *Baywatch Watersports I und II* können weniger Ambitionierte an Wassersportangeboten aller Art teilnehmen. Jetski und Paragliding kosten 30 €, für 20 € kann man 15 Min. Wasserski fahren (mit Unterricht 25 €). Und wer sich auf einem Banana Boat oder Ringo übers Meer ziehen lassen will, zahlt 10 €. Die Stationen, die ein Brite mit seinem Sohn betreibt, sind erreichbar unter ✆ 6972390421 oder 6945625362 (beide mobil) oder baywatch2@hotmail.com.

Ausflüge

Das größte Angebot an Ausflügen bieten u. a. Trust Tours und Asklipios Tours. Für 25 € kann man am *Fishing Barbecue* teilnehmen: Der Ausflug geht zeitig los, an Bord wird gefrühstückt und später Fisch gegrillt. Außerdem gibt es jeden Morgen ein Taxiboot zum *Paradise Beach* (8 €, Kinder 4 €). Dreimal

Camel Beach: ein Strand unter vielen

wöchentlich können Sie zur Vulkaninsel *Nissiros* übersetzen (25 € inklusive Busfahrt zum Vulkan). Für 35 € findet einmal pro Woche die *Three-Islands-Tour* (inklusive Barbecue) statt, 30 € kostet der Tagestrip nach *Kalymnos*. Wer für einen Tag nach *Bodrum* übersetzen will, muss 35 € zahlen, auch diese Tour findet einmal in der Woche statt. Weiter im Programm: die so genannte *Greek Night* in der Giganto-Taverne Fantasia in Zia sowie Fahrten nach Kos (10 €).

Strände

In der lang gezogenen riesigen Bucht zwischen der Ortschaft Kamari und dem Kap Ag. Nikolaos erstrecken sich die schönsten und weitläufigsten Strände der Insel. Breit und einladend zieht sich das feinsandige Ufer durchgängig vom Isthmus bis zum Kap Helona – fast 10 km lang. Vom Highway, der parallel zur Küste verläuft, führen sechs Wege hinunter zum Meer (alle ausgeschildert). Von Kos kommend, ist die Reihenfolge der Strände: Polemi/Magic, Sunny, Markos, Banana, Paradise und Camel Beach.

Camel Beach: Etwa 1,5 km östlich des Club Med zweigt rechts eine Schotterpiste vom Highway zum Meer ab. Von hier aus eröffnet sich ein herrlicher Blick über die Südküste bis zum Kap Helona, das Luftlinie etwa 8,5 km entfernt liegt. Auf dem Plateau über der Bucht sorgt eine Taverne für das leibliche Wohl. Über eine steile Piste geht es hinunter zum Meer.

Der Camel Beach besteht eigentlich aus drei unterschiedlich großen Buchten, die im Osten durch das *Kap Tigani* begrenzt sind. In der größten Bucht stehen Sonnenschirme in Zweierreihen (6 € pro Paar). Über einen flachen Steinvorsprung kann man in die östlichen Buchten klettern, die durch bizarr geformte

Felsen voneinander getrennt werden. An diesen Klippen fühlen sich große Fischschwärme wohl. Es lohnt sich, die Taucherbrille mitzunehmen. Müll gibt es in den kleinen Buchten kaum, die Strände werden sauber gehalten.

Paradise Beach: Er schließt sich im Osten an den Camel Beach an. Der Inselbus hält auf dem Highway, 500 m vom Paradise Beach entfernt. Von dort aus führt eine Asphaltstraße zum Strand hinunter. Eine Taverne am Hang über dem Strand hat sich nicht nur auf Mittagstisch, sondern auch auf Frühstück spezialisiert. Das Angebot nehmen viele junge Touristen, die den frühen Bus in den Westen der Insel genommen haben, gerne an.

Vom „Paradies" auf Kos ist nicht mehr allzu viel geblieben, denn inzwischen ist fast die gesamte Bucht – mehr als 600 m – von Schirmen und Liegen verdeckt. Mehrere Stationen verleihen Jetski, die mit lautem Motorenlärm die Ruhe vertreiben – für etwa 35 € pro 15 Min. Außerdem werden Wasserski, Schleppfahrten (Banana Boat, Ringo etc.) sowie Parasailing angeboten.

Bubble Beach (= Blasenstrand): Der Name, den dieser Strandabschnitt auch trägt, verweist auf die vom Meeresgrund aufsteigenden kleinen Bläschen: Gase, die aus einem erloschenen Vulkan im Meeresgrund entweichen. Am westlichen Ende befindet sich der *Waterpark*. Für 3 € Eintritt dürfen Sie die Kletterwand ersteigen, Wasservolleyball spielen, auf dem Trampolin hüpfen oder sich auf einer Wippe vergnügen.

Lagada- und Banana Beach: Auch hier ziehen die Jetski-Fahrer ihre Runden, jedoch deutlich weniger als am benachbarten Paradise Beach. Eine Snackbar steht ebenso bereit wie einige Sonnenschirme und Liegestühle.

Strand-Stillleben: Gestrandetes Boot in griechischen Farben

Wild und einsam: Strände im Westen von Kos

Markos Beach: Hier geht es deutlich ruhiger zu, die Zahl der Sonnenschirme ist überschaubar. Von den Strandtavernen gilt die am Markos Beach bei Einheimischen als die beste. Auch am *Sunny Beach* sorgt eine Taverne mit griechischer Küche und Snacks für gefüllte Mägen; einen Tretbootverleih müssen Sie auch nicht missen. Am *Magic Beach*, manchmal auch als *Polemi Beach* ausgewiesen, stehen nur wenige Liegestühle und eine Strandbar. Hier fühlen sich viele FKK-Fans wohl.

Weiter in östlicher Richtung, nahe dem *Kap Helona*, trifft man nur selten auf Touristen. Der bis zu 50 m breite Sandstrand und das Wasser sind recht sauber. Der sandige Meeresboden fällt vergleichsweise steil ab, und in Ufernähe liegen große Steinplatten im Meer, auf denen man leicht ausrutschen kann! Naturschatten gibt es keinen – in den Dünen, hinter denen die Küste steil und felsig ansteigt, wachsen lediglich ein paar Sträucher.

Auf der anderen Seite des Isthmus hat sich bislang noch keine Infrastruktur am Strand entwickelt. Zum Strand *The Virgin* führt eine asphaltierte Strecke. Am kilometerlangen Sandstrand, der sehr flach ins Wasser führt, stehen nur ein paar Liegestühle, Schatten fehlt. Leider liegt stellenweise viel Unrat herum.

Anfahrt Von Kos kommend, in Richtung Limnions vom Highway abbiegen, nach 100 m wieder rechts abzweigen und der Asphaltstraße folgen (Achtung Zweiradfahrer: tückische Spurrillen).

Wanderung 7: Vom Paradise Beach nach Kardamena

Strecke: 13,5 km; Höhendifferenz: +/– 10 m; Dauer: 6 Std.

Eine echte Strandwanderung über einen der schönsten Küstenabschnitte der Insel: Über lange Strecken zieht sich der breite Sandstrand, der auf einigen Kilometern fast menschenleer ist. Der Marsch ist recht anstrengend, da es größtenteils über Sand geht, in den man bei jedem Schritt einsinkt.

Zudem gibt es auf der gesamten Strecke praktisch keinen Schatten, sodass nur ein Sprung ins Meer Abkühlung verschafft – unsere Zeitangabe beinhaltet Pausen. Kopfbedeckung und Sonnenmilch nicht vergessen!

Anfahrt: Fahren Sie mit dem ersten Bus morgens zum Paradise Beach.

Wanderung: Eventuell nach einem kräftigenden Frühstück in der Taverne oberhalb des Strandes geht es vom Paradise Beach am Meer entlang nach Osten. Vergessen Sie nicht, sich spätestens in der Taverne mit Wasser einzudecken, denn die Getränkebuden am Strand führen nur süße Limonade und Bier! Die letzte Bude steht am Magic Beach, knapp 3 km vom Ausgangspunkt der Wanderung entfernt. Die Liegestühle am Paradise und Sunny Beach hinter sich lassend, geht es nach 4 km über den wenig besuchten Strandabschnitt namens Xerokambos in südöstlicher Richtung auf das Kap Helona zu. Über Felsvorsprünge, die an einigen Stellen zu einem kurzen Umweg ins Landesinnere zwingen, passieren Sie mehrere kleine Sand- und Kieselbuchten, bis Sie nach 5 km auf den Strandabschnitt nordwestlich des Kaps treffen. Rund 1 km weiter befindet sich der Robinson Club, dessen Gäste per Seilbahn zum gepflegten Sandstrand hinunterfahren. Am Strand entlang, den nun zunehmend mehr Menschen bevölkern, erreichen Sie nach gut einem weiteren Kilometer das Hotel Porto Bello. Über die Straße parallel zum Ufer gelangt man ins Zentrum von Kardamena. Von hier kommen Sie per Taxi oder per Bus weg (informieren Sie sich vorher über die Abfahrtszeit des letzten Busses).

Wanderung 8: Rund um den Isthmus

Strecke: 6 km; Höhendifferenz: +/– 40 m; Dauer: 2 Std.

Dicht bevölkert, mit Sonnenschirmen sowie Liegestühlen zugepflastert, liegt der Paradise Beach an der Südküste, menschenleer und wild das Gegenstück an der Nordküste. So widersprüchlich präsentieren sich die Strände an den Küsten des Isthmus, den die Koer *Lavi* (= Griff) nennen. Das Gebiet nördlich des Highways trägt auf vielen Karten den Namen *Volkania*: Während der Wanderung kann man durch vulkanische Felder laufen.

Anfahrt: Mit dem Bus oder eigenem Fahrzeug bis zum Paradise Beach.

Wanderung: Vom Paradise Beach entlang dem Insel-Highway Richtung Kefalos weiterlaufen. Rund 250 m hinter der Abfahrt vom Highway zum Camel Beach zweigt rechts eine Straße ab, ausgeschildert ist *Limnionas*. Nach wenigen Metern gabelt sich die Straße, halten Sie sich rechts. An der nächsten Gabelung wieder rechts in die Schotterpiste.

Linker Hand der Piste sehen Sie nach 300 m eine ca. 25 m^2 große kraterähnliche Vertiefung, deren Boden an einigen Stellen gelb gefärbt ist. In der Nähe riecht es nach Schwefel: Die Gegend ist vulkanischen Ursprungs. Entstanden ist sie – wie der gesamte Westteil von Kos – wahrscheinlich gleichzeitig mit der südlicher gelegenen Vulkaninsel Nissiros. Die Straße führt nun auf einen Brunnen zu und links an ihm vorbei, um sich der Nordküste zu nähern, zu der mehrere Wege abzweigen. Eigentlich unverständlich, warum der dortige Strand nicht erschlossen ist: Feinsandig zieht er sich, an manchen Stellen bis zu 50 m breit, über mehrere Kilometer hin. Im Hintergrund liegt ein mit Strandwachholder bewachsener Dünenabschnitt, und der Meeresboden ist kaum abschüssig.

Nachdem Sie zur Straße, die am Brunnen vorbeiführt, zurückgekehrt sind,

Tour: Die einsamen Gehöfte 203

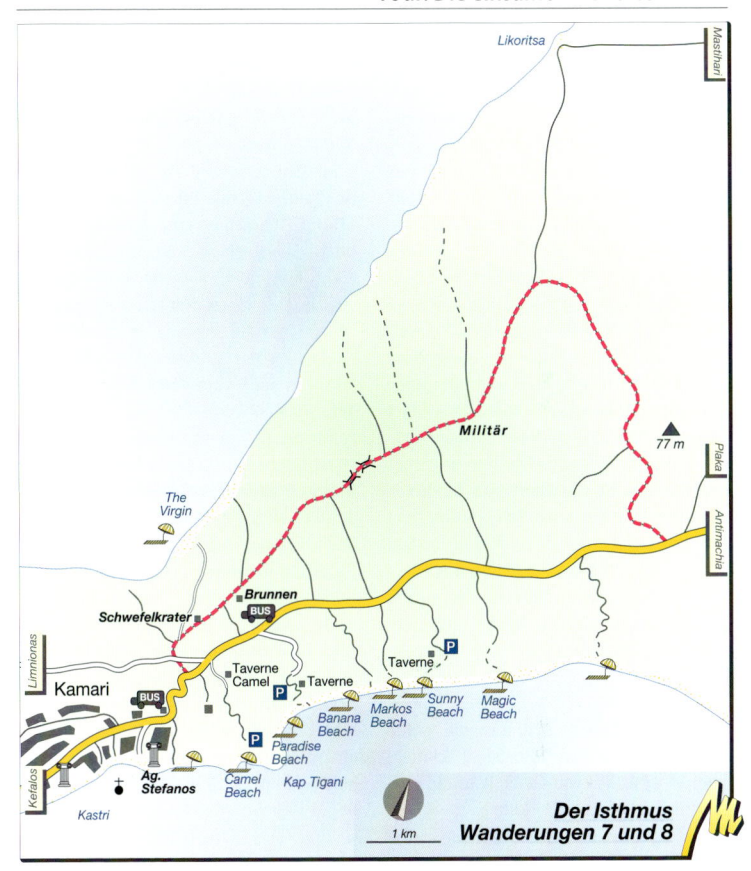

Der Isthmus
Wanderungen 7 und 8

zweigen Sie an der nächsten Gabelung nach Süden ab und folgen der Piste bis zum Highway. Auf dem wandern Sie ein Stück in östlicher Richtung, um schließlich über eine schmale Schotterpiste hinunter zum Banana Beach zu gelangen. Von dort aus geht es am Meer entlang zurück zum Paradise Beach.

Tour: Die einsamen Gehöfte

Strecke: 15 km; Höhendifferenz: +/− 70 m; Dauer: 1 Std. (Mountainbike) bzw. 30 Min. (Enduro oder Jeep)

Das Gebiet auf der Nordseite des Isthmus hat seine Attraktionen: Nicht nur die oben beschriebene Region Volkania, sondern auch weitläufige Ebenen, abgeschiedene Gehöfte und nicht zuletzt ein paar reizvolle kleine Buchten. Eine schöne Tour, die gut per Mountainbike, Enduro oder Jeep zu unternehmen ist. Auch ungeübte Fahrerinnen und Fahrer werden den Ausflug ohne Blessuren überstehen, denn es geht größtenteils über gut befahrbare Schotter- und

Sandwege. Lediglich der Staub kann einem zu schaffen machen.
Tour: Bis zum Brunnen auf dem gleichem Weg, wie oben bei der Wanderung „Rund um den Isthmus" beschrieben. Statt nun zum Highway zurückzukehren, folgen Sie der Strecke Richtung Osten. Leider gibt es anfangs einige Abzweigungen, doch wenn Sie auf der größten Schotterpiste in östlicher Richtung bleiben, sind die Chancen groß, nicht vom Weg abzukommen. Nach dem Vulkankrater am ersten Abzweig nach rund 300 m rechts halten, an der kommenden Gabelung links und schließlich wieder links, parallel zu den Stromleitungen.

Die Piste führt zunächst durch karges Gebiet, das nur stellenweise landwirtschaftlich genutzt wird. Im Norden hebt sich die tiefblaue Ägäis vor den weißen Dünen, die ein grüner Streifen aus Macchia ziert, kontrastreich ab. Vereinzelt stehen Gehöfte am Wegesrand; im Schatten der Bäume vor den Häusern dösen Ziegen und Esel. Die meisten Häuser verfügen über einen kleinen Anbau mit einer Öffnung, über der die weiße Kalkwand ganz verrußt ist: Backöfen. Ebenso zahlreich wie die bewohnten sind hier die verlassenen Gehöfte.

Der Weg führt nun über mehrere kleine Brücken; östlich der letzten Brücke zweigen mehrere holprige Pisten mit tiefen Spurrillen und Schlaglöchern zur felsigen Küste ab. Dort liegen einige, nur wenige Meter große, pittoreske Sandbuchten versteckt, eingerahmt von schroffen, etwa 5 m hohen Felsen. Schließlich trifft die Piste auf den Strand Likoritsa, eine größere Sandbucht, die (bislang) kaum Touristen anzieht. Nun geht es wieder landeinwärts, am Seagull Hotel vorbei. Von hier aus ist die Straße asphaltiert, rund 5 km sind es bis nach Antimachia. Alternativ können Sie vom Hotel auch nach Mastihari fahren.

Achtung: Wenn militärische Manöver stattfinden, wird das Areal nahe der Brücken zum Sperrgebiet erklärt. Schilder weisen Sie darauf hin.

Die letzten Kilometer in südlicher Richtung führen durch eine weitläufige Ebene. Großflächige Mais-, Gemüse- und Getreidefelder bestimmen das Bild. Hier und da weiden auch ein paar Schafe auf der Koppel, meist dicht in den Schatten des Stalls gedrängt. Weit und breit ist weder ein Strauch noch ein Baum zu sehen – lediglich in den Schluchten östlich des Weges gedeihen Pflanzen ohne künstliche Bewässerung. Die Piste trifft schließlich auf den Highway.

Kefalos

Langsam mühen sich die Fahrzeuge über die Serpentinen von Kamari nach Kefalos hinauf: Die 1 km lange Strecke erreicht eine Steigung von bis zu 15 %. Kefalos thront weithin sichtbar auf einem Plateau, rund 100 m über der gleichnamigen Bucht. Während der Siesta wirkt der Ort beinahe ausgestorben – die Luft steht, kaum ein Laut ist zu hören. Ansonsten präsentiert sich Kefalos als liebenswertes griechisches Dorf.

Kefalos gehört zu den wenigen Siedlungen der Insel, die vom Tourismus nicht überrannt worden sind. Die Menschen leben hier nach ihrem eigenen Rhythmus – all diejenigen jedenfalls, die geblieben sind. Auf den Straßen begegnet man überwiegend Alten, Kindern und Frauen. Die sitzen handarbeitend vor den Haustüren, die älteren Männer spielen Tavli im Kafenion. Viele junge Leute

Kefalos 205

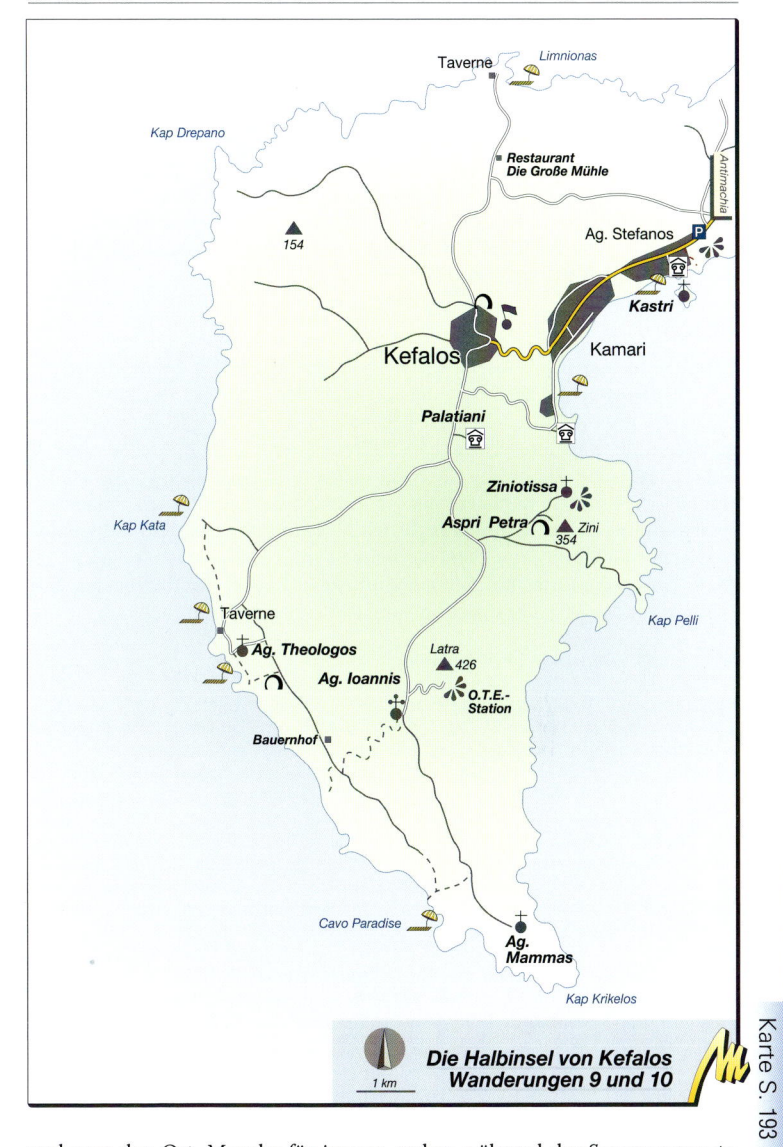

verlassen den Ort. Manche für immer, andere während der Sommermonate, um in den touristischen Hochburgen der Insel zu arbeiten.

Die, die hier geblieben sind, betreiben vorwiegend Landwirtschaft, obwohl die Region nicht sonderlich fruchtbar ist. Auf kleinen Parzellen, die wie Terrassen an den Flanken der Hügel südwestlich von Kefalos liegen, werden Hülsenfrüchte, Tabak, Gemüse, Getreide und Tomaten angebaut. Von hier, aus dem Westen von Kos, kommt auch der bekannte und beliebte Thymian-Honig. Die vielen verwinkelten Gassen und eine verwirrende Straßenführung erschweren die Orientierung in Kefalos, zumal es offensichtlich keinen Punkt gibt, von dem aus der Ort zu überblicken ist. Erst ein Spaziergang durch die engen Gassen, in denen traditionelle Kafenions auf ihre Entdeckung warten, gibt Aufschluss über die Ausmaße des Ortes – er ist größer, als man zunächst vermutet. Und tatsächlich ist Kefalos mit seinen rund 2000 Einwohnern die zweitgrößte Ansiedlung der Insel.

Geschichte

Historiker gehen davon aus, dass sich die antike Hauptstadt der Insel, *Astypalea*, an dieser Stelle befand – der Großteil der Stadt wurde durch einen Erdrutsch während des schweren Bebens 413 oder 412 v. Chr. in die Tiefe gerissen und verschüttet. Die antike Siedlung erwies sich für Archäologen als wahre Fundgrube. Zahlreiche Überreste gaben Aufschluss über das frühere Inselleben. Neben den Basiliken von Ag. Stefanos, einem kleinen Asklepion-Heiligtum und Teilen der ursprünglichen Mole (im heutigen Kamari) wurden bei Kefalos die Reste eines Demeter-Tempels sowie drei Statuen freigelegt. Im 14. Jh. zogen die Ritter des *Johanniterordens* in Kefalos ein und bauten eine Festung, die sie 200 Jahre später an Sultan Süleiman verloren.

Verbindungen/Adressen/Übernachten

- *Verbindungen* Die Busverbindungen entsprechen denen von Kamari: 6 x tägl. fährt ein Bus von Kos-Stadt nach Kefalos und zurück, sonntags nur 3 x. Die einfache Fahrt kostet 4 €. Der Bus hält an der Kreuzung am Ortseingang.
- *Arzt/Zahnarzt* Im Ort gibt es eine Krankenstation (pikanterweise vis-à-vis vom Friedhof), ✆ 22420-71230, und den Zahnarzt Mikes Kokkinos, ✆ 22420-71191.
- *Bank* Die Filiale der **National Bank of Greece** ist Mo–Do 8–14.30 Uhr und Fr 8–14 Uhr geöffnet. Sie verfügt auch über einen EC-Automaten. Sie finden die Bank an der Platia: an der Ortsdurchfahrt scharf rechts halten, neben dem Restaurant Labada.

- *Post* Im Ortszentrum, geöffnet Mo–Fr 7.30–14 Uhr. Briefmarken gibt es jedoch auch in Kamari in Touristenshops.
- *Einkaufen* Die Spezialität der Region ist der **Thymianhonig**, der überall auf der Insel verkauft wird. In Kefalos bekommen Sie ihn in den Lebensmittelläden am Ortseingang.
- *Übernachten* Über dem Dorfkafenion am Hauptplatz des Ortseinganges werden zwei **Privatzimmer** vermietet. Fragen Sie im Kafenion nach dem Wirt.
- *Feste* Am 14./15. August findet ein großes **Kirchweihfest** mit Musik und Tanz in Kefalos statt. Am 28./29. August **Patronatsfest** im Kloster Ag. Ioannis.

Essen und Trinken/Cafés

Abgesehen von traditionellen Kafenions, die jedoch den einheimischen Männern vorbehalten bleiben, konzentrieren sich die Tavernen und Cafés um den Platz am Ortseingang und die Durchfahrtsstraße. Das Angebot ist nicht überwältigend, die meisten bieten Snacks, Pizza oder einfache griechische Gerichte an. Hier trifft man auch Tagesausflügler und Urlauber aus Kamari, die eine Strandpause einlegen und Frappé schlürfen. Einen Abstecher lohnt „Die große Mühle" an der Straße nach Limionas.

Griechische Mühle, deutscher Apfelkuchen: Café am Straßenrand

Café/Bäckerei, hier lässt sich in ausgesprochen griechischem Ambiente Kaffee (auch griechischer) trinken und einheimisches Gebäck verspeisen. Hausgemacht sind die Eclairs, die Baklava und andere griechische Süßigkeiten, die ihren Namen verdienen, strotzen sie doch nur so vor Honig und Zucker. Wer es nicht ganz so süß mag, der lässt sich zum Kaffee backfrische Kekse reichen, die man auch mitnehmen kann (das Kilo kostet um die 5 €). Das kleine Café liegt westlich des Traditional House. Im Ortszentrum ist es mit handgemalten Schildern ausgewiesen.

Die große Mühle, auf halbem Weg zwischen Kefalos und Limnionas. Ein Muss für Kuchenfreunde. Hier servieren Petra und Dietmar Dickow v. a. Kaffee und Kuchen. Und das von bester Qualität, hausgemacht und frisch. Der Apfelkuchen ist köstlich, aber auch von Kirsch-, Aprikosen- und Joghurttorten bleibt kein Krümel auf dem Teller. Empfehlenswert ist zudem die griechische Vorspeisenplatte (ab 8,50 €). Dazu passt dann der koische Wein hervorragend. Geöffnet tägl. von 10 bis 20.30 Uhr. Eigentlich wollte das Paar aus Bergisch-Gladbach nur eine alte Mühle restaurieren. Das klappte nicht. Deswegen haben sie eine neue gebaut.

Sehenswertes

Traditional House: Unbedingt sehenswert ist dieses 150 Jahre alte Haus, durch das Sie eine alte Frau führt. Es liegt am nördlichen Ortsausgang, unterhalb der Windmühle. Achten Sie außer auf die Einrichtung auch auf die Fotos an den Wänden. Im Backofen im Nebenraum backt die Frau bis heute ihr eigenes Brot, das wirklich köstlich schmeckt. Selbst an heißen Tagen ist es in den Räumlichkeiten angenehm kühl. Der Eintritt ist frei, die alte Frau verdient sich jedoch durch die Spenden der Besucher ein kleines Zubrot.

Öffnungszeiten Tägl. 9–13.30 Uhr. Die Frau schließt das Haus jedoch auch auf, wenn Sie später kommen.

Kastell: Am östlichen Ortseingang errichtete der Johanniterorden ein Kastell, das im 16. Jh. von Sultan Süleiman erweitert wurde, nachdem er die Ritter bezwungen und vertrieben hatte. Erhalten sind allerdings nur Rudimente der Grundmauern. Ein kurzer Abstecher lohnt sich allenfalls wegen des herrlichen Blicks über die Bucht von Kefalos. Sie finden das Kastell, wenn Sie sich direkt am Ortseingang scharf rechts halten.

Windmühle: Am nördlichen Ortsende, auf einem kleinen Hügel oberhalb des Traditional House können Sie die Windmühle *Papavasili* besichtigen. Sie war bis etwa Ende der 1980er Jahre in Betrieb – ihre Flügel sind inzwischen leider abgebrochen.

Höhlen: Am nordwestlichen Rand von Kefalos, entlang der Strecke zwischen dem Kastell und der Windmühle Papavasili, sieht man die für die Gegend typischen Höhlen, die früher bewohnt wurden, und heute zum Teil noch als Lagerraum oder Ziegenstall dienen – viele der Eingänge sind inzwischen durch Türen verschlossen.

Sport

An der Straße in Richtung der Kirche Ag. Theologos, am südlichen Ortsende, trainiert und spielt das *Fußballteam* von Kefalos. Wenige Meter neben dem Platz, nur durch einen Zaun vom Spielfeld getrennt, endet das Hochplateau, und es geht 50 m steil hinunter. Kefalos ist eine griechische Hochburg des *Taekwondo*. Der Club hat schon viele Meister dieser Kampfsportart hervorgebracht.

Umgebung

Der Süden der Halbinsel von Kefalos

Kloster Agios Ioannis: Rund 7 km südlich von Kefalos liegt das Kloster Ag. Ioannis. Sie finden es leicht, wenn Sie sich in Kefalos links halten und so den Ort durchqueren. Die asphaltierte Straße endet am Kloster, in dem heute allerdings keine Mönche mehr leben. Lediglich zum Patronatsfest am 28./29. August, wenn der Enthauptung Johannes' des Täufers gedacht wird, nehmen an langen Tischen Hunderte Pilger Platz. Ansonsten bietet sich der Ort für eine Rast an: Eine ebenso alte wie mächtige Platane – der Stamm hat einen Umfang von 3 m – spendet Schatten, während man die Aussicht über die malerische Südwestküste genießt. Der Beiname des Klosters, *Thymianos*, verweist auf das häufige Vorkommen von Thymian in der Region, der seinen starken, aromatischen Duft überall verbreitet.

Kurz vor dem ehemaligen Kloster schlängelt sich die Straße in engen Serpentinen zur Spitze des Berges *Latra* (426 m) hinauf, wo sich eine Radaranlage des Militärs befindet. Würde es sich nicht um militärisches Sperrgebiet handeln, könnte man von hier einen ausgezeichneten Rundumblick genießen.

Astypalea – die antike Inselhauptstadt: Der Straße in Richtung der Kirche Ag. Theologos folgend, zweigt nach 1,5 km ein Weg nach links ab. Ausgeschildert ist die Kirche *Panagia Palatiani*. Historiker nehmen an, dass die Kapelle, die der Mutter Gottes geweiht ist, auf den Fundamenten eines antiken *Dionysos-*

Blick über die Bucht von Kefalos

Tempels errichtet wurde. Hinter der Kapelle, jenseits des kleinen Hügels, fand man Fundamente eines dorischen Demeter-Tempels. Hier wurde eine hellenistische Statue, die die Muse Klio darstellt, ausgegraben – leider fehlte der Kopf. Ebenfalls kopflos kam die Göttin Demeter ans Tageslicht, deren Sitzstatue heute das Museum von Kos-Stadt ziert.

Dass die alten Griechen ein Gespür für herrlich gelegene, stimmungsvolle Plätze hatten, bestätigt dieser Ort: Man genießt einen prächtigen Panoramablick über die Bucht von Kefalos.

Berg Zini/Aspri Petra: Aspri Petra (= der weiße Fels) ist Teil des Berges Zini, knapp unterhalb dessen Gipfel gelegen und bekannt durch eine Höhle, die ebenfall den Namen *Aspri Petra* trägt. Sie diente den Menschen der Jungsteinzeit (3500–1700 v. Chr.) als Wohnstätte, wie Historiker anhand von Funden – menschliche Versteinerungen, Scherben von Gefäßen, Mühlsteine und einige Speerspitzen – nachweisen konnten: Dies sind die ältesten Zeugnisse menschlichen Lebens auf Kos. Später wurde hier den Schutzgöttern der Landwirtschaft gehuldigt; bis in die Zeit der Römer diente die Höhle als Kultstätte.

• *Anfahrt* Um Aspri Petra zu erreichen, müssen Sie zunächst von Kefalos in Richtung Ag. Ioannis fahren. Rund 5 km hinter Kefalos, etwa 2 km nach dem Abzweig zum Ag.-Theologos-Strand, folgt linker Hand ein Hinweis auf Aspri Petra. Nach etwa 500 m gabelt sich die Piste an einem grünen Obelisken, versehen mit einer weißen Marmortafel. Folgen Sie dem Weg, der rechts bergab führt. Wenn Sie nicht mit einem Jeep oder einer Enduro unterwegs sind, sollten Sie das Gefährt hier parken, denn die Piste ist schlecht.

Nach gut 1 km zweigt von dieser Piste eine schmalere ab, die sich in Serpentinen zum kleinen Industriehafen Kap Pelli hinunterschlängelt. Kurz vor der genannten Abzweigung können Sie links oben am Berg das Felsenfenster sehen, neben dem sich der Eingang der Höhle befindet. Sie müssen jetzt querfeldein den Berg besteigen, durch kleine Büsche und Macchia hindurch. Dann treffen Sie auf einen Weg, der zum Felsenfenster und zur Höhle führt – er ist mit grünen Kreuzen gekennzeichnet. Achtung: Der Höhleneingang ist flach und liegt recht tief.

Der Abstieg ist etwas leichter: Folgen Sie den grünen Kreuzen auf den Steinen am Wegesrand. Irgendwann hört die Markierung auf. Gehen Sie jetzt einfach in Richtung Straße/Küste den Hang weiter hinunter.

Panagia Ziniotissa: Warum die *Kapelle Ziniotissa*, an der Nordflanke des Berges Zini (354 m) gelegen, als Sehenswürdigkeit ausgeschildert ist, lässt sich nicht nachvollziehen. Weder architektonisch herausragend noch historisch bedeutsam, zeichnet sie sich einzig durch ihre exponierte Hanglage mit Panoramablick über die Bucht von Kefalos aus – den man allerdings auch von zahlreichen anderen Stellen aus genießen kann. Den Weg über die 2,3 km lange Sandpiste zur Kapelle kann man sich daher unseres Erachtens sparen.

Agios Mammas: Am südwestlichen Zipfel von Kos, am Ende einer holprigen Schotterpiste, liegt diese Kapelle in völliger Einsamkeit. Der Wind heult über das Plateau, Nissiros scheint zum Greifen nah. Wenige Meter hinter dem Gotteshaus geht es fast senkrecht hinab bis zum Meer. Seien Sie vorsichtig, wenn Sie hinunterschauen.

Der Norden der Halbinsel von Kefalos

Vorbei an der Windmühle Papavasili führt eine 5 km lange asphaltierte Straße hinunter zur *Bucht von Limnionas*. Oberhalb dieses kleinen Naturhafens an der Nordküste hat sich eine Taverne etabliert. Sie bietet eine große Auswahl an Speisen, v. a. Fischgerichte. Besonders den Thun- und Schwertfisch sollten Sie probieren. Von Lesern gelobt wurde auch der Hummersalat. Durch die Scheiben der verglasten Terrassen, gegen die beständig der Wind drückt,

Idyll abseits des Trubels: Limnionas

Hungrige Wanderer brauchen ordentliche Mahlzeiten – frischen Oktopus beispielsweise

blickt man auf die fünf bis sechs im Hafen dümpelnden Fischerboote. Wer Ruhe sucht, ist hier goldrichtig.

Auf den großen Felsblöcken, an denen sich die Wellen brechen, sitzen Angler. Der kleine, etwa 100 m lange Sandstrand in der geschützten Bucht (mit Liegestuhlverleih) verlockt dazu, das Handtuch auszubreiten und ins spiegelglatte Meer zu springen.

Baden

An der Westküste gibt es sie noch, die feinsandigen Strände in einsamen Buchten. Auch wenn es inzwischen Tagesausflüge per Boot zu diesem Küstenabschnitt gibt, sind die Buchten wenig besucht und ruhig – und auch von Land aus gut zu erreichen.

Von der Straße in Richtung des Klosters Ag. Ioannis, die streckenweise durch bis zu 5 m hohe Sandsteinformationen führt, zweigt nach 2 km eine Straße rechts ab, die zu den Stränden um die *Kapelle Agios Theologos* und am *Kap Kata* führt. Es geht zwischen Feldern hindurch, die sich wie Stufen den Hang hinunterziehen, bis sich der Weg etwa 4 km nach der Abzweigung erneut gabelt: Rechts führt eine Schotterpiste 700 m weiter zum Strand Kata. Wenn Sie diese Abzweigung ignorieren und der Asphaltstraße folgen, erreichen Sie nach ungefähr 1 km den nach der Kapelle Ag. Theologos benannten Küstenabschnitt.

Der 200 m lange Sand-Kies-Strand an der Westküste ist wenig besucht, was wohl an der oft recht kräftigen Brandung liegt. Weht der Wind *Meltemi*, erreichen die Wellen zur Freude fortgeschrittener Surfer eine Höhe von bis zu 3 m. Für ungeübte

Schwimmer ist das Terrain dann jedoch zu gefährlich, auch wegen der Strömung. Die touristische Infrastruktur am Strand beschränkt sich auf ein paar Palmstrohschirme, eine Wassersportstation gibt es nicht. Wenn Sie an der Küste unterhalb der Kapelle rund 200 m in Richtung Süden wandern, finden Sie weitere kleine, von schroffen Felsen geschützte Buchten mit schmalen Stränden. Das Wasser ist hier viel ruhiger, und es gibt nur wenige Besucher.

Essen und Trinken Oberhalb des Strandes Ag. Theologos finden Sie eine ausgezeichnete Taverne, geöffnet schon ab 9 Uhr. Eine Einkehr können wir wärmstens empfehlen: Das Essen ist gut und preiswert, die große Wirtsfamilie ausgesprochen freundlich.

Kata: Der Strand, der als *Kap Kata* ausgeschildert ist, besteht aus zwei Buchten. Die kleinere ist wegen der mehr als faustgroßen Steine zum Sonnenbaden ungeeignet, im Gegensatz zu der weitläufigen Sandbucht nördlich davon. Windgeschützte, mitunter auch schattige Plätze gibt es in den Dünen, auf denen vereinzelt Sträucher wachsen.

Cavo Paradise Beach: Ganz am Ende der Insel, in Richtung der Kirche Ag. Mammas, liegt dieser einsame Strand. Er ist über eine extrem holprige Piste zu erreichen. Für das ordentliche Durchschütteln werden Sie aber belohnt. Links ragt eine Felswand des Kaps Krikelos imposant in die Höhe, das Wasser glitzert türkis, und den Strand haben Sie fast für sich allein. Nur sehr wenige Urlauber finden den Weg hierher, auch weil dieses kleine Badeparadies in kaum einer Karte verzeichnet ist. In der ersten der drei Sandbuchten stehen ein paar Liegestühle, ansonsten ist alles naturbelassen. Die Wellen brausen kräftig heran – wenn auch nicht ganz so stark wie am Strand Ag. Theologos. FKK-Freunde sind willkommen.

Wanderung 9: Vom Kloster Ag. Ioannis zur Kirche Ag. Theologos

Strecke: 8 km; Höhendifferenz: +/− 300 m; Dauer: 2:30 Std.

Ein relativ leichter Fußweg durch die unbewohnte Region an der Westküste von Kos. Stabiles Schuhwerk ist jedoch erforderlich, wenn Sie die steile, holprige Geröllpiste vom Kloster hinunter zur Küste marschieren. Sie können die Wanderung mit einem kurzen Badestopp in einer der kleinen Buchten in der Nähe des Ag.-Theologos-Strandes oder mit einem Besuch des Klosters Ag. Ioannis verbinden.

Anfahrt: Fahren Sie mit dem eigenen Fahrzeug bis zum Kloster Ag. Ioannis (siehe oben).

Wanderung: 200 m vor dem Parkplatz des Klosters in Richtung Asphaltstraße führt eine steinige Lehmpiste steil bergab. Nach etwa 2 km kreuzt sie eine breitere Sandpiste: Hier müssen Sie rechts abbiegen, nach etwa 500 m erreichen Sie dann eine Kuh- und Rinderfarm. Parallel zur Küste führt der Weg nach Norden. Nach 500 m passieren Sie eine kleine Höhle in einem links vom Weg befindlichen hellbraunen Fels. Nach weiteren rund 500 m folgt eine Gabelung: Links führt der Pfad zum knapp 1 km entfernten Meer.

An der Küste entlang, wo mehrere kleine Buchten zum Baden einladen, schlängelt sich der Pfad durch die macchiabewachsene Landschaft und trifft nach ca. 400 m auf die *Kapelle Ag. Theologos*, unmittelbar hinter dem gleichnamigen Strand. Von hier sind es noch einmal 400 m bis zur Taverne.

Wer nicht denselben Weg zurückgehen möchte, kann von der Taverne über die Schotterpiste nach Osten wandern. Durch terrassierte Felder geht es ca. 4 km bis zur asphaltierten Straße hinauf. Dort müssen Sie nach rechts abbiegen; die Strecke schlängelt sich auf den Berg Latra zu, wobei immer wieder der Blick auf die Ost- und Westküste freigegeben wird. Nach knapp 5 km ist der Ausgangspunkt der Wanderung, das *Kloster Ag. Ioannis*, erreicht. Durch diese Variante des Rückwegs verlängert sich die Strecke auf insgesamt 13 km.

Wanderung 10: Rund um das Kap Krikelos

Strecke: 15 km; Höhendifferenz: +/– 300 m; Dauer: 4–5 Std.

Die Wanderung sieht auf den ersten Blick leicht aus, ist aber nicht zu unterschätzen. Entlang der Westküste gleicht der Weg einer Achterbahn: bergauf, bergab und kurvenreich. Das geht in die Beine. Auf jeden Fall etwas Proviant, v. a. Wasser, mitnehmen.

Wanderung: Startpunkt ist die Taverne am Ag.-Theologos-Strand. Von hier aus folgen Sie der Asphaltstraße in Richtung Kefalos. Rund 600 m oberhalb der Taverne rechts in die Schotterpiste abzweigen. Nach knapp 2,5 km passieren Sie eine große Rinder- und Kuhfarm; hier wird ein großer Teil der Milch erzeugt, die auf Kos benötigt wird. Wenn Sie den Hang hinaufschauen, können Sie das Kloster Ag. Ioannis entdecken.

Der Weg schlängelt sich an der Küste entlang, Stichstraßen führen in Richtung Küste, in der sich einsame Buchten finden – in manchen sind die Felsen aber für einen Abstieg zu steil. Nach knapp 4 km erreichen Sie den Abzweig zum Cavo Paradise Beach. Hier können Sie einen Badestopp einlegen. Von der Abzweigung oberhalb des Cavo Paradise Beach geht es über eine Sandpiste bergan, nach 1,5 km folgt der Abzweig in Richtung Agios Mammas. Halten Sie sich links, den Hang hinauf. Linker Hand reicht die Ägäis nun bis zum Horizont. Nach weiteren 1,5 km passieren Sie das Kloster Ag. Ioannis. Idealer Ort für eine Rast.

Jetzt führt der Weg weiter über die Asphaltstraße, hinter dem Abzweig zur O.T.E-Station geht es endlich abwärts. Von der Straße aus bietet sich ein schöner Ausblick auf die Bucht von Kefalos; vor Ihnen liegen Kefalos und Kamari, die von hier oben wie Spielzeugstädtchen wirken. Nach 4 km erreichen Sie den Ausgangspunkt, den Strand Ag. Theologos.

Glockenturm des Klosters Ag.- Ioannis

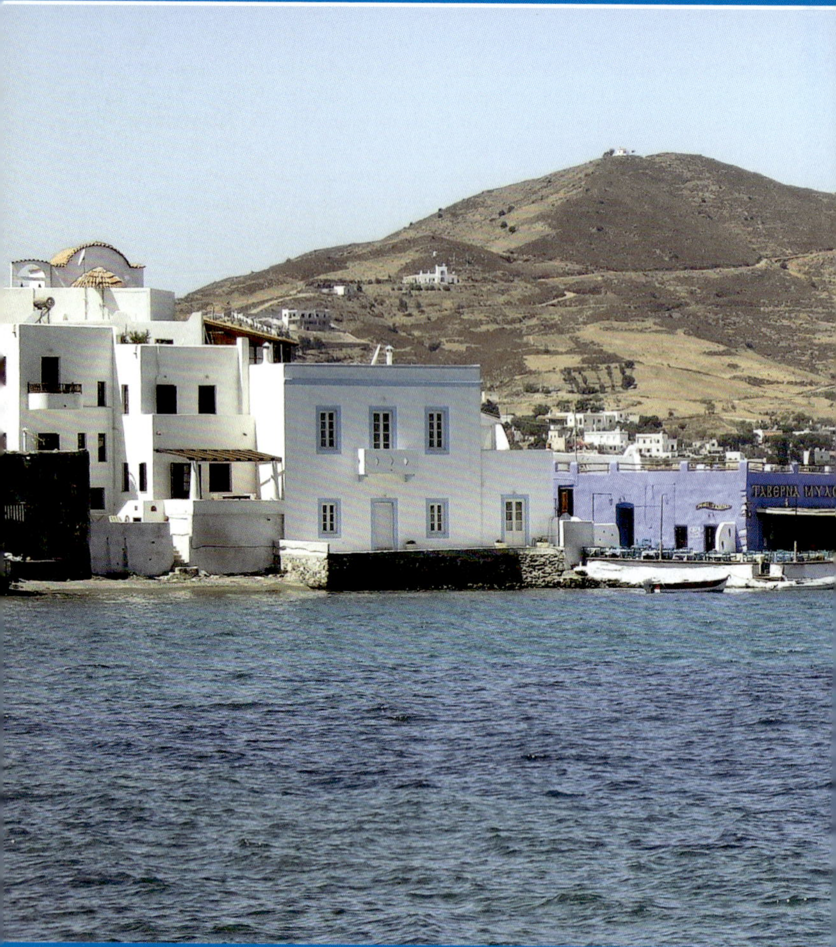
ΤΑΒΕΡΝΑ

Ausflugsziele

Insel Pserimos 216	Insel Patmos 239
Insel Kalymnos 220	Insel Nissiros 251
Insel Leros 231	

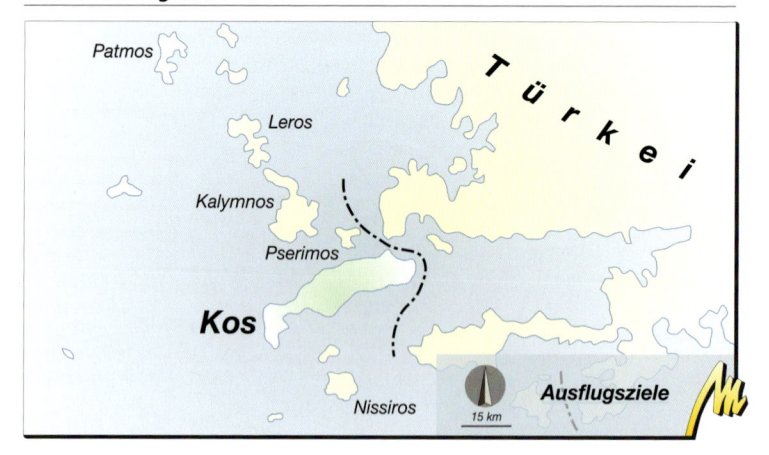

Ausflugsziele

Kos ist der ideale Ausgangspunkt für einen Ausflug auf eine der nördlichen Dodekanes-Inseln. Die Schiffsverbindungen sind in der Hauptsaison ausgezeichnet und selbst in der Nebensaison noch gut. Doch auch wenn es von einer Insel zur anderen nur ein Katzensprung ist – jede hebt sich von ihren Nachbarn deutlich ab. Einzigartige Charakteristika geben jeder Insel ihre individuelle Note – für Abwechslung ist gesorgt.

Wohin also? Nach *Patmos*, der heiligen Insel mit den feinsandigen Stränden, Sitz des Johannesklosters und geprägt von einer Mischung aus orthodoxer Glaubenslehre und multinationaler Urlaubsphilosophie? Oder *Kalymnos*, Insel der Schwammtaucher mit fjordartigen Buchten, traumhaften Sonnenuntergängen, Mandarinen- und Orangenplantagen? Reizt Sie *Leros*, die verkannte Insel, kahl, steinig und mit düsterer Geschichte, doch mit ausgezeichneten Erholungsmöglichkeiten? *Nissiros* dagegen prägen die schwarzen Kieselstrände rund um einen gigantischen Vulkankegel. Ruhe und Abgeschiedenheit erwarten Sie schließlich auf der Mini-Insel *Pserimos*.

Insel Pserimos

Kos und Pserimos trennen nur 4 km. Und doch liegen Welten zwischen den beiden ungleichen Nachbarn. Im Schatten von Kos fristet Pserimos ein beschauliches Dasein. Die Einwohner preisen die Ruhe auf ihrem kleinen, kargen Eiland. Ein paar Stunden pro Tag aber geht es auch hier turbulent zu: Wenn die Boote mit den Tagesausflüglern anlegen, ist der Andrang auf den Terrassen der Tavernen groß und der feinsandige Strand binnen weniger Minuten voll belegt.

Während Durstige auf ihre kühlen Getränke warten, Kinder im Meer planschen und Kellner die Hektik verfluchen, lassen sich die Katzen in ihrem Tun nicht beirren: Sie setzen ihren Mittagsschlaf irgendwo im Schatten der Häuser fort.

Auf der kleinen Insel hört man selten ein Auto, eine asphaltierte Straße gibt es nicht. Warum auch, man braucht zu Fuß nicht mehr als 1 Std., um die weiteste Distanz zu bewältigen. Das Sortiment des einzigen Ladens auf Pserimos ist bescheiden, die meisten Waren werden täglich frisch mit dem Boot von Kalymnos hierher geliefert.

Die knapp 30 permanenten Bewohner der Insel leben hauptsächlich von Schaf- und Ziegenzucht, Imkerei und Fischerei. Obst und Gemüse können sie nicht anbauen. Es fehlt an Wasser. Abgesehen von einigen Johannisbrot- und Olivenbäumen wächst auf Pserimos nur Macchia. Seit Ende der 1990er Jahre hat der Tourismus als Einnahmequelle an Bedeutung gewonnen: Die Zahl der Tavernen und Pensionen steigt zwar langsam, aber merklich.

Pserimos im Überblick

Größe: Ca. 16 km^2 Fläche.

Bevölkerung: Offiziell 130 Einwohner, im Winter rund 30.

Geografie: Drei Erhebungen gliedern die steinig-kahle Insel, die höchste, der Berg *Vigla*, steigt auf 268 m an.

Wichtige Orte: Es gibt nur einen Ort, das Dorf *Avlakia*.

Verbindungen: Pserimos liegt etwa eine Bootsstunde von Kalymnos und Kos-Stadt entfernt. Von Pothia (Kalymnos-Stadt) aus fährt in der HS tägl. die *Pserimos Express* mit Ausflüglern nach Pserimos (Fahrpreis ca. 8 €). Von Kos-Stadt aus starten – zumindest in der HS – mehrere Ausflugsboote tägl. nach Pserimos.

Tipp: Montags, mittwochs und freitags setzt um 7 Uhr die *Grammatiki*, ein Versorgungsboot, von Pserimos nach Pothia über. Die Fahrt ist billiger als die Ausflugstouren und zudem wegen des Kontaktes mit den Einheimischen unterhaltsamer. Die Grammatiki liegt bis 13 Uhr am Kai vor der Markthalle im Hafen von Pothia; dann kehrt sie nach Pserimos zurück.

Straßen: Es existiert nur eine Lehmpiste.

Auto- und Zweiradverleih: Gibt es nicht, ist auch nicht nötig.

Übernachten: Es gibt lediglich eine Handvoll Unterkünfte in Avlakia.

Karten: Faktisch keine; zwar ist auf der Kalymnos-Karte von *Davaris* auch Pserimos verzeichnet, doch ohne Wege, Strände und Höhenangaben.

Telefonvorwahl: 22430.

Avlakia

Die einzige Ansiedlung der Insel bietet alles auf engstem Raum: einen kleinen Hafen mit Anlegestelle, einen Sandstrand, einige Tavernen, hübsche Häuser an den Hügeln. Doch es gibt weder Motorenlärm noch Straßen noch Hektik. Der Strand ist gleichzeitig der Dorfplatz, einige Tavernen haben Tische und Stühle in den Sand gestellt. Der Charme von Avlakia liegt in der Unscheinbarkeit und Ruhe des Ortes.

Turbulent geht es nur ein paar Stunden am Tag zu: Gegen 11 Uhr eilen die ersten Tagesausflügler von den Nachbarinseln Kalymnos und Kos an Land; doch kaum 5 Std. später verfällt Pserimos wieder in die gewohnte Ruhe. Dann hat auch das letzte Boot die windgeschützte Bucht verlassen.

Am 14. August jedoch vervielfacht sich die Zahl der Menschen auf Pserimos. Griechen von den Nachbarinseln, ja selbst aus Athen strömen herbei, um „Mariä Entschlafung" zu feiern. Der Abend wird mit einem Grillfest eingeläutet,

Pserimos: klein, aber fein

bei Musik und Tanz herrscht in den Tavernen Hochbetrieb. Die meisten Besucher nächtigen am Strand, denn die wenigen Unterkünfte sind voll belegt – wenn überhaupt geschlafen wird. Am 15. August beendet ein Gottesdienst das Fest. Er wird im weiten Hof vor der Kirche abgehalten, in der die Ikone *Panagia Pserimiotissa* verehrt wird.

Unter dem frei stehenden Glockenturm der Kirche hat man einige in der Nähe gefundene antike und frühchristliche Überreste, Säulenstümpfe und -köpfe aufgestellt.

• *Übernachten* Es gibt nur einige Unterkünfte in Avlakia. Selbst in der HS übernachten kaum mehr als 40 Touristen auf der Insel. Für ein DZ ist je nach Ausstattung und Saison mit 20–30 € zu rechnen, es stehen auch einige Studios zur Verfügung, für die man bis zu 38 € bezahlt.

Tripolitis, was sich Hotel nennt, ist in Wirklichkeit eine kleine Pension, die bereits seit 1979 Zimmer anbietet. In dem kleinen zweistöckigen Haus nahe der südlichen Anlegestelle stehen nur wenige Zimmer zur Verfügung. ✆ 22430-23196.

Kalliston, die Studios sind auch für einen längeren Aufenthalt geeignet. Vermietet werden sie über die Taverne Marista, die auch Privatzimmer anbietet. ✆ 22430-51540.

Privatzimmer bieten die meisten Tavernen in Avlakia an, z. B. die

Taverne Manola, DZ für 20–30 €. ✆ 22430-51540.

• *Essen und Trinken* Wer länger bleibt, wird Gelegenheit finden, das halbe Dutzend Tavernen der Insel zu testen. Die meisten liegen unmittelbar hinter dem Strand und geben den Blick auf die im Naturhafen schaukelnden Fischerboote frei. Empfehlenswert ist die **Taverne Marista**, in der auch viel frischer Fisch im Angebot ist. Sie liegt an dem Ende der Bucht, an dem die Ausflugsboote nicht anlegen; ein Weg führt vom Strand aus ins Inselinnere.

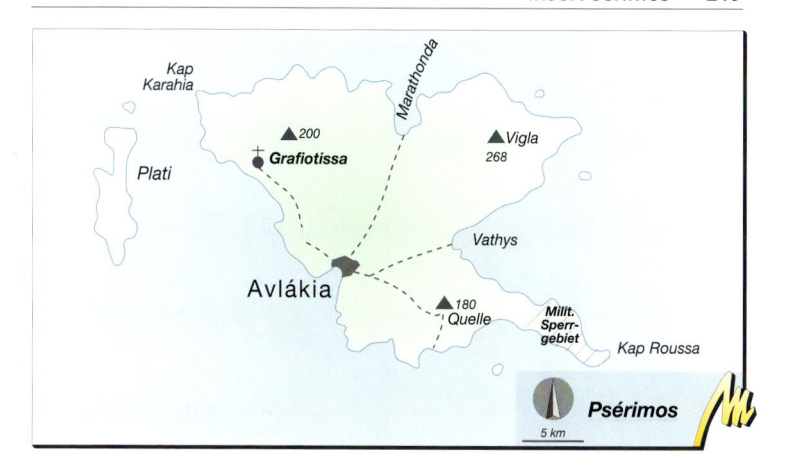

Baden

Auf dem ca. 150 m langen und rund 15 m breiten, feinsandigen Strand, der bis zu den ersten Häusern reicht, haben die Tavernenbesitzer Liegestühle und Sonnenschirme aufgereiht – mitunter sogar Tische und Stühle. Der Strand ist ein Teil des Dorfes, quasi die Platia von Pserimos. Oben-ohne- oder gar Nacktbaden wäre mehr als unpassend.

Umgebung

Viel zu entdecken gibt es auf Pserimos nicht. Lohnenswert sind Ausflüge v. a. wegen der himmlischen Ruhe, die nur von den Ziegen und Schafen gestört wird, die in recht großen Herden über die Insel ziehen.

Über den schmalen Pfad, der zunächst am Ortsfriedhof vorbeiführt, gelangen Sie zu einer Quelle an der Südküste. Sie ist ca. 1,5 km von Avlakia entfernt. Am südlichen Rand des Berghangs versteckt sich das *Quellhaus*, von dem man einen schönen Blick auf die darunter liegende Bucht genießt.

Vom Ortsstrand führt der Weg parallel oberhalb der Westküste zur *Grafiotissa-Kirche*, rund 2 km nordwestlich von Avlakia. Hinter dem Gotteshaus befinden sich Überreste einer weiteren Kirche, von der bei einem Erdrutsch 1950 ein Großteil ins Meer stürzte. In der Nähe der Kirche finden Sie einige kleine Sandbuchten und Höhlen. Der Ausflug durch die Sandsteinlandschaft lohnt sich, nicht zuletzt wegen des Ausblickes auf den unbewohnten Inselwinzling *Plati* und die steilen, kahlen Felsen von Kalymnos.

Bis zum Kiesstrand der *Marathonda-Bucht* an der Nordküste wandert man etwa 45 Min.; den Sandstrand der *Vathys-Bucht* an der Ostküste erreichen Sie nach einem Marsch von ca. 30 Min.

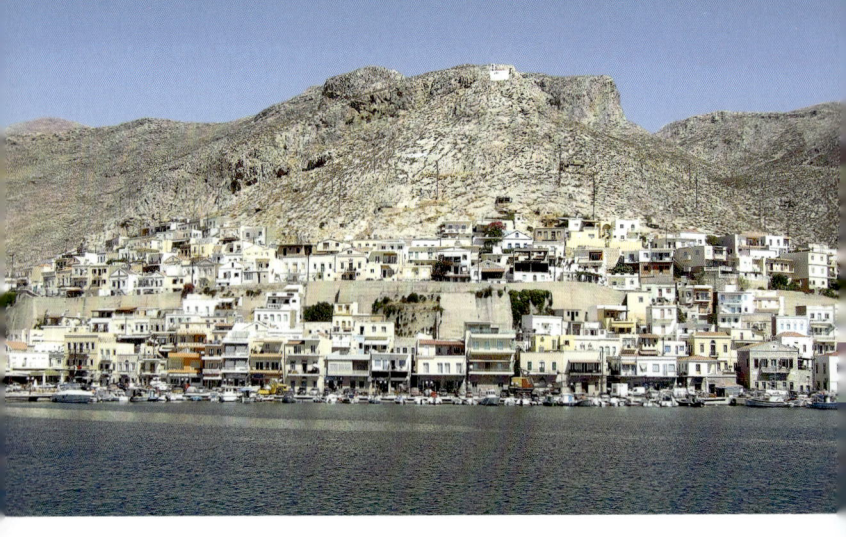

Der Hafen von Kalymnos

Insel Kalymnos

Die Insel der Schwammtaucher und Zitrusplantagen. Auf den ersten Blick wirkt Kalymnos karg und kahl, denn auf den hoch aufragenden Bergen wächst kein Baum. Und so haben die Kletterer die Insel als Reiseziel entdeckt – und gesellen sich jetzt zu den Strandurlaubern.

Kalymnos ist eine vegetationsarme Insel, an den steinigen Hängen wachsen v. a. Wildkräuter, die dem hiesigen Honig seinen außergewöhnlichen Geschmack verleihen: Thymian, Oregano, Salbei. Nur in den unerwartet grünen Tälern an der Ostküste zeugen Olivenhaine und Zitrusplantagen vom Wasserreichtum dieser Gegend.

Touristisch erschlossen sind v. a. die Westflanke der Insel, die Inselhauptstadt Pothia und die Ortschaft Vathi an der Ostküste. Wer dem dort während der Hochsaison herrschenden Rummel entgehen möchte, der findet im Inselinnern und in den Buchten an der Nordostküste viel Ruhe und Erholung.

Kalymnos ist auch eine Insel der Höhlen und Grotten. Zu den bekanntesten und schönsten zählt die *Nymphengrotte* nördlich der Hauptstraße in Richtung Chora, kurz hinter dem Ortsausgang von Pothia. Die Höhle ist auch als „Grotte der sieben Jungfrauen" bekannt, die sich im 11. Jh. auf der Flucht vor Piraten dorthin gerettet haben sollen.

Der *Klettersport* erfreut sich bei Kalymnos-Reisenden großer Beliebtheit: Schon in Pothia, aber v. a. in den Orten an der Westküste weisen Schilder und Plakate auf Klettermöglichkeiten hin. Die Schwierigkeitsgrade der über 650 Routen liegen im Bereich 5c bis 7b+. Erkundigen Sie sich bei der Touristeninformation oder kontaktieren Sie Stefanos Geriakos, der auch Apartments vermietet: ✆ 22430-47036 oder 6977078442 (mobil), stefanosgeriakos@klm.forthnet.gr, www.kalymnos-stefanos.gr.

Kalymnos im Überblick

Größe: ca. 110 km² Fläche.
Bevölkerung: Etwa 17.000 Menschen.
Geografie: Hoch ansteigende kahle Berge und dazwischen liegende Tiefebenen (nur im Osten wirklich fruchtbar) kennzeichnen die Insel. Die höchste Erhebung ist der *Prophitis Ilias* mit 679 m.
Wichtige Orte: In der Inselhauptstadt *Pothia* lebt fast die gesamte Inselbevölkerung. Die meisten Touristen zieht es an die Westküste mit den Ortschaften *Massouri*, *Myrties*, *Linaria* und *Kantouni*. Von dort aus lohnt sich ein Ausflug auf die vorgelagerte Insel *Telentos*. Für einen Tagesausflug sehr zu empfehlen ist auch die kleine Ansiedlung *Vathi* an der Ostküste.
Verbindungen von und nach Kalymnos: Die *Fährverbindungen* sind ausgezeichnet – tägl. bestehen Anschlüsse nach Kos und zu anderen Inseln des nördlichen Dodekanes sowie nach Piräus. Tägl. legen die großen Fähren (z. B. Anek Lines) auf der Strecke Kos – Piräus via Leros und Patmos an. Die Fahrt nach Leros kostet 8,50 €, nach Patmos rund 11 €, nach Kos rund 6 €. Tickets gibt es im Reisebüro nahe der Anlegestelle, kurz vor Abfahrt auch in der Taverne am Kai. Deutlich schneller sind die *Katamarane* von Dodekanisos Seaways, die die Strecke tägl. fahren. Sie sind allerdings auch teurer. Außerdem setzt mehrmals tägl. ein *Tragflächenboot* nach Kos über (ca. 11 €). Alle Schiffsagenturen haben Vertretungen an der Uferpromenade, einige Reisebüros verkaufen Tickets für mehrere Schiffslinien – die Logos weisen darauf hin.
Im Jahr 2006 wurde außerdem der *Flughafen* fertig gestellt. Es gibt tägl. Verbindungen von und nach Athen für ca. 70 € mit Olympic Air.
Straßen: Alle Ortschaften sind durch eine asphaltierte Straße miteinander verbunden. Nebenstrecken jedoch sind auch schon mal Schotterpisten.
Entfernungen: Pothia – Linaria 6 km, Pothia – Massouri 10 km, Pothia – Emborios 24 km, Pothia – Vathi 14 km.
Auto- und Zweiradverleih: In Pothia und den Touristenorten der Westküste gibt es ein großes Angebot
Tankstellen: In Pothia, Linaria sowie in der Nähe von Vathi.
Übernachten: Quartiere aller Preisklassen in Pothia und entlang der Westküste; zudem einige Zimmer in Vathi. Zum Teil recht preiswert sind Apartmentanlagen mit Küche, Dusche und Terrasse. In der HS empfiehlt sich eine Reservierung vor Reiseantritt.
Karten: Das Kartenmaterial ist bescheiden, die von *Emmanouil Vallas* veröffentlichte Karte ist jedoch im Straßenverlauf verlässlich.
Internet: www.kalymnos-isl.gr
Telefonvorwahl: 22430.

Pothia

Eine wuchtige Stadtkulisse, wenn man mit dem Schiff im Hafen ankommt: Die weißen und pastellfarbenen Häuser ziehen sich den kargen Fels hinauf, die Hauptstadt der Insel dehnt sich weitläufig in ein Tal in Richtung Norden aus.

Pothia wirkt ungemein lebendig. Rund 15.000 der insgesamt 17.000 Kalymnier leben hier. Damit ist Pothia die drittgrößte Stadt des Dodekanes. Nur in Kos- und Rhodos-Stadt leben mehr Menschen.

Von den gut besuchten Cafés und Restaurants an der Uferpromenade hat man den besten Blick auf das offene Meer – dann muss man jedoch auch den permanenten Verkehrslärm in Kauf nehmen. Dem können Sie sich entziehen durch einen Spaziergang durch das Gassengewirr des ab 1850 entstandenen Ortskerns. In den Gassen, die sich teils steil den Hang hinaufwinden, stoßen Sie immer wieder auf neoklassizistische Häuser: meist Domizile ehemaliger Kapitänsfamilien.

222 Ausflugsziele

Information/Verbindungen

• *Information* Das weiße Häuschen der **Touristeninformation** steht recht zentral an der Uferpromenade, zu erkennen an Schiffs- und Busfahrplänen sowie Plakaten, die an die Fenster geklebt sind. Die Angestellten sind freundlich und hilfsbereit, leider sind die Öffnungszeiten etwas undurchsichtig. Auf jeden Fall aber finden Sie das kleine Büro vormittags offen. ✆ 22430-50879, www.kalymnos-isl.gr.

• *Verbindungen* Die **Busverbindungen** an die Westküste der Insel sind gut. Die Busse fahren von der Markthalle (im Osten des Hafens) ab. Von 7 bis 22 Uhr pendeln sie in stündlichem Abstand zwischen Pothia und Massouri. 4 x tägl. gibt es eine Verbindung nach Vathi (die erste ab Pothia bereits um 6.30 Uhr, die letzte um 18 Uhr), 2 x tägl. nach Emborios. Angefahren werden außerdem Vlichadia, Argos und Plati Gialos.

So genannte **Bus-Taxis** verkehren zwischen Pothia und Massouri. Sie fahren an der Taxizentrale im Zentrum ab.

Für den Bus zahlt man bis Massouri etwa 0,90 €, für das Bus-Taxi 1,70 €. Mit herkömmlichen **Taxis** kostet es rund 6 €. Dann wird man allerdings bis vor die Hoteltür gefahren.

• *Ausflüge* Im Hafen liegen zahlreiche **Ausflugsboote**. Reiseziele und Preise werden Ihnen bei einem Spaziergang am Kai auch unaufgefordert mitgeteilt.

Die Agentur **Kalymnos Tours** z. B. bietet Ausflüge nach Leros (17 €) oder in die Türkei (40 €) an sowie einen Tauchausflug (40 €) oder eine Bustour über die Insel (24 €).

• *Auto-/Zweiradverleih* Bei **Avis** bezahlt man für einen Kleinwagen 35–45 € pro Tag (NS), ab drei Tagen gibt es Rabatt. Avis hat Vertretungen in Pothia, Massouri und Myrties, ✆ 22430-28990, www.kalymnosrent.com.

Bei **Auto Market** in Pothia und Massouri gibt es Kleinwagen in der NS ab 37 €, Rabattstaffelungen gibt es ab drei und sieben Tagen, ✆ 22430-51780, www.kalymnoscars.gr.

Übernachten

Wenn die Fähren anlegen, werden Hotel- und Privatzimmer in Hülle und Fülle angeboten. Wer Ruhe sucht, sollte sich nach einer Unterkunft oberhalb der Uferpromenade umsehen. Die Orientierung im dortigen Gassengewirr fällt anfangs etwas schwer – die meisten Straßen tragen keinen Namen.

Greek House, die Besitzer der Pension kontaktiert man in der Taverna Flaskos bzw. im Kafenion Aderfia, die sie auch betreiben. Diese liegt direkt am Beginn der Uferpromenade, wenn man von der Schiffsanlegestelle kommt. Das freundliche Ehepaar führt unter dem Namen Greek House inzwischen drei Häuser. Zwei davon befinden sich im Gassengewirr oberhalb des Hafens und sind daher angenehm ruhig. Sie finden die Pensionen, wenn Sie den Schildern mit der Aufschrift Hotel Panorama folgen und nach dem Hotel Olympia links die Gasse hochgehen. Wenn die beiden Häuser oben im Ort voll belegt sind, gibt es auch Apartments in einem Haus direkt an der Uferpromenade. Die aus Folklore und Kitsch zusammengewürfelte Einrichtung versprüht einen bizarren Charme, der Verkehrslärm jedoch ist uncharmant. Die kleinen Apartments im Stadtinneren kosten zwischen 25 und 35 €. ✆ 22430-23752.

Panorama, das Hotel mit den sympathischen Betreibern, die sehr gut Englisch sprechen, liegt hoch oben am Hügel. Von den Balkonen der Zimmer aus hat man einen wunderbaren Blick über den Hafen. Man findet das Hotel am besten, wenn man an der Kirche nahe der Anlegestelle die Treppe hochgeht und sich dann rechts hält. Die Zimmer sind schön eingerichtet und klimatisiert, haben einen eigenen Kühlschrank sowie einen Fernseher und kosten rund 45 €. W-Lan ist ebenso kostenlos wie auch der Transport zum Hafen, 22430-22917, ✆ 22430-23138, smikis2003@yahoo.gr, www.panorama-kalymnos.gr

Arhondiko, (geschrieben: APXONTIKO), ein schön renoviertes, altes Hotel, das von einem sehr freundlichen, älteren Griechen geführt wird. Es liegt an der Uferpromenade unweit der Schiffsanlegestelle, doch etwas zurückversetzt und deshalb recht ruhig. Die mittelgroßen Zimmer sind mit

Insel Kalymnos 223

Fernseher und Kühlschrank ausgestattet, einige auch mit Balkon. In der NS bezahlt man inkl. Frühstück 30 €, in der HS bis zu 45 €. ✆ 22430-24051, ✉ 22430-24149.

Villa Melina, das unter Denkmalschutz stehende Belle-Époque-Hotel liegt am Stadtrand von Pothia, im Stadtteil Evangelistria, neben dem Archäologischen Museum (siehe unten). Das alte Gebäude hat Patina und ist sehr gepflegt. Der Blick von der Dachterrasse ist so berauschend wie die riesige Terrasse selbst; wunderschön auch der Garten mit Pool im rückwärtigen Patio, wo das Frühstück serviert wird. Die Hotelzimmer haben, stilecht, hohe Decken und Holzböden. Rund um den Garten gibt es auch Studios für mehrere Personen. Die Atmosphäre ist eher entspannt als gediegen. Eine der schönsten Unterkünfte auf den Inseln des Dodekanes. Das DZ mit Frühstück gibt es in der HS für rund 55–60 €, in der NS 35–45 €. ✆ 22430-22682, ✉ 22430-23920, , http://villa-melina.com.

*E*ssen und *T*rinken

Vielleicht wird Ihnen auffallen, dass etliche Tavernenbesitzer mehr als aufdringlich auf Touristenfang gehen. Unser Tipp: die auf Fisch spezialisierten Tavernen an der Uferpromenade am östlichen Ende von Pothia (Richtung Vathi), dort, wo auch die Fischerboote liegen.

Eine Empfehlung verdient die **Taverne Xefteris**, in der es traditionelle gute griechische Kost gibt – und das zu fairen Preisen. Sie liegt in einer Seitenstraße unweit der Christus-Kirche. Sollten Sie es verfehlen, fragen Sie die Einheimischen, die gehen dort auch essen.

Insel Kalymnos
Karte S. 223

Hafen von Pothia

Die riesige Taverne des Nautischen Vereins, **Naftikos Omilos**, die hinter dem Hafenamt an der Anlegestelle liegt, ist v. a. für Kalamari über die Inselgrenzen hinweg bekannt. Die sind wirklich gut, in der Küche wird allerdings mit den Portionen ein wenig gegeizt. Und mittags ist ein Besuch nicht wirklich zu empfehlen: Dann werden die Touristen von den Ausflugsbooten hier abgefüttert. Unbedingt ansehen sollte man sich allerdings das umwerfende Wandbild im Innern der Taverne.

Spezialitäten aus Kalymnos, Fisch und Meeresfrüchte gibt es in der hübschen **Taverne The Family**, die in einem ruhigen Hof etwas hinter der Uferpromenade liegt und dort auch ausgeschildert ist.

Sehenswertes

Lesesaal „Die Musen": Er befindet sich an der Hafenpromenade. Bereits zum Ende der türkischen Besatzungszeit wurde auf Kalymnos ein Lesezirkel gegründet, der neben kulturellen auch patriotische Ziele verfolgte. Während des Zweiten Weltkriegs lösten die italienischen Faschisten den Zirkel auf und zerstörten das Gebäude. Das heutige Haus mit der gut 6 m hohen Decke und den drei mächtigen weißen Säulen stammt aus dem Jahr 1978. Es beherbergt ein stilvolles *Kafenion*, in dem man unbedingt einen Kaffee trinken sollte.

Museen: Wären nicht die zahlreichen Hinweistafeln, man hätte keine Chance, das gut versteckte *Archäologische Museum* zu finden. Auch wenn der Titel etwas hoch gegriffen ist, der Weg lohnt sich: Vier Räume des ehemaligen Wohnhauses von Nikos Vouvalis, einem reichen Geschäftsmann (1853–1919), sind heute für Besucher geöffnet. Zu sehen gibt es in einem spartanisch eingerichteten Zimmer alte Vasen, Teller und Gläser. Wesentlich prunkvoller dagegen sind der Speisesaal, das prächtige Wohnzimmer und das Arbeitszimmer des Kaufmanns. Ursprünglich verfügte das Anwesen über 32 Zimmer! Im Erdgeschoss des Hauses ist die kleine archäologische Sammlung der Insel unter-

gebracht. Die prähistorischen Funde stammen hauptsächlich aus den Grotten von Kalymnos.
Öffnungszeiten/Eintritt Tägl. außer montags 10–14 Uhr. Eintritt frei.

Seefahrts- und Volkskundemuseum: Es befindet sich nahe der 1861 erbauten Christuskirche am Eleftheria-Platz. Zu sehen sind Fotos und Exponate zur Geschichte der Schifffahrt und Schwammtaucherei, außerdem zur kalymnischen Musik und zum traditionellen Bäckerhandwerk. Folkloristische Kleidung ergänzt die gut aufbereitete Ausstellung.
Öffnungszeiten/Eintritt Mo–Fr 8–13.30 Uhr, Sa/So 10–12.30 Uhr. Eintritt 1,50 €.

Harte Männer – weiche Schwämme

Wer in der Badewanne sitzt und sich mit einem samtweichen Schwamm einseift, wird kaum daran denken, dass es ein knochenharter Job ist, die sonderbaren Lebewesen vom Meeresboden an die Wasseroberfläche zu holen. Schwämme sind wirbellose Tiere ohne Organe, die sich von den Kleinstlebewesen ernähren, die das sie durchströmende Meerwasser mit sich führt. Sie setzen sich v. a. auf felsigem Untergrund fest.

Die Schwammtaucherei hat auf Kalymnos seit der Antike Tradition. Schon der Komödiendichter Aristophanes erwähnte sie. Im Mittelalter polsterte kalymnischer Schwamm die schweren Rüstungen der Ritter. Naturschwämme dienten später in der Kirche zum Aufwischen der Hostienkrümel, heutzutage finden sie in Industrie und Medizin Verwendung.

Von den früher rund 30 Booten (1948 waren es sogar noch 135) verlässt heute nur noch eine Handvoll den Hafen von Pothia, um zum Schwammtauchen hinauszufahren. Jedes Jahr kurz nach Ostern fahren die Boote vor die nordafrikanische Küste, im Oktober kehren sie zurück. Früher war diese weite Fahrt nicht nötig, denn in der Ostägäis gab es genug Schwämme. Mitte der 1980er Jahre kam es jedoch zu einer Zerstörung der Schwammvorkommen durch eine Viruskrankheit, und heute sind die einheimischen Fanggründe weitgehend abgeerntet. Allerdings wird es auch immer schwerer, an der nordafrikanischen Küste ergiebige Stellen zu finden. Die meisten Schwämme, die in den Schwammfabriken *(sponge factories)* rund um den Hafen von Pothia angeboten werden, sind denn auch importiert: aus der Karibik oder aus Asien. Die Schwämme werden in den Schwammfabriken beschnitten und durch mehrere chemische Bäder blondiert. Im Naturzustand sind sie dunkel- bis mittelbraun.

Die Geschichte der Schwammtaucherei ist eine Geschichte von Legenden und Tragödien: Tausende von Schwammsuchern aus Kalymnos bezahlten ihre Waghalsigkeit mit dem Leben oder waren in jungen Jahren schon invalide: gelähmt, taub oder blind. Es dauerte bis ins erste Jahrzehnt des 20. Jh., bis man die Ursache der so genannten *Taucherkrankheit* erkannte: Das zu schnelle Auftauchen aus großen Tiefen führt dazu, dass im Körper v. a. Stickstoff in Form von Bläschen freigesetzt wird, die die Blutbahnen verstopfen können. Heutzutage wissen Taucher, dass sie beim Auftauchen bestimmte Dekompressionspausen einhalten müssen.

Festung Chrissocherias: Die im 13. Jh. vom Johanniterorden erbaute Anlage liegt am südlichen Ortsausgang von Pothia, oberhalb drei verfallener Windmühlen. Eine Treppe, aber auch eine steile Straße führen zur Festung hinauf, in der sich heute eine kleine Kapelle befindet. Sehr schön ist der Blick auf Pothia und Chora.

Baden

Nahe Pothia nur bescheidene Möglichkeiten. Wenn Sie sich in Richtung der *Thermen* aufmachen, die 1 km südlich von Pothia liegen, finden Sie je eine kleine Bucht vor und hinter den Thermen. Das Wasser ist sehr sauber und klar. In der ersten Bucht sorgt eine Strandbar für Getränke, Snacks und Liegestühle, in der zweiten serviert die Taverne Acrogiali richtige Mahlzeiten und ordentlichen Wein.

Am südlichen Zipfel von Pothia führt eine Straße am Hang hinauf in Richtung der Ortschaft *Vothini*; hier gabelt sich die Straße. Der Weg zur *Vlichadia-Bucht* (ca. 6 km von Pothia entfernt) ist ausgeschildert. Die beiden rund 200 m langen Strandabschnitte sind durch einen kleinen Kai voneinander getrennt. Nördlich des Kais besteht der Strand aus Stein, südlich davon aus Kies und Sand. Am Wochenende kommen viele Einheimische hierher. In den beiden Tavernen ist dann kein Platz mehr frei.

Umgebung

Nordöstlich von Pothia liegt die Ortschaft *Chorio*, über der die Ruinen einer ausgedehnten Burg zu erkennen sind, die die Johanniter erbauen ließen. In Chorio lebten die Kalymnier vom 13. bis zum 18. Jh.; Mitte des 19. Jh. zog es immer mehr Bewohner nach Pothia. Vom Friedhof aus zweigt eine Straße ins Hochtal um das Dorf *Argos* ab. Hier steht das älteste Kloster der Insel, Ag. Apostoli, gegründet im 11. Jh. Heute ist es unbewohnt. Die Straße endet am 2006 eröffneten Flughafen.

Honig gibt es auf allen Inseln des Dodekanes

Im Hafen von Vathi – Ikonen an Bord

Die Westküste von Kalymnos

Den Westen könnte man auch als „Küste des spektakulären Sonnenuntergangs" bezeichnen. Wegen der vergleichsweise guten Bademöglichkeiten verbringen die meisten ihren Kalymnos-Urlaub hier.

Kantouni und Linaria

Zwei eher reizlose Badeorte, die zusammengewachsen sind. Am sauberen Kies- und Sandstrand legen Meeresschildkröten ihre Eier ab, die Gebiete sind dann mit Seilen abgetrennt. Es gibt viele Unterkünfte und noch mehr Urlauber. Sehenswert ist das *Kloster des Kreuzes*, das förmlich am steilen Felshang klebt. Es ist über einen ausgetretenen Pfad zu erreichen.

• *Übernachten* **Kalydna Island**, am Ortseingang von Kantouni, zwischen Durchfahrtsstraße und Strand. Das Zentrum der üppig begrünten Apartmentanlage im mediterranen Stil bildet der Pool. Ein Apartment für zwei Personen kostet je nach Saison 50-70 €. ✆ 22430-47880, ✉ 22430-47190. www.kalydnaislandhotel.gr

Kantouni Beach, v. a. Pauschaltouristen wohnen hier. Obwohl die Apartmentanlage direkt am Strand steht, gibt es einen Pool in der Mitte der Anlage. Dort findet man auch die Rezeption. Ein Apartment für zwei Personen kostet 47–70 €, die Studios sind etwas günstiger. Das Frühstück bereitet man selbst zu. Wer dazu keine Lust hat, der kann auch in der Bar frühstücken, das kostet aber extra. ✆ 22430-47980, ✉ 22430-47549, www.kantounibeachhotel.com.

Koletti, die Studios liegen direkt neben dem Hotel Kantouni Beach. Hinter dem Gebäude ein etwas verwilderter Steingarten, zum Meer hin eine überdachte Terrasse mit Tischchen und Liegen. Sympathisch die Anlage, angenehm die Atmosphäre. Ein Studio kostet rund 40 €, ✆ 22430-47122

Melitsahas

Eher eine Ansiedlung als eine wirkliche Ortschaft. Sie liegt südlich von Myrties auf einem Hügel. An dem Sand-/Kiesstrand spenden ein Dutzend Bäume Schatten.

- *Übernachten* **Maria's Studios**, am Hang gelegen, sodass man einen schönen Blick über die Bucht und auf die Insel Telentos genießt. Eine der wenigen Unterkünfte, die nicht von Agenturen gebucht ist. Die Zimmer, in denen bis zu drei Personen wohnen können, verfügen über eine Kochgelegenheit und kosten zwischen 20 und 35 €. ℡ 22430-48135, , www.kalymnos-island.com/marias-studios.

Massouri und Myrties

Von Kantouni steigt die Straße zunächst etwas an und führt dann über enge Serpentinen hinunter zur Bucht von Massouri. Hier liegen die beiden Ortschaften Myrties und Massouri direkt hintereinander. Ein Grund, warum viele hier Urlaub machen, ist der schöne weitläufige Sand- und Kiesstrand, der in der Hochsaison gut besucht ist. Wer mehr Einsamkeit wünscht, setzt mit der kleinen Bootsfähre zur vorgelagerten Insel Telentos über. Sie ist der Blickfang eines unvergesslichen Panoramas: Es bietet sich allabendlich, wenn die Sonne hinter den mächtigen, kahlen Felsen versinkt.

- *Übernachten* Die meisten Hotels sind in der HS mit Pauschaltouristen aus ganz Europa ausgebucht. Für mehrere Leute bieten sich die Apartmentanlagen mit Küche, Terrasse und Bad als preiswertere Alternative an.

George Fatolitis Beach Studios, in Massouri, am Ortsausgang Richtung Armeos linker Hand. Sympathische, ruhige Anlage mit vielen Blumen. Von der Terrasse hat man einen unverbauten Blick auf die Bucht und die Insel Telentos. DZ ab 30 €. ℡ 22430-47091, fatolitis@fatolitis.gr, www.fatolitis.gr

Zairis Studios, in Myrties an der Durchgangsstraße gelegen. Sie sind einfach eingerichtet und sauber, der kleine Garten dient den Gästen zur Entspannung. Der sehr freundliche ältere Grieche Zairis vermietet schöne Apartments, die 30–45 € kosten. ℡ 22430-47580 und 22430-23225.

Acrogiali, in Myrties an der Durchgangsstraße. Die Studios von Michalis Kalavros sind eine echte Empfehlung und deshalb auch entsprechend schnell ausgebucht – eine Reservierung ist notwendig. Die Einrichtung der geräumigen Apartments ist mediterran-schlicht und geschmackvoll, einige sind auf zwei Ebenen angelegt. Die Balkone sind großzügig bemessen und bieten einen sensationellen Blick aufs Meer und die Insel Telentos. Die Unterkünfte im Parterre haben üppige, gepflegte Pflanzen vor der Haustür und den Strand ganz nah. Die Apartments sind für zwei bis vier Personen ausgelegt und für die Ausstattung nicht zu teuer: Zu zweit zahlt man je nach Saison 40–50 €. ℡ 22430-47521, www.acroyalikalymnos.com.

- *Essen und Trinken/Nachtleben* Etliche Tavernen in Meeresnähe und an der Ortsdurchfahrt, viele Empfehlungen gibt es nicht.

Stalas, seit 1968 derselbe Besitzer und am selben Ort gelegen, unmittelbar an der kleinen Mole von Myrties. Gute Fischgerichte. Sehr schön ist auch der Blick von der Terrasse am Meer auf die Insel Telentos.

Wer griechische Spezialitäten essen möchte, fährt besser weiter nach Armeos. Dort bietet die **Taverne Tsopanakos** z. B. Ziegen- und Lammfleisch und kalymnische Gerichte an.

Emborios

Der verschlafene Hafenort ganz im Norden von Kalymnos ist per Bus (oder Boot ab Myrties) zu erreichen; uns aber erscheint die Anfahrt mit dem Mofa ideal, denn so können Sie die karge Landschaft des Nordens auf eigene Faust erkunden. Besuchern bietet Emborios gute Bademöglichkeiten, zwei Tavernen und viel Ruhe.

• *Übernachten/Essen und Trinken* **Harry's Paradise**, der Besitzer (Harry) lebte lange in England und Australien und ist sehr freundlich. Auch das Essen in der Taverne ist eine Empfehlung wert. Die schönen Apartments inmitten eines prächtigen Gartens kosten zwischen 40 und 45 €. ✆ 22430-40062, harrys@klm.forthnet.gr, www.harrys-paradise.gr.

Insel Telentos

Ein beeindruckender Anblick: Schon früh versinkt die Sonne hinter dem mächtigen und düster wirkenden Felsen, der 535 m steil aufragt. Die bunten Lämpchen des Hafens vor der grandiosen Farbkulisse im Hintergrund ergeben abends ein sehr fotogenes Zwielicht. Kletterer fühlen sich auf der Insel ebenso wohl wie Liebhaber von kleinsten Badebuchten und Freunde von romantischen Hafentavernen. Die rund 50 Einwohner von Telentos leben hauptsächlich vom Tourismus und von der Fischerei.

• *Verbindungen* Von der Hafenmole in Myrties aus verkehren zwischen 8 und 24 Uhr halbstündlich Kaikis. Die Überfahrt kostet 1,50 €, Tickets gibt es beim Kapitän.

• *Übernachten* Inzwischen haben auch große internationale Reiseagenturen die Insel entdeckt. Es gibt jedoch immer noch sympathische, kleine Unterkünfte, die meistens über die rund zehn Tavernen der Insel vermietet werden. Man findet DZ ab 20 €, aber auch Nobelunterkünfte, die bis zu 60 € kosten.

On the Rocks, die (leider nur wenigen) Zimmer sind schön. Ein DZ mit Balkon, Bad und Toilette kostet 55–60 € inkl. Frühstück. ✆ 22430-48260, ✆ 22430-48261.

• *Essen und Trinken* Acht Tavernen am Hafen. **Barba Stathis** ist eine gute Adresse.

• *Baden* Bereits an der Hafenmole weisen Schilder den Weg zu den verschiedenen Stränden der Insel. In nördlicher Richtung befinden sich mehrere kleine, schmale Kiesbuchten, an denen Sonnenschirme und Liegen zum Faulenzen einladen.

Das Inselchen Telentos im Abendlicht

Der Osten von Kalymnos

Bekannt ist die Gegend um Vathi für ihre zahlreichen Zitrusbäume – über 40.000 sollen es sein. Ansonsten ist der Ostteil unbesiedelt. Wanderer lädt er zu reizvollen Touren ein.

Die Straße von Pothia nach Vathi schlängelt sich kurvenreich an Felswänden entlang, rechts hat man immer die Ägäis im Blick. Ziegen suchen vergeblich Schatten am Straßenrand. Nach ungefähr 6 km dann traut man seinen Augen nicht. Man biegt um eine Kurve und fährt nun von oben in ein grünes fruchtbares Tal hinein: das Tal von Vathi, eine Oase inmitten einer kargen Felslandschaft.

Vathi

Ein Ort zum Verlieben. Am Ende einer schmalen, tief eingeschnittenen Bucht liegt die kleine Ansiedlung. Inmitten der kargen, grau-weißen Bergwelt glitzert das Blau des Meeres und reicht fast bis an das Grün der Mandarinen-, Zitronen- und Orangenplantagen heran. Im Hafen von Vathi ankert eine bunte Vielzahl von Fischerbooten und Segeljachten. Ein paar Schritte landeinwärts, auf der anderen Seite der Mole, wetteifern fünf ausgezeichnete Tavernen um die Gunst der Gäste.

- *Verbindungen* 4 x tägl. fährt der **Bus** von Pothia nach Vathi, der erste schon frühmorgens um 6.30 Uhr. Der letzte Bus zurück fährt ungefähr um 18 Uhr. Die einfache Fahrt kostet knapp 1 €.
- *Übernachten* **Manolis**, inmitten eines blühenden Gartens. In exponierter Lage thront die Pension an einem Hügel über der Bucht. Ein DZ (insgesamt sechs) gibt es in der NS ab 25 € und in der HS für 40 € inkl. Nutzung der Gemeinschaftsküche. ✆ 22430-31300, www.pension-manolis.de.
Galini, direkt am Platz an der Schiffsanlegestelle. Einziges Hotel am Platz (mit Restaurant). DZ mit Balkon ab 25 € mit Frühstück. ✆ 22430-31241.
- *Essen und Trinken* Einen Favoriten auszumachen fällt schwer, drei Tavernen buhlen um die Gunst der Ausflügler. Sie liegen alle rund um den Platz an der Schiffsanlegestelle. Uns hat die **Taverne Popi** mit großer, schattiger Terrasse, freundlichem Service und schönem Blick auf den Hafen gut gefallen.
- *Baden* Vor Ort bietet sich nur ein Sprung von der Mole in das saubere Wasser des Hafenbeckens an. Etwa 3 km Richtung Pothia liegt der Kieselstrand Akti. Von Vathi aus starten Kaikis zu den unberührten Buchten der Nordostküste. Mit Preisen zwischen 7 und 15 € kommt der Transfer jedoch auf Dauer teuer zu stehen.
- *Wandern* Vathi eignet sich hervorragend als Ausgangspunkt für Wanderungen in den nahezu unbewohnten Ost- und Nordteil der Insel, beispielsweise zum verlassenen Kloster *Panagia Kira Psili*. Wanderwege gibt es auch nach Pothia (ca. 2 Std.) oder Arginontas (ca. 3 Std.)

Auch Ziegen wissen eine gute Aussicht zu schätzen

Insel Leros

Krasser können Gegensätze kaum sein: Die Hafenstadt Lakki wirkt wie eine verlassene Filmkulisse mit ihrer monumentalen Art-déco-Architektur – ein Vermächtnis der italienischen Besatzungszeit (1912–1943). Wer jedoch mit einem kleineren Schiff ankommt, landet in der pittoresken Ortschaft Ag. Marina: An der Hafenpromenade haben Tavernen- und Cafébesitzer Stühle und Tische aufgestellt, im Schatten schlafen die Katzen.

Leros ist touristisch erschlossen, aber selbst in der Hauptsaison nie überlaufen. Dass der große Run der Touristen ausgeblieben ist, hat wohl v. a. geschichtliche Gründe. Denn während der Zeit der Militärdiktatur (1967–1974) ließ Junta-Chef *Papadopoulos* politische Gefangene in zwei Lagern auf Leros einkerkern. Das eine befand sich nahe der Ortschaft Partheni im Norden der Insel, das andere bei Lakki. Rund 3000 politische Gegner internierten die Obristen auf Leros. Heute verfallen die Anlagen. Hinweise auf dieses dunkle Kapitel der jüngeren Geschichte der Insel sucht man vergebens. Den wenig schmeichelhaften Beinamen „Insel der Irren" verdankte Leros der nahe Lakki eingerichteten psychiatrischen Klinik, die inzwischen geschlossen ist.

Leros im Überblick

Größe: 52 km^2 Fläche, 71 km Küstenlänge.

Bevölkerung: Rund 8000 Einwohner.

Geografie: Leros' höchste Erhebung ist der Hügel *Klidi*, er steigt auf 327 m an. Drei kleine Hügelketten, die durch tief in den Inselkörper schneidende Buchten voneinander getrennt sind, gliedern die Insel.

Wichtige Orte: Der Hafen *Lakki*, die Hauptstadt *Platanos* sowie die Touristenorte *Alinda*, *Panteli*, *Ag. Marina* und *Xerokampos*.

Verbindungen: Da Lakki, der Hafen von Leros, von den großen *Fähren* auf der Route Piräus – Kos – Rhodos angelaufen wird, bestehen in der HS tägl. Verbindungen zu den nördlichen und südlichen Nachbarinseln. Dazu kommen kleinere *Boote*, die v. a. für Tagesausflüge genutzt werden, und die *Tragflächenboote*, die Leros tägl. anlaufen. Sie und die kleineren Schiffe legen ausschließlich in Ag. Marina an der Ostküste an. Von Xerokampos ganz im Süden geht tägl. außer sonntags ein kleines Boot nach Kalymnos.

Flugzeug: Tägl. ein Flug nach Athen (1 Std.), Kos, Rhodos und Astipalea werden 3 x wöchentl. angeflogen.

Straßen: Die Straßenverbindungen zwischen den Orten sind einwandfrei.

Auto- und Zweiradverleih: Autos, Mofas und Vespas kann man in Lakki, Ag. Marina, Panteli und Alinda (Motoland) mieten. Fahrräder kosten um 5 € pro Tag, motorisierte Zweiräder je nach Größe 8–18 € und Kleinwagen 30–35 € (je nach Saison). In Alinda werden auch Tretboote und Kanus vermietet.

Tankstellen: In Lakki, Platanos und an der Straße nach Partheni.

Übernachten: Quartiere finden Sie in Lakki, Panteli, Ag. Marina, Platanos Alinda und Drimonas. Der einzige Zeltplatz der Insel befindet sich in Xerokampos.

Karten: Die handelsübliche (blaue) Karte ist recht genau im Straßenverlauf.

Internetcafés: Mittlerweile in allen Tourismusorten.

Touristeninformation: Im Hafencafé direkt am Kai von Lakki. Öffnungszeiten: 9–12 Uhr sowie bei Ankunft und Abfahrt der großen Fähren. Auskünfte zu den Flug- und Fährverbindungen samt Preisen erteilt die Agentur *Kastis Travel*, die in Lakki (gegenüber vom Taxistand) und Ag. Marina (am Hafen) Filialen unterhält.

Telefonvorwahl: 22470.

Ruine des Art-déco-Theaters – soll bald in altem Glanz neu erstrahlen

Lakki

Wer in Lakki mit der Fähre ankommt, traut seinen Augen nicht: Das kann keine griechische Insel sein. Die Bucht zählt zu den größten Naturhäfen der Ägäis.

Gut 400 m misst die Hafenfront. Entlang der breiten Promenade reihen sich pompöse, teils leer stehende, zerfallene Art-déco-Bauten, Rasenflächen und Sitzbänke aneinander. Die Promenade wirkt wie der ganze Ort: nüchtern, gradlinig, leer. Tagsüber sind die breiten Prachtstraßen wie ausgestorben; erst am Abend wird es lebendiger. Mit Hilfe von EU-Geldern wird momentan das italienische Art-déco-Theater restauriert – 2009 standen nur Skelette der Fassaden.

Die italienischen Besatzer bauten das am Reißbrett entworfene Lakki zwischen 1912 und 1943 zur Fliegerbasis und zum Flottenstützpunkt aus. Die Ägäis war während des Zweiten Weltkriegs heftig umkämpft. Die Schlacht von Leros tobte vom 12. bis 16. November 1943. Zwei Monate lang hatte die Wehrmacht zuvor die Engländer auf Leros bombardiert und schließlich überwältigt. An diese Vergangenheit erinnert ein *Militärmuseum*. Zu sehen sind u. a. Panzer, Waffen aller Art und eine Videodokumentation.

• *Verbindungen* **Busse** verkehren mehrmals tägl. zwischen Lakki und Partheni (via Platanos) im Norden sowie zwischen Lakki und Xerokampos im Süden der Insel.
Taxis warten in der Regel an der Anlegestelle auf Kundschaft.

• *Zweiradverleih* Am Hafen. Fahrräder gibt es für 4–6 €, Motorroller kosten etwa 10–15 € pro Tag.

• *Bank* National Bank of Greece an der Hafenpromenade (mit Geldautomaten).

- *Übernachten* Die meisten Besucher zieht es an die Ostküste – nur wenige übernachten in Lakki. In jüngster Zeit haben dennoch einige ansprechende Quartiere eröffnet.

Miramare, das Hotel liegt hinter der Uferpromenade. Alle Zimmer mit Dusche, Toilette und Balkon. Die Betreiber sind sehr freundlich. DZ kosten je nach Saison 28–50 € (inkl. Frühstück). &, ℡ 22470-22469, www.leroshotelmiramare.co.uk.

Smalis Studios, am Hafen über dem Fastfood-Restaurant. Große Zimmer mit Kitchenette, Marmorboden, TV, Terrasse und neuem Bad, 50–60 €. ℡ 22470-22145 und 22470-23831.

- *Essen und Trinken* Trotz einiger Bemühungen ist es mit der kulinarischen Infrastruktur nicht weit her.

To Petrino, eine der wenigen empfehlenswerten griechischen Tavernen am Ort. Sie liegt an der Straße, die parallel zur Uferpromenade verläuft, neben der Post.

- *Militärmuseum* Das Museum liegt 1 km in Richtung Merikia. Der Weg dorthin führt durch einen schönen Kiefernhain (Bademöglichkeiten und einige kleine Tavernen am Weg). Interessant zu sehen ist vor allem die Architektur, denn das Museum ist in einem von den Italienern angelegten Tunnelsystem untergebracht. Das Militärmuseum ist tägl. von 10 bis 13.30 Uhr geöffnet, Eintritt 3 €.

Der Süden von Leros

Xerokampos

Ein Ausflugsziel, das sich vortrefflich für eine Fahrradtour eignet. Die Strecke ist zwar etwas hügelig, dafür werden die Mühen mit einem herrlichen Blick auf die Bucht von Lakki belohnt. Xerokampos selbst strahlt eine angenehme Ruhe aus. Am Kiesstrand liegen Fischernetze zum Trocknen, einige Boote schaukeln friedlich auf dem Wasser, mehrere gute Fischtavernen versorgen die Reisenden – ein guter Platz für einen erholsamen Urlaub.

- *Verbindungen* Mehrmals tägl. **Busse** nach Lakki und Platanos. Werktags um 7 Uhr Kaiki-Verbindung nach Kalymnos.
- *Übernachten* **Villa Alexandros**, die Pension ist von der Hauptstraße aus ausgeschildert. Großes, weiß gekalktes Haus mit schönen kühlen Apartments, einige davon über zwei Etagen. Alle Zimmer mit Klimaanlage, Küche und Balkon, zwischen 30 und 45 €. ℡ 22470-24220 und 22470-22202, www.villa-alex.gr/en/index.htm.

Efstathia, Apartmentanlage mit Pool und kleinen Windmühlen. Apartments mit gut ausgestatteter Küche zwischen 35 und 60 €. ℡ 22470-24099, ℡ 22470-24199, www.hotel-efstathia.gr.

Villa Carla, umfasst zwei separate Apartments mit großem Garten. 100 m vom Meer und 300 m vom Ort entfernt mit toller Aussicht auf die Bucht. Die Einrichtung ist aufwändig (gemauerte Sofas, TV-Satellitenanlage, Stereo und DVD, Holzliegestühle, teilweise Fitnessbereich etc.). Die Unterkunft können Sie auch wochenweise über Michael Müllers Internetvermittlung Casa Feria buchen. Das kleinere Apartment (2-4 Pers.) kostet je nach Saison 600-950 € pro Woche.

Camping, gut 400 m vom Meer entfernt liegt der einzige Zeltplatz der Insel. Die Anlage, die Ruhe und Schatten bietet, ist auch in der HS nicht überlaufen. Nahe dem Campingplatz gibt es einen kleinen Laden und ein Bistro. In der Campingplatzverwaltung ist ein Internetzugang vorhanden. Zwei Personen mit kleinem Zelt zahlen in der NS 15 €, in der HS 20 €. ℡ 22470-23372.

Der mittlere Teil von Leros

Erfrischend und abwechslungsreich präsentiert sich diese Region: Größerer Baumbestand, reizvolle Buchten, reichlich Urlauber – einfach mehr Leben. Und über allem thront das mächtige Kastell von Platanos.

Höhepunkt der Insel: das mittelalterliche Kastro

Agia Marina und Platanos

Auf den Karten sind zwei Ortschaften eingezeichnet – doch Agia Marina und Platanos sind längst zu einem Ort zusammengewachsen. Der Hafenort Agia Marina besteht aus der Anlegestelle, der kleinen Uferpromenade mit Tavernen, Cafés sowie Souvenirshops – und einer gigantischen Kirche, die ausnahmsweise nicht strahlend weiß-blau, sondern in Erd- und Rottönen gehalten ist.

Die Ortschaft Platanos mit ihrem hübschen Marktplatz zieht sich in engen und verwirrenden Gassen den Hang hinauf. Überragt wird sie vom mächtigen Johanniterkastell auf der Spitze des Hügels.

• *Verbindungen* **Tragflächenboote** sowie kleine und mittlere Fährboote legen in Ag. Marina an. Hilfreich ist ein Besuch in der Reiseagentur **Kastis Travel** am Hafen von Ag. Marina: präzise Auskünfte, freundliches Personal (tägl. 8.30–14.30 Uhr). 6 x tägl. **Bus**verbindung nach Lakki.

• *Bank* Im großen, weißen Gebäude direkt am Hafen, mit Geldautomat.

• *Post* An der Straße, die von Platanos nach Ag. Marina führt.

• *Übernachten* **Elefteria**, die großzügige Anlage liegt hinter dem Reisebüro Laskarina Travel (an der Durchgangsstraße), das die Hotelbesitzer Antonis und Luna Kanaris ebenfalls betreiben. Ein Highlight ist die riesige Dachterrasse mit Pool, auf der u. a. auch Grillabende angeboten werden. Im Gebäude ist ein kleines privates Museum eingerichtet, in dem der Betreiber bemerkenswerte Fund- und Sammlerstücke aus dem Zweiten Weltkrieg ausstellt. Mit viel Engagement erzählt er seinen Besuchern, welche Rolle Leros und die Nachbarinseln bei den Kämpfen um die Ägäis gespielt haben. Laskarina Travel unterhält auch das Exkursionsboot Maggelanos. DZ ab 25 €, Studio mit Bad und Balkon ca. 35 €. ✆ 22470-23550 oder 22470-24550, ✆ 22470-24551, www.laskarinatravel.gr.

• *Essen und Trinken* Ag. Marina ist der beste Ort der Insel, um lokale Spezialitäten zu essen. Es gibt drei besonders empfehlenswerte Tavernen bzw. Ouzerien: **Mylos** (neben der alten Mühle in Richtung Krithoni), **Kapaniri** und **Kapetan Michalis**. Probieren Sie Foulia (ägyptische Bohnen mit Koriander), Garidhopilafo (Reis mit Shrimps) oder ein Fischgericht.

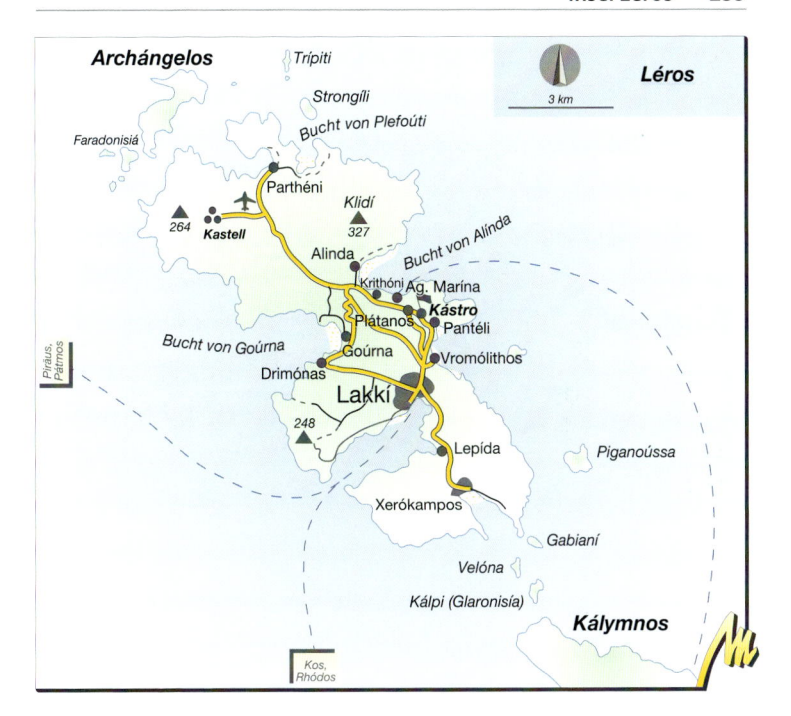

▶ **Kastell**: Zwei Wege führen zu der alten Johanniterburg aus dem 14. Jh., die auf dem Gipfel des 154 m hohen Kalkberges *Pityki* thront. Zu Fuß, über eine Steintreppe mit 300 Stufen, dauert es ca. 15 Min. Wer auf zwei oder vier Rädern unterwegs ist, dem steht eine fast 3 km lange Straße zur Verfügung. Der Weg schlängelt sich an Windmühlen vorbei und erreicht die Burg an der Rückseite. Von hier genießen Sie eine herrliche Sicht über die ganze Insel.

In der Kirche des Kastells ist ein Museum eingerichtet, in dem es eine bescheidene Auswahl an Gebetsutensilien, historischen Bibelausgaben und Ikonen zu sehen gibt. Besonders verehrt wird eine Marienikone. Sie gilt als wundertätig und ist deshalb im Hauptraum aufgestellt. Der Rahmen wurde im Jahre 713 angefertigt. Die Ikone selbst soll noch älter sein – einige behaupten sogar, der Evangelist Lukas hätte sie eigenhändig gemalt.

Öffnungszeiten Tägl. 8–13 Uhr, Mi, Sa und So außerdem 15–19 Uhr.

Panteli

Serpentinenreich schlängelt sich die Straße aus Richtung Platanos oberhalb der Küste entlang zum Kastell hinauf. Den Weg von der hübschen kleinen Ortschaft Panteli, die unterhalb des Kastells liegt, bis zur Festung markieren sechs Windmühlen. Vom Kastell sieht man die bunten Fischerboote auf dem Wasser schaukeln. Unten in der Bucht erheben sich steile Felswände, die

236 Ausflugsziele

Die sechs Windmühlen über Panteli

Häuser kleben am Stein. Stimmungsvoll wirken am Abend die Lichter der die Bucht umsäumenden Tavernen. Die Bademöglichkeiten sind gut, wenngleich der Strand etwas schmal geraten ist.

• *Übernachten* **Panteli Beach** ist eine sehr schöne, kleine Apartmentanlage. Mit Geschmack und Geschick haben die Holländerin Myra Ilias und ihr griechischer Mann Ilias eine Wohlfühloase geschaffen. Vieles der Einrichtung ist gemauert: Betten, Sofas, Sitzbänke vor dem Haus (alles natürlich bequem gepolstert) und auch die Duschen. Die Apartments (bis 5 Personen) kosten je nach Saison 80–100 €, Studios (bis 3 Personen) 55–80 €. Frühstück gibt es in der angeschlossenen Snackbar für 7 €. ☎ 22470-26400 (auch Fax), ☎ 6972600035 (mobil), www.panteli-beach.gr.

Afroditi, Pension nahe dem Basketballfreiplatz mitten im Ort. Ruhig und sauber. Hier werden sowohl DZ (25–35 €) als auch Apartments (30–45 €) vermietet. ☎ 22470-23477.

Happiness, an der Straße hinunter zum Hafen. Die Pension verfügt über fünf Zimmer mit Balkon oder Terrasse. DZ je nach Saison 35–45 €. ☎ 22470-23498, www.studios-happiness-leros.com.

Kavos, das Hotel liegt nahe der Anlegestelle. In der HS oft ausgebucht. Großzügige Zimmer mit kühlen Böden und blauen Balkonen. DZ ab 30 €. ☎ 22470-23247, ☎ 22470-25020, leros_kavos@yahoo.com, www.leros-kavos.com.

Windmühlen, werden oben am Hügel über Laskarina Travel (siehe auch Hotel Elefteria in Platanos) vermietet. Wer sich für diese extravagante Unterkunft interessiert, sollte die Agentur vorher telefonisch kontaktieren. ☎ 22470-23550 oder 22470-24550,, ☎ 22470-24551, www.laskarinatravel.gr.

• *Essen und Trinken* **Psaropoula**, schön gelegene Taverne im Hafen. Empfehlenswert sind die Lammgerichte sowie die verschiedenen Oktopusvorspeisen.

Zorbas und **Patimenos**, beide direkt am Wasser gelegen, verwöhnen die Gäste mit frischen Fischgerichten und typisch griechischen Speisen.

Café Castelo, großes Strandcafé mit schönem Blick auf die Bucht und das Kastell. Hier gibt es auch Pizza und Crêpes.

• *Bowling* **Crescendo Bowling**, Center mit Internetcafé, Pool Billard und mehreren gut gepflegten Bahnen, die von den Einheimischen meist im Winter in Beschlag genommen werden. Wer nur Lust auf einen Kaffee hat, kann ihn mit großartigem Blick von der Terrasse aus auf die Bucht von Vromolithos und Panteli genießen. ☎ 22470-22104.

Gourna

Der größte Sandstrand der Insel liegt in der Bucht von Gourna, hinter der sich eine fruchtbare Tiefebene erstreckt. Stellenweise ist der Strand schön breit, einige Bäume spenden Schatten. Liegen, Sonnenschirme und Kanus werden vermietet. Man hat von der Bucht aus einen guten Blick auf die Windmühlen auf dem Hügel.

Am nördlichen Ausläufer der Bucht liegt die *Kapelle des heiligen Isidor* auf einem Fels in der Ägäis. Über einen schmalen Betonsteg ist sie mit der Insel verbunden. Den Hügel hinauf zieht sich am Ende der Bucht die Ortschaft Drimonas.

• *Übernachten* **Akrogiali**, kleines, einfaches Hotel in Drimonas. Zimmer mit Balkon und Meerblick. DZ 30–35 €. ✆ 22470-23115, ✉ 22470-25307.
Psilalonia, ein ehemaliger Bauernhof, der von einem französischen Ehepaar liebevoll und aufwändig zum Gästehaus umgebaut wurde. Die hoch über der Bucht gelegene Unterkunft bietet drei Zimmer für je zwei Personen (60 € inkl. Frühstück), zusätzlich können je zwei Kinder untergebracht werden. ✆ & 22470-25283, www.psilalonia.com.

Alinda

Die Bucht von Alinda ist eine lang gezogene Sand- und Kiesstrandbucht 3 km nordwestlich von Ag. Marina mit Blick auf die mächtige Burganlage von Platanos, die nachts beleuchtet ist. Kleinwüchsige Tamarisken bieten Schatten am Strand, für Abkühlung sorgt eine leichte Brise. Wegen des steten Windes tummeln sich in der Bucht auch Windsurfer. Direkt hinter dem Strand verläuft jedoch die Uferstraße – wer mit Kindern unterwegs ist, muss sie ständig im Auge behalten. Besser werden die Bademöglichkeiten nordöstlich des Alinda-Strands: Hier erwarten Sie mehrere abgelegene Felsbuchten mit kristallklarem Wasser.

Sehenswert ist in der Bucht von Alinda der *Bellenis Tower*, ein schlossähnliches, rosa Gebäude mit zwei Türmen an der Hauptstraße. Er beherbergt ein privat geführtes historisches und völkerkundliches Museum (tägl. 10–13 und 18–21 Uhr geöffnet, Eintritt 3 €). Ein zentrales Thema ist die Schlacht um Leros im Jahre 1943. Zwei Stockwerke sind voll mit geschichtsträchtigen Waffen, Keramik, Trachten, Dokumenten und Fotos. Parissis I. Bellenis (1871–1957), ein Sohn und Gönner der Insel, gründete das Gymnasium und viele andere Einrichtungen auf Leros.

Am südlichen Ende der Bucht liegt außerdem der *Soldatenfriedhof* mit Gräbern der 184 bei der Schlacht um Leros gefallenen Alliierten.

• *Übernachten* Direkt am Strand befinden sich mehrere Pensionen und Hotels. Da die Bucht auch im Programm von etlichen Reiseveranstaltern ist, sind die besten Zimmer nicht selten ausgebucht. Auf Privatzimmer machen Hinweistafeln aufmerksam.
Boulafendis, Blickfang ist das hundertjährige Herrenhaus, das heute ein Restaurant (mit Pianobar) und die Rezeption beherbergt. Dahinter erstreckt sich eine moderne Ferienanlage mit Pool und allem, was dazugehört. Preis für zwei Personen in einem der hübschen Studios 47–68 €. ✆ 22470-23515, ✉ 22470-24533.
Irene, gepflegtes Hotel, ruhig gelegen, rund 200 m vom Strand entfernt. Insgesamt stehen 34 Zimmer und Apartments (mit Kochgelegenheit) zur Verfügung. DZ in der HS um 45 €. ✆ 22470-24164, ✉ 22470-24170, hotelireneleros@in.gr.
Effie's, direkt neben dem Hotel Irene. Die sympathische Betreiberin vermietet sehr schöne Apartments, die rund um einen üppig begrünten Hof liegen. Für zwei Personen kostet ein Apartment zwischen 30 und 40 €. ✆ & 22470-24459, www.efies-leros.gr.

Diamantis, wer in Ag. Marina ankommt, kann die Betreiber Nikos und Anna Varna direkt im Souvenirshop am Hafen kontaktieren. Schön sind die großen Balkone der Apartments, die für zwei Personen in der NS 30–35 €, in der HS 45 € kosten. ✆ 22470-22378, ✆ 6932261652 (mobil).

● *Essen und Trinken* Entlang der Uferpromenade haben sich einige Tavernen etabliert, die Tische und Stühle an den Strand gestellt haben. Mit den Füßen im Sand, bekommt man v. a. frischen Fisch serviert.

Nett ist es in der Taverne **Lampros**: Die Mahlzeiten sind solide und günstig, der offene Wein ist in Ordnung, der Service flott und aufmerksam.

● *Auto-/Zweiradverleih* Bei **Motoland** gibt es außer freundlichem Service Fahrräder um 5 € pro Tag, Scooter (50–150 ccm) 10–20 € je nach Saison, einen Fiat Panda für 30–45 €, einen Jimny zwischen 45 und 55 €, außerdem Außenbordmotorboote auf Anfrage. ✆ 6972600035 (mobil), www.motoland.gr.

Der Norden von Leros

So gut wie menschenleer, landschaftlich abwechslungsreich und im Frühjahr vergleichsweise grün – der Norden von Leros empfiehlt sich für Fahrradtouren und Wanderungen. Hier befindet sich auch der winzige Inselflughafen.

Kurz vor der Landebahn des Flugplatzes weist ein Schild auf ein *Ancient Fort* hin. Zwar ist von der antiken Festung nicht mehr als ein paar Steinquader zu sehen, von der kleinen Anhöhe, auf der die Anlage einst stand, bietet sich aber ein schönes Panorama: über die Bucht von Partheni bis hinüber zum Inselchen Archangelos im Norden. Die Hügel rings um die archäologische Stätte sind mit Bäumen, Büschen und Gräsern bewachsen, die selbst im Spätsommer noch ein bisschen erfrischendes Grün in die steingraue Landschaft sprenkeln.

Partheni

Ein Minihafen mit zahlreichen kleinen Fischerbooten, einige verstreute Häuser – alles wirkt leicht schmuddelig. Das Wasser ist verschmutzt. Man kann nur die Atmosphäre des Ortes mit den violett schimmernden Felsen genießen. Eher zweitklassige Bademöglichkeiten bietet der *Strand Ag. Kioura* nördlich von Partheni. Vom kleinen Strand mitsamt Kapelle haben Sie jedoch eine schöne Aussicht auf die vorgelagerte *Insel Strongili*.

Plefouti

Die große, geschwungene Bucht liegt östlich der Bucht von Partheni, ist reizvoller als diese und hat einen schmalen, sauberen Kiesstrand. Im Hintergrund erheben sich grüne Hügel, die bewirtschaftet werden. Häuser sieht man kaum, aber zwei kleine Kirchen. In der Bucht liegen Fischer- und ein paar Segelboote. Eine große Taverne mit Blick aufs Meer versorgt die Ausflügler.

LKW im Militärmuseum von Leros

Insel Patmos

Gäbe es eine Hitliste der beliebtesten Inseln des Dodekanes, würde Patmos einen Spitzenplatz belegen. Die kleine Insel bietet alles, was das Urlauberherz begehrt: reizvolle Strände, gute Tavernen, fotogene Altstadtgassen und nicht zuletzt reichlich Kultur.

Auf Patmos trifft man auf eine optimale Mischung aus griechisch-orthodoxer Glaubenslehre und multinationaler Urlaubsphilosophie. Die Natur tut das Ihrige dazu: Auf eine berauschend schöne Bucht folgt die nächste, das Wasser ist türkisblau und kristallklar, die Strände sind oft aus hellem Sand.

Kein Wunder also, dass die Insel hoch im Kurs steht – bei den Individualreisenden ebenso wie bei den Reiseveranstaltern. Prominenter Patmos-Besucher war bis zu seinem Tode Zeitungszar Axel Springer, der hier ein schmuckes Häuschen besaß.

Ein langer, an der nördlichen Spitze kesselförmiger Naturhafen eröffnet sich den Urlaubern, die auf den großen Fähren an der Reling stehen. Vor allem abends ist die Einfahrt in die Bucht von *Skala* ein phänomenales Erlebnis. Hoch über dem Hafenort thront eindrucksvoll die Altstadt mit dem wuchtigen *Johanneskloster*. Auf der anderen Seite der Bucht steht ein großes, blau scheinendes Kreuz. Es wurde zu Ehren eines Einsiedlermönchs errichtet, der dort im 17. Jh. gelebt haben soll. Klöster, Kapellen, Kreuze überall – das griechische Parlament hat Patmos 1983 zur heiligen Insel erklärt.

Patmos im Überblick

Größe: 35 km^2 Fläche, von der Nord- bis zur Südspitze etwa 12 km lang.

Bevölkerung: Rund 4000 Einwohner, die meisten davon leben in Skala.

Geografie: Patmos besteht eigentlich aus drei verschiedenen Inseln, die lediglich durch zwei schmale Landzungen miteinander verbunden sind. Die Küste ist von Buchten zerklüftet. Die höchste Erhebung ist der *Profitis Ilias* mit 269 m.

Wichtige Orte: *Skala*, der Hafenort, v. a. abends viel Rummel; *Chora*, die Altstadt mit dem mächtigen Kloster und einem herrlichen Rundblick; die *Bucht Grikos* mit etlichen Hotelanlagen; die *Bucht Meloi* mit Zeltplatz und Tavernen.

Verbindungen: Patmos wird von den großen *Fähren* auf der Strecke Piräus – Kos – Rhodos tägl. angelaufen. Zudem können Sie *Leros, Kalymnos, Kos* und *Samos* tägl. auch mit den Katamaranen von Dodekanisos Seaways und Tragflächenbooten erreichen. Die Fähragenturen befinden sich an der Hafenpromenade, in der Parallelstraße oder am Hauptplatz nahe dem Kai. Zur Nachbarinsel *Lipsi* setzen zudem tägl. kleine Fähren über (einfache Fahrt 5,50–7,50 €). Die Abfahrtszeiten der Ausflugsboote sind in der Regel auf großen Tafeln angeschlagen.

Straßen: Das Straßennetz auf Patmos ist ausgezeichnet, alle wichtigen Wege sind asphaltiert.

Entfernungen: Die Insel ist klein: Skala (Hafen) – Chora 4 km (zu Fuß etwa 60 Min.), Skala – Grikos 3 km, Skala – Lambi 8 km, Skala – Meloi 2,5 km.

Auto- und Zweiradverleih: In Skala gibt es Verleihstationen. In der NS zahlt man für einen Kleinwagen knapp 30 €, in der HS ca. 35 €.

Tankstellen: Nur in Skala.

Übernachten: Quartiere stehen praktisch auf der ganzen Insel zur Verfügung. Im Juli und August ist die Nachfrage besonders groß. Für ein Zimmer zahlen Sie dann rund doppelt so viel wie im Mai oder September.

Internet: www.patmos-island.com

Telefonvorwahl: 22470.

Skala: Hafen und Hauptort von Patmos

Skala/Hafen

Langweilig wird es nicht im Hafen von Skala: Die Cafés an der Uferpromenade sind gut besucht, die Einheimischen flanieren, Musik und Publikum sind international, clevere Geschäftsleute wissen, wie man ein Schaufenster dekoriert, und tagtäglich strömt eine stattliche Anzahl Sonnenhungriger aus dem Bauch der großen Fähren.

Die weißen Häuser ziehen sich von der Hafenbucht den Hang hinauf. In den schmalen Gassen hat kein Auto Platz; man vermisst sie auch nicht, denn die Wege sind kurz. Nahezu an jeder Ecke lockt eine Taverne oder ein Café.

Das auffälligste Gebäude von Skala ist das während der italienischen Besatzung gebaute *Zollamt* gegenüber der Fähranlegestelle. Heute sind in dem Haus mit seinen schönen Arkaden und dem wuchtigen Turm Polizei und Post untergebracht.

Information/Verbindungen/Adressen

• *Information* Die **Touristeninformation** (✆ 22470-31666) befindet sich im Hafengebäude aus der italienischen Besatzungszeit und ist von Mai bis Mitte Oktober geöffnet: Mo–Fr 9–21 Uhr, Sa/So 11–13 und 18–20 Uhr. Was die Schiffsverbindungen betrifft, erkundigt man sich am besten beim Hafenamt an der Anlegestelle oder bei den Reiseagenturen wie Astoria Travel an der Hafenpromenade, ✆ 22470-31205.
Im Jahr 2006 eröffnete das Johanneskloster das **Informationszentrum für Kultur und Orthodoxie** in Skala, rund 100 m östlich vom Polizeigebäude. Auf fünf großen Bildschirmen läuft in verschiedenen Sprachen der gleiche Film. Im Fokus stehen Infos über das Kloster und die griechisch-orthodoxe Kirche. Die freundlichen Mitarbeiter helfen aber auch bei weltlichen Problemen weiter. Öffnungszeiten: tägl. 8–13.30 Uhr, So/Di/Do auch 16–18 Uhr
• *Verbindungen* **Busse** fahren gegenüber vom Zollamt ab. Es gibt folgende Buslinien: Skala – Kampos (4 x tägl.), Skala – Chora (9 x tägl.), Skala – Grikos (5 x tägl.) sowie Grikos – Chora (2 x tägl.).
Gegenüber dem Zollamt stehen auch die **Taxis**. Das Angebot ist eher spärlich, gerade

Insel Patmos

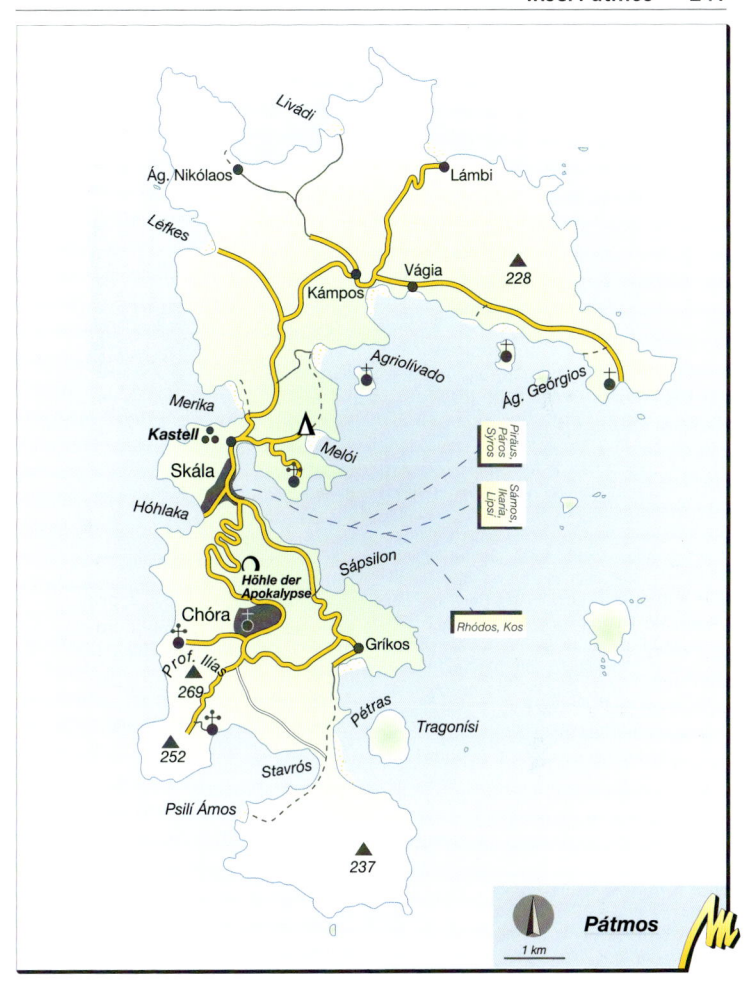

abends muss man oft lange warten. Die Fahrt zum Zeltplatz in der Bucht von Meloi kostet rund 5 €. Unter ☎ 22470-31225 kann man ein Taxi bestellen.

Zum Strand Psili Amos und zu den Stränden auf Arki und Marathi fahren tägl. **Boote** (hin und zurück für 10 bzw. 15 €).

- *Bank* Eine Bank mit EC-Automat befindet sich am Hauptplatz sowie an der Hafenpromenade Richtung Meloi.
- *Polizei* Am Hafen, ☎ 22470-31303.
- *Post* Im Hafengebäude aus der italienischen Besatzungszeit. Geöffnet 8–13.30 Uhr, Sa/So geschlossen.
- *Telefon* Der Weg zum O.T.E. ist vom Hauptplatz aus beschildert (Richtung Südwesten). Öffnungszeiten: 7.30–15 Uhr, Sa/So geschlossen.
- *Zweiradverleih* Die größte Auswahl, den besten Service und die neuesten Maschinen bietet **Australis Moto Rent** an der Uferstraße unterhalb des Hotels Australis. Je nach Leistung kostet ein Motorroller zwischen 10 und 18 €. ☎ 22470-32723.

Tassos Rentals, nahe der Schiffsanlegestelle, verleiht neben Rollern und Mofas

242 Ausflugziele

auch Autos, einen Kleinwagen gibt es ab 30 € pro Tag, Scooter ab 10 €. ✆ 22470-31753.
Christina Giannarou Rent a Car hat Neuwagen im Fuhrpark, zuletzt die Modelle Hyundai i10 und i30. Die Wagen in der Polobzw. Golfklasse sind sehr gut zu schalten und haben die richtigen Maße für die engen Inselstraßen. Ein i10 kostet je nach Saison zwischen 30 und 45 €, ein i30 zwischen 40 und 55 €, Rabatt gibt es ab drei Tagen.

Die Wagen werden vor dem Abholen und nach der Rückgabe genau in Augenschein genommen. ✆ 22470-32885, ✆ 6974745761 (mobil), bizasrentacar@otenet.gr.
• *Parken* Ist in Skala ein echtes Problem. Neben einigen Hotelparkplätzen gibt es zwei öffentliche, kostenlose **Parkplätze**: einen am Jachthafen, den anderen neben dem Hotel Chris an der Uferpromenade in Richtung Meloi.

*Ü*bernachten

Wer ein Privatquartier sucht, wird schnell fündig. Sobald die Fähre anlegt, sind die Vermieter zur Stelle und preisen ihre Quartiere an. Auch Hotels und Pensionen gibt es mehr als genug auf Patmos – trotzdem ist eine Reservierung in der HS nötig. Im Juli und August liegt das Preisniveau deutlich über dem der Nachbarinseln.

Australis, das Hotel liegt oberhalb der Uferstraße in Richtung Meloi, bei Moto Rent Australis ins Landesinnere abbiegen. Wer vorher anruft, wird vom Anleger abgeholt. Viele Gäste des Hotels Australis kommen immer wieder, weil sie sich hier zu Hause fühlen. Dafür sorgt der freundliche Besitzer Fokas Michellis – und sein Garten. Der ist wahrlich eine Wucht! Rund um das Haus und auf den Terrassen blühen Blumen und Büsche, wiegen sich Palmen und Bäume im Wind. Die Zimmer und Apartments sind kühl, sauber und geschmackvoll eingerichtet. Auf der schattigen Terrasse (mitten in der Pflanzenpracht) wird ein vorzügliches Frühstück serviert, das im Preis inbegriffen ist: 45–80 € kostet eines der 18 DZ. Studios liegen zwischen 50 und 200 €, letzteres ist der Preis für das 6-Personen-Studio. ✆ 22470-31576, ✆ 22470-32284, www.patmosaustralis.gr.

Villa Knossos, befindet sich neben dem Hotel Australis. Die Tochter von Fokas Michellis führt diese sympathische Herberge. Zimmer mit Bad, Balkon, Kühlschrank und Wasserkocher stehen zur Verfügung. Auch hier blühen Blumen rund ums Haus. Man kann sich das Frühstück aufs Zimmer bringen lassen oder auf der Terrasse des Hotels Australis frühstücken. Zwei Personen zahlen für ein Apartment zwischen 40 und 70 €, im August noch etwas mehr. Studios für zwei bis drei Personen kosten zwischen 50 und 100 €. ✆ 22470-32189, ✆ 22470-32284, villaknossos @hotmail.com, www.villaknossos.com

Byzance, südlich des Hafens gelegener, neuer Bau mit einigem Schnickschnack: Dachterrasse, Sauna (!) usw. Zimmer mit viel Holz, kein Balkon. DZ mit Frühstück zwischen 50 und 80 €. ✆ 22470-31052, ✆ 22470-31663, , www.byzancehotel.gr.

Galini, liegt in der Sackgasse, die am Platz gegenüber dem Schiffsanleger beginnt. Sympathisches Hotel in ruhiger und zentraler Lage zugleich. Die Zimmer sind geräumig und modern ausgestattet, haben Badezimmer und Balkon. In der HS kostet ein DZ rund 80 €, in der NS bekommt man auch schon ab 50 € ein Zimmer, Frühstück inkl. ✆ 22470-31240, ✆ 22470-31705, www.galini patmos.gr.

Asteri, nahe der Westküste, hinter dem Hotel Australis. Viel Naturstein, Holz und Marmor wurden beim Bau verwendet; gepflegter Garten mit Liegewiese. Zum schmalen Kiesstrand sind es 50 m. Die Zimmer sind picobello sauber und mit TV sowie Kühlschrank ausgestattet. Kleines DZ 37–77 € inkl. Frühstück, große DZ 60–100 €. ✆ 22470-32465, ✆ 22470-31347, www. asteripatmos.gr.

Casteli, am Hang, rund 250 m vom Hafen entfernt. Auffahrt am Hotel Chris von der Uferstraße. Das ruhige Hotel hat 45 Zimmer mit Balkon, Klimaanlage, TV, Kühlschrank und meist mit Buchtblick. Pool und Parkplatz vorhanden. DZ zwischen 50 und 70 € (ohne Frühstück). ✆ 22470-31361, ✆ 22470-31656, www.casteli.gr.

Le Balcon, gepflegte Anlage, knapp 1 km von Skala entfernt (Richtung Grikos). Neun Apartments in einer liebevoll gepflegten Gartenanlage. Fantastischer Blick übers Meer und auf Skala. Studio für zwei Personen 60–125 €, Suiten 90–190 €, je nach Saison und Größe. ✆ 22470-32713, ✆ 22470-32714, lebalcon@otenet.gr, www. lebalcon.gr.

Der Innenhof des Johannesklosters

Essen und Trinken

Tzivaeri, an der Uferstraße, rund 400 m vom Hafenamt in Richtung Meloi, neben dem öffentlichen Parkplatz. Ausgezeichnete Fischgerichte, besonders die gegrillten Scampi und Shrimps sowie der Oktopus sind gut – wenn auch mit 15–20 € nicht ganz billig. Das Restaurant ist leicht zu übersehen, es ist in der ersten Etage untergebracht, im Erdgeschoss befindet sich die Pizzeria Xelari.

Hiliomodhi, unweit vom Hafen, an der Straße nach Chora gelegen. Man sitzt hinterm Haus, in einer kleinen Sackgasse abseits der Straße. Eine der besten Adressen – nicht nur für frischen Fisch. Eine gemischte Fischplatte ist vorzüglich, auf die Reste warten die Katzen in angemessener Entfernung. Auch die Rote Bete mit Skordalia oder gegrillte Auberginen sind prima. Die Rechnung am Ende eines schönen Abends ist angenehm niedrig für das, was die unglaublich flinken Kellner auf die Tische getragen haben.

Ostria, direkt an der Uferpromenade, nahe der Anlegestelle. Erfreut sich bei Einheimischen wie Touristen großer Beliebtheit. Der Fisch ist ausgezeichnet, die Portionen teils üppig.

Das **Café Meltemi**, am Strand an der Uferpromenade, hat Tische und Stühle in den Sand gestellt. Kein Touristengag, die Einheimischen freuen sich offenbar am meisten über das Angebot, ziehen die Schuhe aus und bestellen Frappé. Abends werden Lichter auf die Tische gestellt.

Arion, die In-Kneipe an der Uferpromenade befindet sich in einem stilvoll restaurierten Lagerhaus aus dem 19. Jh. Kaltes Bier, gute Cocktails oder leckere Sandwichs. Griechische und internationale Musik, manchmal etwas laut.

▶ **Kastell/Antike Akropolis:** Die Überreste der Siedlung liegen auf einem 144 m hohen Hügel. Erhalten sind noch Teile der antiken Stadtmauer. Inmitten der Trümmer zeichnen sich die Wege, die einst durch die Siedlung führten, noch deutlich ab. Die längs der Gassen geschichteten Steine erreichen eine Höhe von 1 m; die Gebäude dahinter sind indessen vollständig zerfallen. Wenn Sie den Hügel erklommen haben, blicken Sie auf die nördliche Nachbarinsel Ikaria.

Wegbeschreibung Am Parkplatz hinter der Bank an der Uferpromenade hoch in Richtung Hotel Castelli. Dahinter rechts in die Gasse, die Stufen empor und schließlich durch das zerfallene Tor.

▶ **Baden**: In Skala selbst sind die Möglichkeiten sehr bescheiden: kaum Schatten, und die Straße führt direkt am Strand vorbei. Wer einen schönen Strand sucht, braucht jedoch nicht weit zu fahren: Die Bucht von Meloi (siehe unten) ist nur 1,5 km entfernt und ohne Probleme sogar zu Fuß zu erreichen.

Chora (Altstadt)

Kaum ein Reisender verlässt Patmos, ohne in Chora gewesen zu sein. Schließlich beherbergt die Altstadt auf dem Berg über Skala die wichtigste Sehenswürdigkeit der Insel: das Johanneskloster aus dem 17. Jh., zu dem die sagenumwobene Höhle der Apokalypse gehört.

Die wenigen Tavernen und Cafés, die alle am Hauptplatz des Ortes liegen, warten auf Besucher. Wenn die Touristen wieder weg sind, kehrt die Stille zurück. Die Ortschaft wirkt dann verlassen und leer. Diese fast gespenstische Szenerie in der Mittagshitze hat durchaus ihren Reiz: Jahrhundertealte, weiß getünchte Häuser drängen sich in engen Gassen, kein Neubau trübt das Bild von Chora, und über allem thront das Johanneskloster mit seinen gigantischen wehrhaften Mauern. Lediglich die Briefkästen an Türen weisen auf Leben in der Ortschaft hin. Tatsächlich aber ist Chora ein begehrter Platz. Viele der alten Häuser werden – nach aufwändiger Restaurierung – an Interessenten aus dem In- und Ausland vermietet oder verkauft. Zwischen 140.000 und 230.000 € kosten die Herbergen.

Tipp: Fahren Sie mit dem Bus hinauf und gehen Sie zu Fuß hinunter. Per pedes braucht man etwa 45 Min.

● *Essen und Trinken* **Vegalis**, direkt am Hauptplatz gelegen. Trotz der vielen Touristen gemütlich. Ein empfehlenswerter Snack sind die Blätterteigtaschen mit Spinatfüllung.

Balcony, am Fußweg Richtung Kloster, mit großer Terrasse und grandiosem Blick über die Insel. Die traditionelle griechische Küche ist gut, Unentschlossene suchen sich eines der vielen Sandwichs aus.

Kloster des Apostels Johannes: Das Kloster mit seinen mächtigen Außenmauern, 260 m hoch über der Insel gelegen, wirkt überwältigend, geradezu kolossal. Seit über 900 Jahren leben Mönche im Johanneskloster. Im Jahr 2006 wurde es in die Liste des Weltkulturerbes aufgenommen.

Im Altertum stand an derselben Stelle ein Tempel der Artemis, und auf dessen Ruinen wurde im 4. Jh. eine Basilika errichtet. Die heutige Form des Klosters mit seinem Innenhof, Arkadengängen, Kapellen und unzähligen Schlafräumen wurde jedoch erst im 17. Jh. fertig gestellt.

Chora und Höhle: Weltkulturerbe der UNESCO

Am 27. August 2006 feierte Patmos die Aufnahme der Altstadt (Chora) mit dem Johanneskloster und der Höhle der Apokalypse in die UNESCO-Liste des Weltkulturerbes. Damit hat Griechenland nunmehr 16 Einträge im Weltkulturerbe-Verzeichnis, darunter die Akropolis von Athen, den Berg Athos oder den mittelalterlichen Teil von Rhodos. Weltweit sind es über 800 Stätten, die wegen ihres „außergewöhnlich universellen Werts" als menschliche Kulturleistung oder Naturphänomen erhalten werden sollen.

Die Chora mit dem Johanneskloster

Die massive polygonale *Zinnenmauer* wurde im 11. Jh. gebaut. Das dunkle Vulkangestein der Insel ist als Baumaterial verwendet worden und bildet einen markanten Kontrast zu den gekalkten Häusern ringsum. Der *Innenhof*, das Kernstück des Klosters, ist mit verschiedenfarbigen Kieseln bedeckt. Ihn umgeben hohe Mauern, die wiederum von Arkadengängen durchzogen sind. Die Fresken der vier Evangelien in der Vorhalle des Katholikons, der Hauptkirche des Klosters, stammen aus dem 18. Jh. und sind hervorragend erhalten. Ebenso die fein gearbeiteten Ornamente an den Holztüren. Sie wurden im 17. Jh. gefertigt.

In der dreischiffigen, düsteren *Christodoulos-Kapelle* wird kostbarer Schmuck aus dem Grab des im 12 Jh. verstorbenen Klostergründers gezeigt. Seine Gebeine liegen in einem mit Silber verzierten Reliquienschrein.

In dem Kloster ist auch ein *Museum* untergebracht, das jedoch mit einem Eintritt von 6 € deutlich zu teuer ist. Es beherbergt eine Vielzahl von kirchlichen Relikten aus der Schatzkammer des Klosters, die als eine der bedeutendsten Griechenlands gilt. Besonders eindrucksvoll ist die rund 2 m lange Stiftungsurkunde aus dem Jahre 1088. Die Exponate, darunter Handschriften, Ikonen, Messgerätschaften und Reliquienschreine, sind gut erhalten und werden in englischer Sprache erklärt.

Öffnungszeiten Tägl. 8–13.30 Uhr, So/Di/Do auch 16–18 Uhr. Am Eingang wird die Kleidung kontrolliert: lange Hosen bzw. Röcke sind erwünscht. Meiden Sie eine Besichtigung des Klosters, wenn eine Besuchergruppe kommt – dann ist es einfach zu eng in den ehrwürdigen Mauern!

Höhle der Apokalypse: „Ich, Johannes, euer Bruder und Mitgenosse an der Trübsal und am Reich und im Ausharren bei Jesus, ich war auf der Insel, die da heißt Patmos, um des Wortes Gottes Willen und des Zeugnisses von Jesus. Der Geist kam über mich an des Herren Tag, und ich hörte hinter mir eine große Stimme wie von einer Posaune, die sprach: Was du siehst, das schreibe in ein Buch" (Offenbarung 1, 9–11).

In Patmos reiht sich eine bezaubernde Bucht an die nächste

Etwa auf halber Höhe zwischen Skala und Chora liegt die Höhle, in der Johannes die Vision zur Niederschrift der Apokalypse erhalten haben soll. In das mit Silber umrandete, vergitterte Loch in der Wand soll der Apostel sein Haupt zum Schlafen gebettet haben; die Nische nebenan diente ihm angeblich als Halt, wenn er sich nach dem Gebet aufrichtete. Die einem Mercedes-Stern ähnelnden Risse in der Felsdecke sollen entstanden sein, als Jesus seinem Jünger erschienen ist. Ein Riss spaltet sich in drei auf, was als Symbol der Dreieinigkeit gedeutet wird – christlich-religiöse Motive finden Sie in der kleinen Höhlenkapelle zuhauf. Diese ist orthodox ausgestattet: mit mehreren Altären, bunten Ikonen, Kerzenleuchtern und Teppichen.

Johannes hat sein Evangelium übrigens nicht selber geschrieben, sondern seinem Lieblingsjünger *Pronchos* diktiert. Eine ebene Fläche im Fels, rechts oberhalb der Gebetsstätte des Johannes, soll Pronchos als Pult gedient haben.

Öffnungszeiten/Eintritt Siehe Kloster. Der Eintritt ist kostenlos, das Fotografieren verboten.

Meloi

Einer der beliebtesten Badeplätze für alle, die in Skala wohnen. Die Bucht ist etwa 1 km von der Anlegestelle der Fähre entfernt (folgen Sie der Hafenstraße bis zur Abzweigung *Meloi-Camping*). Das Wasser ist sauber, Tamarisken am Ufer spenden viel Schatten. In der Hochsaison liegen die Handtücher hier dicht beieinander.

• *Camping* **Camping Stefanos**, da bekommen selbst Nicht-Zelter spontan Lust, Heringe in den Boden zu schlagen. Die Anlage liegt direkt hinter dem Strand; der Platz ist sauber und gepflegt – und clever parzelliert: Riesenschilf umrandet die Stellplätze, was für Schatten und Privatsphäre sorgt. Preise: pro Person 7 €, pro Zelt 2 €. ✆ 22470-31821.

Stefanos Studios, die Betreiber des Campingplatzes haben ihr Geschäftsfeld ausgeweitet. Ein Haus mitten in der Bucht (30 m² groß, 30 m zum Strand), das andere oberhalb des Campingplatzes (Zimmer größer und neuer). Aus dem Garten dürfen die Mieter Tomaten, Auberginen und Paprika zum Kochen verwenden. Abholservice vom Hafen. Studios in der Bucht 25–45 €, oberhalb des Platzes 35–55 €. ℡ 22470-32415.

• *Essen und Trinken* Dass die **Taverne Stefanos** auch im Winter geöffnet hat, ist ein gutes Zeichen: Hier finden sich auch gerne Einheimische ein. Auf dem Grill werden frischer Fisch und Fleisch gebrutzelt, von der Terrasse aus blickt man aufs Meer. Die Taverne befindet sich auf dem Gelände des Campingplatzes.

Kloster zur Quelle des ewigen Lebens: Über der Bucht von Meloi thront das im Jahre 1667 gegründete Kloster. Sein Name ist nicht nur metaphorisch zu verstehen: Tatsächlich entspringt hier eine Quelle. Sehenswert sind der verwinkelte Patio mit seiner üppigen Pflanzenpracht und die beiden reich verzierten Kirchen mit Ikonen aus dem 17. Jh.

Über eine schmale Stiege ist der Fels, aus dem das Quellwasser sprudelt, zu erklimmen. Von der Aussichtsplattform bietet sich eine schöne Panoramaaussicht auf Skala und Chora. Das überdimensionale Kruzifix auf dem Fels leuchtet nachts in poppigem Blau Touristendampfern den rechten Weg.

Der Süden von Patmos

Bis auf den Ort Grikos ist der südliche Teil der Insel vom Tourismus noch kaum erobert. Das ganze Gebiet ist mit viel Aufwand landwirtschaftlich kultiviert worden. Auf Terrassen wachsen Oliven- und Mandelbäume. Am südöstlichen Zipfel der Insel liegt ihr schönster Strand: Psili Amos.

Grikos

Halbkreisförmige Bucht mit Fischerbooten an einem schmalen Steg. In den vergangenen Jahren sind zahlreiche Hotel- und Apartmentanlagen errichtet worden, die in der Hauptsaison mit Pauschalreisenden voll belegt sind. Die Tavernen machen einen gemütlichen Eindruck, doch fehlt dem Ort wegen der monotonen Bauweise der Touristenunterkünfte ein eigenes Gesicht.

Die besten Bademöglichkeiten bestehen südlich von Grikos, in der *Bucht Petras*, zu der ein Fußweg von Grikos aus führt. Ein rund 10 m hochragender, bizarr geformter Monolith verleiht der Bucht mit ihrem Strand aus Kies und Sand einen besonderen Charakter. Hier finden Sie auch eine kleine Wassersportstation (Kanus, Schleppfahrten, Windsurfing und Wasserski), außerdem Liegestuhl- und Sonnenschirmverleih.

• *Übernachten/Essen und Trinken* **Golden Sun**, das Hotel liegt am Hügel über der Bucht, das eröffnet einen wunderbaren Ausblick. Die Zimmer sind geräumig und sauber. Ein DZ kostet zwischen 59 und 89 €, inkl. Frühstücksbüfett. ℡ 22470-32381, ℡ 22470-34019, www.hotel-golden-sun.com.

Silver Beach, Hotel direkt an der Mole. 16 saubere Zimmer mit Balkon, zwischen 50 und 65 €. ℡ 22470-32652, http://silverbeach-patmos.focusgreece.gr.

Chrisantonis, mitten in der Siedlung. Angeboten werden Studios und Apartments für bis zu acht Personen. Ein Apartment für vier Personen kostet ab 60 €, Studios für zwei Personen ab 30 €. ℡ 22470-32756, ℡ 22470-29331, chrisantonisstudios@yahoo.com, www.patmosweb.gr/chrisantonisstudios_en.htm.

Stamatis, Taverne an der Mole. Die Speisekarte bietet neben solider griechischer Küche auch Gerichte mit internationalem Einschlag; das Essen ist recht preiswert.

Psili Amos ist einer der schönsten Patmos-Strände

Petra, in der Bucht von Petras. Bei Einheimischen beliebtes Restaurant mit ausgezeichneter griechischer Küche. Zu späterer Stunde verschwindet die Speisekarte, und die Cocktailliste kommt auf den Tisch.
• <u>Baden/Wassersport</u> In der Bucht von Petras gibt es eine Wassersportstation, sie liegt auf der Landzunge vor dem riesigen Felsen im Meer. Windsurfen kostet 13 € die Stunde, ein Segelboot 20 €. Für 6 € bekommt man ein Kanu. Außerdem verleiht die Station auch Strandliegen (4 €) und verkauft Getränke und Sandwichs.

Von Grikos aus verläuft die asphaltierte Straße in westlicher Richtung nach Chora. Von dieser Straße zweigt eine Betonpiste links ab, die sich nach 500 m gabelt; der rechte Abzweig führt zum *Kloster des heiligen Joseph*. Von hier genießt man einen herrlichen Blick über die weitläufige *Bucht Stavros*.

Psili Amos

Dass die schönste Bucht der Insel nicht wirklich überlaufen ist, liegt an ihrer geschützten Lage: Psili Amos am südöstlichen Zipfel der Insel ist nicht ganz leicht zu erreichen. Der einfachste Weg ist, das im Sommer eigens dafür eingesetzte Schiff von Skala aus zu nehmen: Es startet um 10 Uhr und fährt von Psili Amos um 16 Uhr zurück. Alle anderen müssen eine halbstündige Wanderung über (nicht sehr hohe) Bergrücken auf sich nehmen – mit Auto oder Moped kommt man nicht bis Psili Amos (siehe unten).

Doch der Weg lohnt sich: Fast 400 m feinster heller Sand warten hinter den Hügeln, einige Bäume spenden Schatten, eine leichte Brise sorgt für Kühlung. Das Meer ist klar und blau, Felsen rahmen die Bucht ein. Da die Taverne am Strand ein wirklich gutes Mittagessen serviert und stets gekühlte Getränke bereithält, kann man hier ohne Probleme einen ganzen langen Sommertag zubringen. Am südlichen Teil der Bucht finden sich übrigens zahlreiche Nudisten ein.

• *Anfahrt/Wanderung* Über eine gut befahrbare Piste geht es hinunter zur Bucht von Stavros. Die Straße endet an einem Parkplatz. Am Ufer entlang folgt man einem Ziegenpfad in Richtung Berge, der hinter einer Pforte den Hang hinaufführt. Sie müssen die drei Hügelrücken auf dem ausgetretenen Pfad überqueren. Wenn Sie oben auf dem dritten Hügel stehen, können Sie nach Psili Amos hinunterblicken. Jetzt müssen Sie sich links halten und dem ausgetretenen Weg folgen, denn der Ziegenpfad geradeaus runter ist steil und rutschig (Geröll). Insgesamt dauert die kleine Wanderung etwa 30 Min.

Der Norden von Patmos

Von der Steilküste für Schnorchler über windreiche Buchten für Surfer bis zum Sandstrand für Faulenzer – hier kommen alle auf ihre Kosten.

Agriolivado

Von Skala aus passieren Sie erst die Bucht von Meloi. Die nächste Abfahrt rechter Hand führt über eine asphaltierte Straße hinab zur Bucht. Am Wasser ist es sehr ruhig, Tamarisken spenden ein wenig Schatten. Der Strand besteht aus Kies, Sand und Steinen, das Wasser ist flach und sauber. Ein Teil des Strandes ist mit Liegestühlen bestückt; die Infrastruktur komplettieren zwei Tavernen, ein Kiosk und ein Tretbootverleih.

• *Übernachten/Essen und Trinken* **Taverne Glaros**, am Südende des Strandes. Leckere Fischgerichte (besonders die Fischsuppe) und der herrliche Blick über die Bucht sind verantwortlich für den zurecht guten Ruf des Restaurants. Daneben befinden sich die **Studios Glaros**, die ebenso empfehlenswert sind. Es gibt zwei große (4 Pers.) und zwei kleine (2 Pers.) Apartments, die sehr individuell und liebevoll eingerichtet sind. Von den Balkonen aus hat man eine erstklassige Aussicht über die Bucht. Je nach Saison kostet das kleine Apartment 35–70 €, das große 60–90 €. ✆ 22470-31475.
Taverne Agriolivadi, direkt hinter dem Strand gelegen versorgt sie v. a. die Sonnenanbeter, denen der Weg zur Taverne Glaros zu weit ist.

Kampos

In der lang gezogenen Bucht mit breitem Sandstrand herrscht in der Hauptsaison reger Betrieb. Grund dafür ist nicht nur das klare, saubere Wasser, auch die guten Windverhältnisse locken Urlauber an: Eine Wassersportstation bietet alles, was man zum Surfen braucht. Selbstverständlich werden Sonnenliegen verliehen. Zwei Tavernen teilen sich die Touristenverköstigung: eine davon ist George's Place – die ist in Kampos Legende.

• *Übernachten* **Patmos Paradise**, das Hotel am Hang oberhalb der Bucht ist ein moderner 90-Betten-Bau mit Pool, Tennisplatz und Squashcourt. Dafür bekommt man auch Frühstück – und den ganzen professionellen Hotelservice auf internationalem Niveau. In der HS ist das Hotel meist voll belegt. DZ kosten zwischen 83 und 217 € je nach Aussicht und Saison. Rund 100 m entfernt vermietet das Hotel sieben exponiert gelegene Apartments. Seeblick aus mehreren Fenstern und von der großen, schattigen Terrasse. Zwei Personen zahlen saisonabhängig 142–271 €. ✆ 22470-32624, 22470-32740, www.patmosparadise.gr.
• *Essen und Trinken* **George's Place**, direkt am Strand, war die erste Strandbar und irgendwie der Anfang des Tourismus in Kampos; George hat also jede Menge Geschichten zu erzählen. Man kann aber natürlich auch einfach nur Snacks essen und etwas trinken: Es gibt z. B. hausgemachten Schokoladenkuchen und wirklich köstliche Salate jenseits des Gewohnten, u. a. Nudelsalat (3,70 €).

● *Wassersport* Andreas' Wassersportstation bietet sowohl Unterricht als auch Verleih: Wer Windsurfen oder Wasserski lernen will, bezahlt 20 € die Stunde. Man kann sich aber auch einfach ein Tretboot (8 €, bis zu vier Personen) oder ein Kanu (6 €) leihen. Auch auf dem Banana Boat oder Ringo übers Wasser brausen können Sie, das kostet allerdings 20 € für 15 Min.

Lefkes

Zum Baden ungeeignete Bucht auf der Westseite. Sehenswert ist allerdings die Prunkvilla à la Märchenschloss in Strandnähe. Errichtet hat sie ein Patmier, der es in Ägypten zu Reichtum gebracht hatte. Lange stand sie leer, dann kaufte ein Araber das Haus und ließ es wieder herrichten.

Essen und Trinken Kantina Thereisa, direkt am Strand. Die frisch gefangenen Fische werden direkt verwertet. Gekocht wird in einem alten Wohnwagen, serviert wird auf Tischen und Stühlen am Strand: frisch, preiswert, köstlich.

Vagia

Die Nachbarbucht von Kampos in östlicher Richtung. Im Hintergrund erheben sich terrassierte Hänge: Palmen, Oliven- und Zitrusbäume wachsen hier. Der Kies-Sand-Strand ist frei von Liegen und Sonnenschirmen, das Wasser ist glasklar. Felsen im Wasser begrenzen die Bucht, hier kann man schnorcheln. Ein Café und eine Taverne in der kleinen Ortschaft Vagia bieten Getränke und eine Mahlzeit.

Bucht von Livadi/Geranou

Bevor der Weg zur Bucht von Vagia hinunterführt, hält man sich auf der Straße am Berg linker Hand. Von dieser Straße zweigt dann nach etwa 1 km ein Sträßchen zur Bucht von Livadi/Geranou ab. Malerischer könnte ein Bucht kaum sein: Selbst wenn man oben am Hang steht, kann man durch das glasklare, türkisblaue Wasser bis auf den Meeresgrund sehen. Am Sandstrand stehen Tamarisken, und vor der Bucht liegt eine kleine Insel mit der Kapelle Ag. Georgios. Dort kann man problemlos hin schwimmen. Eine Taverne versorgt Hungrige mit einfachen Grillgerichten; in der Nebensaison ist wenig los in der Bucht, und auch in der Hauptsaison ist sie nicht überlaufen.

Bucht von Lambi

Ganz im Norden, in der Ortschaft Kampos ausgeschildert, liegt die große Bucht, deren Strand aus roten Kieseln besteht. Das Wasser ist tiefer als an anderen Stellen der Insel. Im Hintergrund erheben sich terrassierte Hänge, hier und da wächst Riesenschilf. Es ist angenehm ruhig hier, in der Nebensaison fast einsam. Die Betreiber der drei Tavernen fischen – und warten auf Kundschaft.

● *Übernachten/Essen und Trinken* **Studios Eleni**, am Hang oberhalb der Bucht, gepflegte Anlage, schöne Terrassen, DZ ab 35 €. ✆ 22470-33070.

Taverne Dolphin, vermietet sechs Zimmer am Strand. Hier gibt es auch preiswerte Fischgerichte. Am Wochenende großer Andrang, denn dann kommen auch viele Patmier aus Skala hierher.

Das **Restaurant Lambi** bietet traditionelle griechische Küche an. Man sitzt an schönen großen Holztischen mit den Füßen im Kies. DZ ab 35 €. ✆ 22470-33070.

Insel Nissiros

Die ganze Insel ein Vulkan. Schwefeldämpfe, Gestein, Fruchtbarkeit – vieles verweist auf ihn. Nissiros ist eine ruhige, beschauliche Insel. Nur wenn die Ausflugsboote von der großen Nachbarinsel Kos anlegen, wird es für wenige Stunden turbulent.

Die meisten Touristen fahren mit den am Hafen stehenden Bussen weiter zum großen Vulkankrater, der Hauptattraktion der Insel. Der Rest verteilt sich im Labyrinth der schmalen Gassen des malerischen Hauptortes Mandraki.

Warum viele Reisende nur für einen Tagesausflug kommen, hat einen einfachen Grund: Es fehlt an sandigen Stränden. Doch die Insel hat eine einzigartige Landschaft zu bieten, geprägt durch den Gegensatz von vulkanischen Urgewalten und jahrhundertelangem menschlichen Bemühen um die Kultivierung des fruchtbaren Bodens. Zeugnis davon legen die zahllosen Felder ab, die sich in kleinen Terrassen die Hänge des Vulkankegels hinaufziehen.

Nissiros im Überblick

Größe: 43 km^2 Fläche.

Bevölkerung: 850 Einwohner. Im Jahr 1900 waren es mal 10.000 (!), nach dem Zweiten Weltkrieg noch 2500.

Geografie/Geologie: Höchste Erhebung der kreisförmigen Vulkaninsel ist der Berg *Diavatis* mit dem Gipfel Profitis Ilias (698 m). Nissiros ist gekennzeichnet durch seinen riesigen Vulkankrater, der etwa in der Inselmitte liegt. 1933 kam es zum letzten Mal zu Eruptionen mit Erdbeben in der Folge. Auf Spuren von Lavagestein stößt man allerorten.

Wichtige Orte: Der Hafenort *Mandraki*, *Pali* und das hübsche Bergdorf *Nikia*.

Verbindungen: *Fähren*: 3–4 x wöchentl. legen die großen Linienfähren auf der Route Piräus – Kos – Rhodos in Nissiros an (Fahrpreis nach Kos einfach: 7,50 €). Tägl. ist die Insel mit Ausflugsbooten von Kos-Stadt aus zu erreichen, auch aus Kamari kommen Besucher per Kaiki. Der Tagesausflug kostet pro Person 20–24 €. Wer leicht seekrank wird, sollte auf die Überfahrt bei starkem Wind verzichten. Die Boote, oft nur 10 m lang, schaukeln wie Nussschalen.

Tipp: Tägl. pendelt eine der Fähren *Agios Konstantinos* oder *Nisyros* zwischen Nissiros und Kardamena (Kos). Abfahrt ist um 7 Uhr in Nissiros, die Überfahrt kostet 8 € und dauert 50 Min. In der HS gibt es zwei Verbindungen tägl.

Straßen: Die Verbindungen von Mandraki zum Vulkan, nach Pali, nach Emborios und nach Nikia sind asphaltiert.

Entfernungen: Mandraki/Hafen – Pali 3 km, Mandraki/Hafen – Krater 6 km, Mandraki/Hafen – Nikia 11 km.

Übernachten: In Mandraki und Pali.

Auto- und Zweiradverleih: Mopeds und Motorräder können Sie für 12–20 € pro Tag in Mandraki und Pali mieten. Autos gibt es nur in Mandraki, Kleinwagen kosten 25–35 €.

Tankstelle: Unweit von Mandraki, zwischen Loutra und Pali

Telefonvorwahl: 22420.

Mandraki

Bunt schaukelnde Boote im Hafen? Fehlanzeige. Mandraki ist kein Fischerort, sondern ein Bauerndorf – und zwar ein wunderschönes: pastellfarben getünchte Häuser in den verwinkelten Gassen, eine herrliche Platia und ein pechschwarzer Steinstrand unterhalb des Kastells, das von einer eindrucksvoll steilen Klippe auf Mandraki hinabschaut.

Ausflugsziele

Information/Verbindungen/Adressen

- *Information* **Reiseagentur Enetikon** (22420-31180) an der Uferstraße nahe dem Hafen. Hier können Sie auch Ausflüge buchen, z. B. die Badetour zu den Sandstränden auf der Nachbarinsel Giali für 8 €. Hilfreich ist auch ein Besuch bei **Diakomihalis Tours** (22420-31459), ebenfalls an der Uferstraße, etwas weiter im Dorf gelegen. Das Büro verkauft Tickets für Fähren und Tragflächenboote und vermietet Autos.
- *Bus* Werktags 4–5 x, am Wochenende 3–4 x tägl. Mandraki – Loutra – Pali – Emborios – Nikia und zurück.
2 x tägl. fährt der einzige offizielle **Inselbus** zum Vulkan (Preis ca. 1 €). Wer mit einem Ausflugsboot kommt, hat die Fahrt zum Vulkan in einem der **Privatbusse** meist bereits mitgebucht. Wer die Tickets auf Nissiros kauft, zahlt 7 €. Nach 1 Std. Aufenthalt geht es wieder zurück zum Hafen. Wer länger am oder im Krater bleiben will, sollte sich vorher nach der genauen Abfahrt des Inselbusses erkundigen.
- *Taxi* Es gibt nur wenige Taxis; bilden Sie Fahrgemeinschaften. Telefonische Bestellung unter 22420-31460.
- *Bank* Die Bank im Ort hat keinen Geldautomaten, aber direkt am Hafen ist ein Geldautomat.
- *Post* Am Hafen, 22420-31249.
- *Gesundheit* Die Krankenstation erreichen Sie unter 22420-31217 oder 6972800343 (mobil).
- *Zweiradverleih* Drei Stationen verleihen Mopeds ab 12 € pro Tag.

Übernachten

Seit Ende der 1990er Jahre sind in Sichtweite des Hafens einige neue Hotels entstanden. Die Auswahl ist größer geworden, und auch in der HS ist selten alles ausgebucht.

Three Brothers, direkt am Hafen. Die großen, sauberen Zimmer haben eine schöne Terrasse. Freundlicher Besitzer, spricht ausgezeichnet Deutsch. Die DZ mit Meerblick kosten in der HS 40 €, in der NS ab 25 €. Im selben Gebäude stehen auch Studios zur Verfügung: zwei Personen zahlen 35–50 €. 22420-31344, iiibrothers@kos.forthnet.gr, www.nisyros3brothers.de/nisyros3adelfia.html.

Romantzo, hinter dem Three Brothers. Seit 1975 betreibt der sympathische Nick Mouras mit seiner Familie dieses Hotel. Das Gebäude hat Patina, wird aber regelmäßig renoviert. Viele Stammgäste, die sich gerne ein Zimmer mit Meerblick reservieren. Es

Das Kloster Panagia Spiliani thront über Mandraki

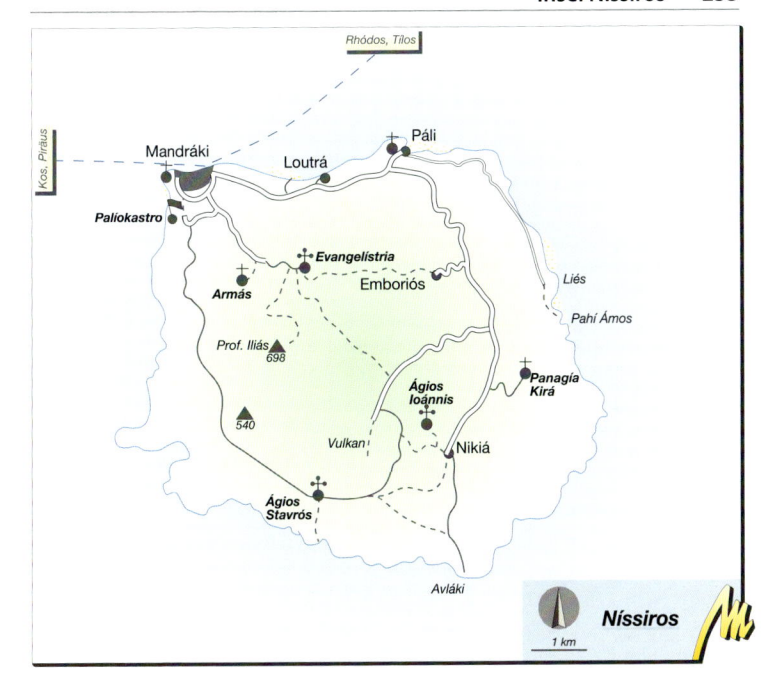

haben zwar nicht alle 22 Zimmer einen Balkon, aber alle eine eigene Dusche und einen Kühlschrank. Schön sind die Terrasse vor dem Haus, auf der auch das Frühstück serviert wird, und die riesige Dachterrasse. Ein DZ kostet je nach Größe und Saison 25–50 €. Auch zwei Familienhäuser im Ort sind zu vermieten: In zwei Schlafzimmern, einer Küche und einem Wohnzimmer (plus Terrasse) haben gut vier Personen Platz. Die zahlen dafür 40–65 €. ✆/✉ 22420-31340, www.nisyros-romantzo.gr.

Studios Volcano, Kontakt über das Hotel Romantzo. Der Sohn von Nick Mouras vermietet die beiden gut ausgestatteten Apartments im Ort für 25–40 €. ✆ 22420-31340.

Porfyris, das zweigeschossige Hotel mit 38 Zimmern liegt etwas oberhalb des Ortes. Zur Ausstattung gehört ein Swimmingpool, was den etwas höheren Preis rechtfertigt. DZ zwischen 40 und 50 € inkl. Frühstück. ✆ 22420-31376, ✉ 22420-31176.

Polyvotis, von der Stadtverwaltung betriebenes Hotel in Sichtweite des Hafens. Der Ausblick ist umwerfend, die Zimmer sind durchschnittlich. Ein DZ kostet zwischen 25 und 40 €. ✆ 22420-31011, ✉ 22420-31621.

Essen und Trinken

Die Kneipenbesitzer haben sich auf die vielen Tagestouristen eingestellt. Die Speisekarten sind in der Regel mehrsprachig.

Nissiros, das älteste Restaurant von Mandraki liegt in einer kleinen Gasse nahe der Promenade. Die wackligen Holzstühle und -tische sind vor der Sonne geschützt. Serviert werden v. a. Grillgerichte wie die leckeren Souvlaki-Spieße.

Irini, an der Platia Ilikiomeni, einem der schönsten Dorfplätze des Dodekanes. Sie sitzen im Schatten eines gigantischen Gummibaums. Zur Wahl stehen sieben oder acht Tagesgerichte, etwa in Tomaten-Nelken-Soße gegarter Oktopus. Probieren Sie auch die Spezialität der Insel, den Mandelsaft *Soumada*. Auch Pitia, eine aus Kichererbsenbrei und Zwiebeln hergestellte Paste, können Sie hier kosten.

Sehenswertes

Am westlichen Ortsrand von Mandraki thronen auf einer Anhöhe die Überreste einer *Johanniterburg*. Der Weg hinauf zu den Relikten der Vergangenheit ist beschildert. Auf weißen breiten Stufen arbeitet man sich nach oben. Links der Treppe liegt das *historische und volkskundliche Museum*. Hier zeigen Fotografien, die traditionelle Einrichtung und einige Exponate volkstümlichen Kunsthandwerks einen Ausschnitt der jüngsten Vergangenheit. Zur Isolierung des Daches wurden Bimsstein, Seetang und Porzellanstaub genutzt – so wie es bis vor Kurzem auf Nissiros üblich war.

Bis zur *Festung* aus dem 14. Jh. sind es 81 Stufen, doch die Anstrengung lohnt sich: Der grandiose Blick durch die winzigen Gucklöcher auf das tiefblaue Meer entschädigt für die Mühe. Weitere 49 Stufen führen zu dem im Inneren der Festung liegenden *Kloster Panagia Spiliani*. Die Klosterkirche wurde in einer Grotte errichtet; hier ist es erfrischend kühl. Der erste Mönch ließ sich an diesem Ort 1746 nieder. Zunächst lebte er in Einsamkeit, nach und nach kamen weitere Mönche hinzu. Gegen Mitte des 19. Jh. verließ der Abt als Letzter das Kloster – seitdem ist die Anlage unbewohnt.

Über die Straße unterhalb des Kastells, die 8.-Oktober-Straße, erreicht man nach 800 m die so genannte *Zyklopenmauer* des *Paliokastros*, einer Festung, die im 4. Jh. v. Chr. entstand. Ein Blick auf das Baumaterial versetzt den Betrachter in Erstaunen: rotbraune Quaderblöcke, rund 80 cm hoch und bis zu 2 m lang, legen die Vermutung nahe, dass bereits in der Antike mit Kran und Flaschenzug gearbeitet wurde. Auch die exakten Passformen sind bemerkenswert. Hergestellt wurden die Steine aus Trachyt, einem Vulkangestein, das die dorischen Bauherren aus Steinbrüchen im Südwesten von Nissiros gewonnen hatten.

Baden

Sehr bescheidene Möglichkeiten. Zwar ist der Strand unterhalb des Kastells mit seinen schwarzen Steinen optisch sehr gefällig, aber wenig komfortabel, denn die Steine haben oft die Größe von Fußbällen. An den Felsen im Wasser siedeln sich außerdem gerne Seeigel an.

Inselrundfahrt

Loutra

Etwa 3 km außerhalb von Mandraki – auch zu Fuß gut zu erreichen. Ein staubiger, steiler Weg führt hinunter zum Sandstrand. Das Wasser ist sauber und schimmert türkis. Schon zu Hippokrates' Zeiten waren die Thermalquellen von Nissiros bekannt. Das Wasser des spartanischen Kurbades von Loutra, eines großen Baus aus Naturstein, wird durch die Vulkanthermik auf über 45 Grad Celsius erhitzt.

Pali

Das einzige Fischerdorf auf Nissiros. Der Ort ist auf den Hafen fixiert, an dem sich mehrere gute Tavernen befinden – ein Ausflug für eine Mahlzeit lohnt sich. Ein kleiner, dunkler Badestrand befindet sich ein wenig östlich von Pali. Oberhalb der Bucht sieht man einen kleinen Friedhof mit einer winzigen Kapelle.

• *Übernachten/Essen und Trinken*: **Mammis**, am Ortseingang. Auf drei Häuser verteilen sich zwölf Unterkünfte inmitten eines gepflegten Gartens. Die Apartments bestehen aus Schlaf- und Wohnzimmer, kleiner Küche, Bad und Terrasse. Zwei Personen zahlen je nach Saison 30–60 €. ✆ 22420-31453, ✆ 22420-31181, info@mammis.com, www.mammis.com.

Ellinis, die Taverne bietet frischen Fisch und Grillgerichte zu günstigen Preisen und vermietet in der zweiten und dritten Etage einfach eingerichtete Zimmer. Die Räume sind sehr sauber, die oberen haben schöne Holzbalkone. DZ in der HS ab 20 €. ✆ 22420-31453.

Afroditi, neben der Taverne Ellinis gelegen. In dem Restaurant kommt lecker Gegrilltes in großen Portionen auf den Tisch. Köstlich sind die hausgemachten Desserts. Hier kann man keine Zimmer, sondern ab 50 € gleich ein ganzes Haus mieten. ✆ 22420-31242.

Pahi Amos

Keine Ortschaft, sondern der einzige wirklich attraktive Strand der Insel. Er liegt in einer rund 300 m breiten Bucht, der Sand schimmert grau-rosa. Dass der Strand nicht überlaufen ist, liegt sicher daran, dass er nur per pedes zu erreichen ist.

Anfahrt Nur bis zum schmalen, schattenlosen Kiesstrand *Lies* gibt es eine Straße, die an einem Parkplatz endet. Von da aus führt ein Pfad zur Bucht; eine Viertelstunde dauert der Spaziergang.

Am Strand Pahi Amos

Emborios

Emborios ist ein optisch sehr eindrucksvolles Bergdorf nahe der Abzweigung zum Vulkankrater. Bereits von Weitem fällt die fast unbewohnte Ortschaft auf. Etliche Häuser dienen als Stallungen für Ziegen, Schafe und Kühe. Es fehlt an Wasser, deshalb sind die meisten Bewohner abgewandert. Fahren oder gehen Sie trotzdem hinauf – der Blick auf die Ägäis belohnt die Anstrengungen.

Vom Bergkamm, der mit dem südlichen Ortsrand verschmilzt, bis hinab in den Vulkankessel ziehen sich kleinste, terrassenartig angelegte Parzellen. Darauf wachsen v. a. Ginster und Olivenbäume.

300 m Durchmesser: der Stefanos-Krater

Der Vulkan

Man steht unversehens inmitten der bizarrsten Landschaft, die die Dodekanes-Inseln zu bieten haben: Um die ellipsenförmige Ebene der Caldera (Kessel) ragen Felswände bis zu 400 m hoch auf. Dieses geologische Gebilde ist durch eine gewaltige Explosion in der Urzeit entstanden. Die Berghänge und eine Hälfte der Ebene sind sehr fruchtbar. Die andere Hälfte ist öde wie die Mondoberfläche – und sieht auch so aus.

Ein Trampelpfad führt hinunter zum Grund des größten von insgesamt fünf Sekundärkratern, dem so genannten *Stefanos-Krater*. Sein Durchmesser beträgt etwa 300 m. Neongelb und rot gefärbte Felswände umgeben den kahlen Boden, der mit kleinen Löchern durchsetzt ist. Daraus entweichen Schwefelgase – es stinkt nach faulen Eiern. Nach Regenfällen kocht und brodelt das Wasser in den Löchern, und ein leises Zischen ist eigentlich immer zu hören.

Die kesselartige Form erhielt der Stefanos-Krater bei einer Eruption im Jahre 1522. Wenn auch heute kein Ausbruch mehr zu befürchten ist, so fällt doch der unruhige Schlaf des Vulkans auf. Der Widerhall der Schritte vermittelt das unangenehme Gefühl, über einem sehr, sehr großen Hohlraum zu balancieren. Doch die Geologen geben Entwarnung: Das Ausströmen von Wasserdampf, Kohlensäure und Schwefelwasserstoff sei ein typisches Zeichen ruhender oder erloschener Vulkane. Diese Dampfphase könne noch mehrere Jahrhunderte andauern, sagen sie. Der letzte Ausbruch des Vulkans ereignete sich am 4. Mai 1873.

Von der Antike bis zum Ende des 19. Jh. war der Schwefel aus Nissiros ein begehrtes Exportprodukt. Heute existieren kaum noch Schwefelvorkommen in den obersten Erdschichten, es soll aber noch ein tiefer liegendes Reservoir von zwei Millionen Tonnen vorhanden sein.

•*Anfahrt* Der Vulkan ist per Mietmofa oder Bus zu erreichen (siehe auch *Mandraki/Busverbindungen*). Der letzte Bus verlässt die Caldera zwischen 15 und 16 Uhr. Für den Zutritt zum Stefanos-Krater werden 2 € verlangt.

An der Bushaltestelle oberhalb des Hauptkraters befindet sich ein kleiner Kiosk, an dem Sie den unvermeidlich aufkommenden Durst löschen können. Es werden auch Postkarten und Steine mit Schwefelkristall-Ablagerungen verkauft.

Nikia

Nikia eröffnet seinen Besuchern einen überwältigenden Blick auf die Ägäis und die Insel Tilos einerseits und auf den Vulkankrater andererseits. Die Ortschaft, die auf der östlichen Flanke der Caldera liegt, ist pittoresk: Ein rundes Fußbodenmosaik bedeckt den Hauptplatz des Ortes, drum herum die weiß getünchten Häuser und eine Kirche.

Drei Tavernen locken mit leckeren Gerüchen, einer schönen Aussicht oder einem kühlen Frappé. Idealer Platz, um einmal völlig abzuschalten. Denn zu den nur 60 ständigen Bewohnern von Nikia gesellen sich nur wenige Touristen. Kurz vor dem Dorfeingang liegt eine ausgeschilderte *Natural Sauna*. Durch ein Törchen betritt man ein kleine Grotte, die durch die Erdwärme auf Saunatemperaturen aufgeheizt wird.

Von Nikia aus erreicht man das Kraterinnere, die Caldera, über einen schmalen, 2,5 km langen Weg, für den man jedoch fast 45 Min. braucht. Der Weg führt vorbei am *Kloster Ioannis Theologos*; sehenswert ist die kleine Höhlenkirche.

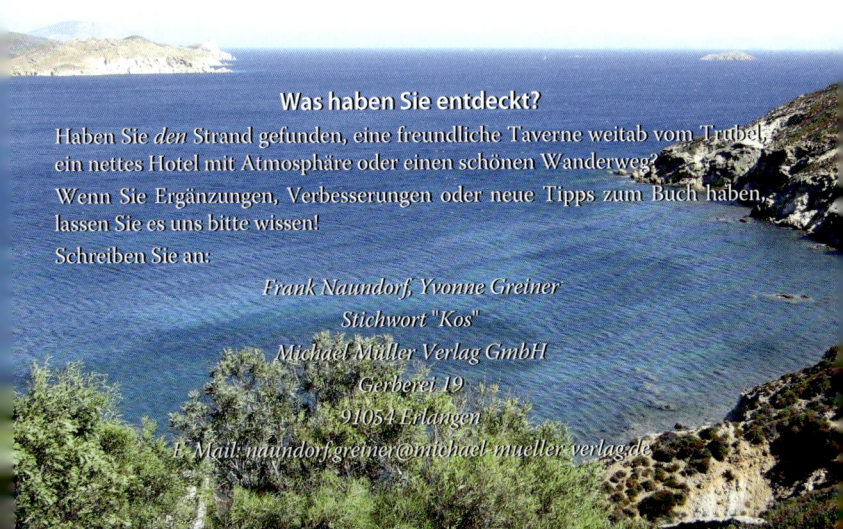

Was haben Sie entdeckt?

Haben Sie *den* Strand gefunden, eine freundliche Taverne weitab vom Trubel, ein nettes Hotel mit Atmosphäre oder einen schönen Wanderweg?
Wenn Sie Ergänzungen, Verbesserungen oder neue Tipps zum Buch haben, lassen Sie es uns bitte wissen!
Schreiben Sie an:

Frank Naundorf, Yvonne Greiner
Stichwort "Kos"
Michael Müller Verlag GmbH
Gerberei 19
91054 Erlangen
E-Mail: naundorf.greiner@michael-mueller-verlag.de

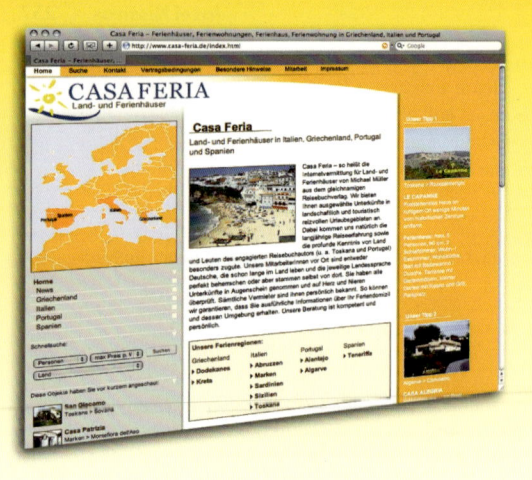

ABRUZZEN
ALENTEJO
ALGARVE
ANDALUSIEN
APULIEN
DODEKANES
IONISCHE INSELN
KRETA
LISSABON & UMGEBUNG
MARKEN
SARDINIEN
SIZILIEN
TENERIFFA
TOSKANA
UMBRIEN

CASA FERIA
Land- und Ferienhäuser

Nette Unterkünfte bei netten Leuten

CASA FERIA
die Ferienhausvermittlung
von Michael Müller

Im Programm sind ausschließlich persönlich ausgewählte Unterkünfte abseits der großen Touristenzentren.

Ideale Standorte für Wanderungen, Strandausflüge und Kulturtrips.

Einfach www.casa-feria.de anwählen, Unterkunft auswählen, Unterkunft buchen.

Casa Feria wünscht
Schöne Ferien

www.casa-feria.de

Etwas Griechisch

Keine Panik: Neugriechisch ist zwar nicht die leichteste Sprache, lassen Sie sich jedoch nicht von der fremdartig wirkenden Schrift abschrecken – oft erhalten Sie Informationen auf Wegweisern, Schildern, Speisekarten usw. auch in lateinischer Schrift, zum anderen wollen Sie ja erstmal verstehen und sprechen, aber nicht lesen und schreiben lernen. Dazu hilft Ihnen unser „kleiner Sprachführer", den wir für Sie nach dem Baukastenprinzip konstruiert haben: Jedes der folgenden Kapitel bietet Ihnen Bausteine, die Sie einfach aneinander reihen können, sodass einfache Sätze entstehen. So finden Sie sich im Handumdrehen in den wichtigsten Alltagssituationen zurecht, entwickeln ein praktisches Sprachgefühl und können sich so nach Lust und Notwendigkeit Ihren eigenen Minimalwortschatz aufbauen und erweitern.

- Wichtiger als die richtige Aussprache ist übrigens die Betonung! Ein falsch betontes Wort versteht ein Grieche schwerer als ein falsch oder undeutlich ausgesprochenes. Deshalb finden Sie im folgenden jedes Wort in Lautschrift und (außer den einsilbigen) mit Betonungszeichen.

Viel Spaß beim Ausprobieren und Lernen!

© Michael Müller Verlag GmbH. Vielen Dank für die Hilfe Herrn Dimítrios Maniatóglou!

DAS GRIECHISCHE ALPHABET

Buchstabe groß	klein	Name	Lautzeichen	Aussprache
Α	α	Alpha	a	kurzes a wie in Anna
Β	β	Witta	w	w wie warten
Γ	γ	Gámma	g	g wie Garten (j vor Vokalen e und i)
Δ	δ	Delta	d	stimmhaft wie das englische „th" in the
Ε	ε	Epsilon	e	kurzes e wie in Elle
Ζ	ζ	Síta	s	stimmhaftes s wie in reisen
Η	η	Ita	i	i wie in Termin
Θ	θ	Thíta	th	stimmloses wie englisches „th" in think
Ι	ι	Jóta	j	j wie jagen
Κ	κ	Kápa	k	k wie kann
Λ	λ	Lámbda	l	l wie Lamm
Μ	μ	Mi	m	m wie Mund
Ν	ν	Ni	n	n wie Natur
Ξ	ξ	Xi	x	x wie Xaver
Ο	ο	Omikron	o	o wie offen
Π	π	Pi	p	p wie Papier
Ρ	ρ	Ro	r	gerolltes r
Σ	ς/σ	Sígma	ss	ss wie lassen
Τ	τ	Taf	t	t wie Tag
Υ	υ	Ipsilon	j	j wie jeder
Φ	φ	Fi	f	f wie Fach
Χ	χ	Chi	ch	ch wie ich
Ψ	ψ	Psi	ps	ps wie Kapsel
Ω	ω	Omega	o	o wie Ohr

Grüße

Guten Morgen/ Guten Tag	kaliméra
Guten Abend	kalispéra
Gute Nacht *(zum Abschied)*	kaliníchta
Hallo!	jassoú! oder jássas!
Tschüss	adío

Minimalwortschatz

Ja	nä
Nein	óchi
Nicht	dén
Danke (vielen Dank)	efcharistó (polí)
Bitte(!)	parakaló(!)
Entschuldigung	sinjómi
Links/rechts/ geradeaus	aristerá/dexiá/ ísja
hier/dort	edó/ekí
groß/klein	megálo/mikró
gut/schlecht	kaló/kakó
viel/wenig	polí/lígo
heiß/kalt	sässtó/krío
oben/unten	epáno/káto
Ich/Du	egó/ essí
er/sie/es	aftós/aftí/aftó
das (da)	aftó
(ein) anderes	állo
welche(r), welches?	tí?

Fragen & Antworten

Wann?	póte?
Wo (ist ...) ?	pu (ine ...)?
Von wo ...	ápo pu
Wohin ...	jia pu ...
Gibt es (hier) ... ?	ipárchi (edó) ... ?
Ich möchte (nach) ...	thelo (stin) ...
Wieviel(e)...	pósso (póssa) ...
Wie viel Uhr (ist es)?	tí óra (íne)?
Um wie viel Uhr?	ti óra?
Wann geht (fährt, fliegt)?	pote féwgi?
Wann kommt ... an?	póte ftáni ...?
Wie viel kostet es?	póso káni?
Wissen Sie ... ?	xérete ... ?
Haben Sie ... ?	échete ... ?
Wie geht es Ihnen/Dir?	ti kánete/ kánis?
(Sehr) gut	(polí) kalá
Wie heißt Du?	pos se léne?
ich heiße ...	to ónoma mou íne ...
Woher kommst du?	apo pu ísse?
Ich komme aus ... Deutschland/ Österreich/ Schweiz	íme apo ... jermanía/ afstría/ elwetía
Sprechen Sie Englisch (Deutsch)?	mílate angliká (jermaniká)?
Ich spreche nicht Griechisch	den miló elliniká
Wie heißt das auf Griechisch?	pos légete aftó sta elliniká?
Ich verstehe (nicht)	(dén) katalawéno
Ich weiß nicht	dén xéro
In Ordnung (o.k.)	endáxi

Zeit

Morgen(s)	proí
Mittag(s)	messiméri
Nachmittag(s)	apógewma
Abend(s)	wrádi
heute	ssímera
morgen	áwrio
gestern	chtés
Tag	méra
Woche	ewdomáda
Monat	mínas
Jahr	chrónos
Stündlich	aná óra

Wochentage

Sonntag	kiriakí
Montag	deftéra
Dienstag	tríti
Mittwoch	tetárti
Donnerstag	pémpti
Freitag	paraskewí
Samstag	sáwato

Monate

Ganz einfach: fast wie im Deutschen + Endung „ios"! (z.B. April = Aprílios). Ianuários, Fewruários, Mártios, Aprílios, Máios, Iúnios, Iúlios, 'Awgustos, Septémwrios, Októwrios, Noémwrios, Dekémwrios.

ZAHLEN

½	misó	9	ennéa	60	exínda
1	éna	10	déka	70	efdomínda
2	dío	11	éndeka	80	ogdónda
3	tría	12	dódeka	90	enenínda
4	téssera	13	dekatría	100	ekató
5	pénde	20	íkosi	200	diakósia
6	éxi	30	triánda	300	trakósia
7	eftá	40	sarránda	1000	chília
8	ochtó	50	penínda	2000	dio chiliádes

Unterwegs

(Tourist-) Information	(turistikés-) pliroforíes
Bank	trápesa
Geld	ta leftá, ta chrímata
Postamt	tachidromío
Briefmarke	grammatósima
Telefonamt	O. T. E.
Telefon	tiléfono
Abfahrt	anachórisis
Ankunft	áfixis
Straße	drómos
Fußweg	monopáti
Telefon	tiléfono
Ticket	isitírio
Reservierung	fílaxi
Flughafen	aerodrómio
Hafen	limáni
Schiff	karáwi
Bahnhof	stathmós
(der nächste) Bus	(to epómene) leoforío
Benzin (super/ normal/bleifrei)	wensíni (súper/ apli/amóliwdi)
Diesel	petréleo
1 Liter	éna lítro
20 Liter	íkosi lítra
Auto	aftokínito
Motorrad	motossikléta
Öl	ládi
Reifen	lásticho
Reparatur	episkewí
Werkstatt	Sinergíon

Übernachten

Zimmer	domátio
ein Doppelzimmer	éna dipló domátio
Einzelzimmer	domátio me éna krewáti
mit Dusche/Bad	me dous/bánjo
mit Frühstück	pronió
Bett	krewáti
Wie viel kostet es (das Zimmer)?	póso kani (to domátio)?
Ich möchte mieten (...) für 5 Tage	thélo na nikásso (...) jia pénde méres
Kann ich sehen ... ?	bóro na do ...?
Kann ich haben ... ?	bóro na écho ... ?
ein (billiges/gutes) Hotel	éna (ftinó/kaló) xenodochío
Pension	pansión
Haus	spíti
Küche	kusína
Toilette	tualétta
Reservierung	enikiási
Wasser (heiß/kalt)	neró (sässtó/krió)

Hilfe/Krankheit

Arzt	jatrós
Apotheke	farmakío
Zahnarzt	odontíatros
Krankenhaus	nossokomío
Polizei	astinomía
Unfall	atíchima
Deutsche/Österr./ Schweizer. Botschaft	presvía jermanikí/ afstriakí/ elwetikí

ESSEN & TRINKEN

Haben Sie?	échete?
Ich möchte ...	thélo ...
Wieviel kostet es?	póso káni?
Ich möchte zahlen	thélo na pliróso
Die Rechnung (bitte)	to logariasmó (parakaló)
Speisekarte	katálogos

Getränke

Glas/Flasche	potíri/boukáli
ein Bier	mía bíra
(ein) Mineralwasser	(mia) sóda
Wasser	neró
(ein) Rotwein	(éna) kókkino krassí
(ein) Weißwein	(éna) áspro krassí
... süß/herb	glikós/imíglikos
(eine) Limonade (Zitrone)	(mia) lemonáda
(eine) Limonade (Orange)	(mia) portokaláda
(ein) Kaffee	(éna) néskafe
(ein) Mokka	(éna) kafedáki
... sehr süß	... varí glikó
... mittel	... métrio
... rein (ohne Z.)	skéto
Tee	sái
Milch	gála

Griech. Spezialitäten

Fischsuppe	psaróssupa
Suppe	ssúpa
Garnelen	garídes
Kalamaris („Tintenfischchen")	kalamarákia
Fleischklößchen	keftédes
Hackfleischauflauf mit Gemüse	musakás
Mandelkuchen mit Honig	baklawás
Gefüllter Blätterteig	buréki
Gefüllte Weinblätter (mit Reis & Fleisch)	dolmádes
Nudelauflauf mit Hackfleisch	pastítsio
Fleischspießchen	suwlákia

Sonstiges

Hähnchen	kotópulo
Kartoffeln	patátes
Spaghetti (mit Hackfleisch)	makarónia (me kimá)
Hammelfleisch	kimás
Kotelett	brísola
Bohnen	fasólia
Gemüse	lachaniká

Einkaufen

Haben Sie?	échete?
Kann ich haben?	bóro na écho?
Geben Sie mir	dóste mou
klein/groß	mikró/megálo
1 Pfund (= 1/2 Kilo)	misó kiló
1 Kilo/Liter	éna kiló/lítro
100 Gramm	ekató gramárja
Apfel	mílo
Brot	psomí
Butter	wútiro
Ei(er)	awgó (awgá)
Essig	xídi
Gurke	angúri
Honig	méli
Joghurt	jaoúrti
Käse/Schafskäse	tirí/féta
Kuchen	glikó
Marmelade	marmeláda
Milch	gála
Öl	ládi
Orange	portokáli
Pfeffer	pipéri
Salz	aláti
Tomaten	domátes
Wurst	salámi
Zucker	sáchari
Klopapier	hartí igías
Seife	sapúni
Shampoo	sambuán
Sonnenöl	ládi jia ton íljon
Streichhölzer	spírta

Register

Ag. Dimitrios 163
Ag. Georgios Loizos,
  Kirche 190
Ag. Ioannis, Basilika 148
Ag. Ioannis, Kloster 208
Ag. Marina (Leros) 234
Ag. Marina, Kirche 190, 191
Ag. Theologos, Kapelle 211
Ag.-Ioannis-Kapelle 152
Agora 107
Agriolivado, Bucht
  (Patmos) 249
Alikes 137
Alikes, Salzsee 138
Alinda, Bucht (Leros) 237
Altar des Dionysos 113
Amaniou 172
Ambavris 98
Anreise 37
Antimachia 185
Antiquitäten 61
Apartments 48
Apostel-Johannes-Kloster
  (Patmos) 244
Apotheken 61
Archäologische Stätten 61,
  104
Ärzte 88
Asfendiou 153
Asklepieion 119
Asomati Taxiarches,
  Kapelle 170
Asomatos 154
Aspri Petra, Höhle 209
Astypalea 208
Ausweispapiere 62
Autovermietung 44
Avlakia (Pserimos) 217

Baden 62
Banana Beach 200
Banken 88
Barstreet 100
Bier 60
Bodrum (Türkei) 130
Botschaften/Konsulate 62
Bouzouki 73
Brot 56, 57
Bubble Beach 200

Camel Beach 199
Camping 51
Casa Romana 112
Cavo Paradise Beach 212
Charmylos-Grab 167

Chora (Patmos) 244
Choriatiko (Bauernbrot) 57
Christos, Kloster 160

Defterdar-Moschee 114
Diebstahl 63
Dikeos, Berg 159
Dikeos-Gebirge 151
Dressings 56

Einkaufen 63
Eleon 182
Emborios (Kalymnos) 228
Emborios (Nissiros) 255
Emigration 28
Empros-Thermen 125
Ermäßigungen 63
Essen und Trinken 51
Essenszeit 52
Estiatorio (Restaurant) 52
Europabusse 42
Evangelistria 154

Fahrrad 44
Familie 26
Fastfood 52
Feiertage 65
Feste 101
Fischgerichte 55
FKK 62
Fleischgerichte 53
Flugzeug (Anreise) 37
Fly & Drive 46
Fotografieren/Filmen 65
Frauen 27
Frühstück 58

Gastfreundschaft 27
Geld 66
Geografie 14, 15
Geologie 15
Geschichte 29
Geschwindigkeits-
  regelung 45
Gesten und Grüße 66
Getränke 58
Gewürze 56
Gokart 144
Gottesdienst 91
Gourna (Leros) 237
Gouverneurspalast 113
Griechische Nacht 128
Grikos, Bucht
  (Patmos) 247
Gymnasion 109

Hadji-Hassan-
  Moschee 114
Hafenamt 85
Haus der Europa 109
Herkules 168
Herzog, Rudolf 120
Hippokrates 103, 124
Hlavacek, Kurt 169
Hochsaison 14
Höchstgeschwindigkeit,
  zulässige 45
Höhle der Apokalypse
  (Patmos) 245
Honig 22
Hossios Christodoulos,
  Abt 158
Hotels 48

Information 67
Inselgröße 13
Islamischer Friedhof 115
Isodia tis Theodokou,
  Kapelle 158
Isthmus 202

Johanniterorden 188

Kafenion 52, 68
Kaffee 58
Kalymnos, Insel 220
Kamari 192
Kantouni (Kalymnos) 227
Kap Ag. Fokas 117
Kap Helona 201
Kap Kata 212
Kap Krikelos 213
Kap Psalidi 116
Kap Skandari 116
Kardamena 175
Karten 13, 69
Käse 57
Kastell Neratzia 105
Kastri, Insel 193, 196
Kefalos 204
Kefalovrysi, Quelle 158
Kinder 69
Kirchen 71
Kleidung 71
Klima 16
Komboloi 72
Kos-Stadt 82

Lagada Beach 200
Lagoudi 172
Lakki (Leros) 232

Register

Lambi Beach 116
Lambi, Bucht (Patmos) 250
Latra, Berg 208
Lavi (Isthmus) 202
Lefkes (Patmos) 250
Leros, Insel 231
Lido Waterpark 150
Likoritsa Beach 204
Limni, Quelle 174
Limnionas, Bucht 210
Limonade 59
Linaria (Kalymnos) 227
Linopotis 174
Livadi, Bucht (Patmos) 250
Loggia-Moschee 114
Lokale 52
Loutra (Nissiros) 254

Macchia 17
Magic Beach (= Polemi Beach) 201
Malkurse 169
Mandraki (Nissiros) 251
Markos Beach 201
Markt 91
Marmari 139
Mastihari 144
Medizinische Versorgung 72
Meeresfrüchte 55
Melitsahas (Kalymnos) 228
Meloi, Bucht (Patmos) 246
Meltemi 18
Mezedes 52
Minderheit, jüdische 25
Minderheit, moslemische 24
Mountainbiking 127
Musik 73
Mythologie 16

Nachspeisen 56, 57
Nachtleben 99
Natur und Umwelt 15
Nikia (Nissiros) 257
Nissiros, Insel 251
Nymphäon 109

O.T.E. 77, 88
Obst 58
Odeon 113
Öffentliche Verkehrsmittel 46
Öffnungszeiten 74
Olive 18
Ouzeri 52

Pahi Amos (Nissiros) 255
Paläa Kardamäna 176
Paleo Pyli 170
Pali (Nissiros) 255
Paliokastro (Nissiros) 254
Panagia Tsoukalaria 126
Panteli (Leros) 235
Papas 25
Paradise Beach 200
Partheni (Leros) 238
PASOK 36, 85
Patmos, Insel 239
Pensionen 48
Phrygana 17
Plaka 190
Platane des Hippokrates 114
Platani 98
Platanos (Leros) 234
Platia Eleftherias 114
Plefouti (Leros) 238
Post 74, 89
Pothia (Kalymnos) 221
Preise 74
Preise (Essen) 52
Privatzimmer 50
Psalidi Wetland 119
Psarotaverna 52
Pserimos, Insel 216
Psili Amos, Bucht (Patmos) 248
Psistaria 52
Pyli 164

Radarkontrollen 45
Radfahren 75
Reisezeit 13
Reiten 75, 166
Religion 24
Restaurant 52
Retsina (Wein) 60

Sacharoplastion (Konditorei) 52
Segeln 75
Skala/Hafen (Patmos) 240
Sonnenallergie 73
Sport 74, 116, 117
Sprache 75
Strände 76
Straßenverkehr 45
Strom 76
Sunny Beach 201
Supermärkte 91
Surfen 75
Süßes 56, 57
Synagoge von Kos 115

Tanken 46
Tauchen 75
Taverna 52
Tee 59
Telefonieren 77
Telefonservice 88
Telefonvorwahl 13
Telentos, Insel 229
Tennis 75
The Virgin, Strand 201
Theodorakis, Mikis 73
Tierwelt 21
Tigaki 133
Tolari 182
Trinkgeld 77
Troulos Beach 150
Tsatsiki 53
Türkei 35

Übernachten 48
Umweltprobleme 23

Vagia (Patmos) 250
Vathi (Kalymnos) 230
Vegetation 16
Volkania 202
Volkstänze 78
Vollkasko 45
Volta 113
Vorspeisen 53
Vourina, Quelle 127
Vulkan (Nissiros) 256

Waldbrand 155
Wandern 75
Wäschereien 91
Wasser 58, 78
Wasserknappheit, siehe Umweltprobleme 23
Wasserski 75
Waterpark Shape 119
Wein 59, 152
Wirtschaft 28

Xerokampos (Leros) 233

Zaraftis, Iacovos 120
Zeit 78
Zeitungen 78, 91
Zia 156
Zini, Berg 209
Ziniotissa, Kapelle 210
Zipari 152
Zoll 79
Zweiradverleih 13, 43, 92
Zypresse 156